고려시대 정치사의 제문제

고려시대 정치사의 제문제

권 영 국

경인문화사

서　문

당의 제도를 기본으로 하는 고려의 정치제도가 확립되는 것은 성종대 이후이다. 건국초기에는 태봉의 제도를 계승한 광평성(廣評省)·내봉성(內奉省)·순군부(徇軍部)·병부(兵部) 등이 중요한 정치기구로서 국정을 분담하였으나 이후 3성6부제가 수용되면서 기구간 기능의 분리나 통합을 통해 3성6부체제로 개편되었다.

3성6부를 중심으로 하는 고려의 정치제도는 당(唐)의 6전 체제(六典體制)를 모범으로 한 것으로, 건국 후 60여 년이 지난 성종 대에 정비되었다. 동시에 성종은 삼사(三司)와 추밀원(樞密院) 등 송의 제도도 일부 수용하여 고려의 정치제도는 당제(唐制)와 송제, 그리고 고려의 독자적인 제도가 혼합되었다.

3성6부제는 중서성에서 입안한 정책이나 법제 등을 문하성의 재상들이 심의 의결하는 귀족 중심의 정치제도이고, 중서문하(中書門下)·삼사(三司)·추밀원(樞密院)을 중심으로 하는 송의 정치제도는 황제의 명이 곧바로 실행되는 군주 중심의 정치제도이다. 이처럼 고려가 귀족 중심의 정치체제인 3성6부제를 기본으로 하면서 한편으로 군주 중심의 정치를 뒷받침하는 송의 제도를 수용한 것은 왕권강화와 중앙집권화 정책을 추진하던 성종대의 정치 상황과 관련하여 시사하는 바가 크다고 생각된다.

고려시대 정치제도사 연구를 시작하면서 가졌던 의문의 하나는 이미 언급했듯이 고려는 기본적으로 당의 3성6부제를 받아들여 완결된 정치체제를 갖추었음에도 불구하고, 추가로 송의 제도를 수용하여 같은 기능이나 성격을 가진 2개의 기구를 설치하였는가라는 점이었다. 특히 경제와 재정, 군사부문에서 3성6부 체제 하의 호부(戶部)와 병부(兵部)가 존재했음에도 불구하고, 또다시 송의 삼사와 추밀원제도를 받아들여 호부와 삼사, 병부와 중추원을 병치(倂置)하였던 것이다. 또 하나의 의문은 고려가 당이나 송으로부터 수용한 많은 정치제도가 고려사회에서는 실제로 어떻게 운용되었나 하는 점이었다. 예컨대 문산계(文散階)와 무산계(武散階)의 관계제(官階制), 행수제(行守制), 판사·지사제(判事·知事制) 등은 고려사회에서 중국 본래의 제도와 전혀 다르게 변용되었다.

본서에 수록된 글들은 이러한 문제의식 하에 작성된 것으로 다루고자 한 내용은 다음과 같다. 제1장 1절에서는 고려에서는 당의 3성6부제를 수용하여 경제·재정기구로서 호부가 존재하였음에도 불구하고, 같은 기능을 수행하는 송의 삼사를 추가로 설치하여 두 기구를 병존시켰는데. 그 정치적 배경을 밝히고 아울러 고려와 당·송 제도의 비교를 통해 고려에 설치된 호부와 삼사가 각각 어떤 기능을 수행하였나를 정리하고자 하였다.

특히 송의 삼사는 당 후반기 사회경제 상황의 변화에 따라 종래 호부의 업무에 새로 늘어난 업무까지 포괄하여 수행하는 기구로 출현하여 호부를 대체한 기구였다. 그러므로 고려에 설치된 삼사의 기능이나 성격을 올바르게 이해하기 위해서는 송 삼사와의 단순한 기능 비교만이 아니라 삼사가 출현하기 이전에 경제·재정관계 업무를 담당하였던 국초의 여러 기구들과의 관계 파악도 필요하다.

뿐만 아니라 고려의 호부·삼사와 당의 상서호부와의 기능 비교도 필수적이다. 즉 기능이나 성격에 많은 차이가 있는 송 삼사와 고려 삼사의 단순 비교보다는 오히려 3성6부 체제가 기본이었던 고려에서 당 호부의 기능이 호부와 삼사에 분담된 것으로 보이므로, 두 기구 사이의 업무 분장의 내용과 업무 분장에 따른 양자의 관계는 어떠했는지 등의 문제를 검토해야 할 것이다.

2절과 3절에서는 당의 3성6부제를 수용한 고려에서 군사업무를 담당한 기구로 병부가 존재하였는데도, 다시 송의 추밀원제도를 본 따 중추원을 추가로 설치하여 2개의 군사기구를 병치한 배경을 밝히고자 하였다.

고려시대의 군사제도에서 군령(軍令)체계와 군령기구의 내용이 어떠하였는지 아직 명확하게 밝혀지지 않은 상태이다. 조선 초의 기록에 의하면 당시의 지식인들은 고려의 중추원(中樞院)이 군령체계상 발병(發兵)업무를 담당한 군령기구로 이해하였다. 고려에서 중추원이 처음 설치되는 시기는 성종 대이므로 그 이전에도 군령관련 업무를 담당한 기구가 존재하였을 것이다. 이와 관련하여 건국초기에 군사관계 기구로서 병부(兵部)와 함께 등장하는 순군부(徇軍部)의 존재가 주목된다. 병부가 군사행정 업무를 관장하는 군정기관이었으므로 순군부는 군정과 대비되는 군령업무를 담당한 기관이었을 것이다. 이 절에서는 당시의 정치적·군사적 상황과 관련하여 두 기구의 설치 배경, 기능과 성격, 그리고 변화과정을 검토하였다.

제2장 1절에서는 고려의 상서 6부에 설치된 판사·지사직의 기능과 성격을 살피고자 하였다. 그동안의 연구에서는 상서 6부의 판사·지사직은 『고려사(高麗史)』 백관지(百官志) 기록을 근거로 상서(尙書) 위에 판사(判事)가, 상서와 시랑(侍郞) 사이에 지사(知事)가 추가로 설치되어 판사·상서·지사의 3직이 모두 임명되는 것으로 이해하였다.

중국의 경우 판사직과 지사직은 추가로 설치된 직이 아니라 타 관서로부터 파견된 차견관(差遣官)이 맡은 관직으로, 차견 관직보다 본직의 관계(官階)가 높은 것은 판(判)이라 칭하고 낮은 것은 지(知)라 칭하였다. 송에서는 3성6부가 허설화한 상태에서 차견관으로서 6부의 상서직을 겸한 자가 판사 혹은 지사가 되어 그 부서의 모든 업무를 주관하였다.

그러나 3성6부가 제 기능을 수행했던 고려의 경우 성서 6부의 판사·

지사제는 송의 제도와 큰 차이가 있었다. 차견된 타관이 6부 상서 대신에 판사나 지사직에 임명된 것이 아니라 상서직과 별도로 판사 혹은 지사직이 추가로 설치되어 겸직으로 제수되었다. 또한 상서 6부의 판사·상서·지사의 임명 사례를 보면 3직이 모두 임명된 경우는 전혀 없고, 언제나 상서를 중심으로 판사나 지사 중 한 직만 임명되거나 상서만 2인이 임명되는 경우도 있었다.

이처럼 6부의 장관인 상서를 중심으로 그 위와 아래에 판사 또는 지사가 임명되어 판사·지사가 하나로 묶여 운영된 제도인데 지금까지의 연구는 주로 판사직에만 관심을 가져 그 설치 배경과 겸직관계, 겸직을 둘러싼 재신과 국왕간의 권력관계 등의 해명에만 치중하였다. 반면 지사직은 판사직과 함께 하나의 제도로 운영되었음에도 불구하고 판사직과 무관한 별개의 존재로 파악함으로써 이에 대한 연구는 매우 소홀한 편이었다. 이 절에서는 고려전기 관제의 변화가 일어나는 충렬왕대 이전 시기를 대상으로 상서 6부의 판사·지사제의 실시 배경과 운영의 실제, 그리고 판사·상서·지사직의 기능 검토를 통해서 본 제도의 정치적 성격을 구명하고자 하였다.

2절에서는 고려시대의 기록에 나타나는 행직(行職)과 수직(守職)의 존재를 통해 중국으로부터 수용된 행수제(行守制)가 고려 사회에서 실제로 어떻게 운영되었는가를 살피고자 하였다. 우리나라에서는 고려 초에 처음으로 9품관제가 실시되었고, 동시에 품계의 고하에 따라 관인들의 지위를 나타내는 관계제(官階制)도 실시되었다. 관리들에게 주어진 관계는 관직의 품계와 일치시키는 것이 원칙이었으나 관직의 수는 제한되어 있고 관리들의 능력에 차이가 있었기 때문에, 관직을 제수할 때 관계(官階)와 관품(官品)을 일치시키는 것은 어려운 일이었다. 이러한 관계와 관품의 불일치를 보완하기 위해 시행된 제도가 행수제(行守制)로서, 관품이 관계보다 낮은 경우는 관직 앞에 행(行), 관품이 관계보다 높은 경우는 수(守)라 칭하였다.

그런데 고려시대의 행직과 수직은 관계(官階)와 관품(官品) 사이의 관계(關係)를 표시하기 위한 본래의 행수제와는 전혀 달랐다. 그동안의 연구에서 고려의 행수제는 관계(官階)와 관직(官職)간의 관계를 나타내는 제도가 아니라 산직(散職)과 실직(實職) 사이의 관계를 나타내는 제도로 기능한 것으로 추측하였다. 즉 산직의 품계가 실직의 품계보다 높은 경우 실직 앞에 행자를 넣어 양자의 차이를 표시하는 것으로 이해하였다. 그러나 산직의 품계가 실직보다 높음에도 불구하고 행직이 아닌 수직으로 표시된 사례도 많이 나타나므로 산직과 실직의 관품 고하에 따라 행직과 수직이 구분되었던 것은 아니었다.

이처럼 고려시대의 행직과 수직은 산직과 실직의 관품 고하에 따라 구분되었던 것도 아니고, 관계와 관품의 관계를 표시하는 본래 의미의 행수제와도 그 기능이 전혀 달랐다. 이 절에서는 여러 자료에 나타나는 행직과 수직의 제수 사례들을 통해 행·수직과 행수제와의 관련 여부, 산직과의 관계, 그리고 행·수직의 기능 등을 정리하고자 하였다.

3절에서는 고려의 관직체계에서 최고 관직인 태사(太師)·태부(太傅)·태보(太保)의 삼사(三師)와 태위(太尉)·사도(司徒)·사공(司空)의 삼공(三公)직에 대해 그 설치 과정, 제수 대상과 배경, 그리고 직무의 내용과 성격 등을 구명하고자 하였다.

중국에서 삼사와 삼공직은 주(周)나라에서 천자의 스승 내지 참모 역할을 하는 태사직에서 기원하였다. 수(隋)·당(唐)에 이르러 태사·태부·태보를 삼사라 하였는데 황제의 스승에 상당하는 지위였다. 직무와 소속 관원이 없었으며 대부분 임명되지 않았고, 혹 친왕(親王)에게 제수될 경우에도 단지 이름뿐이었다. 삼공은 태위·사도·사공을 가리키는데 황제의 최고 보좌관에 해당하였다. 수나라 때 폐지된 이래 임명된 예가 드물고, 그마저도 이름뿐이었다. 이처럼 수·당대 이후 삼사와 삼공이 실권

(實權)을 잃고 명예직으로 바뀌어간 것은 3성6부제가 확립되어 6부의 장관인 상서(尙書)가 정무를 담당하게 되었기 때문이다.

고려의 관직체계에서 최고 관부인 중서성, 문하성, 상서성의 장관은 각각 중서령, 문하시중, 상서령으로 그 품계는 모두 종1품이었다. 삼사와 삼공은 3성의 장관보다 품계가 높은 정1품직이었으며, 또한 특별히 소속된 관부도 없었다. 지금까지 이들 삼사와 삼공직에 대해서는 국왕의 최고 고문직으로 실무에는 종사하지 않았으며, 적임자가 없으면 공석으로 두었다는 정도로 이해되고 있을 뿐 전적인 연구는 없는 실정이다.

제3장 1절에서는 원 간섭기에 지속적으로 나타나는 일련의 '개혁안'들을 당시 고려사회가 안고 있던 모순에서 비롯된 민의 저항에 대한 국가의 대응책으로 파악하고 주로 사회경제부문을 중심으로 '개혁안'의 내용을 분석하여 '개혁정치'가 갖는 성격을 구명하고자 하였다.

원 간섭기의 '개혁정치'란 홍자번의 편민18사(便民十八事)를 비롯하여 충선왕의 즉위교서와 복위교서, 충숙왕5년과 12년의 교서, 그리고 충목왕대의 정리도감장(整理都監狀) 등에 제시된 내용을 중심으로 하여 전개된 일련의 정치활동을 의미하는데, 여기에는 당시 고려사회가 안고 있던 여러 모순들이 지적되고, 아울러 그 해결책도 제시되고 있다.

그동안의 원 간섭기 '개혁정치' 연구에서 개혁의 주도세력을 신진사대부, 개혁의 대상을 '권문세족'으로 설정하고, 이때의 개혁을 신진사대부에 의한 권문세족 중심체제의 부정, 즉 반원개혁으로 규정하였다. 당시의 '개혁안'은 대부분 사회경제적인 폐단의 개혁이 중심을 이루는데, 이처럼 개혁정치를 단순히 개혁을 주도한 정치세력과 연결시켜 이해하는 것은 경제적인 문제를 지나치게 정치적 측면에서 이해하려는 잘못을 범하는 것이다. 특히 '개혁정치'와 관련해서 반원적인 성격이 인정될 수 있는지 의문이며, 또한 '개혁'의 주도세력과 여타 정치세력간의 정치적 지향이나 사회경제기반의 차별성, 그리고 여말 '개혁' 주도세력과의 연결성 등도 제대로 밝혀지지 않은 상태이다.

2절에서는 원 간섭기에 각염제(榷鹽制)가 시행된 배경을 사회경제적 측면과 정치적 측면에서 검토함으로써 당시 상황 속에서 소금 전매제가 갖는 의미를 살펴보고, 아울러 소금 전매제 시행의 구체적인 내용, 특히 전매제하의 소금의 생산과 유통에 초점을 맞추어 고찰하고자 하였다.

각염제(榷鹽制)란 소금의 생산이나 유통에 관한 권리를 국가의 관리 하에 두고, 그로부터의 수익을 국가가 수취하는 소금의 전매제도이다. 전매제하의 소금의 생산이나 유통을 둘러싼 여러 관계와 그로부터 얻어지는 전매수익이 국가재정상 차지하는 위치가 매우 중요한 것임에도 불구하고 연구가 부진한 상황인데, 이는 자료의 부족에 그 원인이 있겠지만 또 한편으로는 고려의 각염제가 중국과 달리 국가 재정상 차지하는 비중이 크지 못했다는 점에서 그다지 주목을 받지 못했기 때문으로 보인다.

그러나 충선왕대에 소금의 전매제가 시행된 이래 시행 과정상 많은 문제점과 폐단이 노출되었음에도 불구하고 고려 왕조가 멸망할 때까지 거의 1세기 동안 각염제란 명목 자체는 폐지되지 않고 그대로 유지되었다. 이는 충선왕대에 추진된 여러 개혁들이 충숙왕7년에 충선왕이 유배되면서 대부분 폐지되었던 것과 비교해 볼 때 소금 전매제의 시행이 고려후기 국가재정상에서 일정한 역할을 수행하였기 때문이라 생각된다.

이상의 연구를 통해 얻어진 결론을 정리하면 다음과 같다. 고려는 광종대에 이어 성종 대 이후에도 적극적인 중앙집권화와 왕권강화 정책을 추진하였다. 우선 지방제도에서 성종 대에 12목(牧)을 중심으로 지방관을 파견하고 향리직제(鄕吏職制)를 개편하는 등 체계적인 지방지배의 기반을 마련하였고, 이어 현종 대에는 4도호부(都護府)와 8목(牧)을 중심으로 지방관제가 재정비되어 중앙의 행정력이 군현 단위에까지 미치게 되었다. 또한 중앙의 정치제도에서도 왕권강화와 중앙집권화를 위한 제도 정비가 추진되었다. 3성6부제를 기본으로 하면서 아울러 송의 관제인 중추원(中樞院)과 삼사(三司)를 추가로 설치한 것은 왕권강화와 밀접한 관련을 갖는 조치였다.

송의 추밀원(樞密院)이 중서문하(中書門下)와 더불어 문(文)·무(武)의 양권(兩權)을 분장하여 군권(君權)의 전제(專制)를 가능케 하는 역할을 하였듯이, 고려의 중추원 역시 왕권의 확립에 중요한 기구가 되었다. 뿐만 아니라 중추원의 설치는 군사업무의 분산을 통해 신권(臣權)을 견제하고자 한 것과도 관련이 있었다. 즉 군사업무 가운데 군사행정 업무는 병부가, 군령업무는 국왕의 최측근 기구인 중추원이 담당하게 하여 어느한 곳에 병권이 집중되는 것을 방지하고자 하였다.

삼사의 설치 역시 경제·재정 업무의 분산을 통해 신권을 견제하려는 것이었다. 고려는 3성6부제를 기본으로 하였으므로 호부에서 경제와 재정관련 업무를 담당하였다. 그럼에도 불구하고 같은 기능을 수행하는 삼사를 추가로 설치한 것은 두 기구로 업무와 권한을 분산시키기 위한 것이었다.

고려에서 호부는 호구와 토지 등 각종 세원(稅源)을 파악하여 세역(稅役)을 부과하는 업무를 담당하였고, 삼사는 호부에서 부과한 세역의 징수, 운반·저장, 예산의 수립과 집행, 그리고 그에 따른 회계업무를 담당하였다. 호부 또는 삼사의 단일기구만을 설치하였던 당이나 송과는 달리 고려는 두 기구를 모두 설치하였는데, 이는 군사(軍事) 부문에서 병부와 중추원을 병치(倂置)한 것과 마찬가지로 경제·재정 업무의 분산을 통해 신권을 견제하고 왕권을 강화하려는 것이 목적이었던 것이다.

상서 6부에서 시행된 판사·지사제 역시 6부의 장관인 상서(尙書)의 권한 분산을 통해 왕권을 강화하려는 제도였다. 장관인 상서 이외에 겸직으로 운영되는 판사와 지사직을 추가로 설치하여 판사와 상서, 또는 상서와 지사 사이에 상호 견제하게 함으로써 행정권의 분산과 왕권의 강화를 꾀하고자 하였던 것이다.

이처럼 고려는 3성6부체제의 당과 같이 완전한 귀족 중심의 정치체제도 아니고 송과 같은 군주 중심의 정치체제도 아닌, 두 요소를 절충한 정치체제를 갖춤으로써 귀족정치를 기본으로 하되 한편으로 신권을 견제하고 왕권을 강화하기 위한 여러 제도적인 장치를 마련하였던 것으로 생각된다.

본서와 같은 연구 성과를 낼 수 있었던 것은 오랜 기간에 걸쳐 정치제도사 관련 중국과 고려의 여러 자료들을 수집·정리하고, 함께 연구 활동을 해온 『한국역사연구회』의 「고려시대 정치제도사연구반」 동료들의 도움 때문이다. 특히 연구반 조직 때부터 끝까지 같이 활동했던 김대식, 박재우, 신수정, 유주희 선생님께 감사드리고, 이 책의 출판을 위해 힘써 주신 경인문화사 한사장님을 비롯한 여러 분께도 감사드린다.

2020년 12월 11일
권영국

차 례

■ 서 문

제1장 고려시대의 중앙관부

제2장 고려시대의 관직

제3장 원 간섭기의 고려 사회

제1장
고려시대의 중앙관부

제1절 경제·재정 관부 -호부와 삼사-

1. 머리말

고려시대 국가의 경제와 재정관계 업무를 관장하는 기구인 호부(戶部)와 삼사(三司)는 각각 당과 송의 제도를 받아들인 것이다. 중국 역사상 호부는 호구와 재부(財賦)를 관장하는 재정의 중심기관이었다. 처음에는 호적과 재용이 별개의 계열이었으나 북제(北齊)에 이르러 탁지상서(度支尙書)가 비로소 전 재정을 통할하게 되었으며, 탁지상서는 수대에 이르러 민부상서(民部尙書)로 고쳐졌고, 당에 계승되어 호부상서(戶部尙書)로 개칭되었다.[1]

당대의 호부는 국가 재무행정의 최고기구였으나 점차 세수(稅收)·전폐(錢幣)·운수(運輸) 등의 사무가 많아지면서 종래의 고정된 기구의 직무로는 변화에 대한 대응이 불가능하게 되었기 때문에 새로운 업무의 수행을 위해 정규 관제 이외의 전관(專管)기구를 따로 설치할 필요가 있었다.[2]

특히 당후반기의 사회·경제적 변화에 따라 호부의 본래 업무 이외에 여러 가지 재정관계 업무가 늘어나게 되면서 많은 기구들이 설치되었는데, 삼사는 바로 이들 기구들이 통합되어 성립된 기구였다. 따라서 당말과 송 대의 삼사는 종래의 호부를 대신하여 국가의 재정관계 업무를

---

1) 礪波護, 1986「第Ⅰ部 第一章 三司使の成立について」『唐代政治社會史研究』同朋舍, 東京

王穎樓, 1995「第四章 民政財政機構」『隋唐官制』四川大出版社, 成都

2) 俞鹿年 編, 1992「中央行政各部門 戶部」『中國官制大辭典』上, 黑龍江人民出版社

총괄하는 기능을 수행한 것이다.[3]

고려에서는 성종 대부터 당의 3성6부제(三省六部制)를 받아들여 호부가 재정기구의 기능을 수행하였다. 그런데 곧이어 또 하나의 재정기구인 삼사가 추가로 설치되었다. 삼사 역시 호부와 같은 기능과 성격을 갖는 재정기구이다.

고려에서는 당 후반기의 상황처럼 재정수입 확대를 위한 새로운 제도도 실시되지 않았고, 조운의 비중도 커지지 않았으며, 또한 재정수입이나 지출의 증대에 의한 회계업무의 양도 늘어나지 않았다. 요컨대 종래의 호부보다 확대된 기능을 갖는 송나라의 삼사와 같은 새로운 재정기구의 설치가 필요한 상황이 아니었던 것이다.

이처럼 이미 호부가 설치되어 모든 재정업무를 담당할 수 있었음에도 불구하고, 또다시 삼사가 설치됨으로써 2개의 재정기구가 중복 설치되는 결과가 되었다. 그러므로 고려에서의 호부와 삼사는 당·송의 그것과 기능이나 운영상 차이가 있을 수밖에 없었다.

그동안의 연구를 통해 호부와 삼사의 기능이나 양자의 관계 등 대체적인 윤곽은 밝혀졌다. 그러나 그 명칭만 같을 뿐 출현 배경이나 기구의 조직 등에 많은 차이가 있는 고려의 삼사와 송 삼사의 기능을 단순 비교하는 것만으로는 두 기구의 성격 차이는 물론 양자의 관계도 정확히 파악할 수 없다.

뿐만 아니라 당의 호부·송의 삼사와 고려의 호부·삼사 사이에는 어떤 차이가 있었는지, 또 같은 기능을 갖는 호부와 삼사가 동시에 설치된 고려에서 이들 두 기구 사이의 업무 분담이 어떻게 이루어졌는지 등에 대해서도 아직 명확하지 않은 부분이 많다.[4]

---

3) 송의 삼사는 元豐年間에 추진된 관제개혁으로 3성6부제가 부활하면서 폐지되고, 호부가 회복되어 삼사의 업무를 이어 받았다.
4) 삼사에 관한 종래의 연구를 정리하면 다음과 같다.
　周藤吉之는 고려의 삼사와 송 삼사의 기구 구성과 기능을 비교하여 고려의 삼사

특히 송의 삼사는 당 후반기의 사회경제 상황의 변화에 따라 종래 호부의 업무에 새로 늘어난 업무까지 포괄하여 수행하는 기구로 출현하여 호부를 대체한 기구였다. 그러므로 고려의 삼사를 올바르게 이해하기 위해서는 송 삼사와의 단순한 기능 비교만이 아니라 삼사가 출현하기 이전에 재정관계 업무를 담당하였던 국초의 여러 재정관계 기구와의 관계 파악도 필요하다.

그 뿐만 아니라 고려 중앙정치 제도의 모범이 된 당 3성6부제 하의 상서호부와의 비교 검토도 필수적이다. 즉 기능이나 성격에 많은 차이가 있는 송 삼사와 고려 삼사의 단순 비교보다는 오히려 3성6부체제[5]가 기

는 3개의 독립기구로 이루어진 송의 삼사가 갖는 기능을 모두 갖고 있는 것으로 이해하였다. 즉 단일기구인 고려의 삼사는 송 삼사를 구성하는 鹽鐵部·度支部·戶部의 기능을 모두 가지고 있었는데, 그 중에서 송의 度支部에 해당하는 전곡의 회계가 가장 중요하고, 호부에 해당하는 稅貢의 수입이 그 다음이며, 鹽鐵은 그다지 중요하지 않았다고 한다. 한편 상서호부는 양전이나 급전을 담당하는 중요한 기구로 기능하면서 삼사와 병존하였는데 이러한 점은 송과 고려의 사회경제 상태의 차이를 나타내는 것이라 하였다.(周藤吉之, 1980「高麗朝のおける三司とその地位」『高麗朝官僚制の研究』法政大出版局, 東京)

邊太燮은 고려의 삼사와 호부의 업무, 기구의 조직과 관원 구성 등을 비교하여 두 기구의 기능과 상호관계를 밝혔다. 삼사는 조세와 공부에 관한 사무, 즉 재무행정 중에서 稅貢과 祿俸이 주요 기능이었고 財賦의 출납은 그에 대한 회계사무가 本務였던 반면, 호부는 토지·호구·공부·錢糧·農桑 등 전반적인 재무행정의 기본적인 기능을 장악하였다고 하였다. 삼사가 국가의 전곡출납을 총관한다고 하지만 현실적으로 일원적인 최고의 재정기관이 되지 못하고, 또 권력기구도 되지 못하는 무력한 존재였는데 이것은 송과 달리 고려에서는 호부가 정상적인 기능을 수행하고 있었기 때문이라고 이해하였다.(邊太燮, 1975「高麗의 三司」『歷史敎育』17, 역사교육연구회)

朴鍾進은 기록상 나타나는 호부와 삼사의 기능을 정리하여 결론적으로 호부는 국가의 기본 세원인 호구와 토지를 파악하고 관리하는 일을 하였고, 삼사는 호부가 파악한 세원을 바탕으로 조세를 거두고 사용하는 일, 즉 전곡의 출납과 회계업무를 주관하였던 것으로 파악하였다.(박종진, 1990「고려전기 중앙관청의 재정구조와 그 운영」『한국사론』23, 서울대국사학과) 安秉祐도 같은 견해이다.(안병우, 2002「1장 재정구조의 성립」『고려전기의 재정구조』서울대출판부)

본이었던 고려에서 당 호부의 기능이 고려의 호부와 삼사에 분담된 것으로 보이므로 두 기구 사이에 업무가 어떻게 분장되었으며, 또한 업무 분장에 따른 양자의 관계는 어떠했는가 등의 문제를 검토해야 할 것이다.

이 글에서는 고려와 당·송 제도의 비교를 통해 당·송의 호부와 삼사가 고려에 수용되어 구체적으로 어떻게 변용되었나를 살피고자 한다.6)

2. 호부와 삼사의 설치 배경

호부에 대해서 『고려사』 백관지 호조조에 "국초에는 민관(民官)이라 칭하였고 어사(御事)·시랑(侍郎)·낭중(郎中)·원외랑(員外郎)이 있었으며 그 속관(屬官)에 사탁(司度)·금조(金曹)·창조(倉曹)가 있었다. 성종14년에 고쳐 상서호부(尙書戶部)라 하였고 이로 말미암아 사탁을 상서탁지로 금조를 상서금부로 창조를 상서창부로 고쳤다가 뒤에 속관을 모두 파하였다"7)라고 하여 건국 초에는 민관(民官)이라 칭하였음을 알 수 있다.

민관이라는 칭호는 수 개황(開皇)3년 이후의 호부 명칭인 민부에서

---

5) 학계에서는 고려에 수용된 당의 3성6부제는 중서성과 문하성이 단일기구를 이루어 2성6부제로 운영되었던 것으로 이해한다.(변태섭, 1993 「Ⅰ중앙의 정치조직」 『한국사』 13, 국사편찬위원회 및 박용운, 2000 『고려시대 中書門下省宰臣 연구』 일지사) 그러나 기본적으로 당의 3성6부체제를 수용한 것이므로 이 글에서는 3성6부체제라는 용어를 사용하였다.

6) 이 글은 『新唐書』『舊唐書』『唐六典』『唐會要』『通典』 등에 수록된 職官志 또는 百官志 자료를 주로 이용하였으므로 이들 제도가 실제로 운영되었던 당시의 현실과 차이가 있을 수 있다. 그러나 당 玄宗 때에 편찬된 『唐六典』은 당시의 정치이론과 사상을 겸한 구체적 사실과 제도를 집대성한 행정법규이므로 당대에 실제로 실시된 제도를 기록한 것으로 볼 수 있다.(錢穆 著·辛勝夏 譯, 1974 『中國歷代政治의 得失』 박영사)

7) 『高麗史』 권76, 百官1, 戶曹

따 온 것으로 보인다.[8] 『삼국사기』에 의하면 민관은 태봉의 대룡부(大龍府)를 계승하는 기구로 신라 때의 창부(倉部)를 가리키는 것이다.[9] 따라서 고려 호부의 기원은 신라의 창부에서 찾을 수 있다.[10]

신라의 창부는 651년에 품주(稟主)가 집사부(執事部)와 창부(倉部)로 나누어지면서 처음 등장하였다.[11] 품주는 처음에 왕의 가신적(家臣的) 존재로 출발하였으나 점차 국가의 전체적인 재정을 담당하는 공적 관부로 발전하였다.[12]

이후 재정분야의 중요성이 커지고 업무량이 증가함에 따라 기능의 일부가 먼저 분리되어 진평왕6년(584)에 조부(調府)가 설치되었고[13] 그에 따라 품주가 관장하던 공부(貢賦) 관련 업무가 조부로 인계된 것이다.[14]

그 후 진덕왕5년(651)에 품주에서 다시 창부가 분리되고,[15] 품주는 집사부로 명칭이 바뀌는데[16] 이는 토지 생산력이 점차 안정되고 토지를

---

8) 본래 호부는 周나라의 地官에서 기원하여 漢나라 때는 民曹, 隋初에는 度支라 불리었고, 隋 開皇3년에는 民部로 고쳐졌다. 당은 이를 계승하였으며 貞觀23년에 戶部로 개칭하였다.(『唐六典』 권3, 尙書戶部)
   隋의 度支(후의 民部)는 度支・戶部・金部・倉部 등 4개의 屬官으로 구성되어 업무를 분장하였다.(『隋書』 百官志)
9) "廣評省 匡治奈(今侍中) 徐事(今侍郞) 外書(今員外郞) 兵部 大龍部(謂倉部) … 右弓裔所制官號"(『三國史記』 권40, 雜志, 職官下)
10) 호부의 연원을 신라의 倉部가 아닌 국초의 民官에서 구하는 견해도 있다.(安秉佑, 2002「제1장 財政構造의 성립」『高麗前期의 財政構造』서울대출판부) 즉 民官이라는 명칭과 屬司制는 隋의 제도를 채용한 것으로 성종 초기의 민관은 이전까지 廣評省이 담당하던 토지에 관한 업무를 이양받는 한편 창부 등 여러 곳에서 분산적으로 수행하고 있던 재정업무를 흡수하여 새로이 출현한 기구로 본다. 그러나 광평성의 토지관련 업무는 국정 전반을 총괄하는 위치에서 다른 여러 업무와 함께 토지관련 업무도 취급한 것으로 생각된다.
11) 『三國史記』 권38, 職官上, 倉部
12) 李基白, 1974「稟主考」『新羅政治社會史硏究』일조각
13) 『三國史記』 권4, 신라본기, 眞平王6년 3월
14) 李基白, 1974「稟主考」『新羅政治社會史硏究』일조각
15) 『三國史記』 권38, 職官上, 倉部

대상으로 하는 조세의 수취 비중이 커지면서 품주가 가진 기능 가운데 조세관련 기능이 분리된 것을 의미하는 것이다.

　신라의 창부란 명칭[17] 역시 중국의 관제에서 따온 것으로 보인다. 중국사에서 창부라는 관부의 명칭이 처음 등장하는 시기는 남조의 송·제 때이며 탁지상서 아래에 탁지(度支)·금부(金部)·창부(倉部)·기부(起部) 등 4조(曹)가 속관으로 설치되어 탁지상서가 이들을 관할하였다. 그 후 수에서는 탁지가 민부로 바뀌면서 창부는 그 아래에 두어졌고, 당에서는 민부가 호부로 바뀌면서 호부 아래에 설치되었다.[18]

　신라 창부의 기능이 중국 수나라 때 탁지의 속관인 창부의 기능과 같은 것이었는지, 아니면 창부가 속해 있던 탁지(호부)의 기능을 수행한 것이었는지, 아니면 그 명칭만 따오고 그 기능은 전혀 별개의 것이었는지는 알 수 없다.[19]

---

16) 『三國史記』권5, 신라본기, 眞德王5년 2월
17) 倉部를 倉府의 誤記이며 部와 府는 차이가 있었을 것이라는 견해도 있다. 즉 兵部와 執事部는 『三國史記』職官志와 금석문에 모두 部로 표기된 데 반해 창부는 職官志에는 倉部로 되어 있으나 9세기의 것인 「昌林寺無垢淨塔願記」와 「黃龍寺九層木塔刹柱本記紀」에는 倉府로 되어 있어 직관지의 倉部는 倉府가 잘못 표기된 것으로 보았다.(朱甫暾, 1977 「Ⅳ장 1절. 중앙통치조직」, 『한국사 7』 국사편찬위원회) 그러나 部와 府의 차이로 지적되는 부속관서(屬司)의 존재 여부에서(이인철, 1993 「제1장 신라 중앙행정관부의 조직과 운영」, 『신라정치제도사연구』 일지사) 倉部는 다른 部와 마찬가지로 賞賜署와 같은 부속관서를 가지고 있으므로 倉部의 표기가 맞거나 또는 部와 府는 별 차이 없이 혼용되었던 것이 아닌가 한다. 또한 府에 두어진 관원도 令·卿·大舍·舍知·史 등으로 그 구성이 部의 그것과 차이가 없다.
18) 『通典』권23, 직관5, 호부상서
19) 창부의 업무에 대해서는 다음의 연구들이 있다.
　① 재정·징세 등의 업무로 보는 견해
　　井上秀雄, 1974 「新羅政治體制の變遷過程」 『新羅史基礎研究』 東出版, 東京
　　李基東, 1984 「第一篇 第三章 新羅中代의 官僚制와 骨品制」 『新羅骨品制社會와 花郎徒』 일조각
　② 토지에 관한 업무, 즉 토지에서 조세를 거두고 그것을 저장하는 업무로 보는 견해

신라에서는 창부 이외에 공부 관련 업무를 담당하는 부서로 조부가 따로 설치되었던 것으로 보아 창부는 후대의 호부 업무 중 일부만을 담당하였던 것이 아닌가 한다. 즉 중국에서처럼 국가의 경제·재정관계 업무를 탁지(호부)와 같은 하나의 기구에서 전담한 것이 아니라 창부와 조부 등 여러 기구에서 분담하였던 것으로 보인다.

따라서 신라의 창부는 그 업무가 중국의 창부와 같거나 비슷한 것이었다고 생각된다. 탁지 아래 설치된 4개의 속사 중 하나인 창부는 창저(倉儲)·출납조세·녹량(祿糧)·창름(倉廩) 등의 업무를 관장하였는데[20] 신라의 창부 역시 그와 비슷한 업무를 수행하였을 것이다.[21]

『삼국사기』에서 조부사지(調府舍知)를 사고(司庫), 창부조사지(倉部租舍知)를 사창(司倉)이라고 한 것에서[22] 볼 수 있듯이 재정관계 기구 가운데 조부는 고(庫)를 담당하고, 창부는 창(倉)을 담당하였음을 알 수 있다.

본래 고(庫)는 곡물 이외에 금은·포백 등의 물품을 저장하는 곳이고, 창(倉)은 조세로 거두어들인 곡물을 관리하는 곳이었다.[23] 따라서 창부는 토지를 대상으로 하는 하는 조세 수취와 관련된 업무를 담당하였을 뿐만 아니라 토지관련 업무까지도 담당하였을 것으로 생각된다.

즉 호부가 설치되기 이전, 아직 신라의 창부가 존속하고 있던 광종7

李仁哲, 1993「제1장 신라 중앙행정관부의 조직과 운영」『신라정치제도사연구』일지사

20)『新唐書』권46, 백관1

21) 李仁哲, 1993「제1장 新羅 中央行政官府의 組織과 運營」『新羅政治制度史研究』일지사

22) "改禮部舍知爲司禮 調府舍知爲司庫 領客府舍知爲司儀 乘府舍知爲司丹 例作府舍知爲司例 兵部弩舍知爲司兵 倉部租舍知爲司倉"(『三國史記』권9, 신라본기, 景德王18년 2월)

23) "(金部)郞中貝外郞之職 掌判天下庫藏錢帛出納之事 … (倉部)郞中貝外郞之職 掌判天下倉儲 受納租稅 出給祿俸之事"(『舊唐書』권43, 職官2, 尙書都省 戶部)

년에 행해진 약목군(若木郡) 양전(量田) 때에 창부경(倉部卿)이 양전 업무에 종사한 기록이 있는 것으로24) 보아 신라의 창부는 조세뿐만 아니라 토지관련 업무도 담당하였음을 알 수 있다. 신라에서 창부 이외에 토지관련 업무를 담당했을 만한 기구가 보이지 않고25) 토지수확물인 조세 업무와 토지업무는 상호 밀접하게 연관되기 때문이다.

이처럼 창부는 종래 품주가 수행하던 업무 가운데서 토지와 토지를 대상으로 하는 조세의 수취와 보관 및 지출업무를 전담하게 되었고, 이로써 먼저 설치된 조부와 함께 창부가 재정업무를 전문적으로 수행하는 체제를 갖추게 되었던 것으로 생각된다.

그 후 창부는 태봉 때에 대룡부(大龍部)라고 불리다가26) 고려 건국 후에는 다시 창부라 불리었던 것으로 보인다. 태조원년의 기록에 창부낭중·창부경·창부령 등의 관직명이 나타나기 때문이다.27)

○ 태조는 국초에 신라와 태봉의 제도를 참작하여 관청을 설치하고 직무를 분담하여 모든 사무를 처리하였다. 그러나 그 관직의 명칭에는 간혹 방언을 섞어 쓴 것도 있었다. 이것은 국가가 창립된 바쁜 시기였기에 미처 고칠 겨를이 없었던 때문이다. (태조)2년에 3성(三省)·6상서(六尙書)·9시(九寺)·6위(六衛)를 설치하였는데 대략 당제를 모방한 것이다.28)

위의 기록에 의하면 고려 건국 초에는 신라와 태봉의 제도를 참용하다가 태조2년 정월에 이르러 3성 6상서를 설치한 것으로 되어 있다. 이

---

24) 李基白 編, 1987「淨兜寺五層石塔造成形止記」『韓國上代古文書資料集成』일지사

25) 신라시대에 토지에 관한 업무는 창부가 아닌 執事部에서 관장하였을 것으로 보는 견해도 있다.(安秉佑, 2002「제1장 財政構造의 성립」『高麗前期의 財政構造』서울대출판부)

26) 『三國史記』권50, 列傳10, 弓裔

27) 『高麗史』권1, 世家 太祖元年 6월 辛酉

28) 『高麗史』권76, 百官1, 序文

때 설치된 3성과 6상서의 명칭에 대한 언급은 없으나 대체로 당의 제도를 모방한 것이라 하였다.

그런데 조선후기에 안정복이 편찬한 『동사강목(東史綱目)』에는 내의(內議)·광평(廣評)·내봉(內奉) 등 3성과 선관(選官)·병관(兵官)·민관(民官)·형관(刑官)·예관(禮官)·공관(工官) 등 6상서관의 명칭이 구체적으로 열거되어 있다.[29] 그러나 실제로 태조 대에는 6상서나 관직의 명칭이 보이지 않고, 성종원년 이후에 가서 비로소 선관어사나 병관어사 등의 관직이 나타나기 시작한다.[30]

『동사강목』의 기록대로 과연 태조2년에 설치된 6상서의 명칭이 선관·병관·민관·형관·예관·공관 등이었는지는 의문이다. 아마 태조2년에 설치한 3성 6상서는 당의 3성6부체제를 모방한 것이지 명칭까지 당의 것을 그대로 받아들인 것은 아니었던 것 같다. 그 이유는 실제 기구의 기능이나 조직 등에서 당의 그것과 많은 차이가 있기 때문이다.

이처럼 민관이란 명칭은 성종 대 이후부터 사용되었음을 알 수 있다. 성종원년 3월에 백관의 명칭을 고치는데[31] 내의성·광평성 등과 함께 6부의 전신에 해당하는 기구들의 명칭도 선관·병관·민관·형관·예관·공관 등으로 고쳐진 것이다. 이때 명칭의 개정과 아울러 새로운 기구들도 신설되어 다음해인 성종2년 5월에 가서야 비로소 3성 6조가 형태를 갖추게 된 것으로 생각된다.[32]

그리고 그 후 성종14년에 다시 관제를 정비하면서 중앙정치기구의 명칭을 대대적으로 개정하였는데 이때 당의 상서6부와 명칭이 다른 선관·민관 등을 권칭(權稱) 또는 가호(假號)라 하여[33] 당 6부와 같은 명칭으

---

29) 『東史綱目』 제5하, 己卯年 景明王3년 춘정월
30) 『高麗史節要』 권2, 성종원년 6월 및 성종2년 하5월
31) 『高麗史節要』 권2, 성종원년 3월
32) 『高麗史節要』 권2, 성종2년 5월
33) 『高麗史』 권3, 世家 成宗14년 5월 戊午

로 고쳤다.[34]

그러나 실제 호부란 명칭은 목종12년 이후부터 본격적으로 나타나기 시작한다.[35] 그리고 목종이후 문종대까지도 호부 이외에 민관이라는 명칭도 사용되는 것으로 보아[36] 호부로 개칭된 이후에도 한동안 2개의 명칭이 아울러 사용되었음을 알 수 있다.

이는 성종14년에 기구의 명칭이 중국식으로 고쳐지기는 하였으나 습속에 따라 당분간은 종래의 명칭이 그대로 사용되었기 때문이 아닌가 한다. 이처럼 호부는 유교적 정치이념을 바탕으로 국가가 민을 직접 통치하는 중앙집권적인 정치운영 방식인 당의 3성6부제를 도입하는 과정에서 기존의 창부를 계승한 토대 위에서 설치된 것이었다.

한편 삼사는 국초의 제도정비 과정에서 송의 제도를 받아들여 설치된 기구이다. 고려에서 언제 삼사가 설치되었는가에 대한 자세한 기록은 없지만 대체로 성종 대에서 목종 대 사이로 추정되고 있다.

> (가)-① 삼사는 중앙과 지방의 전곡출납에 대한 회계의 업무를 관장하였다. 태조 때에 태봉의 조위부(調位府)를 삼사로 고쳤다.[37]
>
> (가)-② 황비(皇妣) 효숙인혜왕태후(孝淑仁惠王太后)는 대종대왕(戴宗大王)의 애녀(愛女)로 성종대왕의 둘째 누이이다. … 순화(淳化)4년 늦은 봄에 갑자기 병에 걸려 … 그해 3월 19일 대궐 안 보화궁(寶華宮)에서 세상을 떠났다. … 목종대왕이 이때 세자(潛龍)였는데 감호(監護)로 선정되어 빈소를 삼사청(三司廳) 안으로 옮겼다.[38]

---

34) 『高麗史』 권76, 百官1, 戶曹
35) 이전에도 호부란 명칭이 사용된 예가 있다.(『高麗史』 권78, 食貨1, 田制 踏驗損實 성종7년 2월 判)
36) 『高麗史節要』 권3, 현종6년 11월 및 권5, 문종25년 3월
37) 『高麗史』 권76, 百官1, 三司
38) 『韓國金石全文』 中世 上, 182. 玄化寺碑

(가)-③ 이주헌(李周憲)은 동주(洞州) 토산현(土山縣) 사람이다. … 목종 때
　　에 내사사인(內史舍人)으로 전보(轉補)되어 삼사의 직무를 겸하여
　　관장하였다.[39]

(가)-④ 갑술일에 … 유충정이 올린 봉서에 "좌복야겸삼사사(右僕射兼三司
　　事) 김치양(金致陽)이 분수에 넘치는 일을 엿보아 사람을 보내 뇌
　　물을 주어 깊이 심복을 벌어놓고 …"[40]

(가)-①에 의하면 태조 대에 태봉의 조위부를 삼사로 고친 것으로 되
어 있으나 실제 태조 대에는 삼사의 존재가 보이지 않는다. 삼사의 존재
가 처음 나타나는 것은 (가)-②에서 보는 것처럼 성종12년의 삼사청이라
는 관청이다.

한편 삼사의 관직에 관한 기록은 (가)-③④에서 볼 수 있듯이 목종
대부터이다. 중앙관제의 정비가 이루어지는 성종 초에는 아직 삼사의 모
습이 보이지 않고, 또한 송나라에서 수용된 중추원이 성종10년에 설치되
는 것으로 보아[41] 삼사 역시 중추원과 비슷한 시기에 설치되었을 것으
로 추측된다.[42]

이와 관련하여 성종14년 이후 호부 소속의 탁지·금부·창부의 3속사
가 폐지되는 사실이 주목된다. 이 때 폐지되는 3속사의 업무가 삼사의
업무와 거의 일치하기 때문이다. 병관(兵官)의 속사인 고조(庫曹)와 예관
(禮官)의 속사인 사조(祠曹)가 현종2년에 혁파되는데[43] 속사별로 다소

---

39) 『高麗史』 권94, 列傳7, 李周憲
40) 『高麗史節要』 권2, 穆宗12년
41) 『高麗史節要』 권2, 成宗10년 10월
42) 기존의 연구에서는 三司의 설치시기를 태조대로 보거나(周藤吉之, 1980 「高麗朝
のおける三司とその地位」 『高麗朝官僚制の硏究』 法政大出版局, 東京), 중추원이 설
치된 것과 비슷한 시기인 성종대로 본다.(邊太燮, 1975 「高麗의 三司」 『歷史敎育』
17 및 朴龍雲, 2002 「譯註 『高麗史』 百官志(1)」 『고려시대연구』 V, 한국정신문화
연구원)

차이가 있을 수 있겠지만 호조의 속관들도 대체로 이 시기를 전후하여 폐지되었을 것으로 추측된다. 성종10년 이후의 어느 시기에 삼사가 설치되면서 호부 소속의 3속사의 업무가 삼사로 이관되고 속사가 폐지된 것이 아닌가 한다.[44]

이처럼 고려의 삼사는 건국 초기의 제도 정비과정에서 송의 제도를 수용하여 설치된 것이지만 송의 그것과 비교할 때 그 출현 배경은 전혀 달랐다. 주지하듯이 중국의 삼사는 당 후반기의 사회·경제 변화에 대응하여 출현한 기구이다.

당 후반에 이르러 균전제와 조·용·조 수취체제에 기초를 둔 재정이 파탄에 이른 가운데 세수입의 감소를 보충하기 위해 각종 신세가 부과되는 상황에서 종래의 율령관제에서 재정을 주관하는 호부체제만으로는 업무 처리가 불충분하였으므로 이러한 문제에 대응하기 위해 출현한 것이 삼사였다.[45]

종래의 호부는 호적관리와 조·용·조를 통할하는 호부조(戶部曹), 재화와 교역을 관장하는 금부조(金部曹), 조미(租米) 등을 저장 관리하는 창부조(倉部曹), 국고의 출납과 조운을 통할하는 탁지조(度支曹)의 4조로 구성되었다. 이 가운데 창부조와 탁지조의 직장(職掌)이 비대화하였기 때문에 그 직장의 일부를 분리 독립시킨 것이 탁지사(度支使)와 전운사(轉運使), 그리고 염철사(鹽鐵使)라는 사직(使職)이었다.[46]

당 중기이후 사회 정세의 큰 변화에 의해 생긴 새로운 지출요인, 특히

---

43) 『高麗史』 권76, 百官1, 兵曹 및 禮曹

44) 이와 관련하여 현종2년에 6부 屬司制가 폐지되면서 6부 속사가 담당하였던 업무가 상당부분 각사로 이관되었고, 또한 증대된 업무를 담당하기 위하여 각사에는 새로운 관청이 설치되었다는 연구가 주목된다.(이정훈, 2005 「高麗前期 各司의 설치와 운영방식의 변화」 『한국사연구』 128)

45) 松丸道雄外 編, 1996 『世界歷史大系 中國史』 2, 山川出版社, 東京

46) 礪波護, 1986 「第一部 第一章 三司使の成立について」 『唐代政治社會史硏究』 同朋社, 京都

부병제가 붕괴되어 용병제로 전환함에 따라 거액의 군사비와 조운관리에 필요한 경비 등은 대개 염세수입으로 조달되었다. 그 때문에 염철사가 전운사를 겸임하는 것이 일반적인 현상이 되었고 염철전운사(鹽鐵轉運使)는 재상에 준하는 중요직이 되어 마침내 탁지사가 당 왕조 서북부의 재무를 관장하고 염철전운사가 동남부의 재무를 관장하게 되었다. 이처럼 탁지사와 염철전운사라는 사직(使職)이 율령관제의 범위 밖에서 중요도가 커지게 된 것은 당대 사회의 큰 변화를 말해주는 것이다.[47)

그 후 번진의 발호가 극심하여 강회(江淮)의 조운이 어려워지고 동남염(東南鹽)의 수입도 탁지에 속하게 되어 재정조직이 일체화되면서, 상서호부의 1국(局)이었던 호부와 탁지, 염철을 삼사라 부르게 되었다. 후량(後梁)에서는 조용사(租庸使)가 재정의 주역이 되었지만 후당(後唐)에서는 다시 삼사가 재정의 중추를 점하게 되어 송대까지 계승되었다.[48)

이러한 배경에서 성립된 중국의 삼사와 달리 고려의 삼사는 건국 초기 정치제도의 정비과정에서 출현하였다. 즉 고려는 중앙정치기구의 정비 과정에서 기본적으로 당의 3성6부제를 모범으로 하였으나 한편으로 송제(宋制)도 일부 수용하였는데 삼사는 중추원과 함께 송의 제도를 받아들여 설치된 기구였던 것이다.

『고려사』 백관지 삼사조에 의하면 고려의 삼사는 태봉의 조위부를 잇는 것으로 되어 있다.[49) 이처럼 삼사가 태봉의 조위부와 연결되는 것으로 기술하였으나 관서의 명칭 자체가 중국의 것을 채용한 것이고, 그 기능도 조(調)를 중심으로 한 조부(調府)나 조위부에 대하여 전곡의 출납을 관장하는 보다 광범한 재정기구의 성격을 지니고 있기 때문에 고려의

---

47) 松丸道雄外 編, 1996 『世界歷史大系 中國史』 2, 山川出版社, 東京
48) 礪波護, 1986 「第一部 第一章 三司使の成立について」 『唐代政治社會史硏究』 同朋社, 京都
49) 『高麗史』 권76, 百官1, 三司

삼사는 신라의 조부나 태봉의 조위부의 후신이라기보다는 재정 전반의
사무를 관장한 당·송의 삼사제를 수입한 것이라는 연구도 있다.[50]

그러나 이러한 주장처럼 고려의 전통과 전혀 무관한 새로운 기구로서
삼사가 설치된 것으로 생각되지는 않는다. 재정관계 업무를 담당하던 기
존의 기구들 가운데서 송의 삼사와 기능이나 성격이 비슷한 기구를 송의
제도에 맞게 개편하거나 정비하였을 것이다. 태봉의 조위부는 신라의 조
부를 계승한 것이며, 신라의 조부는 진평왕6년(584)에 품주(稟主)에서
분리된 것이었다.[51]

『삼국사기』신라본기에는 진평왕6년 3월에 "조부령(調府令) 1인을 두
어 공부를 맡게 하였다"고 하였고,[52] 직관지에는 진평왕6년에 조부가
설치되었다고 하여,[53] 조부가 진평왕6년에 설치되었음을 알 수 있다. 조
세수취 업무를 담당하는 재정기구인 창부가 진덕왕5년(651)에 설치되었
으므로 조부가 창부보다 70여 년 먼저 설치된 셈이다.

조부라는 관서명은 중국에는 보이지 않으나, 경덕왕 대에 대부(大府)
로 개칭되는 것으로 보아[54] 중국 주관(周官)의 태부나 그 후의 태부시
(太府寺)와 관련이 있는 기구로 생각된다.[55] 후주에서 태부시로 하여금
공부를 관장하게 하였다는 기록도 있어[56] 조부는 중국의 태부시와 비슷

---

50) 태봉의 조위부는 신라의 調府에서 연유되었는데, 태봉 때에는 財貨廩藏의 일을 맡
　　아보는 納貨府(고려의 太府寺)가 따로 설치됨으로써 調位府는 순전히 貢賦의 사무
　　만 관장하는 기관에 불과하였다고 본다.(邊太燮, 1975「高麗의 三司」『歷史敎育』
　　17 및 朴龍雲, 2002「譯註『高麗史』百官志(1)」『고려시대연구Ⅴ』한국정신문화
　　연구원)

51) 李基白, 1974「稟主考」『新羅政治社會史硏究』일조각

52) 『三國史記』권4, 新羅本紀, 眞平王6년 3월

53) 『三國史記』권38, 雜志 職官上 調府

54) 위와 같음

55) 李仁哲, 1993「第一編 第一章 新羅 中央行政官府의 組織과 運營」『新羅政治制度
　　史硏究』일지사

56) 『通典』권23, 職官5

한 기능을 가진 기구였음을 알 수 있다.

조부가 담당한 공부(貢賦)는 인정(戶)을 대상으로 하는 것으로서 고대 사회에서는 토지를 대상으로 하는 조세의 수입보다는 인정을 대상으로 하는 공부의 수입이 더 중요하였으므로 공부와 관련된 업무를 담당하는 조부가 먼저 설치된 것으로 생각된다.

고려 건국 후 중앙관제가 3성6부체제로 정비됨에 따라 종래 재정관련 업무를 담당하던 조위부는 창부와 함께 일단 호부에 통합되고, 곧이어 삼사가 설치되면서 호부 기능 중 일부가 분리되어 삼사로 이관된 것이 아닌가 한다.[57]

삼사의 설치와 호부 속사들의 폐지 시기가 거의 비슷한 것으로 보아 삼사 설치를 전후하여 호부와 삼사 간에 업무의 조정이 이루어졌을 것이다. 삼사의 기능 가운데 공부 관련 업무를 종래의 조위부가 가지고 있었기 때문에 『고려사』 찬자는 삼사가 조위부를 계승한 것으로 이해하였을 것으로 생각된다.

고려왕조 건국 후 중앙 및 지방제도의 정비가 이루어지는데 특히 성종 대에 많은 제도와 기구들이 정비되었다. 성종은 적극적으로 중국의 제도를 수용하여 기존의 제도와 정치기구들을 중국식으로 개편하였다. 중앙의 정치제도는 물론 10도제·주현제·절도사제 등 지방제도도 당의 것을 모방하였다.[58] 성종은 중국의 풍속을 즐겨 본받아 백성들이 좋아하지 않았다는 말이 나올 정도로 중국의 풍속, 즉 문물제도의 수용에 적극적이었다.[59]

성종 대에 송의 추밀원제도를 본받아 고려에 중추원을 설치했던 것처

---

57) 삼사의 설치시기와 호부의 속사들이 폐지되는 시기가 거의 비슷한 것으로 보아 삼사 설치를 전후하여 호부와 삼사간에 기능의 조정이 있었을 것으로 생각된다.
58) 김갑동, 1994「고려전기 정치체제의 성립과 구조」『한국사』 5, 한길사
59) 『高麗史節要』 권2, 성종12년

럼60) 중국의 기구와 그 기능이나 성격이 같거나 비슷한 종래의 기구들을 중국식 명칭으로 바꾸거나 개편하였다. 중추원을 설치한 것과 비슷한 시기에 삼사제도를 받아들이고 기존 조위부의 업무를 중심으로 호부업무의 일부를 분리시켜 삼사로 하여금 담당하게 하였던 것이다.

중국에서는 호부와 삼사가 독립기구로서 동시에 설치된 적이 없으나 고려에서는 두 기구가 동시에 병존하게 되었다. 따라서 고려의 삼사는 송의 삼사와 명칭은 같았으나 조직이나 기능 등 실질적 내용에는 많은 차이가 있을 수밖에 없었다.

인종 때에 고려를 다녀간 서긍(徐兢)이 남긴『고려도경(高麗圖經)』에서 '고려가 중국을 모방하여 관부를 설치하고 중국식 명칭으로 부르기는 하였으나 한갓 형식만 갖춘 것일 뿐 실질은 맞지 않는다'고 한 것도61) 바로 이러한 사실을 뒷받침하는 것이라 생각된다.

3. 호부와 삼사의 조직과 관원 구성

1) 고려의 호부와 당 호부의 비교

고려가 모범으로 삼은 당의 호부는 조직상 호부본사(戶部本司)를 비롯해 탁지·금부·창부 등 4사로 구성되었다.62) 그러나 고려의 호부는 당의 그것과는 달리 호부본사 이외에 속사가 설치되지 않았다.

---

60) 『高麗史節要』 권2, 성종10년
61) "官府之設 大抵皆竊取朝廷美名 至其任職授官職 則實不稱名 徒爲文具 觀美而已" (『高麗圖經』 권16, 官府, 臺省)
62) "尙書一人 正三品 侍郎二人 正四品下 掌天下土地人民錢穀之政 貢賦之差 其屬有四 一曰戶部 二曰度支 三曰金部 四曰倉部"(『新唐書』 권46, 百官1, 尙書省 戶部)

고려의 호부도 국초에는 사탁(司度)·금조(金曹)·창조(倉曹) 등 3개의
속사가 있었고, 성종14년에 탁지·금부·창부로 명칭이 고쳐졌으나, 그 이
후 어느 시기에 이들 3개의 속사는 폐지되고 호부본사만 남게 되었다.[63]

따라서 고려의 호부는 당의 호부와 비교할 때 호부를 구성하는 4개의
사(司) 중 호부본사에 해당하는 1사로만 이루어진 셈이다. 이러한 호부
의 조직 차이는 양국 호부간의 관원 구성과 기능 차이로 나타났다.

먼저 관원의 구성을 보면 당의 호부는 장관인 상서 1인과 차관인 시
랑 2인,[64] 그리고 그 아래에 각 속사별로 낭중 1인, 원외랑 1인, 주사
4인으로 이루어졌고,[65] 호부본사만은 낭중과 원외랑의 정원이 2인씩이
었다.[66]

당과 달리 고려의 호부는 장관인 상서의 위와 아래에 겸직인 판사(判
事) 또는 지사(知事)가 더 설치되었고, 관원의 정원은 상서 1인, 판사 또
는 지사 1인, 시랑 2인, 낭중 2인, 원외랑 2인으로 구성되었으며, 낭중과
원외랑이 각 2인씩으로[67] 당의 호부본사 소속 낭중과 원외랑의 정원과
같았다.

이속직에서 당의 호부는 각 속관별로 영사(令史)·서령사(書令史)·정
장(亭長) 또는 계사(計史)[68]·장고(掌固) 등으로 구성되었으나,[69] 고려는
주사·영사·서령사·계사·기관·산사(筭士) 등으로 구성되고 있으며,[70] 당

63) 『高麗史』 권76, 百官1, 戶曹
64) "尙書一人 正三品 侍郎二人 正四品下 掌天下土地人民錢穀之政 貢賦之差 其屬有四
　一曰戶部 二曰度支 三曰金部 四曰倉部"(『新唐書』 권46, 百官1, 尙書省 戶部)
65) "度支郎中 員外郎 各一人 … 金部郎中 員外郎 各一人 … 倉部郎中 員外郎 各一
　人"(『新唐書』 권46, 百官1, 尙書省 戶部)
66) "郎中二員 從五品上 員外郎二員 從六品上"(『舊唐書』 권43, 百官2, 尙書都省 戶部)
67) "文宗定 戶部判事一人 宰臣兼之 尙書一人 秩正三品 知部事一人 他官兼之 侍郎二
　人 正四品 郎中二人 正五品 員外郎二人 正六品"(『高麗史』 권76, 百官1, 尙書省 戶曹)
68) 亭長은 호부본사에 설치되고 計史는 탁지·금부·창부에 설치되었다.
69) 『新唐書』 권46, 百官1, 尙書省 戶部

에서는 품관직인 주사가 고려에서는 이속직에 속한 점이 다르다.

또한 호부본사의 이속 수만을 비교해 볼 때 고려 호부의 이속 수가 당의 그것보다도 적었다. 관원의 품계를 비교해 보면 장관과 차관인 상서와 시랑은 고려와 당 모두 정3품과 정4품으로 품계가 같으나 낭중과 원외랑은 고려는 정5품과 정6품인데 반해 당은 종5품과 종6품으로 고려보다 낮은 품계인 점이 차이이다.

이처럼 고려의 호부는 조직상 4개의 사로 구성된 당 호부와 달리 호부본사 1사만으로 이루어졌고, 관원 구성상에서도 고려 호부의 관원은 당 호부를 구성하는 4개의 사 중 호부본사의 그것과 거의 같음을 알 수 있다.

고려의 호부가 당의 제도를 모방하였지만 당의 호부처럼 속사를 하나도 거느리지 않았고, 관원의 구성도 4사 중 하나인 호부본사의 그것과 규모가 비슷하여 명칭만 같을 뿐 실제로는 많은 차이가 있었다. 그리고 이러한 기구 구성의 차이는 당연히 그 기능의 차이로 나타나게 되었다.

2) 고려의 삼사와 송 삼사의 비교

고려의 삼사는 송의 제도를 받아들인 것이므로 먼저 송의 삼사제도에 대해 살펴볼 필요가 있다. 송의 재정제도는 대개 당의 제도에 의거하였는데 삼사도 후당의 제도를 받아들여 태조 즉위 직후부터 설치되었다.

당 후반기 재정위기에 처한 당 왕조의 재정난 극복을 위한 노력은 우문융(宇文融)의 괄호(括戶)로부터 시작하여 양세법(兩稅法) 시행 기간에 집중적으로 나타났다.[71]

---

70) 『高麗史』 권76, 百官1, 戶曹
71) 礪波護, 1986 「第一部 第一章 三司使の成立について」 『唐代政治社會史研究』 同朋
舍刊, 東京

이 시기에 성립한 각염법과 양세법은 후에 삼사를 형성하는 염철사·
탁지사와 깊은 관계를 갖는 것인데 염철부·탁지부·호부가 상대적으로
독립적인 재정기구가 된 것은 당 덕종(德宗) 정원(貞元) 연간이었다.[72]

송 초에는 후당의 제도에 따라 탁지부와 염철부에 호부를 병합하여
삼사라 하였다. 후당 이래 삼사는 직무의 내용에 따라 염철 6안(案), 탁
지 14안, 호부 4안으로 분장되었으며 그 중에서도 탁지가 특히 중요하였
는데 건덕(建德)5년에 탁지판관인 후척(候陟)이 분장의 불균등함을 지적
하여 비로소 3부가 각각 8안씩 분령(分領)하게 되었다.[73] 이처럼 3부가
기계적으로 8안씩 분장하게 된 것은 삼사가 완전히 하나의 기구가 된
것을 의미하는 것이라 생각된다.[74]

송대의 삼사는 원풍 관제개혁에 이르기까지 각 로(路)에서 전운사와
서로 대응하여 중앙 재정을 전부 통할하였으므로 당 초기의 호부가 송의
삼사로 전환된 셈이다. 이후 태종에 의해 삼사제도에 많은 손질이 가해
졌지만 삼사의 명칭이나 기구는 그대로 신종조(神宗朝)까지 계속되었다.
그러나 원풍5년(1082)의 관제개혁에서 호부가 부활하면서 삼사는 완전
히 소멸하였다.[75]

이처럼 송의 삼사는 염철부·탁지부·호부의 3부로 구성되었으며 서로
다른 업무를 수행하였다. 또한 삼사는 구원(句院)·도마감사(都磨勘司)·
도주할지수사(都主轄支收司)·구수사(拘收司)·도리흠사(都理欠司)·도빙
유사(都憑由司)·개절사(開折司)·발방사(發放司)·구착사(勾鑿司)·최구사
(催驅司)·수사사(受事司) 등의 자사(子司)를 거느렸다.[76]

---

72) 『新唐書』 권55. 食貨5

73) 『宋會要』 食貨56-9, 戶部

74) 礪波護, 1986 「第一部 第一章 三司使の成立について」『唐代政治社會史硏究』 同朋
　　舍刊, 東京

75) 위와 같음

76) 『宋史』 권162, 職官2, 三司使

그러나 고려의 삼사는 명칭만 삼사일 뿐 단일 부서로서 송의 삼사와 그 조직이 달랐고, 또한 자사의 존재나 제안(諸案)의 업무 분장의 흔적도 보이지 않는다.[77]

다음으로 관원의 구성에서 송의 삼사는 삼사사 1인을 비롯하여, 그 아래에 염철부·탁지부·호부의 각 부별로 부사 1인, 판관 3인 등의 관원을 두었다. 염철부·탁지부·호부가 삼사로 통합되기 이전에 각각 주사(主司)로 기능할 때는 모두 사와 부사가 설치되었으나, 삼사에 예속되어 분부(分部)가 되면서 각기 부사만 1인이 설치되었다. 그밖에 판관(判官)·추관(推官)·순관(巡官)·주부(主簿) 등과 이속이 설치되었다. 삼사사는 양성(兩省)의 5품 이상과 지제고(知制誥)·집학사(雜學士)·학사가 임명되었고, 삼사부사는 원외랑 이상으로 3로전운사(三路轉運使)와 6로발운사(六路發運使)를 역임한 자가 임명되었으며, 삼사판관은 조관(朝官) 이상으로 일찍이 제로전운사(諸路轉運使)·제점형옥(提點刑獄)을 역임한 자가 임명되었다.[78]

한편 고려의 삼사는 판사 1인, 사 2인, 지사 1인, 부사 2인, 판관 4인으로 구성되어 송 삼사에 없는 판사와 지사가 더 설치되었다. 그중에서 판삼사사는 판호부사와 마찬가지로 재신이 겸하였는데 이는 송과 다른 고려 제도의 특징이었다.

관원의 품계를 보면 삼사사는 정3품, 지사사[79]와 부사는 종4품, 판관은 종5품으로 송의 그것들보다 약간 높았다. 이속직은 주사 6인, 영사

---

77) 邊太燮, 1975 「高麗의 三司」 『歷史敎育』 17
　　周藤吉之, 1980 「高麗朝のおける三司とその地位」 『高麗朝官僚制の研究』 法政大出版局, 東京
78) 『宋史』 권162, 職官2, 三司使
79) 『高麗史』 백관지에는 품계가 표시되어 있지 않다. 변태섭은 종4품으로 추정하였으나, 周藤吉之는 상서좌승·위위경·대부경 등이 지삼사사가 되었기 때문에 종3품관이었을 것이라고 추측하였다. 知三司使는 겸직이었기 때문에 정해진 품계는 없었을 것이나 그 위치로 보아 종3품 내지 종 4품직이 겸하였을 것으로 생각된다.

11인, 서령사 2인, 기관 25인, 중감(重監) 2인, 계사(計史) 2인, 산사(筭士) 4인으로 구성되었다.[80]

이처럼 고려의 삼사는 관원의 구성에서도 송의 그것과 많은 차이가 있다. 송의 삼사는 1인의 삼사사 아래에 3개의 각 부별로 부사 각 1인, 판관 각 3인이 설치된 반면 고려의 삼사는 사 2인, 부사 2인, 판관 4인에 겸직인 판사 1인, 지사사 1인이 설치되었다. 즉 고려의 삼사는 송의 삼사를 구성하는 3개의 부 가운데 1개 부에 해당하는 규모의 관원 구성을 갖고 있는 셈이다.

이상 고려의 삼사는 단일 부서로 이루어져, 3부로 구성된 송의 삼사와는 그 조직이 전혀 달랐으며 관원의 구성에서도 큰 차이가 있었다. 이러한 조직과 관원 구성의 차이는 당연히 그 기능의 차이로 나타났다. 뿐만 아니라 양자는 그 설치 배경 또한 전혀 달랐기 때문에 단순히 송의 삼사와 고려의 삼사를 기능상으로 비교하는 것은 큰 의미가 없는 것이다.

3) 고려의 호부와 삼사와의 관계

(1) 관직의 지위 상 양자의 관계

호부와 삼사를 구성하는 관원의 품계, 겸직관계 등을 통해 두 기구의 지위와 관계를 살펴보고자 한다. 우선 두 관서의 장관인 호부상서와 삼사사는 모두 정3품으로 같은 품계이고 차관 이하의 직은 호부시랑이 정4품, 호부낭중이 정5품, 그리고 삼사부사가 종4품, 삼사판관이 종5품으로 같은 품계 내에서 정(正)과 종(從)의 차이가 있다.

그러나 삼사의 관직은 대부분 겸직(兼職)으로 제수되어 품계는 있었지만 관품으로서의 의미는 없기 때문에 이것을 통해 양자의 지위를 비교하기는 어렵다.[81]

---

80) 『高麗史』 권76, 百官1, 三司

다음 두 관서의 관직 상 겸직관계를 살펴보면 국초 이래 의종 대까지
호부상서를 역임한 관원은 모두 72명인데 그 중에서 호부상서가 단독으
로 제수된 경우가 46직이고, 타직을 겸임한 겸직[82])이 42직이다.[83]) 이처
럼 호부상서직은 타직을 겸임하는 경우보다 단독으로 제수되는 비중이
높은 편이었다.

한편 삼사직의 경우 장관직인 삼사사를 역임한 인물은 의종 대까지
모두 18사례가 보이는데, 그 가운데에서 삼사사 단독으로 표기된 것은
4사례에 불과하고[84]) 나머지 14사례는 모두 타관직에서 겸임한 것이었
다.[85]) 그 가운데에는 호부상서로서 삼사사를 겸직한 예도 나타난다.[86])

다음 차관직인 삼사부사의 경우 의종 대까지 모두 5사례가 나타나는
데, 그 중 삼사부사 단독으로 표기된 것이 1사례이고,[87]) 나머지 4사례는
모두 겸직으로 제수되었다. 삼사부사직을 겸하는 관직 가운데 6부 차관
직인 시랑직이 있는데,[88]) 같은 차관직이라 하더라도 호부시랑이 삼사부

81) 이진한, 2004 「고려시대 본품항두(本品行頭)」 『역사와 현실』 54, 한국역사연구회
82) 두 직위 이상이 독립직으로 중첩되어 제수되는 경우는 중복직, 다른 관직에 부수
    되어 나오며 겸자가 있는 경우는 겸직으로 구분하기도 하지만(朴龍雲, 2000 「제3
    장 고려시대의 尙書6部에 대한 검토」 『高麗時代 尙書省 硏究』 경인문화사) 양자
    사이의 차이는 명확하지 않다.
83) 朴龍雲, 2000 「제3장 고려시대의 尙書6部에 대한 검토」 『高麗時代 尙書省 硏究』
    경인문화사
84) 삼사직은 모두 겸직이었으므로 단독직으로 표기된 사례도 실제로는 타직이 겸임
    한 겸직이었을 것으로 생각된다.
85) 이하 삼사직에 대해서는 周藤吉之가 정리한 자료(周藤吉之, 1980 「第五章 高麗朝
    における三司とその地位」 『高麗朝官僚制の硏究』 法政大出版局, 東京)를 이용하였다.
86) 예컨대 예종6년 2월에 崔繼芳은 戶部尙書로서 三司使를 겸직하였고, 동왕8년 7월
    에 康拯은 戶部尙書三司使였으며, 인종말년에 金義元은 戶部尙書兼三司使였다.
    (『海東金石苑補遺』 권2, 安稷崇墓誌)
87) 단독직으로 표기된 삼사사의 사례와 마찬가지로 삼사부사직 역시 실제로는 타직
    에서 겸임한 겸직이었을 것이다.
88) 예를 들면 刑部侍郎三司副使, 兵部侍郎三司副使, 工部侍郎兼三司副使 등의 사례가

사직을 겸하는 위치에 있었음을 알 수 있다. 삼사판관직은 4사례가 있는 데 모두 타관이 겸직하였고, 대부분은 6부 낭중 또는 원외랑의 겸직 대상이 되었다.[89]

본래 판삼사사와 지삼사사는 타관이 겸하는 직이었지만 나머지 삼사사·삼사부사·삼사판관 등도 대부분 겸직으로 제수되고 있음을 볼 수 있다. 이러한 사실로 미루어 보아 삼사직은 모두 겸직으로 운영되고 단독으로 제수되는 경우는 없었던 것으로 생각된다.[90]

이처럼 삼사의 관직은 장관직을 비롯하여 대부분이 타관직의 겸직 대상이 되었던 것으로 보아 호부와 비교할 때 그만큼 지위 상 차이가 있었음을 의미하는 것이라 생각된다.

(2) 국가의 대우 면에서 본 양자의 관계

두 기관의 관원이 국가로부터 받는 경제적 대우, 예컨대 전시과에서 지급되는 토지와 녹봉의 양 및 구사(丘史)의 수 등의 비교를 통해 양자 간의 관계를 살펴보면 다음과 같다.

먼저 전시과 규정에 따라 지급되는 토지의 경우 호부의 관원은 장관인 상서가 4과, 차관인 시랑이 6과, 낭중이 8과, 원외랑이 10과, 그리고 이속직인 주사가 15과, 영사가 16과, 서령사 및 계사가 17과에 해당하는 전시를 지급받았다.

그러나 삼사의 관원은 삼사사를 비롯하여 삼사부사·삼사판관 등이 모두 전시과 지급대상에 포함되지 않았다.[91] 앞에서 본 것처럼 삼사직

있다.

89) 兵部郎中三司判官, 都官刑部員外郎帶三司判官, 戶部郎中三司判官, 地官員外郎兼 三司判官 등의 예가 그것이다.

90) 단독직(독립직) 가운데 유독 삼사직만이 전시과의 토지지급에서 제외되었던 것으로 볼 수 없기 때문에 단독직처럼 표시된 몇 개의 사례도 실제로는 겸직이었을 것으로 생각된다.

의 경우 모두 겸직으로 제수되었기 때문에 토지 지급에서 제외되었던 것으로 보인다. 즉 본직에서 토지를 지급받았기 때문에 겸직으로 제수되는 삼사직은 전시과 지급대상에서 제외된 것이다.[92]

이처럼 전시과 지급에서 호부의 관원이 모두 토지를 지급받은 데 반해 삼사의 관직은 겸직으로 운영되었으므로 그 관원은 토지 지급에서 제외되었고, 따라서 단독직으로서 본직의 전시를 지급받은 호부의 관원과 차이가 있었음을 알 수 있다. 그러나 전시과는 관직의 반차에 따라 지급되지 않는 경우가 적지 않으므로 전시과의 지급 여부나 지급액의 다소로 우열을 구분하기는 곤란하다.[93]

다음으로 녹봉은 전시과와 달리 삼사의 관원에게도 지급되었다. 삼사의 장관인 삼사사의 녹봉액이 300석으로 호부의 장관인 호부상서의 그것과 같았다. 그러나 차관의 경우 호부시랑이 200석인데 비해 삼사부사는 13석 5두로 큰 차이를 보이며, 또한 삼사판관의 녹봉액은 누락되어 있는 것으로 보아 삼사사의 녹봉액 300석은 기록상 착오로 생각된다.

즉 겸직으로 제수되는 관직에 대한 녹봉은 본직의 녹봉에 추가로 지급하는 일종의 겸직 수당이므로 그 액수가 상대적으로 적었을 것이다. 더구나 인종 대에 개정된 녹봉규정에서 모든 삼사직은 아예 녹봉의 지급대상에서 제외되었다. 이처럼 삼사의 직은 겸직으로 제수되어 부가적으로 녹봉을 지급받는 관직이었으므로 단독직으로서 본직의 녹봉을 지급받는 호부의 관직과는 큰 차이가 있었음을 알 수 있다.

---

91) 『高麗史』 권78, 食貨1, 田制
92) 특히 삼사사·지삼사사·삼사부사 등 삼사직은 本品行頭였으므로 토지지급에서 제외된 것으로 보는 연구도 있다.(李鎭漢, 1999「人物 事例를 통해본 官職의 班次와 祿俸」『고려전기 官職과 祿俸의 관계연구』 일지사)
93) 李鎭漢, 1999「人物 事例를 통해본 官職의 班次와 祿俸」『고려전기 官職과 祿俸의 관계연구』 일지사

마지막으로 백관에게 지급되는 구사(丘史)의 수를 비교해 보면 호부와 삼사 모두 타관이 겸하는 관직인 판사와 지사직은 각각 15구와 10구의 같은 수로 구사를 지급받아 양자 간의 차이가 없다. 그러나 그 밖의 관원의 경우 지급된 구사의 수가 장관인 호부상서가 10구, 삼사사가 8구, 그리고 차관인 호부시랑이 7구, 삼사부사가 6구로 호부의 장관과 차관이 삼사의 장관과 차관보다 많았다.

토지 지급에서와 달리 구사 지급에서 지급 수에 약간의 차이가 있긴 하지만 삼사직에도 구사가 지급되었던 것은 비록 겸직이라 하더라도 본직 수행에 필요한 구사와 겸직 수행에 필요한 구사가 각기 달랐기 때문일 것이다.

다시 말해 겸직이라 하더라도 직무상 본직과 겸직은 별개이므로 각각의 직무수행에 필요한 구사를 각기 지급한 것으로 생각된다. 이처럼 구사의 지급에서는 대체로 호부가 삼사보다 우위에 있었음을 알 수 있다.

이상 호부와 삼사 두 부서 관원에 대한 국가의 대우 면에서 볼 때 전시의 지급액이나 녹봉액 등으로 그 우열을 구분하기는 곤란하지만 단독직 또는 겸직 등 관직의 제수형태나 구사의 수 등 전반적으로 호부의 관원이 삼사의 관원보다 우위에 있었던 것으로 생각된다.

4. 호부와 삼사의 기능

1) 호부의 기능

호부의 여러 업무 가운데 가장 중요한 것은 호구와 토지에 관한 것이다. 호부는 전국의 호구와 토지를 바탕으로 호적과 토지대장을 작성하고

이를 토대로 각종 세역을 부과하였다. 다음은 고려전기 호부와 관련된
업무들을 내용별로 정리한 것이다.

(1) 토지관련 업무

(나)-① 성종7년 2월 판(判)에 "화곡(禾穀)이 부실한 주현의 경우 근도(近
　　　道)는 8월까지 중도(中道)는 9월 10일까지, 원도(遠道)는 9월 15일
　　　까지 호부에 보고하는 것을 항식(恒式)으로 삼게 하라"고 하였다.[94]

(나)-② 현종13년 2월에 호부가 아뢰기를 "사주(泗州)는 풍패(豊沛)의 땅으
　　　로 지난번에 민전을 떼어내어 궁장(宮莊)에 소속시켜 백성들이 정
　　　세(征稅)를 감당할 수 없으니 사주 경내의 공전을 같은 양만큼 보
　　　상하여 주기를 바랍니다"라고 하니 이에 따랐다.[95]

(나)-③ 정종(靖宗)2년 7월 제(制)에 "제위군인 가운데 가난하여 명전(名田)
　　　이 부족한 자들이 자못 많다. 지금 변경에서 전쟁이 그치지 않아
　　　구휼하지 않을 수 없으니 호부로 하여금 공전을 추가로 지급하게
　　　하라"고 하였다.[96]

(나)-④ 정종(靖宗)7년 정월에 호조가 아뢰기를 "상주 관내의 중모현, 홍주
　　　관내의 추성군, 장단현 관내의 임진·임강 등 현은 민전의 다과와
　　　비옥함과 척박함이 고르지 못하니 관리를 파견하여 양전하고 식역
　　　(食役)을 균등하게 하기를 청합니다"라고 하니 이에 따랐다.[97]

(나)-⑤ 문종4년 11월 판에 "전 1결을 10분 율로 정하여 손실이 4분이면
　　　조(租)를 면제하고, 6분이면 조·포(布)를 면제하며, 7분이면 조·
　　　포·역(役)을 모두 면제한다. 주현에서 수해·한해·충해·상해 등으

---

94) 『高麗史』 권78, 食貨1, 田制, 踏驗損實
95) 『高麗史』 권78, 食貨1, 田制, 經理
96) 『高麗史』 권81, 兵1, 兵制
97) 『高麗史』 권78, 食貨1, 田制, 經理

로 화곡이 부실한 토지는 촌전(村典)이 수령에 보고하고, 수령은 친히 조사하여 호부에 보고하며, 호부는 삼사에 보내고, 삼사는 이 첩하여 허실을 조사한 후에 다시 그 계(界)의 안찰사로 하여금 별원(別員)을 보내 심사하게 하여 과연 재상(災傷)이 있으면 조세를 견감(蠲減)하라"고 하였다.[98]

(나)-⑥ 문종18년 11월 임오에 호부가 아뢰기를 "광주목은 봄부터 가을까지 오래 동안 가물고 비가 오지 않은 데다 우박이 겹쳐서 경내의 곡식을 하나도 수확할 것이 없고, 또 봉주는 일찍이 경자년의 홍수로 집과 곡식이 대부분 떠내려 가 백성들이 살 곳이 없으니 양관(兩官)의 관할 하에서 관리를 파견하여 양전하는 것을 정지시키기를 청합니다"라고 하니 이에 따랐다.[99]

(나)-⑦ 문종34년 임신에 형부에서 아뢰기를 "호부가 마음대로 흥왕사의 토지를 만령전(萬齡殿)에 지급하였으니 처벌하기를 청합니다"라고 하였다.[100]

위의 기록은 호부의 업무 가운데서 모두 토지와 연관된 양전·토지지급·답험손실 등에 대한 자료들이다. (나)-④⑥은 양전과 관련된 것이고, (나)-②③⑦은 토지지급과 관련한 것이며, (나)-①⑤는 답험손실에 관한 것이다.

이 중에서 (나)-①은 아직 삼사가 설치되기 이전의 기록이기는 하지만 호부에서 토지와 관련된 답험손실의 업무를 담당하고 있었음을 보여주는 것이다. 이를 통해 토지와 관련한 양전·토지지급·답험손실 등의 업무는 모두 호부의 소관이었음을 알 수 있다.

---

 98) 『高麗史』 권78, 食貨1, 田制, 踏驗損實
 99) 『高麗史』 권8, 文宗18년 11월 壬午
100) 『高麗史』 권9, 世家 文宗34년 3월 壬申

(2) 호구관련 업무

(다)-① 나라의 제도에 백성의 나이가 16세가 되면 정(丁)이 되어 국역에 복무하기 시작하고 60세가 되면 노(老)가 되어 역이 면제되었다. 주군(州郡)은 매년 호구를 헤아려 백성을 호적에 올리고 호부에 보고하면 무릇 징병과 역의 동원은 호적으로 뽑았다.[101]

(다)-② 조준이 동료들을 이끌고 시무를 조목조목 설명하기를 "옛날에 백성의 나이가 16세가 되면 정(丁)이 되어 국역에 복무하기 시작하고 60세가 되면 노(老)가 되어 역이 면제되었습니다. 주군은 매년 호구를 헤아려 백성을 호적에 올리고 안렴에 보고하면 안렴은 호부에 보고하였습니다. 조정의 징병과 역의 동원은 손바닥을 들여다보듯이 알 수 있었습니다." 창왕이 그 글을 도당에 내려 보냈다.[102]

(다)-①은 연대를 알 수 없는 기사인데, (다)-②의 고려 말에 조준이 올린 시무책의 내용과 동일하다. 다만 주현에서 파악한 호적자료의 보고 과정 중에서 주현과 호부 사이에 안렴(按廉)이 추가되어 있을 뿐이다. 여기서 주현에서 조사하여 보고한 호적에 관한 업무를 담당한 것은 호부였음을 알 수 있다.

(3) 조세관련 업무

(라)-① 정종(靖宗)7년 정월에 호부에서 아뢰기를 "상주관내 중모현, 홍주 관내 추성현, 장단현관내 임진과 임강 등의 현은 민전의 다과와 비옥도가 고르지 않으니 관리를 보내 양전하고 식역(食役)을 균등하게 하기를 청합니다"라고 하자 이에 따랐다.[103]

---

101) 『高麗史』 권79, 食貨2, 戶口
102) 『高麗史』 권118, 列傳31, 趙浚
103) 『高麗史』 권78, 食貨1, 田制, 經理

(라)-② 문종4년 11월 판에 "전 1결을 10분 율로 정하여 손실이 4분이면 조를 면제하고, 6분이면 조·포를 면제하며, 7분이면 조·포·역을 모두 면제한다. 주현에서 수해·한해·충해·상해 등으로 화곡이 부실한 토지는 촌전이 수령에게 보고하고, 수령은 친히 조사하여 호부에 보고하며, 호부는 삼사에 보내고, 삼사는 이첩하여 허실을 조사한 후에 다시 그 계의 안찰사로 하여금 별원을 보내 심사하여 과연 재상이 있으면 조세를 건감하라"고 하였다.[104]

(라)-③ 문종13년 2월에 상서호부에서 아뢰기를 "양주 계 내의 견주는 읍을 설치한 지 이미 500년으로 주민의 토지가 여러 차례 수해와 한해를 입어 고척(膏瘠)이 고르지 않으니 관리를 보내 균등하게 정하십시오"라고 하니 제가하였다.[105]

(라)-①은 세역의 균정, (라)-②는 답험손실에 따른 조세의 건감과 관련된 것이다. 한편 (라)-③에서 균정은 토지의 균등한 분배를 의미하는 것인지 아니면 토지의 비옥함과 척박함에 따른 조세의 공평한 부과를 의미하는 것인지 명확하지 않다.

고려시대에 균전제(均田制) 실시에 대해 회의적인 견해가 지배적이므로 후자의 의미로 해석하는 것이 타당할 것으로 생각된다.[106] 이처럼 세역의 균정 등 조세액의 책정과 관련된 업무 역시 호부의 업무 중 하나였다.

그런데 조세 관련 업무 중 조세의 견면에 대한 업무는 (라)-②에서 보듯이 호부와 삼사 두 기구가 모두 관련되어 있다. 즉 호부는 답험에 의한 작황의 손실에 대해 주현으로부터 최종적으로 보고를 받았고, 삼사는 호부에서 이첩해준 답험손실의 결과를 토대로 조세를 감면하였다.

이처럼 호부는 조세 건감을 위한 기초 작업인 답험손실 업무를 담당

---

104) 『高麗史』 권78, 食貨1, 田制, 踏驗損實
105) 『高麗史』 권78, 食貨1, 田制, 經理
106) 姜晋哲, 1980 「第8章 Ⅱ 均田制 實施與否에 관한 問題」 『高麗土地制度史研究』 高麗大出版部

하였고, 삼사는 호부에서 행한 답험 결과를 토대로 조세를 감면하는 업무를 수행하여 양자의 업무가 서로 구분되고 있음을 알 수 있다.

이상에서 살펴본 것처럼 고려의 호부가 담당한 것은 토지와 호구 등 세원의 파악과 파악된 세원을 토대로 한 각종 세역(稅役)의 책정과 관련된 업무였다. 이러한 업무를 당의 그것과 비교하면 상서호부를 구성하는 4사(司) 가운데 호부본사의 업무와 일치함을 알 수 있다.

> ○ (호부본사)는 호구·토전·부역·공헌(貢獻)·견면(蠲免)·우복(優復)·혼인·계사(繼嗣)의 일을 담당한다. 남녀를 황(黃)·소(小)·중(中)·정(丁)·노(老)로 구분하여 장적을 만들고, 영업(永業)·구분(口分)·원택(園宅)으로 토전을 균등하게 분배하며, 조·용·조로 그 생산물을 징수하고, 9등으로 모든 호의 등급을 정한다.[107]

호부본사는 호구와 토지, 그리고 부역과 공물 등의 업무를 담당하였다. 그 가운데서 호구에 관한 업무는 호적을 작성하고 호의 등급을 정하는 것이었다. 즉 남녀를 연령에 따라 황(黃)·소(小)·중(中)·정(丁)·노(老)의 5등급으로 구분하여 매년 한번 계장(計帳)을 작성하고 3년에 한번 호적을 작성하였다. 현에서는 이렇게 작성된 호적을 주에 보내고 주에서는 상서성에 보내면 호부가 이를 총괄하였다.[108]

다음 토지에 관한 주된 업무는 양전과 토지의 지급이었다. 무릇 천하의 토지는 5척을 1보로 하고, 240보를 1무(畝)로 하며. 100무를 1경(頃)으로 하여 그 비척도와 넓이에 따라 주민을 거주하게 하였다. 토지의 지

---

107) "(戶部本司) 掌戶口土田賦役貢獻蠲免優復婚姻繼嗣之事 以男女之黃小中丁老 爲之帳籍 以永業口分園宅 均其土田 以租庸調 斂其物 以九等 定天下之戶"(『新唐書』 권46, 百官1, 尙書省 戶部)

108) "凡男女 始生爲黃 四歲爲小 十六爲中 二十有一爲丁 六十爲老 每一歲一造計帳 三年一造戶籍 縣以籍成于州 州成于省 戶部總而領焉"(『舊唐書』 권43, 職官2, 尙書都省 戶部)

급은 일반민을 대상으로 한 원택지·구분전·영업전 등이 있었고, 이밖에 관인과 훈공이 있는 자에게 지급되는 영업전, 제주(諸州)에 지급하는 공해전, 제주 및 도호부의 관인에게 지급하는 직분전 등이 있었는데 모두 호부본사에서 관장하였다.[109]

　호부본사의 또 하나의 중요한 업무는 조(租)·조(調)·역(役)·잡요(雜徭) 등 부역(賦役)의 책정에 관한 것이었다. 과호(課戶)의 1정마다 조(租)는 속(粟) 2석이고, 조(調)는 향토에서 생산되는 능(綾)·견(絹)·시(絁) 또는 포를 내는 것이며, 역은 1년에 20일의 노동력을 제공하는 것인데 일이 없으면 1일에 견 3척의 용(庸)을 거두고 일이 많아 역을 추가할 경우에는 조(租) 또는 조(租)·조(調)가 면제되었다.[110]

　부역제와 관련하여 홍수·가뭄·병충해·서리 등에 의해 재해를 입은 경우에는 피해의 정도를 구분하여 조세를 면제하였는데 이러한 재면(災免)의 업무도 호부본사가 담당하였다. 즉 피해가 4/10 이상이면 조(租)를 면제하고, 6/10 이상이면 조(租)와 조(調)를 면제하며, 7/10 이상이면 과역(課役)을 모두 면제하였다.[111]

　이밖에 정호(丁戶)에게는 우복(優復)과 견면(蠲免)의 제도가 있었다. 이 제도에 따라 효자·순손(順孫)·의부(義夫)·절부(節婦) 등이 과역을 면제받았다. 효자·순손·의부·절부로서 지행(志行)이 향리에 알려진 경우

---

109) "凡天下之田 五尺爲步 步二百有四十爲畝 畝百爲頃 度其肥瘠寬狹 以居其人 凡給田之制有差 園宅之地亦如之 凡給口分田 皆從便近 居城之人 本縣無田者 則隔縣給授 凡應收授之田 皆起十月 畢十二月 凡授田 先課後不課 先貧後富 先多後少 凡州縣界內所部 受田悉足者 爲寬鄉 不足者爲狹鄉 凡官人及勳 授永業田 凡天下諸州有公廨田 凡諸州及都護府官人有職分田"(『舊唐書』 권43, 職官2, 尙書都省 戶部)

110) "凡賦役之制有四 一曰租 二曰調 三曰役 四曰雜徭 課戶每丁租粟二石 其調 隨鄉土所產綾絹絁各二丈 布加五分之一 輸綾絹絁者 綿三兩 輸布者 麻三斤 皆書印焉 凡丁 歲役二旬 無事則收其庸 每日三尺 有事而加役者 旬有五日免調 三旬則租調俱免"(『舊唐書』 권43, 職官2, 尙書都省 戶部)

111) "凡水旱蟲霜爲災害 則有分數 十分損四已上 免租 損六已上 免租調 損七已上 課役俱免 若桑麻損盡者 各免調 若已役 已輸者 聽免其來年"(『唐六典』 권3, 尙書戶部)

에 주현이 상서성에 보고하고 상서성에서 왕에 상주하여 과역을 면제하
였는데 이때 과역 면제의 업무를 담당한 것도 호부본사였다.112)

이처럼 4개의 속사(屬司)로 구성되는 당 호부에서 본사는 호구·토지
등 국가재정의 바탕이 되는 세원(稅源)을 파악하고, 파악된 세원을 토대
로 각종 세역을 책정하는 것이 주 업무였는데 바로 이것은 고려 호부의
업무와 일치하는 것이었다.

2) 삼사의 기능

송의 삼사는 염철부·탁지부·호부의 3부로 구성되어 각 부가 서로 다
른 업무를 분담하였다. 즉 염철부에는 병안(兵案)·주안(冑案)·상세안(商
稅案)·도염안(都鹽案)·다안(茶案)·철안(鐵案)·설안(設案) 등 7안이 설치
되어, 소금과 차의 전매, 전국 산천호박(山川湖泊)의 출산(出產), 관시(關
市), 상세(商稅), 주전(鑄錢), 갱야(坑冶), 하거(河渠)의 정비, 군기의 제조
등 사무를 관장하였고, 탁지부에는 상급안(賞給案)·전백안(錢帛案)·양료
안(糧料案)·상평안(常平案)·발운안(發運案)·기안(騎案)·곡두안(斛斗案)·
백관안(百官案) 등 8안이 설치되어 문무관의 녹봉, 부증(賻贈), 상급(賞
給), 병사의 양료 지급, 상평창, 제로(諸路)의 재부(財富) 수송, 창고의 회
계 등 업무를 담당하였으며, 호부에는 호부안(戶稅案)·상공안(上供案)·
수조안(修造案)·국안(麴案)·의량안(衣糧案) 등 5안이 설치되어 전국의
호구, 조부(租賦), 부적(簿籍), 주류의 전매, 백공(百工)의 제작, 관복·군
복의 저장 등의 일을 관장하였다.113)

이처럼 송의 삼사는 전국 재정수지의 대계(大計)를 모두 관장하였는

---

112) "凡丁戶皆有優復蠲免之制 若孝子順孫義夫節婦志行聞於鄉閭者 州縣申省奏聞 而
表其門閭 同籍悉免課役"(『舊唐書』 권43, 職官2, 尙書都省 戶部)

113) 『宋史』 권162, 職官2, 三司使

데 이는 호부의 권한을 빼앗은 것이고, 성지(城池) 토목의 공정을 관장하였는데 이는 공부의 직무를 빼앗은 것이며, 또 고장(庫藏)·무역·사방공헌(四方貢獻)·백관첨급(百官添給)을 담당하였는데 이는 대부시(大府寺)의 권한을 침범한 것이다. 그리하여 "삼사가 관장한 천하사는 무릇 태반에 이르고 권위의 중함은 타사에 비할 바가 아니다"는 말이 나올 정도였다.[114]

즉 삼사는 국가재정을 장악하여 광범한 직무를 수행하는 곳으로서 상서성의 6부 가운데 호부와 공부의 전부, 그리고 형부와 예부의 일부 업무[115]까지도 담당하는 기구였다.[116] 이에 비해 고려의 삼사는 우선 단일 기구로 구성되었을 뿐만 아니라 그 업무도 단순하여 송의 삼사와 직접 비교하는 것은 의미가 없는 것으로 생각된다.

종래 연구에서는 고려의 삼사 기능 가운데 송 삼사의 탁지부에 해당하는 것, 호부에 해당하는 것, 염철부에 해당하는 것을 서로 비교하여 송의 삼사에서는 염철부가 상위에 위치하고 탁지부가 그 다음, 호부가 하위였는데 비해 고려초기의 삼사는 송의 탁지부에 상당하는 것이 가장 중요하고, 호부에 상당하는 것이 그 다음이며, 염철부에 상당하는 것이 하위였다고 평가하고, 이처럼 송의 삼사와 고려의 삼사 사이에 내용상 중요한 차이가 있는 것은 양국의 사회경제 상태의 차이 때문이라고 파악하였다.[117]

3성6부체제가 기본인 고려에서 경제와 재정 관련 업무는 당연히 호부가 담당하였다. 그러나 중국과 달리 고려에서는 호부이외에 삼사가 동시에 추가로 설치되었으므로 경제와 재정 관련 업무는 어떤 형태로든 두 기구가 분담하였을 것으로 생각된다.

---

114) 龔延明 編著, 1997 「北宋前期中樞機構類 三司門」 『宋代官制辭典』 中華書局, 北京

115) 형부의 句院·衙司나 推勘公事의 직무 및 예부의 祭祀 시설 관련 업무

116) 周藤吉之, 1980 「高麗朝における三司とその地位」 『高麗朝官僚制の研究』 法政大出版局, 東京

117) 위와 같음

따라서 출현 배경이 전혀 다른 고려의 삼사와 송 삼사의 단순 비교를 통해서는 양자의 관계를 정확하게 파악할 수 없다. 오히려 고려의 호부·삼사와 당의 호부를 비교함으로써 그 기능이나 성격의 차이가 보다 분명하게 밝혀질 수 있을 것으로 보인다.

기록상에 나타나는 고려 삼사의 구체적인 업무를 당 호부의 그것과 비교하여 정리하면 다음과 같다.

(1) 회계업무

o 삼사는 중앙과 지방의 전곡 출납의 회계 사무를 총괄하였다.[118]

o 삼사에게 중외의 전곡 출납을 회계하도록 명하였다.[119]

o 신이 듣기에 "삼사의 회계에서 부처를 위해 사용하는 비용이 대부분이니 재용의 낭비가 이와 같은 것이 없습니다."[120]

o (김자수는) … 얼마 되지 않아서 판전교시사(判典校寺事)가 되어 좌상시(左常侍)로 전보되었다. 동료들과 함께 상소하기를 … "또 삼사의 관원 수는 15명에 이르는데 녹패에 서명하는 이외에 다른 일이 없습니다. 이제부터는 무릇 중앙과 지방의 전곡출납은 먼저 도평의사사에 보고하고 도평의사사는 삼사사에 이첩하여 회계를 정밀히 조사하고 수입을 헤아려 지출하게 하면 재용을 절약할 수 있고, 또 놀고먹는 관리가 있다는 비판도 받지 않을 것입니다'라고 하니 왕이 이에 따랐다.[121]

위 기록들에서 볼 수 있는 것처럼 삼사는 중앙과 지방의 전곡 출납에

118) 『高麗史』 권76, 百官, 三司 序文
119) 『高麗史節要』 권35, 공양왕3년 4월
120) 『高麗史』 권119, 列傳32, 鄭道傳
121) 『高麗史』 권120, 列傳33, 金子粹

대한 회계를 담당하였음을 알 수 있다. 이것은 삼사가 전국 재부의 수입
과 지출을 관장하는 재정기구였음을 의미하는 것이다.[122]

　그런데 이 자료들은 모두 고려말기의 것으로서 고려전기의 삼사업무
로 간주하기에는 한계가 있다. 그러나 인종 대에 삼사가 염철의 회계업
무를 담당한 기록이 있는 것으로 볼 때[123] 고려전기에도 삼사가 국가의
회계업무를 관장하였다는 사실은 인정할 수 있을 것으로 생각된다.[124]

　한편 당에서의 회계업무는 상서호부의 속사인 탁지에서 담당하였다.
즉 탁지낭중과 원외랑이 국용과 조세의 다소, 물산의 성쇠, 수륙교통의
이로움을 관장하며, 매년 그 수입을 계산하여 지출에 충당하는 등의 회
계업무를 담당하였던 것이다.[125]

(2) 녹봉업무

　　(마)-① (문하시중) 위계정이 재차 표문을 올려 녹봉을 사양하자 조를 내
　　려, "공은 학문을 넓게 하고 문장을 전공하여 문단의 종장(宗匠)이
　　며, 제 몸을 돌보지 않는 곧은 절개로 세상의 명신이 되었는데, 병
　　으로 인하여 벼슬을 그만두고 물러감이 매우 애석하거늘, 또 따라
　　서 녹봉을 사양함은 짐이 어진 이를 우대하고 늙은이를 공경하는
　　뜻이 아니니, 마땅히 삼사로 하여금 2분의 녹을 급여하게 하라."고
　　하였다.[126]

---

122) 邊太燮, 1976「高麗의 三司」『歷史敎育』17
123) "三司鹽鐵之任 一一算心之精微 將多前功 厥有成績 擢冬官而帥屬"(『東文選』권
　　25, 制誥 '尹彦植可工部尙書')
124) 周藤吉之, 1980「高麗朝における三司とその地位」『高麗朝官僚制の硏究』法政大
　　出版局, 東京
125) "度支郎中貝外郎 掌支度國用 租稅多少之數 物產豊約之宜 水陸道路之利 每歲計
　　其所出 而支其所用"(『唐六典』권3, 尙書戶部)
126) 『高麗史節要』권7, 睿宗2년 4월

(마)-② 예종10년에 삼사가 녹절계법(祿折計法)을 개정하였는데 대견(大絹) 1필은 미(米)로 환산하면 1석 7두, 사면(絲綿)·소견(小絹) 각 1필은 7두, 소평포(小平布) 1필은 1두 2승 5합, 대릉(大綾) 1필은 4석, 중견(中絹) 1필은 1석, 면주(縣紬) 1필은 6두, 상평문라(常平紋羅) 1필은 1석 7두 5승, 대문라(大紋羅) 1필은 2석 5두였다.[127]

(마)-③ 공양왕3년 정월에 삼사좌사 성석린이 환관의 녹을 매품마다 1등씩 감하기를 청하였는데 왕은 단지 월봉만을 파하였다.[128]

(마)-④ (김자수가) … 동료들과 함께 상소하기를 … "또 삼사의 관원 수는 15명에 이르는데 녹패에 서명하는 이외에 다른 일이 없습니다. 이제부터는 무릇 중앙과 지방의 전곡 출납은 먼저 도평의사사에 보고하고 도평의사사는 삼사사에 이첩하여 회계를 정밀히 조사하고 수입을 헤아려 지출하게 하면 재용을 절약할 수 있고, 또 놀고먹는 관리가 있다는 비판도 받지 않을 것입니다"라고 하니 왕이 이에 따랐다.[129]

위의 사례들에서 보듯이 고려의 삼사는 녹봉을 지급하고[(마)-①], 녹절계법(祿折計法)을 제정하며[(마)-②], 녹봉의 절감을 요청하는[(마)-③] 등 녹봉관계 업무를 담당하였음을 알 수 있다.[130] 실제로 녹봉의 지급은 좌창, 즉 광흥창(廣興倉)에서 담당하고 삼사는 녹패(祿牌)만을 지급하는 업무를 맡았지만 녹봉의 주무관청은 삼사였던 것이다.[131] 당에서는 이러한 녹봉관계 업무를 상서호부의 창부(倉部)에서 담당하였다. 『구당서』 직관지의 기록[132]을 통해 볼 때 창부의 낭중과 원외랑은

---

127) 『高麗史』 권80, 食貨3, 祿俸
128) 『高麗史節要』 권35, 恭讓王3년 정월
129) 『高麗史』 권120, 列傳33, 金子粹
130) 邊太燮, 1976 「高麗의 三司」 『歷史敎育』 17
　　周藤吉之, 1980 「高麗朝における三司とその地位」 『高麗朝官僚制の研究』 法政大出版局, 東京
131) 邊太燮, 1976 「高麗의 三司」 『歷史敎育』 17

천하의 창고를 관장하여 조세를 수납하고 녹봉을 지급하는 등의 업무를
수행하였음을 알 수 있다.

(3) 부증(賻贈) 및 사곡(賜穀)업무

> (바)-① (김원정이) … 문종17년에 수태위문하시중으로 승진하여 죽었다.
> 뒤에 삼사가 아뢰기를, "김원정이 죽은 지 이미 4년이지만 아직까
> 지도 부증(賻贈)을 빠뜨리고 있습니다. 삼가 살피건대 공부상서 정
> 층의 상에는 이미 대상(大祥)이 지났으나 제를 내려 유사가 지체
> 한 것에 대해 책망하고 곧 추증하게 하였으니 전 제도에 따라 부
> 증하기를 청합니다."라고 하니 이를 받아들여 곡식 130석을 하사
> 하였다.133)

> (바)-② 삼사가 아뢰어 "패강도(浿江渡)의 여자가 한번에 3남을 출산하였
> 으니 구례에 의거하여 곡식 40석을 내리십시오"라고 하였다.134)

삼사는 관료들에 대한 부증[(바)-①]은 물론 특별한 경우 일반민에 대
한 곡식의 사여[(바)-②] 등 각종 사급 내지 상급의 업무를 담당하였다.135)
한편 당에서 부증 관련 업무는 상서호부의 금부(金部)에서 담당하
였다. 즉 금부는 천하의 창고 출납을 관장하며 백관·군진·번객(蕃客)에
대한 사여와 궁인·왕비·관노비에 대한 의복 지급 등의 업무를 담당하
였다.136)

---

132) "倉部郎中 員外郎之職 掌判天下倉儲 受納租稅 出給祿廩之事"(『舊唐書』 권43,
職官2, 尚書都省 戶部)
133) 『高麗史』 권95, 列傳8, 諸臣 金元鼎
134) 『高麗史』 권12, 世家 睿宗3년 8월 癸卯
135) 邊太燮, 1976「高麗의 三司」『歷史敎育』17
周藤吉之, 1980「高麗朝における三司とその地位」『高麗朝官僚制の硏究』法政大
出版局, 東京
136) "金部郎中員外郎 各一人 掌天下庫藏出納 權衡度量之數 兩京市互市和市宮市交

(4) 물가의 조절과 진휼 업무

> (사)-① 삼사에서 아뢰어 "물가가 올라서 추포(麤布) 1필의 값이 미 8두입니다. 비록 풍년으로 인해 곡가가 내렸다고 하더라도 그 경중을 헤아려 그 값을 조절하기를 청합니다"라고 하였다.[137]

> (사)-② 삼사가 아뢰어 "강남에 기근이 들었으니 관내의 창곡을 운반하여 진휼하기를 청합니다"라고 하였다.[138]

삼사는 또한 물가의 조절과 진휼을 담당하였다.[139] (사)-①에서 보는 것처럼 풍년으로 인해 곡가가 하락하자 삼사에서 가격의 조절을 요청하였다. 이처럼 삼사에서 물가조절 기능을 담당하였지만 삼사 이외에 물가 조절을 담당하는 기관으로 상평창(常平倉)이 있었다.

상평창은 성종12년에 한나라의 제도를 본 따 양경과 12목에 설치된 것이다. 당시 상평창의 기금은 포 64만 필이었는데 미로 환산하면 12만 8천석이었다. 그 중에서 절미한 6만 4천석 가운데 5천석은 상경의 경시서(京市署)에 매매를 맡겨 대부시(大府寺)와 사헌대(司憲臺)로 하여금 그 출납을 공동 관리하게 하였고, 나머지 5만 9천석은 서경 및 주군의 창고 15곳에 나누어 주어 서경은 분사 사헌대에, 주군의 창은 지방관에 맡겨 각각 관리하게 하였다.[140]

삼사와 상평창이 모두 물가조절 기능을 담당하였다면 양자가 어떤 관

易之事 百官軍鎭蕃客之賜 及給宮人 王妃官奴婢衣服"(『新唐書』 권46, 百官1, 尙書省 戶部)

137) 『高麗史』 권79, 食貨2, 市估 顯宗5년 6월
138) 『高麗史節要』 권3, 顯宗7년 9월
139) 周藤吉之, 1980 「高麗朝における三司とその地位」 『高麗朝官僚制の硏究』 法政大出版局, 東京
140) 『高麗史』 권80, 食貨3, 常平義倉 成宗12년 2월

계었는지 의문이다. 당의 경우 상평창은 호부의 속사인 창부의 관할 하
에 있으면서 물가의 조절을 담당하는 업무를 수행하였다.[141] 고려가 당
의 3성6부제도를 수용한 사실로 미루어볼 때 고려의 상평창 역시 호부
의 속사인 창부의 업무를 나누어 맡은 삼사의 관할 하에 있었던 것이
아닌가 한다.[142]

요컨대 기금의 운영을 통한 물가조절의 실무는 상평창과 그로부터 기
금을 분배받은 상경의 경시서, 서경의 분사 사헌대, 주현의 지방관이 담
당하였지만 그들 기관을 관할하면서 물가조절 업무를 총괄한 것은 삼사
였다고 생각된다.

또한 삼사는 (사)-②에서 보는 것처럼 기근이 든 지방에 대해서는 다
른 지역으로부터 창곡을 운반하여 진휼하는 업무도 담당하였다. 특히 진
휼은 흉년시의 조세감면과 같은 의미를 지닌 기능이라 할 수 있다.[143]

그런데 고려에서 진휼기능을 담당한 대표적 관서는 의창이었다. 고려
의 의창은 성종 대에서 현종 대에 걸쳐 정비되어 개경을 비롯하여 지방
의 주·부·군·현·진을 단위로 설치되었으며, 의창곡은 개경에서는 대창
(大倉)에, 지방에서는 주현창에 다른 관곡과 함께 보관되었다.[144]

이러한 의창곡의 운영도 상평창의 경우와 마찬가지로 삼사의 관할 하

---

141) "凡常平倉所以均貴賤 今太府寺屬官有常平署 開元二十四年勅 常平之法 其來自
　　久 比著 州縣雖存 所利非廣 京師輻湊 浮食者多 今於京城內大置常平 賤則加價收
　　糴 使遠近奔委 貴則終年出糶 而永無匱乏也"(『唐六典』권3, 尙書戶部 倉部)

142) 고려에서는 성종 대에 물가조절을 위해 상평창을 설치한 것으로 되어있지만 실
　　제 기록상에서 상평창이 물가조절을 위해서 활동한 흔적을 전혀 찾을 수 없다.
　　아마 의창과 함께 상평창도 고려중기 이후 제 기능을 하지 못하다가 폐지된 것
　　으로 생각된다. 고려 말에 조준이 상소에서 "양광도에 이미 상평창이 설치되었으
　　니 각도에도 이에 의거하여 상평창을 설치하자"는 건의를 하는 것으로 보아(『高
　　麗史』권80, 食貨3, 常平義倉) 성종12년에 설치되었던 상평창이 어느 시기부터
　　제 기능을 하지 못하다가 고려 말에 와서 다시 설치된 것이 아닌가 한다.

143) 邊太燮, 1976「高麗의 三司」『歷史敎育』17

144) 朴鍾進, 1986「高麗前期 義倉制度의 構造와 性格」『高麗史의 諸問題』三英社

에서 개경은 대창서(大倉署)에서, 지방은 수령과 향리들에 의해 이루어
졌을 것이다.[145] 즉 삼사에서는 진휼의 실시여부 등 정책적 결정을 하고
창곡을 풀어 진휼하는 실무는 의창과 그 이하 관서들에서 담당했던 것으
로 생각된다. 이처럼 고려의 삼사는 상평창이나 의창 등의 기구들을 관
할하면서 물가를 조절하고, 기민을 구제하는 등의 업무를 담당하였던 것
이다.

한편 당에서의 물가 조절은 호부의 속사인 창부와 탁지의 2곳에서 담
당하였다.

> (아)-① 창부낭중과 원외랑의 직은 천하 창저(倉儲)의 조세 수납과 녹름(祿
> 廩) 출급(出給)의 일을 관장한다. … 무릇 의창은 한해의 부족한
> 것을 대비하기 위한 것이고, 상평창은 비싸고 싼 것을 고르게 하
> 기 위한 것이다.[146]

> (아)-② 창부낭중과 원외랑은 각 1인이며, 천하 고저(庫儲)의 조세·녹량
> (祿糧)의 출납과 창름(倉廩)의 일을 관장하고 … 의창·상평창으로
> 흉년에 대비하고, 곡가를 고르게 한다.[147]

> (아)-③ 무릇 의창의 속(粟)은 흉년에만 지급하고 잡다하게 사용해서는 안
> 된다. 만약 흉년이 든 곳에서 필요에 따라 빌려주거나 종자를 지
> 급하는 경우에는 모두 상서성에 보고하고 황제에게 상주한다.[148]

> (아)-④ 무릇 상평창은 비싸고 싼 것을 고르게 하기 위한 것이다. 지금 대

---

145) 의창제도 운영의 책임은 기본적으로 호부가 진 것으로 보는 견해도 있다.(朴鍾
進, 위의 논문)

146) "(倉部)郎中 員外郎之職 掌判天下倉儲 受納租稅 出給祿廩之事 …凡義倉所以備
歲不足 常平倉所以均貴賤也"(『舊唐書』 권43, 職官2, 尙書都省 戶部)

147) "倉部郎中員外郎 各一人 掌天下庫儲 出納租稅·祿糧·倉廩之事 以木契百 合諸司
出給之數 以義倉·常平倉備凶年 平穀價"(『新唐書』 권46, 百官1, 尙書省 戶部)

148) 『唐六典』 권3, 尙書戶部 倉部

부시의 속관에 상평서가 있다. 개원(開元)24년의 칙에 "상평법은 그 유래가 오래되었다. 근자에 주현에는 비록 (상평창이) 있으나 이로움이 넓지 않고, 경사에는 몰려들어 놀고먹는 자가 많다. 지금 경성 내에 크게 상평창을 설치하여 값이 싸면 값을 더하여 수매해서 원근에서 달려와 팔게 하고 비싸면 1년 내내 내다 팔아 영원히 부족함이 없게 하라"고 하였다.[149]

(아)-⑤ 탁지낭중과 원외랑의 직은 천하 조부(租賦)의 다소, 물산의 다과, 수륙 교통의 이로움을 관장하고, … 무릇 화적화시(和糴和市)는 모두 그 비싸고 싼 것을 헤아려 천하의 화물을 고르게 하여 사람들을 이롭게 하는 것이다.[150]

위의 『신당서(新唐書)』『구당서(舊唐書)』의 여러 기록을 통해 물가 중에서도 곡물 가격의 조절은 창부 관할의 상평창을 통해서[(아)-①②④], 곡물 이외의 물가, 즉 천하의 재화는 탁지의 화적화시 기능을 통해서 이루어졌음을 알 수 있다.[(아)-⑤]

진휼 업무 역시 호부의 속사인 창부에서 담당하였다.[(아)-①②③] 즉 창부 관할 하에 있는 의창을 통해 진휼이 이루어졌는데, 의창은 흉년에 대비하여 곡식을 저장했다가 필요에 따라 식량을 빌려주거나 종자를 대여하는 기능을 하였다.[(아)-③] 이처럼 고려의 삼사가 수행한 물가조절 기능이나 진휼 기능은 당에서는 호부의 속사인 창부와 탁지에서 담당하였음을 알 수 있다.

149) 『唐六典』 권3, 尙書戶部 倉部

150) "(度支)郎中員外郎之職 掌判天下租賦多少之數 物産豐約之宜 水陸道途之利 … 凡和糴和市 皆量其貴賤 均天下之貨 以利於人"(『舊唐書』 권43, 職官2, 尙書都省 戶部)

(5) 조세 및 공물 관련업무

(자)-① 삼사가 상소를 올려 "엣 제도에 세미 1석에 모미(耗米) 1승을 거두었는데 지금 12창의 미곡을 경창에 수납하는데 여러 차례에 걸쳐 수로와 육로를 경과하므로 (중간에서) 감소하는 것이 매우 많아 운반하는 자가 (이를) 갚는 고통을 당하니 1곡에 모미 7승을 증수하기를 청합니다"라고 하였다.[151]

(자)-② 삼사가 이뢰기를 "지난해에 밀성 관내의 뇌산부곡 등 세 곳에 홍수가 나서 농작물을 쓸어갔으니, 1년간 조세를 면제해 주십시오."라고 하니 이에 따랐다.[152]

(자)-③ 판에 이르기를 "무릇 주현에서 수해·한해·충해·상해 등으로 곡식이 잘 익지 않은 토지는 촌전(村典)이 수령에 보고하고, 수령은 친히 조사하여 호부에 보고하며, 호부는 삼사에 보내고, 삼사는 이첩하여 허실을 조사한 후에 다시 그 계의 안찰사로 하여금 별원(別員)을 파견하여 심사하게 하고, 과연 재상이 있으면 조세를 견감하라"고 하였다.[153]

(자)-④ 삼사가 아뢰기를 "동경 관내의 주·군·향·부곡 19곳은 지난해 오랜 가뭄으로 인해 백성들이 대부분 굶주리고 어려우니 영문(令文)에 의거하여 손실이 4분 이상이면 조(租)를 면제하고, 6분 이상이면 조(租)와 조(調)를 면제하며 7분 이상이면 과역(課役)을 모두 면제하고 이미 운반된 것은 내년의 조세를 절감하기를 청합니다."라고 하였다.[154]

조세와 관련된 삼사의 업무 중에 가장 중요한 것은 조세와 공물에 관

---

151) 『高麗史』 권78, 食貨1, 田制, 租稅 文宗7년 6월
152) 『高麗史節要』 권4, 靖宗2년 6월
153) 『高麗史』 권78, 食貨1, 田制, 踏驗損實 文宗4년 11월
154) 『高麗史節要』 권6, 肅宗7년 3월

한 사무였다.155) 그 중에서도 조세에 관한 업무의 중심은 조세의 징수와 운송이었다. (자)-①에서 삼사가 미 1곡에 대해 모미 7승의 증징을 청하고 있는데 이는 삼사가 조세의 징수를 담당하고 있음과 동시에 전국의 12조창으로부터 경창에 이르는 조운을 관할하고, 나아가 수송한 곡물을 저장하는 창고도 관할하였음을 보여주는 것이다.156)

조세와 관한 업무는 삼사뿐만 아니라 호부도 연관이 있는데, 먼저 호부는 호구나 토지 등 세원을 파악하고 파악된 세원을 토대로 조세를 부과하는 기능을, 다음 삼사는 호부에서 부과한 조세를 징수하고 수송하며 저장하는 기능을 수행하였던 것이다.

다음 조세와 관련된 삼사의 업무로 빈번하게 나타나는 것은 조세의 감면에 관한 자료들이다. (자)-②④는 재해가 발생한 지역에 대해서 삼사가 조세의 감면을 요청하는 사례이고, (자)-③은 조세의 감면과정에서 삼사의 역할, 즉 호부에서 보낸 재해에 대한 상황을 삼사가 그 계(界)의 안찰사로 하여금 다시 조사하게 하여 조세를 건감하게 한 사례이다. 이러한 사실을 통해 조세의 감면은 삼사의 업무임을 알 수 있다.

특히 (자)-③에서 보는 것처럼 삼사 이외에 호부도 조세의 감면 과정에 관여하고 있다. 이미 앞에서 언급했듯이 호부의 역할은 호부 자신이 직접 조세감면 조처를 하는 것이 아니었다. 토지와 관련한 답험손실 업무가 호부의 소관이므로 호부는 답험손실의 결과를 보고받는 위치에서 조세감면 과정에 관여한 것이다. 즉 토지와 관련한 답험손실의 결과는 호부에 보고되었고, 삼사는 호부에서 보내온 답험의 결과에 따라 조세감면 조처를 시행한 것이다.

---

155) 邊太燮, 1976「高麗의 三司」『歷史敎育』17
　　周藤吉之, 1980「高麗朝における三司とその地位」『高麗朝官僚制の研究』法政大出版局, 東京
156) 周藤吉之, 1980「高麗朝における三司とその地位」『高麗朝官僚制の研究』法政大出版局, 東京

이처럼 조세감면 업무와 관련해서 호부와 삼사 두 기관이 모두 관계가 있었는데, 호부는 감면의 근거를 마련하기 위해 답험손실을 하였고, 삼사는 호부에서 파악한 답험손실의 결과에 따라 조세감면 업무를 수행하였던 것이다. 이러한 삼사의 조세감면 조치는 호부에서 부과한 조세를 삼사가 징수하는 업무를 담당한 데서 비롯된 것이라 생각된다.[157]

즉 삼사가 조세를 징수하는 과정에서 재해나 흉작 등으로 인해 호부에서 책정한 세액대로 수취하기 어려운 상황이 발생하였을 때 삼사는 조세의 감면을 요청하고 국왕의 지시에 따라 감면조치를 시행하였던 것이다.

또한 삼사는 공물의 징수 업무도 담당하였다.

> (자)-⑤ 삼사가 상주하기를 "제도의 외관이 관할하는 주부의 세공(歲貢)은 1년에 미 300석, 조(租) 400곡, 황금 10냥, 백은 2근, 포 50필, 백적동 50근, 철 300근, 염 300석, 사면(絲綿) 40근, 유밀 1석인데 납부하지 않은 자는 현임에서 파직하기를 청합니다"라고 하였다.[158]

> (자)-⑥ 삼사가 이뢰기를 "탐라국에서 세공(歲貢)하는 귤(橘子)을 100포(包)로 고쳐 정하고 길이 정제(定制)로 삼으십시오"라고 하니 이를 받아들였다.[159]

> (자)-⑦ 삼사가 아뢰기를 "익령현과 서북면 성주의 수전장(籬田場) 지역에서 황금이 산출되니 공적(貢籍)에 올리기를 청합니다."라고 하였다.[160]

(자)-⑤는 삼사에서 주부의 세공을 납부하지 않은 외관을 파직하기를 청하는 내용이다. 삼사가 공물 미납자의 파직을 요청한 것은 바로 삼사

---

157) 위와 같음
158) 『高麗史』 권78, 食貨1, 田制, 租稅 靖宗7년 정월
159) 『高麗史』 권7, 世家 文宗6년 3월 壬申
160) 『高麗史』 권8, 世家 文宗17년 정월 戊申

가 공물의 징수 책임을 지고 있었기 때문이라 생각된다. (자)-⑥은 삼사
가 탐라국에서 납부해야 하는 세공액의 개정을 요청한 자료이다.

고려시대의 공물은 농민의 개별적 부담이 아니라 집단적 부담이며 매
년 미리 주·부·군·현 등 지방 각관의 공액이 일괄적으로 책정·할당되어
지방관의 책임 하에 왕실과 정부 각 기관에 납부되었다.[161] 지방 각관에
일괄적으로 부과된 공물은 개별 농민의 부담으로 전화되었는데 이때 농
민의 부담액을 정하는 기준이 무엇이었는가에 대해서는 사료의 부족으
로 정확한 내용을 알 수 없다.

고려시대의 공물의 징수기준에 대해서 인정의 다과로 보는 견해,[162]
토지의 다과로 보는 견해,[163] 인정과 토지가 결합된 3등호제로 보는 견
해[164] 등이 있다. 고려시대에 인정이나 전정 등 정수의 다과에 의해 군
현의 등급이 정해졌던 것으로 보아 원칙적으로 각 군현의 호구와 토지
등 군현의 경제력을 고려하여 군현단위의 공물액이 산정되었을 것이
다.[165] 그리고 개별 농민의 공물액도 각 호의 인정수와 토지 결수의 다
과에 따라 부과되었을 것이다.

토지에 대한 조세부과와 마찬가지로 호구와 토지 등 세원을 파악하는
업무를 담당한 호부에 의해 공물의 종류나 부과액이 결정되었을 것으로
생각된다. 다시 말해 공물의 부과 대상을 파악하고 공물의 종류와 징수
량을 책정하는 것은 호부가 담당하였던 것이다.

(자)-⑥은 공물의 징수업무를 담당한 삼사의 요청에 의해 탐라국의
세공액을 개정한 사례인데, 이러한 삼사의 요청에 따라 최종적으로 공물

---

161) 姜晋哲, 1980 「제6장 농민의 부담」『高麗土地制度史硏究』고려대출판부

162) 李惠玉, 1985 『高麗時代 稅制硏究』이화여대박사학위논문

163) 朴京安, 1996 『高麗後期 土地制度硏究』혜안

164) 金琪燮, 1994 『高麗後期 田丁制硏究』부산대박사학위논문

165) 박종진, 2000 「제2장 3절 貢物의 수취구조」『고려시기 재정운영과 조세제도』서
    울대출판부

액을 개정한 것은 호부였을 것이다. (자)-㉠은 삼사에서 황금이 산출되는 지역을 공적에 올리도록 요청하는 내용이다. 본래 공물의 산지를 파악하여 공적(貢籍)에 올리고 공물액을 책정하여 부과하는 것은 호부의 업무이고, 부과된 공물을 징수하는 것은 삼사의 업무였다.

위의 사례는 공물의 징수를 담당한 삼사가 호부에서 미처 파악하지 못하고 있는 새로운 공물 산출지를 발굴하여 호부로 하여금 공적에 올리도록 요청한 경우로 생각된다. 이러한 삼사의 요청에 따라 호부는 새로운 공물 산지를 공적에 등록하고 공물액을 책정하여 부과하는 업무를 수행하였을 것이다.

이상에서 살펴본 것처럼 조세 및 공물 관련 업무는 호부와 삼사 두 기관이 모두 관계가 있었다. 토지나 호구 등 세원을 파악하고 파악된 세원을 토대로 조세나 공물의 액수를 책정하여 부과하는 업무는 호부가 담당하였고, 호부에서 책정하여 부과한 조세와 공물 등을 징수하는 업무는 삼사가 담당하였던 것이다.

한편 당에서 조세와 공물을 징수하고 운송하는 업무는 호부의 속사인 탁지(度支)가 담당하였다. 즉 탁지에서는 전국의 조부(租賦)와 물산의 수를 관장하고 각지 수륙의 운수 상황과 물산의 다소를 살피며 그 생산량을 계산하여 그것을 지출하였는데 무릇 물품이 정미(精美)하고 산지가 가까운 것은 어용(御用)에 공급하고 좋지 않은 것과 그 생산지가 먼 것은 군용에 공급하였다.[166]

또한 운반된 물품의 저장과 출납에 관한 업무 중에서 곡물은 창부에서[167], 곡물 이외의 금·은·보화·능라 등 재화는 금부에서 관할하였다.[168]

---

166) "度支郎中員外郎 掌支度國用 租賦多少之數 物產豊約之宜 水陸道路之利 每歲計其所出而支其所用 凡物之精者 與地之近者 以供御 物之固者 與地之遠者 以供軍料其遠近 時月 衆寡 好惡 而統其務焉 凡陸行之程 馬日七十里 步及驢五十里 車三十里 … 轉運徵斂送納 皆準程而節其遲速"(『唐六典』 권3, 尙書戶部 度支)

167) "倉部郎中員外郎 掌判國之倉庾 受納租稅 出給祿廩之事"(『唐六典』 권3, 尙書戶

따라서 고려의 삼사에서 담당한 조세와 공물의 수납·운송·저장 등의 업무는 당 호부의 속사인 탁지·창부·금부가 담당한 업무와 동일하였음을 알 수 있다.

(6) 염철 관련업무

삼사는 염철 관련업무도 담당하였다. 인종 조 말에 "판합문지삼사사(判閣門知三司事) 윤언식이 삼사의 염철 임무를 맡아서 그 회계에 공적이 있기 때문에 공부상서에 발탁한다"는 내용의 관고(官誥)[169]를 통해 삼사에서 염철 업무를 담당하였음을 알 수 있다. 한편 삼사 이외에 소금 관련 업무를 담당한 관서로 도염원(都鹽院)의 존재도 보인다.[170]

도염원은 중국의 제도를 본 따 설치한 기구로 보이는데 송에서 도염원이 설치된 시기는 11세기 중엽이다. 즉 북송전기에 '범상(范祥)의 초법(鈔法)'이라 불리는 염정(鹽政)의 개혁을 실시했던 범상이란 인물이 1058년(嘉祐3년)에 다시 기용되어 염정을 장악하게 되었는데 당시에 호상(豪商)들이 제멋대로 소금의 시가를 조작하여 폭리를 독점하는 폐해가 심하여 이를 금지하기 위해 도염원을 설치하였다.[171]

당시 송에서는 소금의 전매제를 실시하고 있었기 때문에 도염원은 해주(解州)의 지염(池鹽)을 받아들여 경사(京師)의 상점과 경동(京東) 제주(諸州)에 도매하여 호상(豪商)들의 시가조작을 방지하고, 또 백관(百官)

部 倉部)

168) "金部郎中員外郎 掌庫藏出納之節 金寶財貨之用 權衡度量之制 皆總其文籍 而頒其節制"(『唐六典』 권3, 尙書戶部 金部)

169) "三司鹽鐵之任 ──算心之精微 將多前功 厥有成績 擢冬官而帥屬"(『東文選』 권25, 制誥 '尹彦植可工部尙書')

170) 『高麗史』 권77, 百官2, 諸司都監各色 및 『高麗史』 권80, 食貨3, 祿俸 權務官祿

171) 佐伯富, 1987 「第四章 第二節 宋代における鹽政」 『中國鹽政史の硏究』 法律出版社, 京都

녹봉염(祿俸鹽)과 경기(京畿) 제군마염(諸軍馬鹽)의 공급을 담당하는 역할을 하였다.172) 송에서 도염원이 설치된 시기가 문종12년 직후이므로 고려에 도염원이 설치된 시기는 적어도 문종12년 이후의 어느 시기로 추정할 수 있다.

고려에서는 충선왕대에 처음으로 각염제가 실시되었기 때문에173) 그 이전의 도염원은 소금의 전매와는 관계없는 관서로 생각된다. 문종 때에 설치된 도염원의 관원으로 녹사 2인과 이속(吏屬)인 기사(記事) 2인만이 있었던 것174)으로 보아 그다지 큰 비중을 차지한 관청으로 보이지는 않는다.

도염원과 삼사의 관계가 어떠했는지 알 수 없으나 송에서와 마찬가지로 삼사의 관리 하에서 염호로부터 거두어들인 염세를 관리·처분하는 역할, 즉 관리들의 녹봉이나 군수용의 소금을 공급하는 한편 나머지 소금을 일반민을 상대로 판매하는 등의 업무를 담당한 것으로 추정된다.

당에서 소금과 관련된 업무를 담당한 곳은 호부의 속사인 탁지(度支)였다. 『신당서(新唐書)』의 기록에서 당초기에 염지(鹽池)와 염정(鹽井)이 모두 탁지에 예속되어 있었다175)고 한 것으로 보아 염지와 염정 등 소금의 생산시설은 모두 탁지가 관할하였음을 알 수 있다.

또한 연해의 주(州)에서 조(租) 대신 거두어들인 소금과 청주·해주·항주·소주 등 지방에서 소금으로 사들인 경화(輕貨)는 사농(司農)으로 수

172) 郭正忠 主編, 1997「第三章 第二節 宋鹽的管理和流通」『中國鹽業史』古代篇, 人民出版社, 北京

173) 周藤吉之, 1980「高麗朝における三司とその地位」『高麗朝官僚制の研究』法政大出版局, 東京
權寧國, 1985「14세기 榷鹽制의 成立과 運用」『韓國史論』13, 서울대국사학과

174) 『高麗史』권77, 百官2, 諸司都監各色 都鹽院

175) "唐有鹽池十八 井六百四十 皆隷度支 蒲州安邑 解縣有池五 總曰兩池 歲得鹽萬斛 以供京師 … 負海州 歲免租爲鹽二萬斛 以輸司農 靑楚海滄棣杭蘇等州 以鹽價市 輕貨 亦輸司農"(『新唐書』권54, 食貨4)

송하게 하였는데,[176] 이를 통해 사농시(司農寺) 역시 소금 업무와 관련이 있는 관청이었음을 알 수 있다.

사농시는 9시 가운데 하나로 양곡이나 식염 등의 출납과 임원(林苑)·궁원(宮苑)·둔전 등에 관한 정령을 관장하는 관부로서[177] 거두어들인 소금을 관리하고 처분하는 기능을 수행하였던 것으로 생각된다. 즉 호부 속사인 탁지는 소금의 생산시설을 관장하고, 사농시는 이들로부터 거두어들인 소금을 관할하는 역할을 하였던 것이다.

3성6부체제가 기본이었던 고려전기의 정치체제에서는 송의 제도를 채용하여 추가로 설치된 삼사는 호부의 부수적인 위치에 있을 수밖에 없었다. 그 결과 삼사의 기능이 호부보다 많았음에도 불구하고 3성6부체제가 비교적 정상적으로 기능을 발휘한 고려전기에는 삼사보다 호부가 우위에 있었던 것으로 생각된다.

이상에서 살펴본 것처럼 고려 삼사의 업무를 종합하면 당 호부를 구성하는 4개의 속사 가운데 호부본사를 제외한 탁지·창부·금부의 업무를 합한 것과 같았음을 알 수 있다.

즉 3성6부제를 기본으로 하였던 고려에서는 송의 삼사제도를 수용하면서 호부의 속사제가 폐지되고 이후 당 호부의 속사 가운데 호부본사의 업무를 호부가, 나머지 탁지·금부·창부의 업무를 삼사가 나누어 맡는 형식으로 두 기구 간에 역할분담이 이루어졌던 것이다. 그 결과 고려의 호부와 삼사는 당·송의 그것과 명칭만 같을 뿐 실제 조직이나 기능상에는 큰 차이가 나타나게 되었던 것이다.

---

176) 위와 같음
177) 『唐六典』 권19, 司農寺

5. 맺음말

고려의 호부와 삼사는 각각 당과 송의 제도를 수용하여 설치된 기구이다. 호부는 유교적 정치이념을 바탕으로 국가가 민을 직접 통치하는 중앙집권적인 정치운영 방식인 당의 3성6부제를 도입하는 과정에서 기존의 창부를 계승하여 설치된 관부이다. 삼사 역시 국초의 제도 정비과정에서 송의 제도를 수용한 것이지만 송의 삼사와 비교할 때 그 출현배경은 전혀 달랐다.

송의 삼사는 당 후반에 호부의 기능이 확대되면서 종래의 호부 이외에 새로 설치된 염철부·탁지부 등이 합쳐져서 탄생한 기구였다. 그러나 그 기능과 성격은 기본적으로 3성6부체제 하의 호부와 같은 것이었다. 송 초의 삼사가 원풍 연간의 관제개혁에서 폐지되고 호부가 부활하여 그 기능을 대신한 것은 바로 그러한 사실을 뒷받침하는 것이다.

이처럼 중국에서는 이 두 기구가 각각 서로 다른 왕조에서 설치되어 그 기능을 발휘하였다. 물론 송 대에 삼사와 호부의 두 기구가 같은 시기에 설치된 때가 있었지만 당시 호부는 삼사에 속한 한 부서에 불과한 것으로 각기 독립된 기구는 아니었다.

그런데 고려에서는 삼사가 설치되던 시기에 중국에서와 같이 소금의 전매제가 실시되거나 조운업무의 비중이 커지거나, 또한 그에 따른 회계업무가 확대되어 새로운 재정기구의 출현이 필요한 상황이 아니었다. 그럼에도 불구하여 동시기에 두 기구가 각기 독립된 존재로 설치되어 각자의 기능을 수행하였다.

고려의 중앙정치기구는 당의 3성6부체제를 기본으로 하였으나 한편으로 중추원이나 삼사 등 송의 제도도 일부 수용하였다. 그 결과 당·송과 달리 고려에서는 거의 같은 기능을 수행하는 호부와 삼사가 독립기구로서 동시에 병존하게 된 것이다. 따라서 고려의 호부와 삼사는 당·송의 그것과 명칭은 같았으나 조직이나 기능 등 실질적 내용에는 많은 차이가 있을 수밖에 없었다.

즉 고려의 호부는 당의 제도를 수용하였지만 조직상 4개의 속사로 구성된 당 호부와 달리 호부본사 1사만으로 이루어졌고, 관원 구성에서도 당의 호부본사 1사의 그것과 거의 같았다. 삼사 역시 염철부·탁지부·호부의 3부로 구성되는 송의 삼사와 달리 단일 부서로 이루어졌을 뿐만 아니라 삼사를 구성하는 3개의 부 가운데 1개 부에 해당하는 정도의 관원 구성을 갖고 있었다.

이러한 조직과 관원 구성의 차이는 당연히 그 기능의 차이로 나타나, 당 호부가 담당하던 기능을 고려에서는 호부와 삼사가 분담하였다. 즉 호부에 속한 4속사의 업무 가운데 호부본사의 업무는 호부가 담당하고 나머지 탁지·창부·금부의 업무는 삼사가 담당하였던 것이다.

고려의 호부는 호구와 토지 등 세원을 파악하여 각종 세역을 책정하는 업무, 즉 당의 호부본사가 담당한 업무를 담당하였고, 삼사는 호부가 책정한 각종 세역의 징수·운반·저장, 예산의 수립과 집행, 그리고 그에 따른 세입·세출의 회계업무, 즉 당 호부의 창부·탁지·금부의 3속사가 담당한 업무를 분장한 셈이다. 이와 관련하여 국초에 설치되었던 호부 소속의 사탁·금조·창조 등 3속사가 삼사의 설치를 전후하여 폐지된 사실은 시사하는 바가 크다고 생각된다.

이처럼 고려의 호부와 삼사는 각각 당과 송의 제도를 수용한 것이지만 실제 각 기구의 조직이나 운용은 당·송의 그것과 많은 차이가 있었다. 즉 고려에서는 당의 3성6부제를 수용하여 경제·재정기구로서 호부가 존재하였음에도 불구하고, 같은 기능을 수행하는 송의 삼사를 추가로 설치하여 두 기구를 병존시킨 것이다.

이것은 성종 대에 적극적으로 추진된 왕권강화 정책과 밀접한 관련을 갖는 것으로, 병부 이외에 중추원을 설치하여 군정업무와 군령업무를 분산시킨 것과 마찬가지로 경제·재정 업무의 분산을 통해 신권을 견제하고 왕권 강화를 도모하려는 것이었다고 생각된다.

제2절 군정(軍政)기구 병부(兵部)

1. 머리말

당의 제도를 기본으로 하는 고려의 정치제도가 확립되는 것은 성종 대 이후이다. 건국초기에는 태봉의 제도를 계승한 광평성(廣評省)·내봉성(內奉省)·순군부(徇軍部)·병부(兵部)·창부(倉部) 등이 중요한 정치기구로서 국정을 분담하였다. 이후 3성6부제가 수용되면서 국초의 정치기구들은 기구간 기능의 분리나 통합을 통해 3성6부체제로 개편된 것으로 보인다.

특히 국초의 여러 정치기구들 가운데 순군부와 병부는 각각 군령업무와 군정업무를 담당한 군사기구로서 서열 3위와 4위를 차지하는 중요한 위치에 있었다.[1] 성종 대에 3성6부제가 실시되면서 병부는 상서성(尙書省) 아래 6부의 하나로 편제되었다. 한편 순군부는 광종 대에 군부로 개편된 이후 경종 대까지도 존속하였지만 이후 그 존재는 보이지 않는다.[2]

3성6부를 중심으로 하는 고려의 중앙정치제도는 당의 6전체제(六典

---

1) 권영국, 2006 「고려 초 徇軍府의 설치와 기능의 변화」『한국사연구』135
   _____, 2007 「고려 초기 兵部의 기능과 지위」『사학연구』88
2) 후삼국 통일전쟁이 끝나면서 군령기능을 가진 순군부의 지위가 변화했을 가능성은 있지만 병부 등의 다른 기구에 통합되거나 폐지된 것으로 보기는 어렵다. 군사업무의 두 축을 이루는 군정(軍政)업무와 군령(軍令)업무는 어느 하나라도 소홀히 할 수 없는 것으로, 역사상 군사업무가 일반 행정업무와 분리된 이후 병권의 집중을 방지하기 위해 군정업무와 군령업무는 서로 분리되어 왔기 때문이다. 따라서 3성6부제가 수용된 이후에도 순군부의 군령기능을 담당할 새로운 기구가 설치되었을 것으로 생각된다.

體制)를 모범으로 한 것으로 건국 후 60여 년이 지난 성종 대에 정비되었다. 성종 대 이전, 즉 건국 이후 성종 대에 이르는 시기의 정치제도는 3성(省)·6부(部)·9시(寺)를 기본으로 하는 당제와는 많은 차이가 있었다. 태조 즉위 직후 행해진 인사에서 광평성(廣評省)을 비롯한 12개 관부가 등장하는데, 이들 가운데 순군부와 병부는 각각 서열 3위와 4위를 차지할 정도로 중요한 위치에 있었다. 당시 중앙 정치기구 내에서 순군부와 병부는 모두 군사관계 업무를 담당하는 기구로서 동시에 두 기구가 설치되었던 것은 담당한 업무가 서로 달랐기 때문이다.

일반적으로 병권 또는 군통수권이라 함은 군령권(軍令權)과 군정권(軍政權)을 통틀어 일컫는 것으로 국가의 최고 통치권자가 장악하여 행사하는 권한이다. 역사상 군사업무는 일반 행정업무와 하나로 통합되어 운영되었으나 전쟁규모의 확대, 전쟁방식의 변화, 군사력의 증가 등 원인으로 점차 분리되어 이를 담당하는 전문적인 기구와 관직이 출현하게 되었다.[3]

우리 역사상 군사관련 업무를 담당한 기구가 처음 설치된 것은 신라 법흥왕 대인데, 중앙 정치기구 가운데서 가장 먼저 설치된 것은 병부였다. 이는 병부가 그 만큼 중요한 기구였음을 의미하는 것이다. 이후에도 병부는 3성6부제가 도입되는 성종 대 이전까지 중앙 정치기구에서 중요한 위치에 있었다.

---

3) 中國軍事史編寫組, 2006 『中國歷代軍事制度』 解放軍出版社

2. 병부의 설치와 지위

1) 병부의 설치

병부의 설치와 관련하여 『고려사(高麗史)』 백관지(百官志) 병부조4)에는 태조원년에 병부령·경·낭중을 설치한 것으로 되어 있다.5) 병부는 이미 궁예 정권 때부터 설치되었고, 고려는 태봉을 계승한 국가이므로 건국초의 병부 역시 태봉 때의 병부를 그대로 이어받은 것이다. 따라서 태조원년에는 이미 존재하던 병부의 관원을 조정하거나 명칭을 고친 것으로 볼 수 있다.

『삼국사기(三國史記)』에 의하면 904년에 나라를 세운 궁예는 국호를 마진(摩震), 연호를 무태(武泰)로 정하고 처음으로 광평성(廣評省)을 설치하여 관원들을 두었으며, 또 병부를 비롯한 여러 관부를 설치한 것으로 되어있다.6) 그러나 그 당시에 모든 관부가 일시에 설치되었다고 볼 수 없을 것이다.7)

궁예는 이미 894년 무렵에 정복지역이 크게 확대되고, 군사적 기반이 강화되자 스스로 '개국칭군(開國稱君)' 할 수 있다고 생각하고 내외의 관직을 설치하기 시작하였는데,8) 아마 병부도 이 무렵에 설치된 것이 아

---

4) 『高麗史』 권76, 百官1, 兵曹

5) 이 기록에 대해 병부를 설치하고 아울러 병부령·경·낭중 등 관원을 둔 것으로 해석하기도 하고 그 관원만 설치하였던 것으로 해석하기도 한다.

6) "天祐元年甲子 立國號爲摩震 年號爲武泰 始置廣評省 備員匡治奈(今侍中) 徐事(今侍郎) 外書(今員外郎) 又置兵部 大龍部(謂倉部) 壽春部(今禮部) 奉賓部(今禮賓省) 義刑臺(今刑部) 納貨府(今大府寺) 調位府(今三司) 內奉省(今都省) 禁書省(今秘書省) 南廂壇(今將作監) 水壇(今水部) 元鳳省(今翰林院) 飛龍省(今太僕寺) 物藏省(今少府監) 又置史臺(掌習諸譯語) 殖貨府(掌栽植菓樹) 障繕府(掌修理城隍) 珠淘省(掌造成器物)"(『三國史記』 권50, 列傳10 弓裔)

7) 조인성, 1996 「Ⅲ 후삼국의 정립」 『한국사』 11, 국사편찬위원회

닌가 한다. 당시는 후백제와의 전쟁이 계속되는 상황이었으므로 국가의
여러 업무 가운데서 시급하고 중요한 군사업무를 담당하는 기구가 다른
관부들보다 우선적으로 설치되었을 것이다.

신라의 경우도 국가로의 발전과정에서 여러 정치기구들이 설치되었
는데 그 가운데서 가장 먼저 설치된 관부가 병부였다. 즉 법흥왕3년에
처음으로 병부령(兵部令) 1인을 두었고,9) 이어서 다음해에 병부를 설치
하였다.10) 병부령이란 한식(漢式) 명칭의 관직이 설치되는 것은 법흥왕3
년이지만 이미 그 이전에 군사관계 업무를 전담하는 신라 고유의 관직이
설치되어 있었을 것으로 보는 견해도 있다.

즉 보통 고위 관직자들의 범칭인 대등(大等)이 특정업무를 분장하여
관직적 성격을 가질 때 □□대등으로 불리었던 것처럼 군사업무를 분장
하여 □□대등이라 불리던 관직이 법흥왕3년에 중국식 칭호인 병부령
으로 개칭되고, 병부령 이외에 그 하위에 실무를 담당하는 관직도 설치
된 것으로 보았다.11)

이처럼 관부보다 관직이 먼저 설치되는 것은 국가 성립 초기에 나타
나는 일반적인 현상으로서,12) 국가체제의 정비 과정에서 특정 업무를
담당하는 관직이 먼저 설치되고 점차 업무가 증대되고 전문화하여 관직
수가 확대됨에 따라 이들 관직을 통괄하는 관부가 설치되었기 때문이라
생각된다.13)

---

8) "乾寧元年 入溟州 有衆三千五百人 分爲十四隊 … 於是 擊破猪足狌川夫若金城鐵
   圓等城 軍聲甚盛 浿西賊寇 來降者衆多 善宗自以爲衆大 可以開國稱君 始設內外官
   職"(『三國史記』 권50, 列傳10 弓裔)

9) "兵部令一人 法興王三年始置 眞興王五年 加一人 太宗王六年 又加一人 位自大阿
   湌 至太大角干爲之"(『三國史記』 권38, 職官上, 新羅, 兵部)

10) "四年夏四月 始置兵部"(『三國史記』 권4, 新羅本紀23, 法興王)

11) 이문기, 1997 「제4장 中古期의 軍令體系와 軍令기구」『新羅兵制史硏究』 일조각

12) 신형식, 1984 「제3장 제1절 신라의 국가적 성장과 兵部令」『한국고대사의 신연구』
    일조각

병부가 설치되기 이전에는 상고시기의 부족장이며 군국정사를 총괄했던 수상인 대보(大輔)가 국왕을 보좌하여 일반 행정업무와 군사업무를 담당하였다.[14] 율령(律令)반포, 공복(公服)제정, 불교공인 등 고대국가의 체제 정비를 단행한 법흥왕 대에 이르러 병부가 설치되고 이어서 상대등(上大等)이 신설되는 것은 일반 행정과 군사업무의 분리를 의미하는 것이었다.[15]

즉 지증왕·소지왕대에 이르러 신라사회가 경제적으로 크게 성장하고 영토가 확장됨에 따라 일반 행정과 군사업무를 분리시켜 통치제제를 정비할 필요성에서 병부가 설치된 것이다.

병부란 명칭은 한식 표현으로서 중국에서 병부란 관부명이 처음 등장하는 것은 수(隋)나라 때였다.[16] 수나라 이전의 위(魏)나라에서 처음으로 군사 업무를 담당하는 기구인 5병(兵)을 설치하였는데, 그 후에 5병 또는 7병으로 변화를 거치다가 수나라 때에 처음으로 병부가 되었고, 당에서 병부란 명칭으로 정착되었다.[17]

그런데 신라에서는 수나라보다 70여 년이나 앞서서 병부령과 병부가

---

13) 중국의 경우에도 초기에는 軍務를 관장하는 장관으로서 司馬라는 관원(관직)만 두었고 관부는 설치되지 않았다.(中國軍事史編寫組, 2006 『中國歷代軍事制度』解放軍出版社)

14) 신형식, 1984 「제3장 제1절 신라의 국가적 성장과 兵部令」『한국고대사의 신연구』일조각

15) 李明植, 1988 「新羅 統一期의 軍事組織」『韓國古代史研究』1

16) "魏五兵尙書 至後魏 有七兵尙書 隋曰兵部 大唐嘗爲司戎太常伯 或爲夏官 或爲武部 又爲兵部"(『通典』권19, 職官1, 要略 設官沿革)

17) "兵部尙書一人 正三品 周官夏官卿也 漢置五曹 未有主兵之任也 魏始置五兵尙書 謂中兵外兵騎兵別兵都兵也 晉太始中 省五兵尙書 太康中 又置七兵尙書 以舊五兵尙書 中兵外兵分 爲左右 東晉及宋 又爲五兵 孝武大明二年 又省之 順帝昇明元年 又置 歷齊梁陳後魏北齊 皆置五兵尙書 後周依周官 置大司馬卿一人 隋改爲兵部尙書 皇朝因之 龍朔二年 改爲司戎太常伯 咸亨元年 復爲兵部尙書"(『唐六典』권5, 상서병부, 병부상서)

설치되었다. 법흥왕대 이르러 일반 행정과 군사업무를 분리시키면서 병사(兵事)를 담당하는 부서라는 의미에서 병부라는 명칭을 붙인 것으로 보인다. 따라서 이때의 병부는 후에 수용되는 당 6전제(六典制)의 병부와는 무관한 신라 고유의 것으로 그 조직이나 관직의 명칭 및 구성이 당의 병부와 전혀 달랐다.

우선 6전체제를 갖춘 당에서 병부는 상서성 아래 6부의 하나이며, 병부(兵部)·직방(職方)·가부(駕部)·고부(庫部) 등 속사(屬司)가 설치되었고, 관원으로는 장관과 차관인 상서와 시랑, 그리고 그 아래에 낭중·원외랑·주사 등이 있었다.[18]

한편 신라의 병부는 상서성과 같은 상위 관부에 소속되지 않았고 속사가 없었으며, 관원은 병부령을 비롯하여 대감(大監)·제감(弟監)·노사지(弩舍知)·사(使) 등이 있어 관직체계는 당의 병부와 유사하나 관직의 명칭이나 정원은 전혀 달랐다.[19]

또한 이들 관직도 일시에 설치된 것이 아니고 오랜 시차를 두고 하나씩 설치되었다. 즉 장관인 병부령은 법흥왕3년에 처음 설치되었고, 이후 진흥왕5년에 1인이 증치되었으며, 태종왕6년에 또 1인이 증치되었다. 차관 이하의 관직도 진평왕11년에 제감 2인, 진평왕45년에 대감 2인이 설치되었다.[20] 이러한 사실은 신라의 병부가 중국 제도의 모방이나 수용이 아니었음을 보여주는 것이라 생각된다.

궁예가 개국할 당시에도 병부는 여러 관부들 중에서 우선적으로 설치

---

18) "兵部尙書侍郞之職 掌天下軍衛武官選授之政令 凡軍師卒成之籍 山川要害之圖 廐牧甲仗之數 悉以咨之 其屬有四 一曰兵部 二曰職方 三曰駕部 四曰庫部 尙書侍郞惣其職務 而奉行其制命"(『唐六典』권5, 尙書兵部, 兵部尙書職任)
"郞中二人 從五品上 … 員外郞二人 從六品上 … 主事四人 從八品下"(『唐六典』권5, 尙書兵部, 郞中)

19) "兵部令一人 … 大監二人 … 弟監二人 … 弩舍知一人 … 史十二人 … 弩幢一人"(『三國史記』권38, 職官上, 신라, 병부)

20) 『三國史記』권38, 職官上, 신라, 병부

된 관부 중 하나였을 것이다. 궁예는 개국과 함께 국가체제를 정비하면 서 일시에 모든 관부를 설치한 것이 아니라 시급하고 중요한 관부부터 설치하여 점차로 전체적인 관부체제를 갖추어 나갔다.

특히 후백제와 치열한 전쟁 상황이었으므로 다른 어떤 관부보다도 군 사관련 기구의 설치가 시급하였을 것이다. 관부들의 기재순서에서 병부 가 최고 관부인 광평성 바로 다음에 위치한 것은 그만큼 병부의 중요성 을 말해주는 것이라 생각된다,

이후에 병부는 병관(兵官)[21]으로 개칭되었는데,[22] 그 시기는 정확히 알 수 없으나 성종원년에 상서성의 전신인 어사도성(御事都省)[23]이 설 치되는 것으로 보아[24] 성종원년 무렵이 아닌가 한다. 이때 어사도성의 하부조직으로 선관(選官)·병관(兵官)·민관(民官)·형관(刑官)·예관(禮官)· 공관(工官) 등 6관이 설치되고, 병관에는 어사(御事)·시랑(侍郞)·낭중(郞 中)·원외랑(貝外郞)등의 관원의 두어졌다.[25]

태조 이래의 병부가 태봉의 제도, 나아가 신라의 제도를 계승한 것인 데 비해 성종원년의 병관은 당의 제도를 수용한 것이었다. 그동안 병부 는 광평성·내봉성 등과 병렬적 위치에 있는 존재였으나 당제의 수용 이 후에는 어사도성 아래에 있는 6관의 하나로 편입되었다.

---

21) 6官의 명칭에서 官이란 호칭은 北周 6부의 명칭, 즉 天官府·地官府·春官府·夏官 府·秋官府·冬官府에서 따 온 것으로 추정된다.(『唐六典』권2, 尙書吏部)

22) "太祖元年 置兵部令卿郞中 後稱兵官 有御事侍郞郞中貝外郞 其屬有庫曹"(『高麗史』 권76, 百官1, 兵曹)

23) 廣評省이 御事都省으로 고쳐진 것이라는 견해와 內奉省이 어사도성으로 고쳐진 것이라는 견해가 있다.

24) "尙書省 太祖仍泰封之制 置廣評省 總領百官 有侍中侍郞郞中貝外郞(太祖時又有內 奉省 三國史云 內奉省卽今都省 沿革與此不同) 成宗元年 改廣評省 爲御事都省" (『高麗史』권76, 百官1, 尙書省)

25) 兵官御事의 임명 기록이 처음으로 나타나는 것은 성종2년 5월이다.(『高麗史』권3, 世家3 成宗2년 5월)

2) 병부의 지위

신라시대의 중앙통치조직에서 핵심적인 기구는 병부(兵部)·예부(禮部)·집사부(執事部)·창부(倉部)의 4부를 비롯하여 사정부(司正府)·위화부(位和府)·조부(調府)·승부(乘府)·영객부(領客府)·좌이방부(左理方府)·우이방부(右理方府)·선부(船府)·공장부(工匠府)·예작부(例作府)의 10부 등 14개의 관부였다.

이 가운데서 병부는 집사부와 더불어 서열 1~2위를 다투는 중요한 위치에 있었다. 이처럼 병부가 중요한 지위를 차지했던 것은 우선 병부의 기능에서 찾을 수 있을 것이다.

신라에서 병부가 설치된 것은 법흥왕 대였다. 지증왕에서 법흥왕 대에 이르는 시기에 신라 사회는 고대국가 체제를 완성하고 이를 기반으로 정복국가로 발전하였다. 그 결과 진흥왕대에는 한강유역을 장악하고, 가야지역을 병합하였으며 나아가 북으로 함경도지방까지 진출하여 장차 삼국통일의 기반을 닦을 수 있었다. 이처럼 진흥왕대 이후 신라가 정복국가로 발전하는 과정에서 중요한 요소 중 하나는 전쟁에 동원할 수 있는 인적·물적 자원의 확보였다.

정복전쟁이 본격화됨에 따라 전국적 규모의 군사력 징발, 무기제조, 축성사업 등의 군사적 업무가 크게 늘어났고, 이러한 전문적인 군사업무를 담당하기 위해 설치된 기구가 병부였다. 병부가 설치되는 법흥왕 대에는 삼국 간에 경쟁이 치열해지는 시기로서 국가의 존망과 관련되는 군사문제가 가장 중요하였고, 따라서 정치기구 가운데 병부의 정치적 위상이나 비중이 높을 수밖에 없었다.

다음 관원의 구성상에서도 병부가 중앙정치기구에서 차지하는 비중의 중요성을 짐작할 수 있다. 중앙의 14개 중요 관부의 장관의 수나 관원의 수를 비교해 볼 때 병부가 다른 관부들 보다 많은 것으로 보아 집사부·창부와 더불어 당시에 실질적으로 최고의 관부라 할 수 있다.

즉 장관의 수는 병부와 위화부(位和府)가 3인, 조부(調府)·창부(倉部)·예부(禮部)·승부(乘府)·영객부(領客府)·이방부(理方府)가 2인, 집사부(執事部)·사정부(司正府)·예작부(例作府)·선부(船府)가 1인이었고. 전체 관원의 수도 창부가 38명, 집사부와 병부가 각 27명이었다.[26]

그리고 장관의 지위에서도 병부의 장관인 병부령의 정치적 위상이 높았다. 집사부의 시중이 기밀사무를 맡는 수상의 지위였지만 병부를 관장하는 상급기관이 아니었고, 승진의 경우 대부분 시중을 거쳐 병부령이 된 반면 병부령을 거쳐 시중이 된 예는 없었다.[27]

이러한 사실을 통해 볼 때 신라 말까지도 집사부와 병부는 그 서열이 갖거나 오히려 병부가 집사부보다 상위의 관부였음을 알 수 있다. 그리고 이러한 신라의 독자적인 관직체제는 경덕왕대의 한화정책(漢化政策) 이후에도 그대로 유지되었고, 당의 문물을 받아들여 관제를 정비한 이후에도 중국의 전통적인 6전체제(六典體制)와는 달리 병부가 상위의 관부로서 지위를 차지하였다.

904년에 궁예는 백관을 설치하고 국호를 마진(摩震), 연호를 무태(武泰)로 정하고 광평성을 비롯한 여러 관부를 설치하였는데 이때에도 병부는 광평성 다음에 위치하는 서열 2위의 관부였다.[28] 광평성의 기능이나 지위에 대해서는 여러 견해들이 있지만, 일반적으로 신라의 집사부(執事部)에 대응되는 기구로서 국정 전반을 관장하는 최고의 관부로 이해되고

---

26) 申瀅植, 1984,「제3장 제1절 신라의 국가적 성장과 병부령」『韓國古代史의 新研究』 일조각

27) 위와 같음

28) "天祐元年甲子 立國號爲摩震 年號爲武泰 始置廣評省 … 又置兵部大龍部(謂倉部) 壽春部(今禮部)奉賓部(今禮賓省)義刑臺(今刑部)納貨府(今大府寺)調位府(今三司)內 奉省(今都省)禁書省(今秘書省)南廂壇(今將作監)水壇(今水部)元鳳省(今翰林院)飛龍 省(今太僕寺)物藏省(今少府監)"(『三國史記』 권50, 弓裔)

있다.[29]

건국 직후는 주변의 호족세력들을 통합하고, 나아가 선발국가인 후백제와 경쟁해야 하는 중요한 시기였으므로 효과적인 전쟁자원의 동원과 전쟁수행을 위한 군사업무를 담당하는 병부가 서열 2위를 차지할 정도로 중요한 위치에 있었던 것이다.

그러나 태조 즉위 이후에 중앙 정치기구상에 큰 변화가 나타나면서 서열 2위이던 병부가 4위로 격하되었다. 이러한 변화는 9위이던 내봉성(內奉省)이 2위로 승격하고, 순군부(徇軍部)가 3위의 지위를 차지함에 따라 나타난 것이었다.

태조즉위 6일 만에 행해진 인사조처에서[30] 마진 때에 9위이던 내봉성이 2위로 부상하였는데 이러한 서열의 변화가 갑자기 나타난 것으로 생각되지는 않는다. 태조가 즉위한 이후 불과 6일 사이에 종래 서열 9위의 기구가 2위로 상승했다고 보기 어렵기 때문이다.

따라서 이러한 서열의 변화가 나타난 시기는 태조즉위 이전,[31] 즉 마진 성립 이후 국호를 태봉으로 변경한 무렵이 아닐까 한다. 이때에는 단순히 국호만 변경된 것이 아니라 관부의 명칭이나 관부 서열의 변화 등을 포함하는 정치체제의 재정비도 있었을 것으로 추측된다.[32]

내봉성이 2위의 지위로 부상하였다는 것은 그 정치적 비중이 커진 것을 의미하는 것으로. 아마 기능이나 조직상의 변화가 수반되었을 것이다. 내봉성에 대해서는 국왕 측근에서 봉명실천(奉命實踐)하는 기관이라

---

29) 李泰鎭, 1972 「고려 宰府의 성립」『歷史學報』 56
    邊太燮, 1981 「高麗初期의 政治制度」『한우근박사정년기념사학논총』 일조각
    조인성, 1996 「Ⅲ. 후삼국의 정립」『신편한국사』 11, 국사편찬위원회
30) 『高麗史』 권1, 世家1, 太祖원년 6월 辛酉
31) 이러한 서열의 변화가 태조즉위 이후의 인사조치 때 이루어진 것으로 보는 견해도
    있다.(李泰鎭, 1972, 「고려 宰府의 성립」『歷史學報』 56)
32) 조인성, 1996 「Ⅲ. 후삼국의 정립」『신편한국사』 11, 국사편찬위원회

는 견해,[33] 인사 전담기구로서 신라의 위화부(位和府)에 비정하는 견해,[34] 그리고 국왕 측근의 근시기구(近侍機構)로서 국왕에 대한 시종뿐만 아니라 조서(詔書)와 고신(告身)을 전장(專掌)하는 등 궁중의 사무를 처리하는 신라의 중사성(中事省)이나 선교성(宣敎省) 계통의 관부로 추정하는 견해[35] 등이 있다.

내봉성은 그 명칭에서 볼 수 있듯이 궁중에서 국왕의 명령을 받드는 관부로서 일찍부터 궁예 측근에서 사적인 비서기관의 역할을 하던 기구였을 것으로 생각된다. 그러나 점차 국가로서의 체제가 정비되고 업무가 확대되면서 초기의 사적인 성격의 기구가 공적인 기구로 전환하게 되었을 것이다.

태봉으로 국호를 변경하는 시기를 전후해서 인사기능이나 감찰기능 등이 보다 확대되고 체계화되면서 그동안 국정 전반을 관장하던 광평성과 함께 국정을 분담하는 정책기구의 하나로 부상한 것이다.

다음 순군부는 전체 중앙기구 가운데 서열 3위, 군사관련 기구 가운데 최고의 지위를 차지할 정도로 정치적·군사적으로 중요한 관부였다. 이미 앞에서 언급한 바와 같이 순군부는 궁예의 정복지역이 확대되고 귀부하는 호족들이 크게 늘어나는 시기에 설치되었다.

요컨대 중앙의 군사력은 물론 지방 호족 휘하의 군사력이나 지방에 배치된 군대의 동원과 지휘·통솔 등 군령 업무가 증대됨에 따라 그동안 국왕이 장악하고 있던 군령기능의 일부를 분리시켜 이를 담당하게 하기 위해 설치된 기구가 순군부였다.[36]

---

33) 邊太燮, 1971 「고려시대 중앙정치기구의 행정체계」 『高麗政治制度史硏究』 일조각
   李基白, 1975 「귀족적 정치기구의 성립」 『한국사』 5, 국사편찬위원회
34) 李泰鎭, 1972 「고려 宰府의 성립」 『歷史學報』 56
35) 李基東, 1984 「제4장 나말여초 近侍기구와 文翰기구의 확장」 『新羅 骨品制社會와 花郎徒』 일조각
36) 권영국, 2006 「고려 초 徇軍部의 설치와 기능의 변화」 『한국사연구』 135

후삼국시대와 같은 전쟁 시기에는 전체 군사업무에서 군정업무보다 군령업무가 훨씬 중요하였다. 따라서 군령업무를 담당한 순군부가 군정업무를 담당한 병부보다 서열상 앞에 위치한 것이다. 이처럼 국가체제가 재정비되는 태봉 대에 이르러 내봉성의 지위가 상승하고 순군부가 새로 설치되는 정치적 변화 속에서 병부는 종래 서열 2위에서 4위의 지위로 격하된 것이다.

이러한 병부의 지위는 3성6부제가 도입되는 성종 대 이전까지 그대로 유지되었다. 태조13년 이후 광평성과 내봉성 이외에 새로이 내의성(內議省)이 등장하였고, 광종 대에는 이들 3성의 서열이 내의성-내봉성-광평성의 순서로 변화하였다.[37]

그러나 병부는 이들 정책기구와 병렬적인 위치에 있는 군사기구로서 여전히 상위 서열을 유지하였다. 즉 경종즉위년에 작성된 김부고서(金傅誥書)에 광평성, 내봉성, 군부, 병부의 순서로 장관과 차관이 서명에 참여하고 있는데[38] 바로 이들 4관부의 순서가 당시 중앙 관부의 서열을 보여주는 것이라 생각된다.

한편 군부는 광종 대에 순군부가 개편된 것으로, 이는 그 기능의 일부가 변화한 것일 뿐 그 지위에 변동이 있었던 것은 아니었다.[39] 즉 군부는 여전히 군령업무를 담당한 기구로서 군정을 맡은 병부보다 상위에 위

---

37) 변화한 이유에 대한 제 견해
　　① 왕권 강화책의 일환으로 호족세력의 출사 자리인 광평성을 격하시켰기 때문이라는 견해
　　　李泰鎭, 1972, 「고려 宰府의 성립」『歷史學報』56
　　② 왕권강화를 뒷받침하는 학사출신의 儒臣세력이 포진하고 있던 내의성을 최고 관부로 하고 왕명을 집행하는 내봉성을 그 다음의 관부로 한 결과로 해석하는 견해
　　　張東翼, 1982 「金傅의 冊尙父誥에 대한 일검토」『역사교육논집』3
38) 『高麗史』권2, 世家 景宗즉위년 10월 및 『三國遺事』紀異2, 金傅大王
39) 권영국, 2006 「고려 초 徇軍部의 설치와 기능의 변화」『한국사연구』135

치하였다.

성종 대에는 3성6부를 중심으로 하는 6전체제가 본격적으로 수용되면서 병부의 지위에 커다란 변화가 나타났다. 그동안 광평성·내봉성 등과 병렬적인 위치에 있던 병부는 3성6부제의 도입으로 상서성 아래 6부의 하나로 편제되었다. 이는 신라 이래의 전통적인 관제가 3성6부를 중심으로 하는 중국식 관제로 개편되면서 나타난 변화였다.

그러나 6부의 순서에서 당의 이-호-예-병-형-공과 달리 고려에서는 이-병-호-형-예-공의 순으로 병부가 2위의 자리에 위치하였다. 당의 상서성은 상서도성이 중심에 위치하고 상서도성의 동쪽에 이부(吏部)·호부(戶部)·예부(禮部)의 3부가, 서쪽에 병부(兵部)·형부(刑部)·공부(工部)의 3부가 배치되어 이부와 병부가 전행, 호부와 형부가 중행, 예부와 공부가 후행이 되었다.

당에서 6부의 서열은『무덕령(武德令)』에서 이-예-병-민-형-공의 순이었고,『정관령(貞觀令)』에서는 이-예-민-병-형-공의 순서였으나, 무후(武后) 광택(光宅)원년 9월에『주례』6관에 준하여 이-호-예-병-형-공의 순으로 고친 이후 청조에 이르기까지 그대로 답습하였다.[40)

이처럼 당에서 6부 중 병부의 지위는 이부-호부-예부 다음에 위치했으나,[41) 고려에서는 이부 바로 다음에 위치하였다. 즉 고려에서는 전행-중행-후행의 순서로 6부의 서열을 정한 셈이다. 이처럼 당의 제도를 받아들였음에도 불구하고 당과 6부의 서열이 달랐던 이유는 아마도 중앙정치기구의 성립과 발전 과정상에서 병부가 차지한 위상과 관련이 있는 것이 아닌가 한다.

신라시대에 군사업무가 일반 행정업무와 분리되면서 최초의 관부로

---

40) 王超, 2005『中國歷代中央官制史』상해인민출판사

41) "其屬有六尙書 一曰吏部 二曰戶部 三曰禮部 四曰兵部 五曰刑部 六曰工部 凡庶務皆會而決之"(『舊唐書』권43, 職官2, 尙書都省)

설치된 병부가 집사부와 더불어 최고의 지위를 차지하였고, 이후에도 중앙정치기구에서 계속 중요한 위치를 유지해온 역사적 전통이 반영된 것이라 생각된다. 신라시대에 처음 설치된 병부는 집사부(執事府)와 더불어 서열 1~2위를 다투었고, 궁예의 마진(摩震) 때에도 2위의 지위를 유지하였다.

그 후 태봉(泰封) 대에 이르러 내봉성(內奉省)이 부상하고 순군부(徇軍部)가 설치됨으로써 4위의 지위로 밀려났지만 여전히 높은 지위를 차지하였다. 역사상 이러한 병부의 위상이 성종 대에 당의 3성6부제를 수용할 때 6부의 서열에 반영된 것이라 생각된다.[42] 그리고 이것은 고려가 모범으로 삼은 당의 6부제와 다른 고려 6부제의 특징이라 할 수 있을 것이다.

국초의 병부는 광평성·내봉성·순군부 등과 동렬적 위치에 있는 기구로서 그들 사이에 서열의 차이는 있었지만 상하관계가 성립된 것은 아니었다. 이는 집사부를 비롯한 병부(兵部)·조부(調府)·창부(倉部)·예부(禮部)·사정부(司正府)·위화부(位和府) 등 13개 기구가 병렬적으로 나열되어 독립적으로 운영되었던 신라시대의 전통과 연결되는 것으로,[43] 고려 초기까지도 정책기구와 정책 집행기구의 구분이나 상하관계가 명확하지 않았다.

그러나 성종 대에 3성6부제가 수용되면서 병부는 어사도성 아래 6관의 하나로 편입되었다. 즉 내사문하성(內史門下省)의 정책기구와 어사도성의 정책 집행기구가 분리되고, 병부는 어사도성 아래의 6관의 하나로 편제됨으로써 그들 사이에 비로소 상하관계가 성립된 것이다.

---

42) 권영국, 2007「고려전기 병부의 기능과 지위」『사학연구』88
43) 이기동, 1980「신라중대의 관료제와 골품제」『진단학보』50 ; 1984『신라골품제 사회와 화랑도』

3. 병부 조직의 정비

1) 병부의 조직과 속사의 변화

고려 초기 병부의 조직에 대해서는 자세한 내용을 알 수 없고, 여러 인사 기록 등을 통해 병부령(兵部令)·경(卿)·낭중(郎中) 등 관원이 설치되었다는 사실 정도만 알 수 있다. 성종원년에 어사도성이 설치되고 그 하부조직으로 어사(御事) 6관이 설치되면서 병부가 병관으로 개칭되고 관직의 명칭도 어사(御事)·시랑(侍郎)·낭중(郎中)·원외랑(員外郎) 등으로 바뀌었으며 속사(屬司)로 고조(庫曹)가 설치되었다.[44]

관직의 명칭이 당 병부의 상서·시랑·낭중·원외랑과 거의 같아지고, 이전에 없던 속사가 설치되어 당제의 원형에 보다 가까워졌다.[45] 이러한 사실은 태조 이래의 병부가 태봉의 제도를 계승한 것인데 비해 성종원년의 병관은 당의 제도를 수용한 것을 의미하는 것이다.[46] 그러나 속사의 수에서는 당제와 차이가 있었다.

고려가 모범으로 삼은 당의 병부는 병부본사(兵部本司)를 비롯해 직방(職方)·가부(駕部)·고부(庫部) 등의 속사로 구성되었는데 비해[47], 고려에서는 이들 속사 가운데 본사인 병부 이외에 고부만을 설치하였다. 이처럼 고려가 당의 제도를 수용하면서도 그대로 모방한 것이 아니라 고려의 실정에 맞게 변용하였음을 알 수 있다.

여러 속사 가운데 하나만 둔 것은 중국과 같이 모든 속사를 설치할

---

44) 『高麗史』 권76, 百官1, 兵曹

45) 『唐六典』 권5, 尙書兵部

46) 崔貞煥, 2006 『譯註高麗史百官志』 경인문화사

47) "兵部尙書侍郎之職 掌天下軍衛武官選授之政令 凡軍師卒戌之籍 山川要害之圖 廐牧甲仗之數 悉以咨之 其屬有四 一曰兵部 二曰職方 三曰駕部 四曰庫部"(『唐六典』 권5, 尙書兵部 兵部尙書職任)

필요성이 없었기 때문일 것이다. 즉 광대한 영토와 인구를 가진 중국과
비교해 볼 때 4개의 속사가 분장할 정도로 업무의 양이 많지 않았던 것
이다.

그러면 직방·가부·고부 등 속사 가운데 국가의 융기(戎器)·의장(儀
仗) 등을 관장하는 고조(庫曹)[48]만을 설치한 이유는 무엇일까. 융기란
병사(兵事)에 사용되는 물품을 총칭하는 것으로 기물(器物)·병기(兵器)·
정기(旌旗)·번치(幡幟)·예악용기(禮樂用器) 등을 가리키며, 융기 중에서
도 병기는 투구·갑옷·창·쇠뇌·활과 화살 등이었다.[49] 그리고 의장은 길
례와 흉례의 의식이나 여러 문에 세우는 창 등을 일컬었다.[50] 요컨대 고
조가 담당한 업무는 각종 병기나 의장용 기기를 관장하는 것이었다.

이 시기는 거란과의 긴장관계가 계속되던 때였으므로 병부의 여러 업
무 가운데서 특히 무기의 관리에 관한 업무가 많았을 것이다. 즉 고려는
건국 초부터 발해를 멸망시킨 거란에 대해 적대관계를 취하였는데 거란의
세력이 점차 커지면서 고려는 군사적으로 위기 상황에 처하게 되었다.

또한 성종 대에는 제도의 정비와 함께 각종 의례도 정비되었으므로
그에 따른 의장용 기기의 수요도 증대하였을 것이다. 이처럼 각종 병기
나 의장용 기기를 관장하는 업무가 특히 많았으므로 속사 가운데 고부만
이 설치되었던 것이 아닌가 한다.

성종14년에는 보다 원형에 가까운 3성6부제를 실시하면서 병관은 상
서병부로, 그 속사인 고조(庫曹)는 상서고부(尚書庫部)로 바뀌었다.[51] 이

---

48) "庫部郎中員外郎 掌邦國軍州之戎器儀仗 及(凡)冬至元正之陳設 竝祠祭喪葬之羽儀
諸軍州之甲仗 皆辨其出入之數 量其繕造之功 以分給焉"(『唐六典』 권5, 尚書兵部)
49) 병기는 다시 私家에서 소유해도 되는 활과 화살·칼·방패·짧은 창 등의 병기와 사
가에서 소유해서 안되는 갑옷·쇠뇌·긴 창·말안장 등의 병기로 구분되었다.(『唐律
疏議』 권16, 擅興律 20條 私有禁兵器)
50) 『唐律疏議』 권27, 雜律56조, 停留請受軍器
51) "改兵官爲尚書兵部 仍改庫曹爲尚書庫部"(『高麗史』 권76, 百官1, 尚書省 兵曹 成宗
14년)

어서 현종 대에는 속사인 고부가 폐지되었다. 속사의 폐지는 시(寺)와 감
(監) 등의 하부기구가 정비되면서 그동안 6부가 담당하던 업무의 일부가
시나 감으로 이관되는 것과 관련이 있는 것으로 보인다.[52] 즉 고조가 폐
지되고 그 업무가 군기감(軍器監)과 위위시(衛尉寺) 등으로 옮겨 간 것
이다.

군기감은 무기의 제조를 관장하는 관부로서[53] 목종 대에 군기감으로
불리다가[54] 후에 군기시(軍器寺)로 개칭되었다.[55] 목종원년의 개정전시
과에 '군기소경(軍器少卿)·산군기감(散軍器監)·군기소감(軍器少監)' 등
의 관직이 나타나는 것으로 보아[56] 성종14년 이후 목종 이전의 어느 시
기에 설치된 것으로 보인다.

고려와 달리 당에서는 병부의 속사인 고부와 함께 군기감도 설치되었
다.[57] 군기감은 갑옷과 궁노 등의 무기를 제작하고, 그 품명과 종류를
분별하여 때에 맞게 무기고에 납입하는 등의 업무를 담당하였으며,[58]
고부는 융기·의장의 출납·관리·수선 등의 업무를 담당하였다.[59]

---

52) 속사의 폐지를 성종 대에 3성6부제가 도입된 이후 강화된 6부의 권한을 축소시켜
국왕의 통제 아래에 두기 위한 조처로 보는 연구도 있다. 즉 속사들을 폐지하고
각사를 설치하여 그 업무를 분담하게 하게 하였다고 한다.(이정훈, 2004『고려전
기 3성6부제와 각사의 운영』연세대박사학위논문 ; 2007『고려전기 정치제도 연
구』혜안)
53) 군기감에는 皮甲匠·车匠·和匠·白甲匠·長刀匠·角弓匠·漆匠·鍊匠·弩筒副匠·箭匠·
箭頭匠·皮匠 등 무기제조 관련 장인들이 소속되었다.(『高麗史』권81, 食貨3, 祿俸
諸衙門工匠別賜 문종30년)
54) "軍器寺 掌營造兵器 穆宗朝有軍器監 監少監丞主簿"(『高麗史』권76, 百官1, 軍器寺)
55) 위와 같음
56) 『高麗史』권78, 食貨1, 田制 田柴科
57) "開元初 分甲鎧弓弩 別置軍器監 十一年省軍器監 其作並歸少府 尋又於北都 置軍器
監"(『唐六典』권22, 少府監)
58) 軍器監掌繕造甲弩之屬 辨其名物 審其制度 以時納于武庫"(『唐六典』권22, 北都軍
器監)
59) "庫部郎中員外郎 掌邦國軍州之戎器儀仗 及冬至元正之陳設 並祠祭喪葬之羽儀 諸

당의 제도를 그대로 수용한 초기에는 당과 마찬가지로 군기감과 고부
가 각각의 업무를 분담하였으나, 두 개의 기구가 분담할 정도로 업무가
많지 않았기 때문에 고부를 폐지하고[60] 그 업무를 군기감에 통합한 것
이 아닌가 한다.

위위시는 태조대의 내군(內軍)이 광종11년에 장위부(掌衛府)로 되었
다가 후에 사위부(司衛府)로 개칭되고, 다시 성종14년에 위위시로 고쳐
진 것이다.[61] 내군은 원래 국왕의 신변과 왕실의 경호 및 의장을 담당하
는 기구였으나[62] 성종 대에 위위시로 고쳐지면서 그 기능도 변화한 것
으로 보인다. 즉 성종 대 이후 중앙군제가 정비되면서 국왕과 왕실의 경
호 등 친위군의 기능은 중앙군에서 담당하고, 의장 관련 기능은 위위시
가 맡게 된 것이다.

군기감이 무기의 제조와 관리 등의 업무를 담당했다면 위위시는 무기
이외의 의장 관련 물품을 관장하였다. 기록에 위위시는 '의물기계(儀物
器械)를 관장했다'고 하였는데 여기서 의물기계가 무엇을 가리키는 것인
지 분명하지 않다. 당의 위위시는 "방국의 기계(器械)와 문물에 관한 정
령을 관장하며, 천하의 병기가 경사(京師)로 들어오는 경우 그 명목과 숫
자를 장부에 기록하여 보관하고, 대제사(大祭祀)와 대조회(大朝會)가 있
을 경우 우의(羽儀)[63]·절월(節鉞)[64]·금고(金鼓)[65]·유역(帷帟)[66]·인석(茵

軍州之甲仗 皆辨其出入之數 量其繕造之功 以分給焉'(『唐六典』 권5, 尚書兵部 庫
部郎中)

60) 한편 당에서는 속사와 함께 군기감도 설치되었다. 즉 병부에 속사인 庫部가 있음
에도 불구하고 5監의 하나로 군기감이 설치되었는데 이는 庫部의 업무와 군기감
의 업무가 서로 달랐기 때문이라 생각된다. 즉 군기감은 무기의 제조 및 비축을
담당하였고, 고부는 군기감으로부터 납품되는 군기의 출납·관리·수선 등의 업무
를 담당하였다.(『唐六典』 권22, 小府監·軍器監)

61) "掌儀物器械 太祖元年 置內軍卿 光宗十一年 改內軍爲掌衛府 後稱司衛府 成宗十四
年 改衛尉寺'(『高麗史』 권76, 百官1, 衛尉寺)

62) 이기백, 1956 「고려경군고」『이병도박사환갑기념논총』; 1968 『고려병제사연구』
일조각

席)[67] 등 의식에 필요한 각종 물품을 공급하는 등의 업무를 관장하였다.[68]

고려에서도 위위시가 의장과 관계되는 업무를 담당한 기록이 있는 것으로 보아[69] 고려의 위위시 역시 의장에 필요한 물품을 관장하는 업무를 수행하였을 것이다.

2) 병부의 판사·지사직 설치

현종 대에는 병부뿐만 아니라 상서6부의 모든 부에 판사(判事)·지사직(知事職)이 설치되는 변화가 나타났다. 판사·지사제는 송의 제도를 수용한 것으로, 당의 6부에는 상서와 시랑이 각각 장관과 차관으로 설치되었을 뿐 판사나 지사직은 존재하지 않았다. 그런데 고려에서는 6부의 상서와 시랑 이외에 상서직의 위에 판사직이 설치되거나 아래에 지사직이 설치되었다.

고려에서 6부의 판사나 지사직이 처음 등장하는 것은 현종12년의 판상서이부사(判尙書吏部事)와 지이부사(知吏部事)의 사례이다.[70] 그러나

---

63) 儀仗 행렬에서 새의 깃털로 장식한 깃대[旌旆]의 일종

64) 符節과 斧鉞. 節은 旄牛의 꼬리털로 장식한 符信으로 符節이라고도 하고, 斧鉞은 도끼로서 의장용의 상징물

65) 軍中에서 사용하는 鐘과 鼓로, 군사를 진격시킬 때에는 鼓를 사용하고 멈추게 할 때에는 鐘을 사용하였다.

66) 수레에 치는 휘장과 장막

67) 수레에 까는 자리

68) "衛尉卿之職 掌邦國器械文物之政令 總武庫武器守宮三署之官屬 少卿爲之貳 凡天下兵器入京師者 皆籍其名數而藏之 凡大祭祀大朝會 則供其羽儀節鉞金鼓帷幕茵席之屬 其應供宿衛者, 每歲二時閱之, 其有損弊者, 則移于少府監及金吾修之"(『唐六典』 권16, 衛尉寺)

69) "禮司奏 王太子鹵簿 隊仗鼓吹 當減大駕之半 乞令衛尉寺 分隷詹事府 從之"(『高麗史節要』 권4, 문종10년 6월)

70) "以庾方爲內史侍郞平章事 朱德明爲尙書左僕射 金玄涉爲刑部尙書 朴訥喦爲工部尙書 徐訥爲國子祭酒知吏部事"(『高麗史』 권4, 世家 顯宗12년 3월 壬午)

그보다 앞서 성종 대에 한언공이 지예관사(知禮官事)에 임명된 기록이
있는 것으로 보아,[71] 고려에서 6부의 판사·지사제는 3성6부제가 수용되
는 성종 대부터 이미 실시되었던 것이 아닌가 한다. 그러나 판사나 지사
가 본격적으로 임명되는 것은 현종12년 이후부터이다.[72]

지금까지의 연구에서는 상서 위에 판사가, 상서와 시랑 사이에 지사
가 동시에 모두 설치된 것으로 이해하여 왔다.[73] 그리고 상서 위에 설치
된 판사는 주로 중서문하성의 재신 중 반차에 따라 제1위의 수상(首相)
은 이부, 제2위의 아상(亞相)은 병부, 3재(宰)는 호부, 4재는 예부, 5재는
형부, 6재는 공부를 겸임하였고,[74] 지사는 반차가 상서 아래 시랑 위에
있었기 때문에 상서와 시랑의 품계를 고려하여 정3품이나 종3품에 해당
되는 관원이 겸임하는 경우가 많았다고 보았다.[75]

그런데 실제로 임명된 사례들을 살펴보면 6부의 판사·상서·지사의 3
직이 동시에 임명된 예는 전혀 보이지 않는다. 언제나 3직 가운데 판사
와 상서, 상서와 지사의 두 직이 임명되거나 때로 상서만 2인이 임명되
는 경우가 있고,[76] 판사와 지사 2직만 임명된 예는 전혀 없다.

"以崔士威判尙書吏部事 金猛爲吏部侍郞"(『高麗史』 권4, 世家 顯宗12년 12월 戊午)
71) "成宗時 … 於是始設中樞院 置使副各二人 以彦恭爲副使 俄轉爲使殿中監知官事
   進叅知政事上柱國"(『高麗史』 권93, 열전6, 韓彦恭)
72) 권영국, 2010 「고려전기 상서6부의 판사·지사제」 『역사와 현실』 76
73) 변태섭, 1967 「고려 재상고」 『역사학보』 35·6합집 ; 1971 『고려정치제도사연구』
   일조각
   박용운, 2000 「고려시대의 6부판사제에 대한 고찰」 『고려시대연구』 II
   이정훈, 2007 「제3장 현종대 지배체제의 개편과 3성6부제의 변화」 『고려전기 정
   치제도 연구』 혜안
74) 변태섭, 1967 「고려 재상고」 『역사학보』 35·6합집 ; 1971 『고려정치제도사연구』
   일조각
   박용운, 2000 「고려시대의 6부판사제에 대한 고찰」 『고려시대연구』 II
75) 이정훈, 2007 「제3장 현종대 지배체제의 개편과 3성6부제의 변화」 『고려전기 정
   치제도 연구』 혜안
76) 2명의 상서가 동시에 임명되거나 같은 시기에 2명의 상서가 재임한 경우가 상당

이러한 사실을 통해 볼 때 6부에는 장관인 상서를 중심으로 그 위와 아래에 판사직과 지사직이 동시에 모두 임명된 것이 아니라, 판사직이나 지사직 가운데 1직만 임명된 것임을 알 수 있다.77)

중국의 경우 판사직과 지사직은 차견관(差遣官)으로서 타부서의 관직을 겸하는 경우 본직(本職)의 관계(官階)가 겸직(兼職)의 관계보다 높은 경우에는 판□□이라 칭하고, 대등한 경우에는 지□□라 칭하였다.78)

히 많이 보이는데 그 중 몇 사례만 제시하면 다음과 같다.

① 병부상서; 김덕진은 예종원년 3월에 병부상서에 임명되었고, 동왕2년 12월 여진 정벌시에 병부상서로 우군병마사가 되었다.(『高麗史』 권96, 列傳9 尹瓘 및 『高麗史節要』 권7, 睿宗2년 12월) 그런데 동왕원년 8월에 또 다른 병부상서인 최유정이 중군병마사에 임명되고 있어 당시 김덕진과 최유정 2인이 병부상서로 재직한 것이다.(『高麗史』 권4, 世家 顯宗9년 3월 甲辰 및 『高麗史』 권12, 世家 睿宗원년 3월 戊午, 8월 戊寅)

② 공부상서; "以李端爲門下侍郎平章事 閔可擧劉徽弼爲尙書左右僕射 金鼎爲兵部尙書 張允含任簡並爲工部尙書"(『高麗史』 권5, 世家 德宗3년 7월 丙申)

③ 예부상서; 현종13년 10월에 주저가 예부상서로 임명되고 동왕15년 5월에 예부상서로 사망하였는데, 동왕15년 정월에 유경필이 또 예부상서로 임명되고 있어 15년 정월부터 주저가 죽은 5월까지는 2인의 예부상서가 재직한 것이다.(『高麗史』 권4, 世家 顯宗13년 10월 辛酉 및 『高麗史』 권5, 世家 顯宗15년 정월 甲寅, 5월 庚戌)

④ 호부상서; 숙종8년 5월 신사일에 김경용이 호부상서에 임명되었는데 6일 후인 정묘일에 최저가 또 호부상서에 임명되었다. 6일 사이에 김경용이 호부상서직을 그만두거나 관직을 옮긴 기록이 보이지 않고, 또 임명 후 불과 6일 만에 교체한 것으로도 보기 어려우므로 2인의 호부상서가 임명되었던 것으로 볼 수 있다.(『高麗史』 권12, 世家 肅宗8년 5월 辛巳 및 丁卯)

⑤ 형부상서; 예종즉위년 11월 무술일에 이위가 형부상서에 임명되었고, 바로 다음날인 기해일에 고의화가 또 형부상서에 임명되어 동시에 2인의 형부상서가 재임하였다.(『高麗史』 권12, 世家 睿宗즉위년 11월 戊戌 및 己亥)

77) 권영국, 2010 「고려전기 상서6부의 판사·지사제」 『역사와 현실』 76

78) 관리임용 유형의 하나인 判事職은 중국에서는 당대부터 존재하던 것으로 檢校·試·攝·知와 더불어 모두 정식으로 주어지는 관직이 아니라 勅旨로 임명된 差遣官으로 그 본래의 官階가 차견 직무보다 높은 것은 判이라 칭하고 직무가 대등한 것은 知라 칭하였다.(兪鹿年 編, 1992 『중국관제대사전』 직관관리제도 任用類別, 흑룡강인민출판사)

고려에서는 6부의 관직을 겸하는 타관이 상서보다 관품(官品)이나 반차(班次)가 높은 경우에는 판□□사라 칭하고, 상서보다 관품이나 반차가 낮은 경우에는 지□□사라 칭하였다.[79]

당제나 송제에서 판사직은 차견직으로서 겸직한 관부의 문서를 주판(主判)하고 주결(主決)하는 중요한 역할을 하였는데,[80] 이는 판사가 해당 관부의 중요 업무를 판단하고 결정한다는 의미이다. 판사직은 대부분 상서보다 관품이 높은 재신들이 6부의 업무를 겸한 것이므로 그 관부의 중요 사항을 결정하고 총괄하는 역할을 한 것이다.[81]

한편 지사는 상서보다 그 품계가 낮은 타관이 겸한 관직이었으며, 지사라 칭한 이유는 그 소임 관직이 본래 그 일과 무관하기 때문이었다. 당제에는 지사직 역시 판사직과 마찬가지로 칙지(勅旨) 규정으로 임용하는 관직으로, 지성사(知省事)·지대사(知臺事)·지제고(知制誥)·지공거(知貢擧)·지주사(知州事)·지부사(知府事)·지군사(知郡事) 등의 관직이 있었는데 모두 칙에 따라 임명된 것이었고, 당제를 계승한 송에서는 경조관

---

79) "以文正爲長淵縣開國伯 崔奭爲吏部尙書叅知政事 金良鑑叅知政事判尙書兵部事 王錫爲戶部尙書知吏部事"(『高麗史』 권9, 세가 文宗35년 정월 丁酉)
  "明年 以兵部尙書知吏部事 朝往兵部 晝入吏部 注擬文武官 又出入禁闥 以兵自衛"(『高麗史』 권129, 列傳42, 叛逆3 崔忠獻)
  위의 사례에서 보는 것처럼 김양감은 종2품인 참지정사로서 병부상서를 겸하였기 때문에 판병부사라 칭하였고, 왕석과 최충헌은 같은 관품이지만 반차가 낮은 병부상서로서 이부상서를 겸하였으므로 지이부사라 칭하였던 것이다.

80) 당제에서 "判"은 대개 문서를 主決하는 것과 관련이 있는 것으로, "判某事"란 어떤 관부를 거치는 文書簿籍을 主判하는 것을 의미하였다. 송초에도 관직 명칭만 있고 직사를 맡지 못하는 尙書·侍郞과 卿·少卿·監·少監 등을 타관이 典領하여 判·知某官署라 하였는데, 判禮儀院·判太常寺·判國子監·知審官院·知審刑院 등이 그것이었다.(兪鹿年 編, 1992 『중국관제대사전』 직관관리제도 任用類別, 흑룡강인민출판사)

81) 변태섭, 1967 「고려 재상고」 『역사학보』 35·6합집 ; 1971 『고려정치제도사연구』 일조각
  박용운, 2000 「고려시대의 6부판사제에 대한 고찰」 『고려시대연구』 Ⅱ

(京朝官)을 파견하여 부·주·군 등 지방정무를 관장하게 하고, 지부(知府)·지주(知州)·지군(知郡)이라 칭하였다.[82]

지사직의 설치 배경을 6부의 속사(屬司) 폐지 이후에 늘어난 업무 처리와 6부와 각사간의 업무 교류를 위한 것으로 보는 연구도 있다. 즉 속사의 폐지로 인해 속사의 업무 중 일부는 각사로 이관되었지만 일부는 주사(主司)인 6부가 담당하게 됨에 따라 6부의 업무가 늘어나 이를 처리하기 위해 설치된 것이라 하였다.[83] 그런데 지사직은 6부만이 아닌 중추원(中樞院) 등의 다른 기구에도 설치되고 있으므로[84] 이러한 설명은 설득력이 약한 것으로 보인다.

또한 6부와 각사가 서로 독립적인 구조로 운영되었기 때문에 6부와 각사 사이에 업무교류가 되지 않는 문제가 발생하므로 이를 해결하기 위하여, 즉 6부의 지부사에는 시(寺)·감(監)계열 관청의 장·차관이 많이 임명되고, 시·감의 판사에는 6부상서가 임명되는 예가 많은 것은 6부와 각사간의 교류를 통해 업무에 대한 이해를 위한 것이었다는 설명도 있으나[85] 이 역시 동의하기 어렵다.

만약 양자 간의 업무 교류나 이해를 위한 것이라면 상호 업무가 관련이 있는 부서 간에 판사나 지사가 임명되었을 것이지만 실제로 전혀 업무가 무관한 기구 간에 판사나 지사직에 임명되는 사례도 많이 있기 때문이다.[86]

이미 앞에서 설명한 바와 같이 6부의 지부사는 상서보다 관품이나 반

---

82) 俞鹿年 編, 1992 『중국관제대사전』 직관관리제도 任用類別, 흑룡강인민출판사

83) 이정훈, 2007 『고려전기 정치제도 연구』 혜안

84) "以金殷傅知中樞事"(『高麗史』 권4, 世家 顯宗6년 5월 계묘)

85) 이정훈, 2007 『고려전기 정치제도 연구』 혜안

86) 예컨대 徐訥은 國子祭酒로 知吏部事를 겸직(『高麗史』 권4, 世家 顯宗12년 3월 壬午), 王錫은 戶部尙書로 知吏部事를 겸직(『高麗史』 권9, 世家 文宗35년 정월 丁丑), 李瑋는 秘書監으로 知尙書吏部事를 겸직(『高麗史』 권12, 世家 肅宗10년 윤정월 丁丑)하는 등의 사례를 들 수 있다.

차가 낮은 타관직이 겸했기 때문에 지사라 칭한 것이다. 지병부사의 경우 2사례가 보이는데 명종 때에 이의방은 위위경흥위위섭대장군(衛尉卿興威衛攝大將軍)으로 지병부사(知兵部事)를 겸하였고,[87] 정균은 상장군으로 지병부사를 겸하였다.[88] 병부 이외의 6부 지사직도 마찬가지로 정3품이나 종3품직이 겸하고 있는 것을 볼 수 있다.[89] 지부사 역시 판사나 상서와 같은 기능을 수행하였을 것으로 생각된다.[90]

이처럼 현종대 이후 본격적으로 임명되기 시작한 6부의 판사와 지사는 본직의 품계나 반차가 겸직하는 6부의 상서보다 높을 때에는 판사라 칭하였고, 낮을 때에는 지사라 칭하였다. 그리고 판사와 지사는 장관인 상서와 동일하게 해당부서의 인사와 같은 중요한 업무를 총괄하는 기능을 수행하였다.

판사·지사제는 상서성의 6부뿐만 아니라 거의 모든 관직에서 실시되었는데 그 배경에 대해서 자세한 내용은 알 수 없다. 그동안의 연구에서 6부의 판사제에 대해서는 중서문하성의 재신들이 판사제를 통하여 6부에 대한 통할권을 장악한 것으로 이해하였다.[91]

그러나 대개의 경우 6부의 상서가 참지정사(參知政事)나 평장사(平章

---

87) "以李義方爲衛尉卿興威衛攝大將軍知兵部事"(『高麗史節要』 권12, 明宗3년 10월)

88) "仲夫子知兵馬事上將軍筠 密誘僧宗呂 欲殺義方兄弟"(『高麗史』 권128, 列傳41, 叛逆2 정중부)

89) 예컨대 종3품의 國子祭酒로 지이부사를 겸직하거나(『高麗史』 권4, 世家 顯宗12년 3월 임오) 班次가 낮은 호부상서로 지이부사를 겸직하거나(『高麗史』 권9, 世家 文宗35년 정월 정축) 종3품인 秘書監으로 지상서이부사를 겸직하는 사례(『高麗史』 권12, 世家 肅宗10년 윤정월 정축) 등이다.

90) "以左承宣知兵部事鄭筠 知都省事 筠久知兵部 掌奏西班 請謁紛如 頗厭之 屢求免不允"(『高麗史節要』 권12, 명종9년 5월) 지부사인 정균이 서반 관직자의 임명을 상주한 것은 무관의 銓選을 담당하였기 때문이다. 이러한 사실을 통해 지부사 역시 장관인 상서나 판사와 같이 人事와 같은 중요한 업무를 수행하였음을 알 수 있다.

91) 박용운, 2000 「고려시대의 6부판사제에 대한 고찰」 『고려시대연구』 II

事) 등의 직을 겸직하여 재신(宰臣)이 되고, 나아가 재신직을 바탕으로 타 부서의 판사직을 겸하는 경우가 대부분이었다.

따라서 타관에서 겸하는 6부의 판사·지사제도는 6부의 장관인 상서를 견제하는 제도적 장치였다고 생각된다. 특히 인사 문제나 중요한 정책 결정시에 타관에서 겸하는 판사 또는 지사가 상서를 견제하게 함으로써 장관의 독주와 전횡을 막는 한편, 신료들의 권한을 분산시켜 왕권을 강화하려 하였던 것이다.[92]

4. 병부의 기능

당의 3성6부체제가 수용된 성종 대에 설치된 병부의 기능에 대해서는 『고려사』백관지에 "병조는 무선(武選)·군무(軍務)·의위(儀衛)·우역(郵驛)의 업무를 관장하였다"고 하여 무관의 선발, 군사관계 업무, 국왕에 대한 의장(儀仗), 관원들의 왕래를 위한 역참(驛站) 등 교통 업무를 관장하였음을 알 수 있다. 당시 병부와 병존했던 또 하나의 군사기구인 순군부와의 비교를 통해 병부의 기능과 성격을 밝히고자 한다.

백관지에 보이는 병부의 업무는 모두 군사행정에 관한 것으로 성종 대에 3성6부제가 도입된 이후의 내용을 기록한 것이다. 이미 살펴본 바와 같이 건국 초기의 병부는 태봉의 병부를 계승하였고 태봉의 병부는 신라의 제도에 의거한 것이므로[93] 먼저 신라시대의 병부에 대한 검토가 필요하다.

신라시대 병부의 기능에 대해서는 『삼국사기』에 "이사부(異斯夫)를

---

92) 권영국, 2010 「고려전기 상서6부의 판사·지사제」 『역사와 현실』 76

93) "弓裔設百官 依新羅制(所制官號 雖因羅制 多有異者) 國號摩震 年號武泰"(『三國史記』 권11, 孝恭王8년)

병부령으로 임명하여 내외 병마에 관한 일을 관장하게 하였다"고 하여,[94] 병부의 장관인 병부령이 내외 병마사를 관장하였음을 알 수 있다. 그런데 '병마사(兵馬事)'의 내용을 둘러싸고 그 동안의 연구는 군정업무와 군령업무 모두를 포함하는 것으로 보는 견해[95]와 군정업무만을 가리키는 것으로 보는 견해[96]로 나뉘어져 병부의 군령업무 담당 여부가 쟁점이 되고 있다.

군령업무란 군대의 동원·용병·작전·지휘 등에 관한 것이며 이른바 군령권은 발명권(發命權)·발병권(發兵權)·장병권(掌兵權) 등으로 나누어졌다.[97] 이들 군령권 가운데 군대를 지휘 통솔하는 장병권은 일찍부터 무장들에게 위임되었다.

중국의 경우 춘추시대 이전에는 각국의 국군(國君)이 최고의 통수권자로서 군대를 친솔하여 출전하였고, 경과 대부 등 귀족은 평시에는 정무를 관장하고 전시에는 군대를 통수하여 문무의 구분이 없이 장(將)과 상(相)이 하나로 결합되어 있었다. 그러나 전국시대에 이르러 정치와 군

---

94) "拜異斯夫爲兵部令 掌內外兵馬事"(『三國史記』권4, 新羅本紀24, 眞興王2년 춘3월)

95) ① 병부령은 왕권강화나 고대국가의 확립과정에 나타난 병부의 장으로서만이 아니라 실질적인 병마권의 담당자"라 하여 병부를 군사행정뿐만 아니라 군령업무까지 담당한 기구로 이해하는 연구
申瀅植, 1984 「제3장 제1절 신라의 국가적 성장과 병부령」『韓國古代史의 新硏究』 일조각
② 신라의 병부가 당의 병부와 마찬가지로 무관에 대한 인사·병력의 징발·성곽·봉수·부대배치 등에 관한 사항, 군부대에 대한 명령에 관한 권한, 요컨대 군사행정과 군령에 관한 모든 兵馬權을 장악한 기구로 보는 연구
李仁哲, 1991 「제1편 제1장 신라 중앙행정관부의 조직과 운영」『新羅政治制度史硏究』 일지사
③ 병부는 군정권과 군령권을 보유한 관부이며, 그 장관인 병부령은 군정 및 군령 체계상 최상위의 지위 차지한 존재로 보는 연구
朱甫暾, 1987 「新羅 中古期 6停에 대한 몇가지 문제」『신라문화』 3·4합집

96) 李文基, 1997 「제4장 中古期의 軍令체계와 軍令기구」『新羅兵制史硏究』 일조각

97) 『定宗實錄』 권4, 定宗2년 4월 辛丑

사의 업무가 증가하면서 국군 아래에 상과 장을 우두머리로 하는 통치기
구가 설치되고, 전문적인 군장(軍將)과 독립적인 군사계통이 출현하였다.[98]

그리고 점차 왕권이 강화됨에 따라 군권도 국왕의 수중으로 집중되어
군사를 통수하는 군장은 단지 장병권만 가질 뿐이고 용병과 군대를 동원
하는 권한은 갖지 못하였다. 군대의 동원은 반드시 국왕의 명령이 있어
야 가능하였고, 만약 국왕의 명령이 없으면 어느 누구도 마음대로 군대를
동원할 수 없었다. 그리고 출정하는 주장(主將)에게는 상황에 따라 군무를
처리할 수 있도록 일정한 자주적인 지휘권을 주는 제도를 시행하였다.[99]

신라에서도 군령권은 국왕이 직접 장악하였고, 장군 등 지휘관에게는
유사시에 군대를 지휘할 수 있는 장병권 만이 주어졌을 것으로 생각된
다. 왜냐하면 신라시대 병부의 업무 가운데 군대의 동원이나 작전·지휘
등에 관한 내용이 전혀 보이지 않기 때문이다.[100]

병부의 장관인 병부령(兵部令)이 정복전쟁의 수행과정에서 병권의 지
휘자로서 군사지휘권을 통일적으로 관장하였다고 한 연구[101]나 병부가
군대에 대한 명령의 권한을 가졌다고 본 연구[102]는 모두 구체적인 근거
가 없는 추정에 불과하다.

간혹 병부령이 직접 군대를 지휘·통솔하는 예를 볼 수 있는데 이는
군령권자로서가 아니라 여러 지휘자 가운데 1인으로서 장병권(掌兵權)

98) 中國軍事史編寫組, 2006『中國歷代軍事制度』解放軍出版社
99) 위와 같음
100) 그 동안의 연구에 의하면 신라시대의 병부가 무관의 선발, 일반 병졸집단의 충원
     과 편성·관리, 병기의 생산과 관리 등 군사행정업무만 담당하였을 뿐이었지 군
     대의 지휘와 통솔 등 군령권을 행사한 흔적을 찾을 수 없다고 한다.(李文基, 1997
     「제4장 中古期의 軍令체계와 軍令기구」『新羅兵制史研究』일조각)
101) 申瀅植, 1984, 「제3장 제1절 신라의 국가적 성장과 병부령」『韓國古代史의 新研究』
     일조각
102) 李仁哲, 1991「제1편 제1장 신라 중앙행정관부의 조직과 운영」『新羅政治制度史
     研究』일지사

을 행사한 것으로 보아야 할 것이다.103) 물론 이때의 지휘권은 최고 통수권자인 국왕으로부터 위임받은 것이었다.

신라에서는 군정업무를 담당한 병부 이외에 따로 발명이나 발병 등 군령업무를 담당한 기구가 보이지 않는데 이는 국왕이 군령권을 직접 장악하고 있었기 때문이라 생각된다.

중국에서도 군정업무는 일찍부터 일반 행정업무와 분리되어 병부가 담당하였으나, 군대의 동원 및 지휘·통솔과 관련된 군령업무는 추밀원이 등장하는 당말 오대에 이르기까지 황제가 친히 장악하였다. 따라서 군대는 엄격하게 황제의 수중에서 통제되었고, 군대를 직접 통솔하는 장군에게는 단지 지휘권만이 부여되었던 것이다.104)

궁예정권에서의 병부도 신라시대와 마찬가지로 최고 관부인 광평성(廣評省) 다음의 관부로 나타나고 있다. 마진(摩震)의 관제는 기본적으로 신라의 제도에 의거한 것이므로 병부 역시 신라시대와 마찬가지로 군정업무만을 수행한 것으로 생각된다. 마진 때에 설치된 여러 관부 가운데 병부 이외에 다른 군사관계 관부가 보이지 않으므로 군령기구가 아직 설치되지 않았다고 볼 수 있다.

왕건은 즉위 직후 광평성(廣評省)·내봉성(內奉省)·순군부(徇軍部)·병부(兵部)·창부(倉部)·의형대(義刑臺)·도항사(都航司)·물장성(物藏省)·내천부(內泉府)·진각성(珍閣省)·백서성(白書省)·내군(內軍) 등 12개 관부에 대한 인사를 단행하였는데,105) 이때 군사업무와 관련된 기구로 순군부·병부·내군 등이 등장한다. 여기서 주목되는 것은 궁예정권 초기까지도 보이지 않던 순군부와 내군 등 새로운 군사관계 기구들의 출현이다.

내군은 그 명칭으로 보나 후대에 장위부(掌衛府)로 개편되는 것으로

---

103) 李文基, 1997 『新羅兵制史研究』 일조각
104) 中國軍事史編寫組, 2006 『中國歷代軍事制度』 解放軍出版社
105) 『高麗史』 권1, 世家 太祖원년 하6월

보아 국왕의 신변과 왕실의 경호 및 의장 등을 담당하는 기구로 이해할 수 있다.106) 한편 순군부는 중앙관서 가운데 서열 3위를 차지하여 4위인 병부보다 중요한 기구임을 알 수 있다. 순군부가 군사행정을 담당한 병부보다 서열상 앞서는 기구였다면 그것은 군정과 더불어 병권의 또 한 축을 이루는 군령과 관계된 기구였을 것으로 생각된다. 이처럼 건국 초기의 순군부는 전체 중앙기구 가운데 서열 3위, 군사관련 기구 가운데 최고의 지위를 차지할 정도로 중요한 기구였다.

순군부는 정복지역이 확대되고 휘하로 귀부하는 호족들이 늘어나게 되자 궁에 직속의 군사력을 비롯한 호족 휘하의 군사력을 통일전쟁에 효율적으로 동원하고, 이를 지휘·감독하는 업무를 관장하기 위해 설치된 기구였다.107) 그동안 군령권은 국왕이 친히 장악하였으나 영역의 확대로 군령업무가 크게 늘어나면서, 군령업무의 일부를 담당할 기구로서 순군부를 설치하였던 것으로 생각된다.

순군부의 가장 중요한 기능은 군대의 동원, 즉 발병(發兵)에 관한 업무였다. 그동안 호족들은 무력기반인 군대를 징발·동원하고 지휘·통솔하는 등 일체의 병권을 독자적으로 행사해왔다. 그러나 중앙의 왕권에 귀부함으로써 그동안 독자적으로 행사해 오던 병권은 국왕에게 귀속되었고, 호족들에게는 오직 국왕의 명에 의해 휘하 군사를 지휘할 수 있는 일부 권한, 즉 장병권(掌兵權) 만이 위임되었을 것이다.

따라서 호족들이 거느리던 군대는 이제 국왕의 명령에 의해서만 동원하고 지휘·통솔할 수 있게 되었는데, 바로 순군부가 최고 통수권자인 국왕의 명령을 받들어 군대의 동원과 관련된 발병업무를 수행하였던 것이다.

순군부의 설치는 군령업무의 증대에 따라 그동안 국왕이 장악하여 행

106) 李基白, 1956 「高麗京軍考」『李丙燾博士華甲紀念論叢』 ; 1968『高麗兵制史硏究』 일조각
107) 권영국, 2006 「고려 초 徇軍部의 설치와 기능의 변화」『한국사연구』 135

사하던 군령권의 일부를 위임하는 것이었으나 그것이 곧 국왕의 군령권 상실을 의미하는 것은 아니었다. 국왕은 여전히 일체의 병권을 장악한 최고의 통수권자였다. 다만 그동안 국왕이 직접 행사해 오던 군령권 가운데 일부인 발병권을 순군부를 통해 간접적으로 행사하게 된 것이다.

이처럼 순군부가 설치됨으로써 군정을 담당한 병부와 군령을 담당한 순군부가 군사기구의 두 축을 이루게 되었는데 이는 군사업무 수행의 효율화와 통수체계상의 발전을 의미하는 것이라 생각된다.

5. 맺음말

고려 국초의 병부는 태봉의 제도를 그대로 이어받은 것이고, 태봉의 병부는 신라의 제도에 의거한 것이었다. 신라의 병부는 고대국가의 체제 정비를 단행한 법흥왕 대에 이르러 일반 행정업무와 군사업무를 분리시키면서 여러 관부 중에서 가장 먼저 설치되었다. 이때의 병부는 비록 명칭은 한식(漢式)이지만 후에 수용되는 6전제하의 병부와는 무관한 신라 고유의 것이었다.

궁예가 개국하여 여러 관부들을 설치할 때에도 병부가 우선적으로 설치되었는데, 당시는 후백제와의 경쟁이 치열하여 군사 관련 업무가 무엇보다도 시급하고 중요했기 때문이다.

고려 초기 병부의 조직에 대해서는 자세한 내용을 알 수 없으나 성종 원년에 어사도성이 설치되면서 병관이 그 하부조직이 되고 이전에 없던 속사가 설치되어 보다 당제의 원형에 가까워졌다. 이는 태조 이래의 병부가 태봉의 제도를 계승한 것인데 비해 성종원년의 병관은 당제를 수용한 것을 의미하는 것이다. 그러나 당과 달리 여러 속사 가운데 고조 하나만을 두었는데 이는 고려가 당의 제도를 그대로 모방한 것이 아니라 고려의 실정에 맞게 변용하였음을 보여주는 것이다.

그 후 성종14년에는 보다 완성된 3성6부제에 따라 병관을 상서병부로 고치고 아울러 속사인 고조도 상서고부로 고쳤다. 이어 현종2년에 속사를 폐지하였는데 이는 3성6부 아래 시와 감 등의 하부기구가 정비되면서 그동안 6부가 담당하던 업무의 일부가 이들 하부기구로 이관되는 것과 관련이 있는 것이었다.

병부의 기능은 무관의 선발, 군사관계 일반 업무, 국왕에 대한 의장, 역참 등 군사행정과 관련된 업무였다. 한편 군대의 동원과 용병·작전 등 중요한 군령업무는 궁예 때에 순군부가 설치될 때까지 국왕이 친히 장악하였다.

그러나 궁예 때에 이르러 계속되는 전쟁과 정복지역의 확대로 군령관련 업무가 크게 늘어나면서 이를 담당할 기구로 순군부를 설치하였던 것이다. 이로써 군정을 담당한 병부와 군령을 담당한 순군부가 군사기구의 두 축을 이루면서 각각의 역할을 수행하게 된 것이다.

신라시대에 처음 설치된 병부는 집사부(執事部)와 더불어 서열 1~2위를 차지하였고, 마진(摩震) 때까지도 2위의 지위를 유지하였으나 태봉(泰封) 대에 이르러 4위의 지위로 하락하였다. 이러한 서열의 변화는 국가체제가 재정비되는 태봉 대에 내봉성(內奉省)의 기능과 기구가 확대되면서 그동안 국정 전반을 관장하던 광평성(廣評省)과 함께 국정을 분담하는 정책기구의 하나로 부상하고, 또 군령기구로서 순군부가 새로 설치하는 정치적 변화 속에서 나타난 것이었다.

이러한 병부의 지위는 성종대 이전까지 계속 유지되었으나 3성6부를 중심으로 하는 6전제(六典制)가 본격적으로 수용되면서 그 지위가 하락하였다. 즉 그동안 광평성·내봉성 등 정책기구와 병렬적인 위치에 있던 병부는 상서성 아래 6부의 하나로 편제된 것이다.

그러나 6부의 순서가 당의 이-호-예-병-형-공과 달리 이-병-호-형-예-공으로서, 6부 가운데 병부가 2위의 자리에 위치하였는데, 이는 병부가 처음 설치된 신라시대 이래 중앙 정치기구상에서 중요한 위치를 차지해 온 역사적 전통이 반영된 것으로 고려 6부제의 특징이라 할 수 있을 것이다.

이처럼 병부의 변화 과정을 통해 볼 때, 6전제가 본격적으로 수용되기 이전의 고려 초기 관제는 부분적으로 중국의 영향을 받기는 하였으나 기본적으로 신라의 전통이 태봉을 거쳐 그대로 계승된 것임을 알 수 있다. 성종 대에 3성6부제가 수용되면서 기존의 제도는 중국식으로 변화해 갔지만 신라 이래의 전통적인 제도를 바탕으로 당·송의 제도를 받아들여 고려의 실정에 맞게 변용시켰기 때문에 고려의 관제 속에는 여러 요소들이 혼합되었던 것이다.

제3절 군령(軍令)기구 순군부(徇軍部)

1. 머리말

고려시대의 군사제도에서 군령(軍令)체계와 군령기구의 내용이 어떠하였는지 아직 명확하게 밝혀지지 않은 상태이다. 흔히 중추원(中樞院), 도병마사(都兵馬使), 중방(重房), 2군6위(二軍六衛) 등이 군령과 관련된 기구로 지적되고 있는데 군령체계상 이들이 횡적 또는 종적으로 어떠한 관계를 맺고 있었는지 등의 문제가 아직 제대로 파악되지 못한 실정이다.[1]

선초의 기록에 의하면 당시 관료들은 고려에서 군령권이 집행되는 계통이 국왕을 정점으로 하여 발명권자(發命權者)인 재상(宰相), 발병권자(發兵權者)인 추밀(樞密), 그리고 장병권자(掌兵權者)인 무관의 상하관계로 체계화되었던 것으로 이해하였다.[2] 이러한 사실을 통해 볼 때 고려에서는 추밀원(樞密院), 즉 중추원(中樞院)이 군령체계상 발병업무를 담당하였던 기구임을 알 수 있다.[3]

---

1) 閔賢九, 1968「제1장 제4절 軍令 軍政機關의 整備」『韓國軍制史』근세조선전기편, 육군본부
2)『定宗實錄』권4, 定宗2년 4월 辛丑
3) 중추원의 기능에 대한 연구들을 정리하면 다음과 같다.
   ① 고려전기 중추원은 왕명출납과 숙위, 禮司로서의 역할을 수행했을 뿐 군정기구로서의 기능을 부정적으로 보는 견해
   周藤吉之, 1974「高麗初期の官吏制度」『東洋大學大學院紀要』11 ; 1980『高麗官僚制の硏究』法政大出版局
   周藤吉之, 1986「高麗初期の中樞院, 後の樞密院の成立とその構成- 唐末·五代·宋初の樞密院との關係に於いて」『朝鮮學報』119

고려에서 중추원이 처음 설치되는 시기는 성종 대이므로 그 이전에도 군령관련 업무를 담당한 기구가 존재하였을 것이다. 이와 관련하여 건국 초기에 군사관계 기구로서 병부(兵部)와 함께 등장하는 순군부(徇軍部) 의 존재가 주목된다. 병부가 군사행정 업무를 관장하는 군정기관이었으 므로 병부보다 서열이 앞서는 순군부가 군정과 대비되는 군령기관이었 을 것으로 생각된다.4)

순군부에 대한 연구는 고려 건국초기의 정치제도나 군사제도를 다루 는 연구에서 부수적으로 취급한 논문5)과 순군부 자체를 주제로 한 논 문6)들이 있다. 그동안의 연구에서 쟁점이 되었던 것은 순군부의 기능과

朴龍雲, 1976「高麗의 中樞院 研究」『韓國史研究』12 ; 2001『高麗時代 中樞院 研究』고대민족문화연구소

邊太燮. 1976「高麗의 中樞院」『震檀學報』41

金炅希, 1990「高麗前期 中樞院 承宣研究」『梨大史苑』24·25합

② 禁軍에 한정되는 것이기는 하지만 군령·군정기구로 보는 견해

宋寅州, 1999「高麗時代의 禁軍과 樞密院」『한국중세사연구』7

③ 초기에는 왕명출납과 왕의 신변보호 기능을 하였으나 점차 軍機로까지 확대되 었다고 보는 견해

이정훈, 2006「고려전기 중주원의 설치와 職掌의 변화」『東方學志』134

4) 순군부를 군령 기구로 보는 연구는 다음과 같다.

邊太燮, 1981「高麗初期의 政治制度」『韓㳂劤博士停年紀念史學論叢』

鄭景鉉, 1987「高麗 太祖代의 徇軍部에 대하여」『韓國學報』48

鄭景鉉, 1991「高麗初期 京軍의 統帥體系-徇軍部의 兵權에 대한 재해석을 겸하여」 『韓國學報』62

趙仁成, 1991『泰封의 弓裔政權 研究』서강대박사학위논문

5) 李基白, 1956「高麗京軍考」『李丙燾博士華甲紀念論叢』; 1968『高麗兵制史研究』 일조각

李泰鎭, 1972「高麗宰府의 成立」『歷史學報』56

邊太燮, 1981「高麗初期의 政治制度」『韓㳂劤博士停年紀念史學論叢』지식산업사

趙仁成, 1991『泰封의 弓裔政權 研究』서강대박사학위논문

6) 鄭景鉉, 1987「高麗 太祖代의 徇軍部에 대하여」『韓國學報』48

鄭景鉉, 1991「高麗初期 京軍의 統帥體系-徇軍部의 兵權에 대한 재해석을 겸하여」 『한국학보』62

성격에 관한 문제였다. 즉 순군부가 호족들의 군사지휘권을 효율적으로
관리하기 위한 협의체적인 군사지휘권의 통수부(統帥部)였다는 견해와
호족과의 관련성을 부정하고 병권을 관장한 국왕직속의 군통수기관이었
다는 견해이다. 이 절에서는 순군부 설치 당시의 정치적·군사적 상황과
관련하여 순군부가 설치되는 배경과 기능 및 성격, 그리고 이후의 변화
과정을 검토하고자 한다.

2. 순군부의 설치

고려시대에 군령체계상 발병업무를 담당한 기구인 중추원이 설치된
것은 성종 대인데, 그 이전인 건국 초에도 군령관련 업무를 담당하는 기
구가 존재했을 것으로 생각된다. 왕건은 즉위 직후 태봉(泰封)의 관제를
참용(參用)하여 광평성(廣評省)이하 12개 관부에 대한 인사 조치를 단행
하였는데,[7] 이때 나타나는 관서 가운데 군사업무와 관련된 기구는 순군
부·병부·내군(內軍) 등이 있다.

이 중에서 병부는 신라의 병부를 계승한 것으로 무선(武選)·군무(軍
務)·의위(儀衛)·우역(郵驛) 등의 업무를 관장하는 군정기관이었다.[8] 신

崔圭成, 1993 「徇軍部考」 『祥明史學』 1

韓永哲, 1996 「泰封末 高麗初 徇軍部의 政治的 性格」 서강대석사학위논문

전경숙, 2002 「高麗初의 徇軍部」 『한국중세사연구』 12

7) "詔曰 設官分職 爲國所先 化俗安民 用賢爲急 誠無官曠 何有政荒 朕知人不明 審
官多失 寢興玖懷 職此而已 內外庶僚 各稱其職 今時致理 後世稱休 宜其登庸列辟
歷試群公 用懋精選 咸使僉諧 自中及外 具悉朕懷 遂以金行濤爲廣評侍中 黔剛爲內
奉令 林明弼爲徇軍部令 林曦爲兵部令 陳原爲倉部令 閻萇爲義刑臺令 歸評爲都航
司令 孫逈爲物藏省令 秦勁爲內泉部令 秦靖爲珍閣省令 是皆稟性端方 處事平允 創
業之始 推戴有功者也"(『高麗史節要』 권1, 태조원년 6월)

8) "掌武選軍務儀衛郵驛之政"(『高麗史』 권76, 百官1, 兵曹)

라의 병부는 본격적으로 영역을 확장해 나가던 법흥왕(法興王) 때에 설치된 기구로,[9] 일반적인 군사행정 업무를 담당하였다.[10] 그리고 내군은 그 명칭과 후대에 장위부(掌衛府)로 개편되는 것으로 보아 국왕의 신변과 왕실의 경호를 담당하는 친위군과 같은 기구로 이해할 수 있다.[11]

한편 순군부는 여러 중앙관서 가운데 서열 3위를 차지할 뿐만 아니라 병부보다 앞에 위치하여 병부보다 우위에 있는 중요한 기구임을 짐작할 수 있다. 이처럼 순군부가 군사행정을 담당한 병부보다 서열상 앞에 위치하는 기구였다면 그것은 군정과 더불어 병권의 또 한축을 구성하는 군령과 관계된 기구였을 것이다. 특히 군사관련 기구 중에서는 서열 1위를 차지하는 중요한 기구인 만큼 순군부의 설치와 관련하여 설치 당시의 정치적·군사적 상황에 주목해야 할 것이다.

순군부의 설치시기에 대해서는 여러 추정들, 즉 궁예(弓裔)가 도읍을 옮기기 위해 철원과 부양 등지를 둘러보던 903년에서 청주에 사민(徙民)이 이루어진 904년 8월 사이에 사민업무를 담당하기 위해 설치한 것으로 보는 견해,[12] 909년에 궁예가 왕권강화를 위한 핵심세력으로 청주세력을 대거 등용하면서 이에 대한 반발세력을 통제하고 군부를 장악하기 위해 설치한 것으로 보는 견해,[13] 914년에 연호(年號)를 정개(正開)로 바꾼 무렵에 신라 구영토의 태반을 차지하고 후백제와의 경쟁에서 유리한 입장에 서게 되면서 광대한 영토를 효율적으로 통치하기 위해 설치한 것으로 보는 견해[14]등이 있지만, 국호를 태봉(泰封)으로 고친 911년 무

---

9) 李仁哲, 1993 「제1편 제1장 新羅 中央行政官府의 組織과 運營」 『新羅政治制度史研究』 일지사

10) 軍政은 물론 軍令 업무까지 담당하던 관부로 추정하는 견해도 있다.(趙仁成, 1996 「Ⅲ장 3. 태봉」 『한국사』 11, 국사편찬위원회)

11) 李基白, 1956 「高麗京軍考」 『李丙燾博士華甲紀念論叢』 ; 1968 『高麗兵制史硏究』 일조각

12) 전경숙, 2002 「高麗初의 徇軍部」 『한국중세사연구』 12

13) 韓永哲, 1996 「泰封末 高麗初 徇軍部의 政治的 性格」 서강대석사학위논문

럽이 아닌가 한다.

이 무렵을 전후하여 태봉의 정복지역이 확대되고 궁예 휘하로 귀부하는 호족들이 크게 늘어나고 있었다. 궁예의 정복사업은 898년에 패서도(浿西道) 및 한산주(漢山州) 관내의 공암·검포·혈구 등 30여 성을 취하고, 송악군(松嶽郡)에 도읍하면서 본격적으로 시작되었다.[15] 900년에는 한수(漢水) 남쪽의 국원·청주·괴양 등이 궁예에 투항하였고,[16] 903년에는 왕건을 보내어 금성(金城) 등 10여 군을 취하였다.[17] 이어 904년에는 궁예가 상주를 침략하여 30여 주현을 취하였고, 같은 해에 후백제의 공주장군 홍기가 궁예에게 내항(內降)하였으며,[18] 패서도의 10여 주현이 항복하였다.[19]

그리하여 905년에는 새로 점령한 패서지역에 13진(鎭)을 설치하였고, 이어서 평양성주(平壤城主) 등이 항복하였으며,[20] 남으로 신라의 변방 고을을 침략하여 영토가 죽령 동북지역까지 이르게 되었다.[21] 나아가 909년에는 후백제의 후방지역인 진도군과 고이도를 함락하여[22] 전라도

---

14) 崔圭成, 1993「徇軍部考」『祥明史學』1

15) "弓裔取浿西道 及漢山州管內三十餘城 遂都於松岳郡"(『三國史記』권12, 新羅本紀 52, 孝恭王2년 추7월)

16) "國原菁州槐壤賊帥淸吉莘萱等 擧城投於弓裔"(『三國史記』권12, 新羅本紀 52, 孝恭王4년 10월)
   "裔命太祖 伐廣忠靑三州 及唐城槐壤等郡縣 皆平之 以功授阿粲"(『高麗史』권1, 태조, 唐 光化3년 庚申)

17) "率舟師 自西海抵光州界 攻錦城郡拔之 擊取十餘郡縣 仍改錦城爲羅州 分軍戍之 而還"(『高麗史』권1, 태조, 唐 天福3년 癸亥 3월)

18) "伐取尙州等三十餘州縣 公州將軍弘奇 來降"(『三國史記』권50, 弓裔, 天祐원년 추7월)

19) "浿西道十餘州縣 降於弓裔"(『三國史記』권12, 新羅本紀 52, 孝恭王8년)

20) "入新京 修葺觀闕樓臺 窮奢極侈 改武泰爲聖册元年 分定浿西十三鎭 平壤城主將軍黔用降 甑城赤衣黃衣賊明貴等歸服"(『三國史記』권50, 弓裔, 天佑2년 乙丑)

21) "弓裔行兵 侵奪我邊邑 以至竹嶺東北"(『三國史記』권12, 新羅本紀 52, 孝恭王9년 8월)

22) "弓裔命將領兵船 降珍島郡 又破皐夷島城"(『三國史記』권12, 新羅本紀 52, 孝恭王

남해안까지 진출하였다.

궁예의 초기 세력기반은 영월·명주·철원 등 강원도 일부 지역이었으나, 896년 이후 왕건 집안과 평산(平山) 박씨 등 패서지역 호족들과 연합하여 강화와 김포 등 경기도지역을 통합하였고, 이후 충주·청주·공주 등 충청도지역과 상주·죽령 등 경상도 북부 일대까지 진출함으로써 그 지배영역을 크게 확대하였다.[23]

이처럼 영토 확장을 위한 정복 전쟁이 계속됨에 따라 군대를 동원하고 지휘·통솔하는 등 군령관련 업무가 대폭 늘어나게 되었고, 또한 새로이 궁예 휘하로 들어온 호족들의 군사력에 대한 효율적인 통제가 중요한 과제로 대두하였을 것이다. 그에 따라 911년에 국호를 고치고 관제를 정비하면서 군령관련 업무를 담당할 기구로 설치한 것이 순군부였다고 생각된다.

그렇다면 그 이전까지 군령권을 장악하고 행사한 주체는 어디였을까? 그동안의 연구에 의하면 신라의 경우 5세기 후반까지 군대를 동원하고 지휘·통솔하는 등의 군령권은 국왕이 직접 장악하여 행사하였던 것으로 알려지고 있다. 즉 5세기 마립간(麻立干) 시대까지 국왕이 직접 군대를 거느리고 전투를 수행하는 경우가 많았는데 이는 국왕이 군의 최고지휘관으로서 장병권(掌兵權)까지 직접 행사하였음을 보여주는 사실이라고 하였다.[24]

그러나 5세기 후반 이후가 되면 국왕이 직접 군대를 지휘하거나 통솔하는 모습은 보이지 않고 대신 지병마사(知兵馬事)·장군(將軍)·군주(軍主)·병부령(兵部令) 등의 관직이 설치되어 군대를 지휘하는 기록이 나타나고 있는데, 이는 군령권 가운데 장병권이 전문 지휘관에게 이양되었음

13년 하6월)

23) 趙仁成, 1993 「弓裔의 勢力形成과 建國」 『震檀學報』 75

24) 이문기, 1997 「제4장 중고기의 군령체계와 군령기구」 『신라병제사연구』 일조각

을 의미하는 것으로, 이러한 변화는 왕권 강화의 결과 국왕의 위상이 초
월적인 지위로 상승하였고, 군령체계가 제도적으로 성립하였기 때문이
라는 것이다.[25] 이처럼 5세기 후반까지 신라시대에 군령권의 최하위 권
한인 장병권도 국왕이 직접 행사했다면 그보다 상위 권한인 발명권(發命
權)과 발병권(發兵權)도 당연히 국왕이 장악하였을 것으로 생각된다.

　중국의 경우 당말(唐末)까지 황제가 친히 군령권을 장악하였기 때문
에 군정업무를 담당한 병부(兵部)는 설치되었으나 따로 군령업무를 담당
한 기구는 존재하지 않았다. 한 대(漢代)에 처음으로 군사업무가 일반 행
정업무와 분리되어 이를 전담하는 관직인 태위(太尉)가 출현한 이후 태
위가 최고 군사 장관이었지만, 단지 군사행정의 책임을 맡아 무관(武官)
에 대한 인사를 담당할 뿐이었고, 군령권은 황제의 수중에 있었다. 당말
까지도 병부는 군사업무를 처리하는 군정기구였고, 군사지휘권 등 군령
권은 실질적인 최고 통수권자인 황제가 친히 장악하여 군대는 엄격하게
황제의 수중에서 통제되었던 것이다.[26]

　당나라 말기에 이르러 추밀원(樞密院)이 설치되면서 군령업무를 관장
하는 기구가 되었다. 본래 추밀원은 아래로부터 표주(表奏)를 받아 황제
에게 올리고, 황제의 처분이 있으면 중서문하(中書門下)에 내려 시행하
게 하는 국왕 측근의 연락기구에 불과하였다. 그러나 전쟁이 빈번한 5대
(五代)에 이르러 추밀원은 국왕 측근의 비서기구로서 점차 중요한 군사
문제를 관장하게 되면서 중앙 최고의 군사통어기구가 된 것이다.[27]

　태봉의 경우도 통일전쟁이 격화됨에 따라 군대의 동원이나 지휘 등
군령과 관련된 업무가 크게 늘어났고, 또한 귀부(歸附)나 내항(來降)을
통해 많은 호족들이 궁예의 휘하로 들어오면서 그들의 군사력을 감독하

---

25) 위와 같음
26) 中國軍事史編寫組, 2006 『中國歷代軍事制度』 解放軍出版社
27) 위와 같음

고 통제할 기구가 필요하였다. 바로 이러한 상황에서 호족 휘하의 군대
를 비롯한 태봉의 모든 군대를 동원하고 지휘·통솔하는 등의 군령업무
를 담당하는 기구로서 순군부가 설치되었던 것으로 생각된다.

3. 순군부의 기능과 성격

　지금까지의 순군부에 관한 연구에서 특히 쟁점이 되었던 것은 그 기
능과 성격 문제였다. 즉 고려 초 군대 장악의 권한이 호족들에게 개인적
으로 분산되어 있는 상태에서 여러 호족의 군사력을 효율적으로 관리하
기 위한 호족 협의체적인 군사지휘권의 통수부로 보거나,[28] 아니면 호
족과의 관련성를 부정하고 병권을 담당한 국왕직속의 군통수기관으로
보았다.[29]

　순군부가 호족군사력의 협의체라는 견해는 이미 기존의 연구들이 비
판한 것처럼 많은 문제점을 안고 있다. 즉 순군부는 병부와 함께 전제적
(專制的) 성격이 강한 궁예정권 때에 설치된 기구이므로 이를 호족군사
력의 협의체라는 주장은 성립되기 어렵고, 실제로 병마권이란 군대의 동
원이나 지휘 등과 관련된 병권으로 최고 통수권자인 국왕의 고유 권한이
므로 독립적인 여러 호족세력에게 위임한다는 것은 있을 수 없는 일이었

---

28) 李基白, 1956 「高麗京軍考」 『李丙燾博士華甲紀念論叢』; 1968 『高麗兵制史硏究』
　　일조각
　　李泰鎭, 1972 「高麗 宰府의 成立」 『歷史學報』 56
29) 邊太燮, 1981 「高麗初期의 政治制度」 『韓㳓劤博士停年紀念史學論叢』 지식산업사
　　鄭景鉉, 1987 「高麗 太祖代의 徇軍部에 대하여」 『韓國學報』 48
　　_____, 1991 「高麗初期 京軍의 統帥體系-徇軍部의 兵權에 대한 재해석을 겸하여」
　　『韓國學報』 62
　　趙仁成, 1996 「Ⅲ장 3절 태봉」 『한국사』 11, 국사편찬위원회

다. 또한 중앙과 지방에 독자적인 군사력을 거느린 공신이나 호족세력이 광범하게 존재하던 시기에 그들의 군사력을 통제하기 위한 국왕 직속기구의 설치가 절실하였을 것이다.

이처럼 순군부의 성격에 대해서는 견해 차이를 보이지만 그 기능에 대해서는 대체로 군정기구인 병부와 대비되는 군령기구로 보는 견해가 우세하다. 그렇다면 당시 순군부가 담당하였던 군령업무는 어떤 것이었는지 구체적인 내용은 알 수 없으나 대체로 다음과 같은 기능을 수행하였던 것으로 생각된다.

우선 군령기구로서 가장 중요한 업무인 군대의 동원, 즉 발병(發兵)에 관한 업무이다.[30] 고려 초 기록에 의하면 순군부는 병권을 장악한 기구라 하였으나[31] 병권의 내용에 대해서는 구체적인 설명이 없다. 그러나 고려시대의 제도를 언급한 조선 초의 기록을 통해서 병권의 내용을 유추할 수 있다.

> ○ 신 등이 삼가 상고하건대, 예전에 병법(兵法)을 설치함에 발명(發命)·발병(發兵)·장병(掌兵)의 차이가 있었습니다. 발명자는 재상(宰相)이고, 발병자는 중간에 있는 총제(摠制)이며, 장병자는 명령을 받아서 행하는 자였습니다. 재상은 임금의 명령을 받지 아니하면 발명하지 못하고, 총제는 재상의 명령이 없으면 발병하지 못하며, 장병자는 총제의 명령이 없으면 실행할 수가 없었습니다. 상하가 서로 유지되어 체통(體統)이 문란하지 않았으므로, 비록 변을 꾸미고자 하더라도 스스로 움직일 수가 없었으니 이것이 정해진 법이었습니다. 고려의 옛 제도는 당·송의 제도를 본받아, 성재(省宰)는 나라의 정치와 군국의 일을 맡아서 통

---

30) 邊太燮, 1981 「高麗初期의 政治制度」『韓㳓劤博士停年紀念史學論叢』지식산업사
　　鄭景鉉, 1991 「高麗初期 京軍의 통수체계-徇軍部의 兵權에 대한 재해석을 겸하여」
　　『韓國學報』62
31) "以靑州人玄律爲徇軍郎中 馬軍將軍玄慶崇謙等言 往者林春吉爲徇軍吏 圖不軌 事
　　泄伏辜 此乃典兵權 而以靑州爲恃也 今又以玄律爲徇軍郎中 臣等竊惑之 王曰善 乃
　　改授兵部郎中"(『高麗史節要』권1, 太祖원년 9월)

속하지 않은 바가 없었으므로 곧 발명자이고, 중추(中樞)는 군기(軍機)를 맡아 곧 총제하였으니 발병자이며, 제위(諸衛)의 상·대장군 이하는 부병(府兵)을 전장(專掌)하여 숙위(宿衛)를 담당하였는데, 작은 변이 있으면 낭중·낭장을 보내고, 큰 변이 있으면 장군 이상을 보내어 적에 대응하게 해서 일찍이 패배한 적이 없었으니, 이것이 장병자입니다.[32)]

위의 기록을 통해 조선 초에 관제 정비를 주도했던 관료들은 예로부터 군령권은 발명권·발병권·장병권으로 구성되었고, 당과 송의 제도를 본받은 고려에서 군령권의 집행은 발명→ 발병→ 장병의 상하관계로 체계화되었던 것으로 이해하고 있었음을 알 수 있다.

즉 다양한 군사조직을 실제로 움직여 나가는 지휘·명령계통인 군령체계가 국왕을 정점으로 하여 발명권자인 재상, 발병권자인 추밀, 그리고 장병권자인 상·대장군 이하 무관의 상하관계로 체계화되어 있었던 것이다.

군령체계상 발병업무를 담당하였던 중추원은 성종 대에 설치되었으므로 그 이전에 발병과 같은 군사업무를 담당했던 기구로 추정할 수 있는 것은 병부보다 서열이 앞서는 순군부이다. 이미 앞에서 서술한 것처럼 많은 새로운 지역들이 정복되고 호족들이 귀부함으로써 태봉의 지배영역이 크게 확대되는 시기에 순군부가 설치되는 것으로 추정하였다.

전체적으로 크게 증가한 군사력의 동원과 지휘는 물론 궁에 휘하로 들어온 호족들의 군사력에 대한 감독과 통제 등이 중요한 과제로 대두하였을 것이다. 귀부한 호족들 중에는 개경으로 올라와 중앙의 관인으로

---

32) "臣等謹按 古者兵法之設 有發命發兵掌兵之差 發命者宰相也 發兵者居中摠制也 掌兵者受命以行者也 宰相非稟君上之命 不得發命 摠制非有宰相之命 不得發遣 掌兵者非有摠制之命 不得以行 上下相維 體統不亂 雖欲爲變 莫能自動 此定法也 前朝舊制 取法唐宋 省宰掌邦治 軍國之事 無所不統 即發命者也 中樞掌軍機 即摠制發兵者也 諸衛上大將軍已下 專掌府兵 以當宿衛 有變小則遣郎中郎將 大則遣將軍已上 出而應敵 未嘗敗衄 此則掌兵者也"(『定宗實錄』 권4, 定宗2년 4월 辛丑)

편입되는 자들도 있었지만 그대로 지방에 머무르는 자들도 많았다.

특히 통일전쟁이 종식되기 이전에는 인질의 성격을 띤 일부 친족이나 휘하 세력만을 중앙으로 보내고 호족 자신은 그대로 지방에 머무는 경우가 많았다. 명주(溟州)의 호족인 김순식(金順式)이 대표적인 사례이다.

명주장군 순식은 처음에는 왕건에게 비협조적인 태도를 보였으나 그의 부친인 허월(許越)에게 회유되어 태조5년에 장남인 수원(守元)을 보내 귀부(歸附) 의사를 밝혔고,[33] 이어 태조10년에는 아들 장명(長命)에게 군사 600명을 주어 왕건의 숙위를 담당하게 하였다.[34] 그리고 다음해에 순식이 직접 무리를 이끌고 친조하였는데, 태조는 순식에게 왕씨 성과 대광(大匡)이라는 관계(官階)를 수여하고 아들 장명에게도 이름과 관계를 하사하는 등의 후한 대우를 하였다.[35]

처음에 순식이 왕건에게 귀부했을 때에는 아들만을 개경으로 보내고 자신은 여전히 명주에 남아있었다. 당시 순식은 아들 장명에게 군사 600명을 주어 왕건의 숙위를 담당하게 하였는데 이들 군사력은 왕건 직속의 중앙군에 편입되었을 것이다.[36] 그러나 순식에게는 여전히 많은 군사력이 명주에 남아 있었다.[37]

---

33) "溟州將軍順式降附 初王以順式不服 患之 侍郎權說曰 父而詔子 兄而訓弟 天理也 順式父許越 今爲僧在內院 宜遣往踰之 王從之 順式遂遣長子守元 歸款 賜姓王 給田 宅"(『高麗史節要』 권1, 太祖5년 7월)

34) "溟州將軍順式 遣子長命 以卒六百 入宿衛"(『高麗史節要』 권1, 太祖10년 8월)

35) "溟州順式 率衆入朝 賜姓王 拜大匡 其子長命 賜名廉 拜元甫 小將官景 亦賜姓王 拜大丞"(『高麗史節 要』 권1, 太祖11년 정월)

36) 鄭景鉉, 1991「高麗初期 京軍의 統帥體系-徇軍部의 兵權에 대한 재해석을 겸하여」 『한국학보』 62. 그러나 이를 장명이 직접 지휘하는 私兵으로 보는 견해도 있다. (河炫綱, 1987「고려왕조의 성립과 호족연합정권」『한국사』 4, 국사편찬위원회)

37) 후백제와의 최후 결전 당시 군사를 이끌고 참전한 왕순식에게 태조가 한 꿈 이야기 가운데 "꿈에 이상한 중이 갑옷 입은 병사 3천을 거느리고 온 것을 보았는데 다음날 그대가 군대를 거느리고 와서 도와 주었으니 이것이 바로 그의 감응이다" 라고 한 기록을 통해 당시 명주에 있던 왕순식 휘하에는 3천여 명 정도의 군대가

이처럼 귀부한 이후에도 여전히 지방에 남아 있는 호족들의 군사력에 대해 중앙의 국왕은 일정한 통제책을 마련하지 않으면 안 되었다. 국왕에게 귀부한 이상 호족들이 거느리던 군대에 대한 통수권은 당연히 중앙으로 귀속되어 국왕의 통제 하에 놓이게 되었을 것이다.

호족의 귀부에 대해 서로 상반된 해석이 있지만[38] 기본적으로 귀부는 국왕에게 신속(臣屬)하는 것을 의미하는 것이라 생각된다. 보통 호족은 귀부와 함께 개경에 인질을 보내게 되는데 이는 지방세력에 대한 견제책으로서 사실상 국왕의 필요에 의해 강요된 것으로 볼 수 있다.[39]

귀부는 국왕에 신속하여 국가의 공적인 지배체제 내로 편입되는 것으로, 그동안 호족들이 독자적으로 행사해오던 출신지역에 대한 행정·재정·사법·군사 등 일체의 지배권이 국왕에게 귀속되는 것을 의미하는 것이었다. 그러나 귀부는 자발적인 신속을 의미하였으므로 국가는 귀부한 호족들에게 관계를 수여하여 공적인 질서체계 속에 편입시키는 한편 그들이 행사해온 출신지에 대한 지배권 중 일정 부분은 그대로 위임하였을 것으로 생각된다.[40]

이렇게 위임된 지배권의 내용은 귀부 이전에 호족이 행사하였던 것과는 큰 차이가 있었을 것이다. 그중에서도 가장 큰 차이는 군사에 관한 권한이라 생각된다. 그동안 호족들은 자신의 지배 영역 내에서 군사를 징발하고 동원하고 지휘하는 등의 일체의 병권을 독자적으로 행사해왔다. 그러나 국왕에게 귀부함으로써 그동안 독자적으로 행사해 오던 일체의 병권은 일단 국왕에게 귀속되었고, 특히 군사의 징발이나 동원과 같

있었을 것으로 추측된다.(『高麗史』 권92, 열전 王順式)
38) 국왕과 귀부 호족과의 관계를 호혜적 또는 협조적 관계로 보는 견해와 군신적 상하관계로 보는 견해로 나뉘어져 있다.
39) 朴菖熙, 1984 「고려초기 豪族聯合政權說에 대한 검토-歸附 豪族의 정치적 성격을 중심으로-」『한국사의 시각』 연신문화사
40) 金日宇, 1989 「고려초기 郡縣의 主屬關係 형성과 지방통치」『민족문화』 12

은 중요한 군사적 권한은 중앙 정부의 통제 하에 놓이게 되었을 것이다.

다만 후백제와의 전쟁이 계속되고 있던 시기였으므로 지휘의 효율성을 위해 호족들에게는 휘하 군대에 대한 지휘권은 그대로 위임되었을 것으로 생각된다. 그러나 그 지휘권의 행사도 오로지 국왕의 명령에 의해서만 가능한 것이었다. 따라서 그동안 호족들이 자의적으로 동원하고 통솔하던 군대는 이제 최고 통수권자인 국왕의 명령에 의해서만 움직일 수 있게 된 것이다.

즉 종래 호족이 장악하고 있던 일체의 병권은 일단 중앙으로 귀속되었고, 호족에게는 휘하 군사를 지휘할 수 있는 일부 권한만이 위임된 것이다. 후백제와의 최후 결전 당시 왕순식 등 여러 호족들이 휘하 군대를 인솔하고 와서 전투에 참여하였는데,41) 이들 군대는 호족들이 자의적으로 동원한 것이라기보다는 국왕의 명령에 따라 동원된 것으로 보아야 할 것이다.

군령체계상 최고 통수권자인 국왕의 명령에 따라 호족들의 군대를 비롯한 전체 군대의 동원과 지휘 등 발병업무를 수행한 것이 바로 순군부였던 것이다. 순군부가 발병업무를 담당하였다는 구체적인 증거는 보이지 않는다. 그러나 다음의 자료를 통해 순군부의 기능을 간접적으로나마 유추할 수 있을 것으로 생각된다.

> ㉮ 9월에 마군장군 복지겸이 아뢰기를, "순군리(徇軍史) 임춘길이 그의 고향인 청주 사람 배총규, 계천 사람 강길과 아차귀, 매곡 사람 경종과 함께 반역을 모의했습니다."라고 하였다. 왕이 사람을 시켜 잡아서 신문하니 모두 자백하므로 그들의 목을 베게 명령하였으나 총규는 도망하여 죽음을 면하였다.42)

---

41) 『高麗史』 권2, 세가 太祖19년 9월
42) "馬軍將軍卜智謙奏曰 徇軍吏林春吉 與其鄕靑州人裴悤規 季川人康吉阿次貴, 昧谷人景琮 謀叛, 王使人 執而訊之 皆伏 命誅之 悤規逃免"(『高麗史節要』 권1, 太祖원

㉯ 청주 사람 현율을 순군낭중으로 삼으니 마군장군 현경과 숭겸 등이 말하기를, "지난번에 임춘길이 순군리가 되어 반역을 꾀하다가 일이 누설되어 죽음을 당하였는데, 이것은 곧 병권을 맡고 청주를 후원으로 믿었기 때문입니다. 그런데 이제 또 현율을 순군낭중(徇軍郎中)으로 삼으니 신들은 의아하게 여깁니다."라고 하니, 왕이 옳다고 여겨 곧 현율을 병부낭중(兵部郎中)으로 고쳐 임명하였다.[43]

㉰ 여름 5월에 정남대장군(征南大將軍) 유금필이 의성부를 지키는데 왕이 사신을 보내어 이르기를, "나는 신라가 후백제에게 침략당할까 염려하여 일찍이 장수를 보내어 지키게 하였는데, 지금 후백제가 혜산성과 아불진 등을 위협하고 약탈한다고 하니, 만약 신라의 국도까지 침공하거든 경이 마땅히 가서 구원하라."고 하였다. 금필이 드디어 장사 80명을 뽑아 달려갔다.[44]

㉮는 태조 때에 순군리였던 임춘길의 반역 모의사건에 관한 기록인데, 임춘길이 출신지인 청주의 군사력을 믿고 불궤를 도모한 사실은 당시 순군부가 갖는 기능과 관련이 있었던 것이 아닌가 한다. 즉 청주 출신인 임춘길이 발병 업무를 담당한 순군부의 관리로서 본주의 군대를 동원할 수 있는 권한을 이용하여 반역을 도모한 것이라 생각된다.

㉯의 자료에서 태조가 청주인 현율을 순군낭중으로 임명하자 마군장군 배현경과 신숭겸 등이 임춘길 사건을 예로 들면서 순군낭중은 병권을 맡은 직책이라 하여 반대하였다고 했는데, 여기서 병권이라 함은 군대의 동원과 관련된 이른바 발병권을 의미하는 것이라 생각된다.[45] 순군부가 군대를 동원할 수 있는 발병권을 가진 기구였기 때문에 청주사람인 현율

년 9월)

43) 『高麗史節要』 권1, 太祖원년 9월
44) 『高麗史節要』 권1, 太祖16년 하5월
45) 병권을 군사지휘권을 가리키는 것으로 보는 연구도 있으나(조인성, 1991 『泰封의 弓裔政權 研究』 서강대박사학위논문) 이 시기에 군사지휘권을 행사한 것은 장군직이나 官階를 가진 자들이었다.

을 순군낭중으로 임명하는 것을 반대하였던 것이다.

㉯는 후백제의 침략 위협에 대응하여 태조가 유금필에게 사신을 보내어 신라를 구원하게 하였다는 기록이다. 이때 태조가 유금필에게 보낸 사신이 어떤 직책을 가진 인물인지 알 수 없으나, 아마도 국왕의 명령을 받들어 의성부에 주둔하고 있던 유금필의 군대를 경주로 출동하게 하는, 즉 발병의 업무를 수행하는 순군부의 관리였을 것으로 생각된다. 이처럼 순군부는 최고 군통수권자인 국왕의 명령을 받들어 지방 호족의 군대나 중앙에서 파견되어 지방에 주둔하고 있는 군대를 동원하는 발병업무를 담당하였던 것이다.

또한 순군부는 지방을 순행(巡行)하면서 호족 휘하 군사력에 대한 감독이나 통제 등의 업무도 수행하였던 것으로 보인다. 새로 정복된 지역이나 귀부를 통해 고려에 편입된 지역이라 하더라도, 이들 지역에 지방관을 파견하거나 통치기구를 설치하는 것이 쉬운 일이 아니었다. 통일 후 60여 년이 지난 성종 대에 이르러 비로소 지방관이 파견되기 시작한 것은 당시의 이러한 사정을 잘 보여주는 것이다.

특히 지방 호족들 중에는 정세의 변화에 따라 거취를 달리하는 자들이 수시로 나타나는 상황에서 이들 호족들의 군사력에 대한 견제나 감독은 절대적으로 필요하였다. 따라서 지방을 순행하면서 호족들의 군사력을 감독하는 것도 순군부 업무의 하나였던 것으로 생각된다.

이 시기에 귀부한 지역이나 변방 고을에 관리를 파견하여 순시하거나 백성들을 위무하는 기록들이 보이는데 아마도 이는 호족 휘하 군사력에 대한 순군부의 감독 업무와 관련된 것이 아닌가 한다.

㉱ 강주의 장군 윤웅이 그 아들 일강을 보내어 볼모로 삼게 하니, 일강을 아찬으로 임명하고, 경 행훈의 누이동생을 아내로 삼게 하였으며, 낭중 춘양을 보내어 강주를 위유하였다.[46]

　　㉮ 가을 9월에 낭중 찬행을 보내어 변방 고을을 순시하고 백성을 위무하
　　　게 하였다.[47]

　㉰는 귀부한 강주(康州)에 낭중 춘양을 보내어 위유했다는 기록이고,
㉮는 변방 고을에 낭중 찬행을 보내어 순시하고 위무하게 했다는 기록
인데, 이때 파견된 사신은 모두 낭중이라는 직함을 가진 관리였다. 국초
의 낭중은 광평낭중·내봉낭중·순군낭중·병부낭중 등이 있었는데 이들
가운데 광평성과 내봉성은 정치적 업무를 관장하고 순군부와 병부는 군
사적 업무를 담당한 기구였다.

　광평성은 서열이 가장 앞서고 수상에 해당하는 시중이 있는 것으로
보아 조정에서 널리 정치를 평의하는 최고 정책기관이고, 내봉성은 명칭
상으로 국왕 측근에서 왕명을 받들어 시행하는 집행기관이었다.[48] 이처
럼 이들 두 기관은 각각 중앙에서 정책결정과 행정집행을 담당하는 기관
이었으므로 이들 두 기관에 속한 낭중이 지방민의 위무를 위해 파견된
것으로 보기는 어렵다.

　낭중을 파견한 목적이 명목상으로는 지방민의 위무와 순시라고 하였
으나 실질적으로는 이들 지역을 순행하면서 군사력을 감찰하는 것으로
생각된다. 즉 귀부한 지방이나 중앙에서 멀리 떨어진 변경지역의 군사력
에 대한 감독에 더 큰 목적이 있었을 것이다. 그렇다면 파견된 낭중은
군사적인 임무를 띤 것으로 순군낭중이나 병부낭중 가운데 하나로 볼 수
있다.

---

46) 『高麗史節要』권1, 太祖3년 정월
47) 『高麗史節要』권1, 太祖4년 9월
48) 邊太燮, 1981 「高麗初期의 政治制度」『韓㳓劤博士停年紀念史學論叢』지식산업사
　　이에 대해 광평성은 호족세력에 의한 정책결정 기관이고, 내봉성은 왕권을 배경으
　　로 정책을 시행하는 집행기관이라 하여 양자를 대립시켜 보는 견해도 있다.(李泰
　　鎭, 1972 「高麗宰府의 成立」『歷史學報』56 및 李基白, 1975 「귀족적 정치기구의
　　성립」『한국사』5, 국사편찬위원회)

이미 앞에서 본 것처럼 병부는 군사행정을 담당한 기구이므로 지방에 파견되어 지방 군사력을 감독하는 기능은 순군부의 업무와 관련이 있는 것이다. 따라서 위 기록에서의 낭중은 순군부 소속의 낭중으로 볼 수 있을 것이다.

순(徇)이란 글자에 '군령을 내리다'는 뜻은 물론 '순행하다'는 의미도 포함되어 있으므로,[49] 순군부는 고려의 지배체제 내로 편입된 지방을 순행하면서 호족 휘하의 군사력을 감독하는 기능도 수행하였던 것으로 보인다.[50] 앞에서 언급했듯이 귀부한 호족들에게 그동안 행사해온 병권 가운데 군대의 지휘권 등 일부가 위임된 상태였으므로 순군부는 지방의 순행을 통해 그들의 군사력에 대한 견제나 감독이 필요하였던 것이다.

순군부는 궁예정권에서 처음 설치되었지만 왕건에게도 여전히 필요한 존재였기 때문에 왕건이 즉위한 이후에도 그대로 존속하였다. 만약 순군부가 궁예 개인의 정치적·군사적 필요에 의해 설치된 기구였다면 궁예의 몰락과 함께 폐지되거나 변질되었을 것이다. 그러나 왕건 즉위 이후에도 순군부는 여전히 같은 기능을 수행하면서 계속 존속하였다.

태조가 즉위한 이후에도 궁예 집권 때와 마찬가지로 호족들의 귀부가 계속되고 정복지역이 확대되었다. 태조원년 9월에 상주수 아자개가 내부하였고, 태조3년 정월에는 강주장군 윤웅이 귀부하였으며,[51] 태조5년 6월에는 하지현 장군 원봉,[52] 7월에 명주장군 순식,[53] 11월에는 진보성

---

49) 徇이 순행이란 의미로 사용된 사례를 찾을 수 있다.("王徇康州 行過高思葛伊城 城主興達 先遺其子歸款 是於百濟 所置守城官吏 亦皆降附 王嘉之"『高麗史節要』권1, 태조10년 8월)

50) 순군부를 왕권을 보위하기 위하여 중앙의 여러 병력들의 동태를 순행 감시하던 일종의 보안기구였다고 보는 견해도 있으나(鄭景鉉, 1987「高麗 太祖代의 徇軍部에 대하여」,『韓國學報』48) 당시로서는 중앙 무장세력의 병력보다는 오히려 지방 호족 휘하 군사력에 대한 순행 감찰이 더 절실하고 중요한 기능이었을 것으로 생각된다.

51)『高麗史節要』권1, 太祖3년 정월

주 홍술[54] 등이 연이어 귀부하였다. 태조6년 3월에는 명지성장군 성달과 그 동생 이달·단림 등이 내부하였고,[55] 8월에는 벽진군 장군 양문이,[56] 태조8년 9월에는 매조성장군 능현이,[57] 10월에는 고울부 장군 능문이 내항하였다.[58]

태조13년 정월에는 재암성장군 선필이 귀순하였고,[59] 2월에는 동해안의 여러 주군이 귀순하여 고려의 영역이 명주에서 흥례부까지 이르게 되자 왕건은 경주 북쪽 50리 되는 곳에 일어진(신광진)을 설치하고 몸소 이곳을 순행하기도 하였다.[60] 이처럼 왕건이 즉위한 이후에도 고려의 지배 영역은 계속 확대되었고, 이들 지역의 호족 군사력에 대한 동원과 감독은 여전히 필요하였으므로 순군부는 그대로 존속하였던 것이다.

통일신라에서 처음 설치된 병부는 본래의 업무인 군정업무만을 담당하였고, 그동안 군령권은 국왕이 장악하여 행사하였으나 군령관련 업무가 크게 늘어난 궁예 때에 이르러 순군부를 설치하여 군령업무를 전담하게 한 것이다.[61] 이처럼 병부와 별개로 순군부를 설치한 것은 군정업무

---

52) 『高麗史節要』 권1, 太祖5년 6월
53) 『高麗史節要』 권1, 太祖5년 추7월
54) 『高麗史節要』 권1, 太祖5년 11월
55) 『高麗史節要』 권1, 太祖6년 3월
56) 『高麗史節要』 권1, 太祖6년 8월
57) 『高麗史節要』 권1, 太祖8년 9월
58) 『高麗史節要』 권1, 太祖8년 11월
59) 『高麗史節要』 권1, 太祖13년 정월
60) 『高麗史節要』 권1, 太祖13년 2월
61) 이밖에 순군부 설치 배경에 대해 다음과 같은 견해도 있다.
① 궁예정권이 광대한 국토를 효율적으로 통치하고 지방세력의 동요를 사전에 방지할 필요성에서 설치한 지방통치 전담기구라는 견해
崔圭成, 1993 「徇軍部考」 『祥明史學』 1
② 904년 이후 909년 무렵까지 청주인들이 궁예정권의 핵심 지지세력이 되는 과정에서 패서지역을 중심으로 한 기존 호족세력들의 반발과 정치적 진출을 견제하기 위해 설치한 기구라는 견해

와 군령업무의 분리를 통한 병권의 독점 방지와 군사업무 수행의 효율
화, 그리고 군통수체계상의 진전을 의미하는 것으로 이해할 수 있을 것
이다.62)

4. 순군부에서 군부로의 개편

광종 대에 들어와 순군부는 군부(軍部)로 개편되었는데 그 기구의 명
칭에서 순(徇)자가 없어진 것이다.63) 이러한 변화에 대해 기존 연구에서
는 대체로 순군부 권한이나 기능의 약화로 이해하였다.

즉 군부로의 개편은 왕권의 강화를 위한 병권의 집중과 관련을 갖는
것으로서 과거 병권장악의 최고기관이며 무장들의 아성인 순군부 권한
의 약화를 의미하는 것으로 보거나,64) 후삼국 통일과 함께 왕권과 중앙
정부의 권한이 강화되면서 그동안 순군부가 가지고 있던 다양한 기능이
변화하여 지방세력의 반란에 대처해서 신속하게 진압할 수 있는 기동타
격대와 같은 성격을 가진 군단으로 축소되고 대부분의 업무는 병부나 기

韓永哲, 1996 「泰封末 高麗初 徇軍部의 政治的 性格」 서강대석사학위논문
③ 905년에 궁예가 자신의 군사적 기반을 마련하기 위해 청주인을 철원으로 徙民
  할 때 사민 업무를 관장하기 위해 설치한 기구라는 견해
  전경숙, 2002 「高麗初의 徇軍部」 『한국중세사연구』 12
62) 필자의 이전 연구에서는 그동안 兵部가 담당하던 군사업무 가운데 軍政업무를 제
  외한 군령관련 업무를 분리하여 이를 담당할 기구로서 순군부를 설치하였던 것으
  로 이해하였으나(권영국, 2006 「고려초 순군부의 설치와 기능의 변화」 『한국사연
  구』 135) 이글을 통해 종래의 견해를 수정하였다.
63) "太祖元年有徇軍部令郎中 十六年有兵禁官郎中史 光宗十一年改徇軍部爲軍部 其職
  掌未詳 疑皆是掌兵之官 後並廢之"(『高麗史』 권77, 百官1, 兵曹)
64) 李基白, 1956 「高麗京軍考」 『李丙燾博士華甲紀念論叢』 ; 1968 『高麗兵制史研究』
  일조각

타 유관부서로 이관됨으로써 그 명칭도 단순히 군부로 바뀌게 되었다고 보았다.[65]

그러나 이와 반대로 순군부의 개편은 광종의 전제적인 왕권강화책의 일환으로서 그 기능이나 조직이 한층 강화되었을 것으로 보는 견해도 있다. 즉 경종 원년의 김부고서(金傳誥書)에 군부(軍部)의 장관과 차관이 각 1명씩 늘어난 것을 근거로 광종의 전제적인 왕권강화 정책들이 추진되는 가운데 다시금 그 기능과 조직이 증강된 것으로 보거나,[66] 왕권강화를 구상한 광종이 순군부를 군부로 개편하고 시위군을 이용해 훈신숙장(勳臣宿將)을 제거하는 역할을 담당하게 하였는데, 이는 순군부가 종래의 군정적 업무뿐만 아니라 시위군의 통솔이라는 군령적 업무도 담당하게 된 것을 의미하는 것으로 이해하였다.[67]

이처럼 기존의 연구를 통해 알 수 있듯이 순군부의 군부로의 개편은 단순한 명칭상의 변경이 아니라 기능의 변화도 포함하는 것이었다. 이미 앞에서 언급하였듯이 순(徇)자에는 '군령(軍令)을 내리다'는 의미 이외에 '순행하다'는 의미도 포함하기 때문에 명칭에서 순자가 없어졌다는 것은 더 이상의 순행(巡行)이 필요하지 않게 된 상황을 반영하는 것이 아닐까 한다.

요컨대 통일이후 지방의 호족들이 중앙귀족이나 관료로 편입되고, 지방호족의 군사력이 국가에 귀속되는 등 병권이 중앙으로 집중됨에 따라 호족의 군사력을 감독하기 위한 순행의 기능이 더 이상 필요하지 않게 된 결과로 생각된다.[68]

---

65) 崔圭成, 1993「徇軍部考」『祥明史學』1

66) 鄭景鉉, 1987「高麗 太祖代의 徇軍部에 대하여」『韓國學報』48

67) 전경숙, 2002「高麗初의 徇軍部」『한국중세사연구』12

68) 광종대의 개혁이 왕권에 대립하는 중앙귀족 세력의 제거에 바빴기 때문에 순군부와 내군 등 중앙군사기구의 정비에 한정되고, 지방의 군사적 세력에 대해서는 조금도 손을 대지 못했다고 보는 견해도 있다.(이기백, 1956「高麗京軍考」『李丙燾

주지하듯이 광종 대에 들어와 시위군(侍衛軍)을 비롯한 군사제도가 본격적으로 정비되었다. 우선 광종은 지금까지 호족들의 휘하에 있던 군사력을 회수하여 군적(軍籍)에 올리고 국가의 군대로 귀속시키고자 하였다. 광종은 즉위와 함께 주현의 세공(歲貢) 액수를 정하였는데[69] 이때 액수의 산정을 위해 기준이 되는 주현의 호구와 토지의 조사가 당연히 실시되었을 것이다.

호구(戶口)조사와 양전(量田)사업은 요역이나 군역징발의 토대가 되는 것으로서 이미 태조 대 이후 여러 차례에 걸쳐 실시되었다.[70] 이러한 호구 파악과 양전은 종래 호족들에게 맡겨져 있던 지방에 대한 지배권을 중앙으로 회수하는 계기가 되었을 것이다.

그동안 지방 호족들은 자신이 지배하는 영역의 통치를 위해 독자적으로 행정조직을 갖추어 운영하였다.[71] 즉 주·부·군·현에는 호부·병부·창부 등의 행정조직이 있어 지방의 호적·토지·군사·조세 등의 업무를 담당하였다.

호족들은 이들 행정조직을 이용하여 자신의 지배영역 내에서 독자적으로 군인을 선발하고 동원하고 지휘하는 등의 병권을 행사하였다. 즉 군인의 선발이나 군적 작성과 같은 군사적 실무는 병부 소속의 병부경(兵部卿)·연상(筵上)·유내(維乃) 등의 이직(吏職)이 담당하였을 것으로 생각된다.

호족들이 왕권 아래로 귀부(歸附)하면서 그동안 호족이 장악했던 병

博士華甲紀念論叢』; 1968 『高麗兵制史硏究』 일조각)

69) 『高麗史』 권78, 食貨1, 田制, 貢賦 光宗즉위년

70) 光宗6년에 見州量田(『高麗史』 권78, 食貨1, 經理 文宗13년 2월), 7년에 若木郡양전 (李基白 編, 1987 「若木郡淨兜寺五層石塔造成形止記」 『韓國上代古文書資料集成』 일지사)이 실시된 기록이 있다.

71) "改州府郡縣吏職 以兵部爲司兵 倉部爲司倉 堂大等爲戶長 大等爲副戶長 郞中爲戶正 員外郞爲副戶正 執事爲史 兵部卿爲兵正 筵上爲副兵正 維乃爲兵史 倉部卿爲倉正"(『高麗史』 권76, 選擧3, 銓注, 鄕職, 成宗2년)

권은 일단 국왕에게 귀속되었다. 그러나 중앙에서 아직 지방관을 파견하지 못하고, 전국적인 호구조사와 호적작성 등이 용이하지 않았던 초기에는 군인선발이나 군적작성 등의 업무는 여전히 호족들에게 맡겨졌을 것으로 생각된다. 이후 집권화가 추진됨에 따라 그동안 호족들에게 맡겨졌던 병권을 완전히 중앙으로 회수하려는 작업이 진행되었던 것이다.

국초에 행해진 군적작성[72]은 지방호족들에게 맡겨져 있던 징병(徵兵) 권한을 중앙정부가 회수하기 위한 조치였다. 그러나 혜종과 정종대의 정치 상황으로 보아 전국적인 군적 작성은 이루어지기 어려웠고, 따라서 호족들의 수중에 맡겨져 있던 징병권을 완전히 회수하지는 못하였을 것이다.

정종(定宗) 대에 거란의 침입에 대비하여 30만이나 되는 대규모 광군(光軍)이 조직되었는데, 이를 중앙정부의 징병에 의한 것이라고 보기 어렵기 때문이다. 즉 광군은 중앙정부의 의도에 의해 조직된 것이기는 하지만 그것이 중앙정부의 직접적인 징병에 의한 것이 아니고 당시 사실상 지방 통치를 담당하고 있던 호족들의 징병에 의해 조직된 것이라 할 수 있기 때문이다.[73]

광종11년에 이르러 왕권강화를 위한 일련의 개혁과 함께 군제의 정비가 본격적으로 시작되었다. 광종 대에 행해진 일련의 개혁에는 중국 오대(五代)의 마지막 왕조인 후주(後周)의 영향이 크게 작용한 것으로 보인다. 광종 대에는 후주와 긴밀한 외교활동을 전개하였는데, 특히 광종 대의 군제정비와 관련하여 주목되는 것은 후주의 세종(世宗)이 행한 군제개혁이다.

당시 후주의 세종은 군사력의 핵심을 이루는 중앙 금군(禁軍)의 군사

---

72) "武班年老無子孫 自癸卯年 錄軍籍者 皆放還鄕里"(『高麗史節要』 권2, 성종7년 10월) 여기서 계묘년은 혜종 즉위년으로 이 이후에 군적에 올린 자라 하였으니 이미 그 이전에도 군적이 작성되었음을 알 수 있다.(李基白, 1968「高麗京軍考」『高麗兵制史研究』 일조각)

73) 李基白, 1965「高麗光軍考」『歷史學報』 27 ; 1968『高麗兵制史研究』 일조각

력이 크게 약화된 상황에서 광종5년인 현덕(顯德)원년에 군제개혁을 단행하였다. 후진(後晉)·후한(後漢)이래 중앙의 금군은 오랫동안 황제를 수행하면서 점차 나태하고 교만해져, 거란의 원조를 받은 북한(北漢)과의 고평(高平)전투에서 크게 고전하였다. 이에 세종은 우선 군법을 엄격히 하고 고평전투에서 패전한 군관들을 참하여 교만한 장수와 나태한 병졸로 하여금 두려움을 알게 하였으며, '무정불무다(務精不務多)'의 원칙에 의거하여 금군에 대한 개혁을 진행하였다. 금군에서 노약자와 연장자를 도태시키고 정예병만을 선발하였으며, 천하의 호걸을 모집하여 전전제반(殿前諸班)에 분속시키는 등 금군을 강화하였다.[74]

이러한 군제개혁으로 금군의 군사력은 크게 강화된 반면 번진(藩鎭)의 군사력은 약화되어 중앙집권이 강화되었다. 세종은 강성해진 금군의 무력을 활용하여 절도사의 횡포를 억제함으로써 당말 이래의 족중두경(足重頭輕)의 국면을 변화시키고 강남 여러 나라와 북방의 거란에 대하여 적극적 정책으로 맞서게 되었던 것이다.[75]

이러한 군제개혁을 행한 후주와의 빈번한 사신 왕래나 후주인의 귀화 등은 고려 광종의 군제정비에도 적지 않은 영향을 미쳤을 것이다.[76] 특히 고려에서 군제정비가 이루어지기 1년 전인 광종10년에 양국 간의 사행(使行)이 많았는데, 후주에서 온 사신 가운데 좌효위(左驍衛)대장군의 존재가 눈에 띤다. 당시 후주에서 제위(諸衛)의 장군직은 무신을 우대하기 위한 일종의 명예직이었지만[77] 이 시기에 무관 직함을 가진 자가 고

---

74) 中國軍事史編寫組, 2006『中國歷代軍事制度』解放軍出版社

75) 栗原益男, 2001「五代十國의 추이와 節度使체제」『중국의 역사』수당오대편, 혜안

76) 광종2년 정월에 광평시랑 서봉 등 97인의 대규모 사신단을 후주에 보내 조공한 것을 시작으로 이후 고려에서 후주로 파견한 사행이 6회, 후주에서 고려로 파견한 사행이 4회에 이르렀다.(李基白, 1960「高麗 初期 五代와의 關係」『韓國文化研究院論叢』1, 한국문화연구원 ; 1990『高麗貴族社會의 形成』일조각)

77) 諸衛의 武官職은 唐朝 중후기에 諸衛제도가 유명무실화하면서 단지 職官의 명목만 존재하고 실제 職掌이 없는 虛衛가 되어 무신을 安置하는 데 많이 이용되었고

러에 사신으로 파견되었다는 사실은 어떤 형태로든 광종11년의 군제정
비에 영향을 주었을 것으로 생각된다.

이처럼 광종11년의 군제정비는 후주 세종의 군제개혁을 참고한 것이
었다. 번진(藩鎭)세력이 발호했던 후주의 상황과 마찬가지로 당시 고려
에서는 개국공신이나 호족세력이 강성하여 양국의 사정이 서로 통하는
바가 있었던 것이다.[78]

광종 역시 후주의 세종과 마찬가지로 주현에서 풍채있는 자들을 뽑아
서 시위군을 강화하고,[79] 장상(將相)들에 대한 숙청작업을 단행하였
다.[80] 그리고 이와 때를 같이하여 순군부를 군부로,[81] 내군을 장위부로
개편하는[82] 군사기구의 정비를 실시하였다.

순군부가 군부로 개편된 것은 단순히 명칭만이 바뀐 것이 아니라 그
기능의 일부가 변화한 것과 관련이 있다. 군적작성이나 광군조직 등을
통해 지방호족 휘하의 군사력이 중앙에 장악됨에 따라 그동안 지방을 순
행하면서 호족들의 군사력을 견제하고 감독하던 기능이 불필요하게 된
결과 그 명칭에서 순행을 의미하는 순(徇)자가 없어지게 된 것이라 생각
된다.[83]

五代에도 역시 그러하였다.(宋衍申 主編, 1998 『兩五代史辭典』 山東教育出版社)

78) 李基白, 1960 「高麗 初期 五代와의 關係」 『韓國文化研究院論叢』 1, 한국문화연구
원 ; 1990 『高麗貴族社會의 形成』 일조각

79) "正匡崔承老上書曰 我朝侍衛軍卒 在太祖時 但充侍衛宮城 其數不多 及光宗信讒 誅
責將相 自生疑惑 簡選州郡 有風彩者入侍 時議以爲繁而無益"(『高麗史』 권83, 兵2,
宿衛 成宗원년 6월)

80) "評農書史權信 譖大相俊弘 佐丞王同等 謀逆貶之 自是讒佞得志 誣陷忠良 奴訴其主
子讒其父 囹圄常溢 別置假獄 無罪而被戮者相繼 猜忌日甚 宗族多不得保 雖一子佃
亦自疑阻 不使親近 人人畏懼 莫敢偶語"(『高麗史』 권2, 世家 光宗11년 3월)

81) "光宗十一年 改徇軍部爲軍部 其職掌未詳 疑皆是掌兵之官 後並廢之"(『高麗史』 권
77, 百官1, 兵曹)

82) "光宗十一年 改內軍爲掌衛部 後稱司衛寺"(『高麗史』 권76, 百官1, 尚書省 衛尉寺)

83) 종래 연구에서는 순군부가 군부로 고쳐진 것을 과거 병권 장악의 최고기관이요

이처럼 그 기능의 일부가 축소되었다 하더라도 군부는 군령업무를 담당한 기구로서 여전히 중요시되어 군정업무를 맡은 병부보다 상위에 위치하였다. 즉 978년에 경순왕(敬順王)이 죽자 그를 상부(尙父)로 책봉하였는데 그 고문(誥文)에 시중(侍中), 내봉령(內封令), 군부령(軍部令), 병부령(兵部令), 광평시랑(廣評侍郞), 내봉시랑(內奉侍郞), 군부경(軍部卿), 병부경(兵部卿) 등의 순서로 서명(署名)을 한 것으로 볼 때[84] 여전히 군부가 병부보다 상위에 있었음을 알 수 있다.

5. 군부의 폐지와 중추원의 설치

성종 대에는 3성6부를 중심으로 하는 중앙 정치기구의 정비와 함께 군사기구들이 정비되었다. 3성6부제 도입으로 국초의 광평성·내봉성 이하 여러 관부들이 모두 3성6부 중심의 새로운 기구로 개편되었다. 궁예정권 때에 처음 설치된 순군부는 군령업무를 담당한 서열 3위의 기구로서 병부보다 우위에 있었고, 광종 대에 군부로 개편된 이후 경종(景宗) 대까지도 여전히 그 지위를 유지하였다.

그러나 성종 대 이후에는 더 이상 그 존재가 나타나지 않는다. 3성6부제가 도입되면서 폐지된 것인지 아니면 그대로 존속하였으나 기록에 남지 않은 것인지 알 수 없다. 만약 군부가 폐지되고 그 기능이 다른 기구

무장들의 아성이었을 것으로 생각되는 순군부의 권한이 약화되었기 때문이라고 보았다.(李基白, 1956 「高麗京軍考」『李丙燾博士華甲紀念論叢』; 1968 『高麗兵制 史研究』 일조각)

84) "開寶八年十月日 侍中署 侍中署 內奉令署 軍部令署 軍部令無署 兵部令無署 兵部 令署 廣坪侍郞署 廣坪侍郞無署 內奉侍郞署 內奉侍郞署 軍部卿無署 軍部卿署 兵 部卿無署 兵部卿署 告推忠愼義崇德守節功臣尙父都省令上柱國樂浪都王食邑一萬 戶金傅"(『三國遺事』 권56, 金傅大王2, 紀異2)

에 통합되었다면 군사업무를 담당하는 병부가 그 업무를 이어 받았을 가
능성이 있다. 그러나 역사상 군정업무와 군령업무가 한 기구에 통합되어
수행된 경우가 흔치 않으므로 군부의 기능이 병부에 흡수된 것으로 보기
는 어렵다.

중국에서도 일찍이 국정(國政) 전반으로부터 군사업무가 분리된 이후
오대(五代)에 이르러 추밀원이 군령기능을 담당할 때까지 발명(發命)과
발병(發兵) 등의 군령권은 황제가 친히 장악하였다.[85]

군사업무를 군정업무와 군령업무로 분리시킨 것은 어느 한 곳에 병권
이 집중되는 것을 방지하기 위한 것이었다. 실제로도 성종 대 이후 병부
가 군령에 관한 업무를 담당한 기록은 전혀 보이지 않는다. 따라서 군부
의 군령기능을 병부가 담당한 것으로 볼 수 없다.

이와 관련해 성종 대에 새로 설치되는 중추원(中樞院)의 존재가 주목
된다. 광종 대 이후 군부의 존재가 더 이상 나타나지 않고, 성종 대에
송의 추밀원제도를 받아들여 중추원을 설치하였는데 아마도 중추원이
군부를 계승하여 이후 군령업무를 담당하였을 것이다.[86] 중추원 이외에

---

85) 중국군사사편사조, 2006『중국역대군사제도』해방군출판사
86) (1) 중추원의 군령기구로서 기능에 대해 부정적인 견해
　　周藤吉之, 1974「高麗初期の官吏制度」『東洋大學大學院紀要』11 ; 1980『高麗官
　　僚制の研究』法政大出版局
　　　　　　, 1986「高麗初期の中樞院, 後の樞密院の成立とその構成 - 唐末·五代·宋
　　初の樞密院との關係に於いて」『朝鮮學報』119
　　朴龍雲, 1976「高麗의 中樞院 研究」『韓國史研究』12 ; 2001『高麗時代中樞院 研
　　究』고대민족문화연구소
　　邊太燮. 1976「高麗의 中樞院」『震檀學報』41
　　金炗希, 1990「高麗前期 中樞院 承宣研究」『梨大史苑』24·25합)
　　(2) 중추원의 군령기능을 인정하는 견해
　　① 禁軍을 관할한 것에 한정하여 군령·군정기구로 보는 견해
　　　宋寅州, 1999「高麗時代의 禁軍과 樞密院」『한국중세사연구』7
　　② 초기의 왕명출납과 왕의 신변보호 기능에서 점차 軍機로까지 확대되었다고 보
　　는 견해

군령관계 업무를 담당한 기구의 존재가 보이지 않는 것으로 보아 중추원
이 군령체계상에서 발병 기능을 담당한 기구였음을 알 수 있다.

　　조선 초의 관료들도 발명→ 발병→ 장병의 상하관계에 의해 규제되
는 군령계통의 이론이 고려에 영향을 미쳐, 고려에서 군령권이 집행되는
계통을 국왕을 정점으로 하여 발명권자인 재상, 발병권자인 추밀, 그리
고 장병권자인 무관의 상하관계로 체계화되었던 것으로 이해하였던 사
실87)을 통해 볼 때에도 군령기구로서 중추원의 존재를 부정하기는 어려
울 것으로 생각된다.88)

　　성종10년에 송에 사신으로 파견되었던 한언공의 건의에 따라 설치된
중추원은 이전의 직숙원리(直宿員吏)의 직과 같은 것이라 하였으나89)
국왕 측근기구로서 왕명출납이나 숙위만이 아니라 보다 중요한 군사기
밀(軍機之政) 사항인 군령업무를 담당하였을 것으로 생각된다.

　　고려가 모범으로 삼은 송의 추밀원은 군기사무를 주관하는 최고 기관
으로서 중서성과 더불어 동서 2부라 칭해졌다. 당나라 말기에 설치된 추
밀원은 처음에는 아래로부터 표주(表奏)를 받아 황제에게 올리고, 황제

　　이정훈, 2006「고려전기 중주원의 설치와 職掌의 변화」『東方學志』134
　③ 초기부터 군령기능을 가졌을 것으로 보는 견해
　　閔賢九, 1968「제1장 제4절 軍令·軍政機關의 整備」『韓國軍制史』근세조선전
　　기편, 육군본부
　　矢木毅, 1998「高麗における軍令權의 構造とその變質」『東方學報 』70
　　전경숙, 2007『고려전기 군사기구 연구』숙명여대박사논문
　　유주희, 2009「고려전기 중추원의 설치와 그 성격」『역사와 현실』73
87)『定宗實錄』권4, 定宗2년 4월 辛丑
88) 이기백교수는 병부보다 우위에 있던 순군부가 광종 때에 군부로 변경되었다가 성
　　종 또는 목종 때에 폐지되고 重房이 출현하는데 중방이 비록 그 조직의 성격이
　　다르다 하더라도 순군부의 계통을 이어나간 것으로 추정하였다.(1956「高麗京軍
　　考」『李丙燾博士華甲紀念論叢』; 1968『高麗兵制史硏究』일조각)
89) "韓彦恭奏 宋樞密院 卽我朝宿直員吏之職 於是 始置中樞院"(『高麗史節要』권2, 성
　　종10년 10월)

의 처분이 있으면 중서문하에 내려 시행하게 하는 연락기구에 불과하였
다. 그러나 그러한 지위는 권력을 장악할 수 있는 유리한 조건을 제공하
여 전쟁이 빈번한 5대에 이르러 중요한 군사문제를 관장하게 되면서 추
밀원은 중앙 최고의 군사통어기구가 되었던 것이다.[90]

추밀원은 군국기무·병방(兵防)·변비(邊備)·융마(戎馬)의 정령을 담당
하였고, 황제의 밀명을 출납하였으며, 시위제반직(侍衛諸班職)과 내외
금병(禁兵)의 초모(招募)·열시(閱視)·선보(選補)·둔수(屯守)·상벌(賞罰)
의 일을 모두 관장하였다. 한편 상서성에 병부가 설치되었으나, 주요한
직권은 추밀원에 모두 소속되었고, 병부는 다만 군사에 관련되는 구체적
인 실무만 관장할 뿐이었다.[91] 이처럼 당 말까지는 황제가 군령권을 친
히 장악하였기 때문에 군정업무를 담당하는 병부는 설치되었으나 군령
업무를 담당한 기구는 따로 존재하지 않았던 것이다.

고려가 수용한 3성6부체제에는 군령업무를 담당하는 기구가 없었기
때문에 새로이 송의 추밀원제도를 받아들여 국초에 군령업무를 관장하
던 순군부를 대신하게 하였던 것으로 생각된다.[92]

고려시대의 군사관계 업무에서 병부가 담당한 것은 무반의 인사·군
사관계 일반 업무·의장(儀仗)·교통 등 군사행정에 국한되었고, 그 장관
인 상서(尙書)가 3품에 불과하였던 만큼 군령관계 업무를 담당하였던 것
은 중서문하성(中書門下省)과 더불어 재추(宰樞) 양부(兩府)라 불리었던
중추원이었다고 할 수 있을 것이다.[93]

---

90) 中國軍事史編寫組, 2006『中國歷代軍事制度』解放軍出版社

91) 위와 같음

92) 순군부의 계통을 잇는 기구에 대한 연구
　① 重房이라고 보는 견해
　　이기백, 1959「고려경군고」『진단학보』21 ; 1968『고려병제사연구』일조각
　② 選軍이라고 보는 견해
　　전경숙, 2007『고려전기 군사기구 연구』숙명여대박사학위논문

93) 閔賢九, 1968「제4장 軍令·軍政機關의 整備」『韓國軍制史』근세조선전기편, 육군

이미 목종 대부터 중서문하성과 더불어 재추라 일컬어질 정도로[94] 중
요한 지위를 차지했던 것은 중추원이 군기(軍機)라는 군령업무를 수행하
는 기구였기 때문일 것이다. 단순한 왕명출납이나 숙위(宿衛) 등의 비서
기능만으로 당시 최고의 통치기구인 재부(宰府)와 더불어 재추(宰樞)라
불릴 정도로 중추원의 지위가 높을 수는 없을 것이다.

고려 초기에 군령업무를 담당한 순군부가 중앙 통치기구들 가운데 상
위 서열에 있었듯이 순군부를 계승한 중추원 역시 중서문하성과 더불어
재추라 일컬어지는 중요한 기구가 되었던 것이다.

6. 맺음말

순군부가 설치된 시기는 궁예가 국호를 태봉으로 고친 911년 무렵으
로 국호의 개정과 함께 새로이 관제를 정비하면서 그동안 국왕이 직접
장악했던 군령업무를 담당하게 하기 위해 설치한 것이었다. 순군부는 태
봉의 정복지역이 확대되고 귀부하는 호족들이 크게 늘어나는 시기에 설
치되었다. 궁예의 초기 세력기반은 강원도 일부 지역이었으나 이후 그
지배영역이 크게 확대됨에 따라 군령관련 업무가 크게 늘어났고, 또한
새로 궁예 휘하로 들어온 호족들의 군사력에 대한 통제가 절실한 상황에
서 순군부가 설치되었다.

순군부의 중요한 업무는 군대의 동원과 지휘 등 발병에 관한 업무였
다. 그동안 호족들은 자신의 무력기반인 군대를 징발하고, 동원·지휘하

본부

94) 기록상 재추라는 용어가 처음 등장하는 것은 목종12년 무렵으로("一日 王召宰樞
忠順入臥內 群左右"『高麗史節要』권2, 목종12년 정월) 실제로 재추라 불리기 시
작한 것은 이보다 이전 시기였을 것으로 생각된다.

는 등의 병권을 독자적으로 행사해왔다. 그러나 중앙의 왕권에 귀부함으로써 일체의 병권은 국왕에게 귀속되었고, 순군부는 최고 통수권자인 국왕의 명령을 받들어 중앙의 군대는 물론 지방 호족 휘하 군대의 징발이나 동원 등의 업무를 담당하였던 것이다.

또한 순군부는 지방 호족들의 군사력에 대한 순행·감독 업무도 수행하였다. 정세의 변화에 따라 향배를 달리하는 호족들이 나타나는 상황이었으므로 이들 호족들의 군사력에 대한 감독은 절대적으로 필요하였고, 지방을 순행하면서 호족들의 군사력을 감독하는 것이 순군부의 또 다른 업무였다.

광종 대에 들어와 순군부는 군부로 개편되면서 그 기능의 일부가 변화하였다. 통일 이후 군적작성이나 광군조직을 통해 지방호족 휘하의 군사력이 중앙에 장악되었고, 시위군의 강화 등으로 개국공신이나 무장들이 가졌던 군사적인 권한이 박탈되어 병권이 중앙으로 집중됨에 따라 그동안 지방을 순행하면서 호족들의 군사력을 감독하고 견제하던 기능이 더 이상 불필요하게 된 결과 순행을 의미하는 순자가 없어지게 된 것이다. 이처럼 군부가 순군부에 비해 그 기능의 일부가 축소되었다 하더라도 군령업무를 담당한 기구로서 여전히 중요시되어 군정업무를 맡은 병부보다 상위에 위치하였다.

이후 성종 대에 3성6부제가 도입되면서 기존의 관부들이 3성6부를 중심으로 개편되었으나 군부는 송의 추밀원을 본 따 설치되는 중추원으로 계승되었다. 중추원은 설치 초기부터 중서문하성과 더불어 재추 양부라 일컬어질 정도로 중요한 지위를 차지하였는데 이는 국왕의 측근기구로서 왕명출납이나 숙위뿐만 아니라 군사적으로 중요한 군령업무를 담당하였기 때문이다.

제2장
고려시대의 관직

제1절 상서 6부의 판사·지사직

1. 머리말

지금까지 고려시대 상서 6부의 판사·지사직은 『고려사(高麗史)』 백관지 기록을 근거로 상서(尙書) 위에 판사(判事)가, 상서와 시랑(侍郎) 사이에 지사(知事)가 추가로 설치되어 판사·상서·지사의 3직이 모두 임명되는 것으로 이해하여 왔다. 또한 상서 위에 설치된 판사는 중서문하성의 재신 중 반차에 따라 제1위의 수상은 이부, 제2위의 아상(亞相)은 병부, 3재(宰)는 호부, 4재는 형부, 5재는 예부, 6재는 공부를 겸임하였고,[1] 지사는 반차(班次)가 상서 아래 시랑 위였기 때문에 상서와 시랑의 품계를 고려하여 정3품이나 종3품에 해당되는 관원이 겸임하는 경우가 많았다고 하였다.[2]

중국의 경우 판사직과 지사직은 추가로 설치된 직이 아니라 타 관서로부터의 차견관(差遣官)으로, 본직의 관계(官階)가 차견 직무보다 높은 것은 판(判)이라 칭하고 낮은 것은 지(知)라 칭하였다. 송에서는 3성6부가 허설화 된 상태에서 차견관으로 6부의 상서직을 겸한 자가 판사 혹은 지사가 되어 그 부서의 모든 업무를 주관하였다.[3]

---

1) 변태섭, 1967 「고려 재상고」 『역사학보』 35·6합집 ; 1971 『고려정치제도사연구』 일조각
   박용운, 2000 「고려시대의 6부판사제에 대한 고찰」 『고려시대연구』 II, 한국정신문화연구원
2) 이정훈, 2007 「제3장 현종대 지배체제의 개편과 3성6부제의 변화」 『고려전기 정치제도 연구』 혜안

그러나 3성6부가 정상적인 기능을 수행했던 고려의 경우 성서 6부의 판사·지사제는 운영상 송의 제도와 큰 차이가 있었다. 차견된 타관이 6부 상서 대신에 판사나 지사직에 임명된 것이 아니라 상서직과 별도로 판사 혹은 지사직이 추가로 설치되어 상서와 함께 담당 부서의 업무를 주관하였다. 송과 마찬가지로 고려에서도 타관으로 하여금 6부의 업무를 겸하게 할 때 장관인 상서보다 관품이나 반차가 높은 경우에는 판사라 칭하고, 낮은 경우에는 지사라 칭하였던 것으로 보인다.

고려전기에 6부 판사·상서·지사의 임명 사례를 보면 3직이 모두 임명된 경우는 찾을 수 없고, 언제나 상서를 중심으로 판사나 지사 중 한 직만 임명되거나 상서만 2인이 임명되었다. 또한 모든 재신이 6부 판사직을 겸한 것도 아니었고,[4] 6부의 판사가 모두 임명된 경우도 보이지 않는다. 즉 판사직을 겸하지 않는 재신도 있었고, 6부 가운데에는 시기에 따라 판사직이 임명되지 않은 경우도 많았다.

이처럼 6부 장관인 상서직을 중심으로 그 위와 아래에 판사직 또는 지사직이 임명되어 하나의 제도로 운영된 것인데 지금까지의 연구는 주로 판사직에만 관심을 가져 그 설치 배경, 겸직관계, 겸직을 둘러싼 재신과 국왕간의 권력관계 등의 해명에 치중하였다. 반면 지사직은 판사직과 동시에 설치되었음에도 불구하고 판사직과 무관한 별개의 존재로 파악함으로써 이에 대한 연구는 매우 소홀한 편이었다.[5]

이러한 판사직 중심의 연구는 고려의 정치권력 구조상 중서문하성의

---

3) 중국에서 判事職은 당대부터 존재하던 것으로 檢校·試·攝·知와 더불어 모두 정식으로 주어지는 관직이 아니라 勅旨로 임명된 差遣官이며, 그 본래 官階에 따라 判 또는 知라 칭하였다.(兪鹿年 編, 1992『중국관제대사전』직관관리제도 任用類別, 흑룡강인민출판사)

4) 박재우, 2007「고려전기 6부 판사의 운영과 권력관계」『사학연구』87

5) 지사직에 대해 언급한 연구(이정훈, 2007「제3장 현종대 지배체제의 개편과 3성6부제의 변화」『고려전기 정치제도 연구』혜안)

재신들이 6부를 장악하는 관계로 파악하게 하였다. 즉 중서문하성의 재신이 상서 6부의 판사직 겸직을 통해 6부의 행정을 장악하였으며, 이는 왕권에 대해 제약적인 요소가 된 것으로 보았다.[6]

그러나 3성6부제의 원형과 달리 상서직의 상하에 판사직 또는 지사직이 함께 설치되었으므로 이를 하나의 제도로 묶어 상호 연관 하에 파악해야 할 것이다. 여기에서는 3성6부를 중심으로 관제의 변화가 일어나는 충렬왕대 이전 시기를 대상으로 하여 6부 판사·지사제의 실시 배경과 운영의 실제, 판사·상서·지사의 기능 검토를 통해서 본 제도의 정치적 성격을 밝히고자 한다.

2. 6부 판사·지사직의 설치 배경

상서 6부의 판사·지사제는 중국의 제도를 수용한 것인데, 중국에서는 당대부터 판사의 존재가 나타나기 시작한다. 본래의 상서 6부에는 상서와 시랑이 각각 장관과 차관으로 설치되었을 뿐 판사와 지사직은 없었다. 그러나 당 덕종(德宗) 정원(貞元)2년에 재신들이 상서 6부를 1~2부씩 분판(分判)하였다는 기록이 나타난다.[7]

당제를 계승한 송에서 판사·지사제가 확대 실시되어, 송초에 비록 3성6부, 9시(寺), 5감(監) 등에 상서·시랑과 경·소경, 감·소감 등의 명칭이 있었지만 허설화 하여 그 직무를 맡지 못하였기 때문에,[8] 타관이 전

---

6) 박용운, 1993 「중앙정치체제의 권력구조와 그 성격」『한국사』13, 국사편찬위원회
    _____, 2000 「고려시대의 6부판사제에 대한 고찰」『고려시대 상서성 연구』경인문화사
7) "貞元二年正月 宰相崔造奏請 尙書省六職 令宰臣分判 乃以宰臣齊映判兵部承旨及雜事 李勉判刑部 劉滋判吏部禮部 崔造判戶部工部"(『唐會要』권3, 尙書省諸司上 尙書省)

령(典領)하여 판모관서(判某官署)·지모관서(知某官署)로서 관명(官名)을 삼았다.[9]

고려의 판사·지사제는 이러한 송초의 제도를 수용한 것으로 보인다. 고려에서 6부의 판사와 지사직이 처음 등장하는 것은 현종12년의 판상서이부사(判尙書吏部事)와 지이부사(知吏部事)의 임명 기록부터이다.[10]

그러나 그보다 앞서 성종 대에 한언공이 지예관사(知禮官事)에 임명된 예가 있는 것으로 보아,[11] 6부의 판사·지사제는 3성6부제가 수용되는 성종대 초에 이미 도입되었던 것이 아닌가 한다.[12] 초기에는 한언공의 사례 이외에 판사나 지사의 임명 기록이 보이지 않고 상서만이 임명되었으며, 현종12년 이후부터 판사와 지사의 임명이 본격적으로 나타나고 있다.

이러한 판사·지사제의 실시는 성종 대 이후 추진된 일련의 왕권강화 정책과 관련이 있는 것으로 보인다. 성종 대에는 12목(牧)을 중심으로 한 지방관의 파견과 향리직제 마련 등을 시작으로 체계적인 지방 지배의 기반을 마련하였고,[13] 이어 현종 대에는 4도호부(都護府)와 8목을 중심

---

8) 龔延明, 1991「宋代官制總論」『宋代官制辭典』중화서국출판

9) 兪鹿年 編, 1992『中國官制大辭典』職官官吏制度 任用類別 흑룡강인민출판사

10) 『高麗史』권4, 世家4 顯宗12년 3월 壬午 및 12월 戊午

11) 『高麗史』권93, 列傳6 韓彦恭

12) 박용운, 2000「고려시대의 6부 판사제에 대한 고찰」『고려시대연구』Ⅱ, 한국정신문화연구원
  이정훈, 2007「제5장 중앙정치기구의 운영체계와 특징」『고려전기 정치제도 연구』혜안

13) 하현강, 1962「고려지방제도의 일연구」『사학연구』13 ; 1988『한국중세사연구』일조각
  이기백, 1968「고려 지방제도의 정비와 주현군의 성립」『고려병제사연구』일조각
  변태섭, 1968「고려전기의 外官制」『한국사연구』 ; 1971『고려정치제도사연구』일조각
  김아네스, 2002「고려 성종대 유교 정치사상의 채택과 12州牧」『진단학보』93
  윤경진, 2001「고려 성종14년의 군현제개편에 대한 연구」『한국문화』27

으로 지방관제가 재정비되어 중앙의 행정력이 군현 단위에까지 미치게 되었다.[14]

아울러 중앙의 정치제도에서도 왕권강화와 중앙집권화를 위한 제도의 정비가 추진되었다. 그 중에서도 특히 송의 관제인 중추원(中樞院)과 삼사(三司)의 설치는 왕권강화와 밀접한 관련을 갖는 것이라 생각된다.

먼저 국왕 측근기구로서 설치된 중추원은 왕권강화에 커다란 역할을 하였다.[15] 송의 추밀원(樞密院)이 중서문하(中書門下)와 더불어 문·무 양권(兩權)을 분장하여 군권(君權)의 전제(專制)를 가능케 하는 역할을 하였듯이, 고려의 중추원 역시 왕권의 확립에 긴요한 기구가 되었을 것으로 생각된다. 더욱이 초기의 중추원은 직숙원리(直宿員吏)의 직을 개편하여 송 추밀원의 내부(內府)로서의 성격을 강화하였으므로 국왕 측근 기구로서의 기능을 가지고 왕권강화에 큰 역할을 담당하였던 것이다.[16]

_____, 2002「고려 성종11년의 邑號개정에 관한 연구」『역사와 현실』45

_____, 2005「고려 계수관의 제도적 연원과 성립과정」『한국문화』36

14) 이기백, 1968「고려 지방제도의 정비와 주현군의 성립」『고려병제사연구』일조각

　　변태섭, 1987「고려초기의 지방제도」『한국사연구』57

　　구산우, 1994「고려 현종대 향촌지배체제 개편의 배경과 성격」『한국중세사연구』창간호 ; 2003『고려전기 향촌지배체제연구』혜안

　　김갑동, 1995「고려 현종대의 지방제도 개혁」『한국학보』80

　　최정환, 1996「고려 지방제도의 정비와 道制」『경북사학』19

15) 중추원에 대해서는 다음의 연구들이 참고된다.

　　변태섭, 1976「고려의 중추원」『진단학보』41

　　박용운, 1976「고려의 중추원 연구」『한국사연구』12 ; 2001『고려시대 중추원 연구』고대민족문화연구원

　　최정환, 1985「고려 중추원 추신의 녹봉규정과 그 운영실태」『인문과학』창간호 ; 1991『고려·조선시대 녹봉제연구』경북대출판부

　　周藤吉之, 1986「高麗初期の中樞院, 後の樞密院の成立とその構成」『朝鮮學報』119·120합

　　이진한, 1999「고려전기 추밀의 반차와 녹봉」『한국학보』96

　　박재우, 2000「고려시대의 재추 겸직제연구」『국사관논총』92

　　_____, 2004「고려전기 재추의 임용방식과 성격」『한국사연구』125

뿐만 아니라 중추원의 설치는 군사업무의 분산을 통해 신권(臣權)을 견제하고자 한 것과도 관련이 있는 것이었다. 즉 군사업무 가운데 병력 자원의 징발과 보충, 군대의 편성과 조직, 무관의 인사, 병기 및 의장 등 군사행정 업무는 병부가, 군대의 동원과 지휘·통솔 등 군령업무는 국왕 의 최측근 기구인 중추원으로 하여금 담당하게 하여 어느 한 곳에 병권 이 집중되는 것을 방지하고자 하였다.[17]

특히 같은 재상(宰相)의 위치에 있는 추밀(樞密)을 따로 설치한 것은 국가의 중대사가 중서문하성 재신의 독단으로 처리되는 것을 방지하기 위한 하나의 제동장치로서 중요한 것이었다. 재추 상호간의 견제작용은 재상권의 분화를 의미하며 그것은 곧 왕권의 강화와 연결되는 것이기 때 문이다.[18]

삼사[19]의 설치 역시 경제·재정 업무의 분산을 통한 신권의 견제와 관 련이 있는 것으로 보인다. 고려는 당의 3성6부제를 수용하였으므로 당연 히 호부에서 경제와 재정관련 업무를 담당하는 것이 정상이었다. 그럼에 도 불구하고 송의 삼사를 추가로 설치하여 호부와 병립시킨 것은 업무를 두 기구로 분산시키려는 목적 때문이었다.

즉 고려에서 호부는 호구와 토지 등 각종 세원(稅源)을 파악하여 세역 (稅役)을 부과하는 업무를 담당하였고, 삼사는 호부에서 부과한 세역의 징수, 운반·저장, 예산의 수립과 집행, 그리고 그에 따른 회계업무를 담

---

16) 변태섭, 1976 「고려의 중추원」 『진단학보』 41
17) 권영국, 2009 「고려전기 군정·군령기구의 정비」 『역사와 현실』 73
18) 박용운, 2008 「제3장 1. 전기 귀족사회의 정치체제」 『고려시대사』 일지사
19) 삼사에 관해서는 다음의 논문들이 참고된다.
   周藤吉之, 1975 「高麗朝における三司とその地位」 『朝鮮學報』 77 ; 1980 『高麗朝官
   僚制の硏究』 法政大學出版局
   박종진, 1990 「고려전기 중앙관청의 재정구조와 그 운영」 『한국사론』 23
   안병우, 2002 『고려전기의 재정구조』 서울대출판부
   권영국, 2005 「고려전기의 호부와 삼사」 『역사학보』 188

당하였다.[20]

고려의 호부와 삼사가 담당한 업무를 당 호부의 그것과 비교하면, 고려의 호부는 당 호부의 4속사(屬司) 가운데 호부본사의 업무를 담당하였고[21], 삼사는 창부(倉部)[22]·탁지(度支)[23]·금부(金部)[24]의 3속사가 담당한 업무를 분담하였다.[25]

이처럼 고려는 호부 또는 삼사의 단일기구만을 설치하였던 당이나 송과는 달리 호부와 삼사의 두 기구를 병치(竝置)하였는데, 이는 병부 이외에 중추원을 설치한 것과 마찬가지로 경제·재정 업무의 분산을 통한 신권의 견제와 왕권의 강화가 그 목적이었던 것이다.

상서 6부의 판사·지사제 역시 6부의 장관인 상서(尚書)의 권한 분산을 통한 왕권 강화를 위해 시행한 제도라 생각된다. 즉 장관인 상서 이외에 겸직으로 운영되는 판사와 지사직을 추가로 설치하여 판사와 상서, 또는 상서와 지사의 두 직간에 상호 견제하게 함으로써 행정권의 분산과 왕권의 강화를 꾀하고자 한 제도였던 것이다.

---

20) 권영국, 2005 「고려전기의 호부와 삼사」 『역사학보』 188

21) "(戶部本司) 掌戶口土田賦役貢獻蠲免優復婚姻繼嗣之事 以男女之黃小中丁老 爲之帳籍 以永業口分園宅 均其土田 以租庸調 斂其物 以九等 定天下之"(新唐書』 권46, 百官1, 尚書省 戶部)

22) "倉部郎中 員外郎 掌判國之倉庾 受納租稅 出給祿廩之事"(唐六典』 권3, 尚書戶部 倉部)

23) "度支郎中員外郎 掌支度國用 租稅多少之數 物產豊約之宜 水陸道路之利 每歲計其所出 而支其所用"(唐六典』 권3, 尚書戶部)

24) "金部郎中 員外郎 掌庫藏出納之節 金寶財貨之用 權衡度量之制 皆總其文籍而頒其節制"(唐六典』 권3, 尚書戶部 金部)

25) 권영국, 2005 「고려전기의 호부와 삼사」 『역사학보』 188

3. 6부 판사·지사직의 운영

1) 판사·지사직의 임명 사례 검토

『고려사』 백관지에는 6부 상서직의 위와 아래에 재신이 겸하는 판사 1인과 타관(他官)이 겸하는 지사 1인이 각각 설치되고, 두 직이 동시에 모두 임명되는 것처럼 기술되어 있다. 그러나 실제 6부의 판사·상서·지사의 임명 기록을 보면 3직이 모두 임명된 예는 전혀 찾을 수 없고, 언제나 3직 가운데 판사와 상서,[26] 상서와 지사[27]의 2직이 임명되거나 때로 상서만 2인[28]이 임명되는 사례만 나타나고 있다.

충렬왕대 이전까지 상서의 임명이 380여 사례이고, 판사나 지사 또는 상서2인의 임명이 290여 사례인데, 판사와 지사가 임명되기 시작하는 현종12년 이후 충렬왕 이전까지 6부의 상서·판사·지사가 임명된 전체 인원수를 각 부별로 정리하면 다음 <표 1>과 같다.[29]

---

26) "以鄭惟産判尙書禮部事 金行瓊判尙書兵部事 文正叅知政事兼西京留守使 崔惟吉守司空判三司事 金悌爲左散騎常侍知中樞院事 金良鑑同知中樞院事 盧寅爲禮部尙書" (『高麗史』 권9, 世家 문종31년 11월 丙辰)
　　→ 鄭惟産을 判尙書禮部事로, 盧寅을 禮部尙書로 임명하여 판예부사와 예부상서만 임명되었다.

27) "以文正爲長淵縣開國伯 崔奭爲吏部尙書叅知政事 金良鑑叅知政事判尙書兵部事 王錫爲戶部尙書知吏部事"(『高麗史』 권9, 世家 文宗35년 정월 丁酉)
　　→ 崔奭을 吏部尙書叅知政事로, 王錫을 戶部尙書知吏部事로 임명하여 이부상서와 지이부사만 임명되었다.

28) "以鄭忠節金承渭 並爲兵部尙書"(『高麗史』 권4, 世家 顯宗9년 3월 甲辰)
　　→ 鄭忠節과 金承渭를 모두 兵部尙書로 임명하여 병부상서만 2인이 임명되었다.

29) 『高麗史』『高麗史節要』『墓誌銘』 등의 자료를 이용하였으며, 판사·상서의 임명 통계수치는 박용운의 논문도 참고하여 작성하였다.(박용운, 2000 「고려시대 6부판사제에 대한 고찰」 『고려시대연구』 Ⅱ, 한국정신문화연구원 및 2000 「고려시대의 상서6부에 대한 검토」 『고려시대 상서성 연구』 경인문화사)

〈표 1〉6부 상서·판사·지사직의 임명 인원수

임명관직	이부	병부	호부	형부	예부	공부
상서	64	77	54	71	58	59
판사	60	55	26	32	32	17
지사	14[30]	9[31]	2[32]	5[33]	5[34]	3[35]
상서2인	1[36]	8[37]	5[38]	4[39]	3[40]	4[41]

---

30) 서눌(현종12,3), 이자연(정종대), 김의진(문14,6), 이정(문종16), 왕석(문종35,1), 이위(숙종10,1), 김고(예종4.10), 김지화(예종7.3), 배경성(인종21.8), 이공승(의종15,12), 최충헌(신종2.6), 유광식(강종2), 김숙룡(고종14.12), 금의(고종대)

31) 황팽재(숙종4.4), 이공수(예종대), 김영석(인종20), 최보항(인종22), 유석(의종2), 이의방(명종3.10), 정균(명종9.5), 유광식(강종1), 최보순(고종5)

32) 최사추(선종대), 김함(예종대)

33) 이재(예종8.1), 이공수(예종9), 김함(예종대), 유석(고종37.7), 김방경(원종1.3)

34) 한언공(성종대), 박승중(예종12.6), 박수(의종대), 최충헌(명종26), 조충(희종7)

35) 최우보(의종22), 황위(의종대), 최윤숙(의종대)

36) 최우·사홍기(고종8.12)

37) 2인의 병부상서 임명 사례

번호	임명직	임명 기사(년월일)	비고
1	상서2인	以鄭忠節, 金承渭 並爲兵部尙書 (顯宗9년 3월)	
2	상서2인	以金德珍爲兵部尙書兼三司使 (睿宗원년 3월 戊午) 以兵部尙書崔惟正爲中軍兵馬使 (睿宗원년 8월 戊寅)	김덕진은 예종 원년 3월에 병부상서에 임명되었고, 동왕 2년 12월 여진 정벌시에는 병부상서로 우군병마사가 되었다. 그런데 예종 원년 8월에 병부상서인 최유정이 중군병마사에 임명되고 있어 당시 김덕진과 최유정 2인이 병부상서로 재직하고 있었음을 알 수 있다.
3	상서2인	金緣爲兵部尙書知樞密院事 (睿宗8년 3월) 以崔繼芳守守司空兵部尙書叅知政事 (睿宗8년 7월 기묘)	김연은 예종8년 11월에 한림학사승지에 임명되고, 12월에는 예부상서정당문학관한림원사에 임명되었다. 예종 8년 3월 이후 병부상서직을 그대로 유지하면서 11월에 겸직만 한림학사승지로 바뀌었다가 12월에 본직이 병부상서에서 예부상서로 교체 임명되고 겸직도 관한림원사로 바뀐 것이다.
4	상서2인	崔思全爲兵部尙書(仁宗4년 6월 을사) 高公現爲兵部尙書龍虎軍上將軍 (仁宗4년 6월 경신)	최사전이 병부상서로 임명된 지 15일 만에 고공현이 또 병부상서에 임명되었다. 최사전은 그 후 5년 6월에 이부상서지도성사에 임명되는 것으로 보아 그때까지 병부상서직을 그대로 유지한 것으로 보인다.
5	상서2인	崔誠爲兵部尙書(毅宗4년 12월 戊辰) 以權正鈞爲兵部尙書(毅宗5년 3월)	최함은 의종 5년 4월에 지추밀원사, 5월에 판삼사사, 6년 12월에 추밀원사 등 모두 겸직 임명 사실만 나타나는 것으로 보아, 동왕 4년 12월 이후 본직인 병부상서직을 가지고 지추밀원사, 판삼사사, 추밀원사직을 차례로 겸하였던 것으로 보인다.
6	상서2인	徐恭爲兵部尙書同知樞密院事	서공은 19년 5월에 지추밀원사, 12월에 판삼사사 등 겸

번호	임명직	임명 기사(년월일)	비고
		(毅宗18년 12월) 以蔡仁爲鷹揚軍上將軍攝兵部 尙書充東宮侍衛(毅宗19년 정월)	직의 임명 기록만 나타나는 것으로 보아, 의종 18년 12월 이후 병부상서의 직을 그대로 유지한 채 동지추밀원사, 지추밀원사, 관삼사사의 순서로 겸직만 바뀐 것으로 보인다.
7	판사· 상서2인	金義元爲中書侍郎平章事判兵部事 (高宗8년 12월) 崔瑀祭知政事吏兵部尙書判御史臺事 (高宗8년 12월) 金就礪爲樞密院使兵部尙書判三司事 (高宗8년 12월)	최우의 경우는 무신집권기의 특수 사례로 보인다.

38) 2인의 호부상서 임명사례

번호	임명직	임명 기사(년월일)	비고
1	상서2인	以盧戩爲戶部尙書 (德宗즉위년 9월 庚戌) 東京留守使戶部尙書李作仁卒 (德宗즉위년 11월 乙亥)	노진이 덕종 즉위년 9월에 호부상서에 임명되고 11월에 호부상서 이작인이 사망하였다. 7월에서 9월 사이에 호부상서가 노진에서 이작인으로 교체된 기록이 없고, 바로 전해인 현종21년 11월에 이작인이 참지정사의 직함을 가지고 있는 것으로 보아 2인의 호부상서가 재직한 것으로 볼 수 있다.
2	상서2인	王懋崇爲戶部尙書判御史臺事 (文宗15년 정월) 以崔順漢爲戶部尙書 (文宗15년 3월)	왕무숭은 문종15년 9월에 지중추원사에 임명되는데 본직인 호부상서는 그대로 유지하고 겸직만 판어사대대사에서 지중추원사로 고쳐 제수된 것으로 보인다.
3	상서2인	以金若珍爲戶部尙書祭知政事權判三司事兼太子少保(文宗29년 7월) 以方吳桂爲戶部尙書(文宗29년 8월)	김약진은 문종 29년 12월에 판동북면병마사로 임명되고 있어, 7월 이후 호부상서의 본직은 유지하면서 참지정사의 재신으로 판동북면병마사에 임명된 것으로 보인다.
4	상서2인	以金商祐爲戶部尙書翰林學士 (睿宗4년 7월) 以戶部尙書柳子維 爲西北面兵馬使 (睿宗4년 8월)	김상우는 예종 5년 6월에 예부상서에, 이어 12월에 어사대부에 임명되고 있어, 동왕 4년 7월에 제수받은 호부상서직을 5년 6월까지 유지했던 것으로 보인다.
5	상서2인	崔正華同知樞密院事戶部尙書 鄭畝爲戶部尙書(高宗14년 12월)	

39) 2인의 형부상서 임명사례

번호	임명직	임명 기사(년월일/전거)	비고
1	상서2인	李緯爲刑部尙書知制誥 (睿宗즉위년 11월 무술) 高義和爲龍虎軍上將軍刑部尙書 (睿宗즉위년 11월 기해)	이위가 형부상서로 임명된 바로 다음날에 고의화가 또 형부상서에 임명되었다. 이위는 그 후 동왕 원년 8월에 예부상서로 중군병마사에 임명되고 있다. 형부상서에서 예부상서로 천직한 시기가 어느 때인지 알 수 없지만 특별한 사유도 없이 임명된 바로 다음날에 교체된 것으로 보기는 어려울 것 같다.
2	상서2인	以任申幸攝刑部尙書(睿宗6년 2월) 柳子維爲刑部尙書(睿宗6년 3월)	임신행은 예종 6년 2월 섭형부상서직에 임명되고 7년 8월 유배당할 때 형부상서직을 가지고 있는 것으로 보아 동왕 6년 2월 이후 攝職에서 眞職으로 옮긴 후 유배시까지 형부상서직을 유지하고 있었음을 알 수 있다.
3	상서2인	尹惟志爲左右衛上將軍攝刑部尙書 (睿宗8년 2월) 康拯爲刑部尙書(睿宗8년 3월)	윤유지는 예종 9년 정월에 병부상서용호군상장군에 임명되고 있어 8년 2월 이후 형부상서직을 유지한 것으로 보인다.

상서·판사·지사의 3직 가운데 상서직에 임명된 전체 인원수는 기록의 누락 등을 고려한다면 6부 사이에 비교적 큰 차이가 나타나지 않는다. 이는 장관인 상서직의 경우 6부 사이에 차별이 없이 항상 임명되었음을 보여주는 것이라 생각된다.

그러나 판사와 지사직의 임명 사례는 이부와 병부의 2부에 비해 나머지 4부가 비교적 적게 나타나고 있다. 중요한 인사업무를 담당한 이부와

번호	임명직	임명 기사(년월일/전거)	비고
4	상서2인	崔甫延爲刑部尙書,柳彦琛爲刑部尙書判閣門事(高宗9년 12월)	

40) 2인의 예부상서 임명사례

번호	임명직	임명 기사(연월일/전거)	비고
1	상서2인	以周佇爲禮部尙書(顯宗13년 10월) 以郭元爲刑部尙書劉徵弼爲禮部尙書(顯宗15년 정월)	현종13년 10월에 예부상서에 임명된 주저는 동왕 15년 5월에 예부상서로 사망하였다. 그런데 그 사이인 현종 15년 정월에 유경필이 또 예부상서로 임명되고 있어 주저가 사망하는 5월까지는 2인의 예부상서가 존재했던 셈이다.
2	상서2인	以羅敏爲禮部尙書(德宗원년 3월 癸巳) 以閔可擧爲禮部尙書(德宗2년 정월 己卯)	민가거가 덕종2년 정월 기묘일에 예부상서에 임명되었는데, 그로부터 8일후인 정해일에 예부상서 나민이 표를 올려 퇴직을 청하고 있어, 덕종 2년 정월에는 2인의 예부상서가 재직한 셈이다.
3	상서2인	禮部尙書洪灌(睿宗8년 10월) 金緣爲禮部尙書政堂文學判翰林院事(睿宗8년 12월)	홍관은 예종9년 12월에 문덕전학사에, 11년 8월에는 청연각학사에 임명되었고, 11월에는 보문각학사로『편년통재』속편의 편찬을 명받고 있다. 동왕 8년 10월 이후 본직인 예부상서직은 유지한 채 겸직인 학사직만 바뀌었던 것으로 보인다.

41) 2인의 공부상서 임명사례

번호	임명직	임명 기사(연월일/전거)	비고
1	상서2인	以李有遴爲工部尙書(德宗즉위년 7월 庚戌) 以閔可擧爲工部尙書(德宗즉위년 9월 庚戌)	이유섬이 덕종 즉위년 7월에 공부상서에 임명되었는데 2개월 후인 9월에 민가거가 또 공부상서에 임명되었다. 이유섬이 공부상서에 임명된 7월 이후 9월 사이에 다른 직으로 옮기거나 사망했다는 기록이 없고, 덕종 3년 3월에 병부상서에 임명되고 있다. 만약 기록의 누락이 아니라면 현종 즉위년 9월 이후 2인의 공부상서가 재직한 것으로 볼 수 있다.
2	상서2인	張允含,任簡並爲工部尙書(덕종3년 7월)	
3	상서2인	以工部尙書三司使庚暫爲西北面兵馬使(肅宗원년 정월 己酉) 王惟烈爲金吾衛上將軍工部尙書(肅宗원년 정월 丁巳)	유석이 숙종 원년 정월 기유일에 공부상서삼사사로 서북면병마사에 임명되었는데, 8일 후인 정사일에 왕유열이 또 공부상서에 임명되었다. 8일 사이에 유석이 공부상서에서 물러났다는 기록은 보이지 않고, 숙종 4년 12월에 상서좌복야에 임명되고 있다.
4	상서2인	吳壽祺爲樞密院副使工部尙書, 文漢卿爲工部尙書(高宗9년 12월)	

병부가 다른 4부에 비해 상대적으로 기록의 누락이 적었기 때문인지 아니면 실제로 판사나 지사의 임명이 많았기 때문인지 알 수 없다.

기록의 누락이나 생략이 아니라면 6부의 판사나 지사직은 6부 모두에 항상 임명된 것이 아니고 필요한 경우에만 임명되었던 것으로 볼 수 있다. 후술하는 것처럼 판사·지사직이 각 부의 업무 처리과정에서 장관인 상서와의 상호 협조와 견제를 위해 설치된 것이라면 상대적으로 그러한 필요성이 적은 부에서는 판사나 지사의 임명이 적었을 수도 있다.

판사나 지사의 임명 기록이 많이 나타나는 이부와 병부의 경우 상서의 임명 숫자와 판사나 지사 또는 상서 2인의 임명 숫자를 합친 것과 크게 차이가 나지 않는데 이는 상서를 중심으로 판사 또는 지사의 1직(職)만이 임명되었기 때문에 그런 것이 아닌가 한다.

6부의 판사·상서·지사가 동시에 임명되었거나 같은 시기에 재직하였다고 추정되는 사례를 정리하면 <표 2>와 같다. <표 2>에서 보는 것처럼 3직이 동시에 임명되거나 같은 시기에 재직한 예는 전혀 찾을 수 없고, 언제나 판사와 상서, 상서와 지사, 또는 2인의 상서가 임명되거나 재직하였음을 알 수 있다.

〈표 2〉 6부 판사·상서·지사의 동시 임명 및 동시기 재직 사례의 수42)

6부	판사·상서	판사·지사	상서·지사	판사·상서·지사	상서2인	합	비고
이부	16	0	5	0	1(1)	22	판사·상서2인(1)
병부	18	0	1	0	7(1)	26	판사·상서2인(1)
호부	6	0	0	0	5	11	
형부	14	0	1	0	4	19	
예부	10	0	0	0	3	13	
공부	3	0	0	0	4	7	

42) 고려전기의 판사·상서·지사의 임명 또는 재직 관계를 추정하기 위해 충렬왕 이전까지 3직의 임명 또는 재직 사례 가운데 판사·상서·지사가 동시에 임명되거나 동시기에 재직하였다고 추정되는 사례만을 정리한 것이다.

특히 이부(吏部)의 경우 다른 5부와 달리 상서만 2인이 임명된 사례가 전혀 없는데[43] 이는 가장 중요한 문관의 인사를 담당하는 부서였기 때문이라 생각된다.

즉 공정한 인사를 위해 이부의 경우는 반드시 상서 이외에 타관으로 하여금 판사 또는 지사직을 겸직하게 했기 때문이 아닌가 한다. 이처럼 고려 전기에 6부의 판사·지사가 임명될 때에는 언제나 상서와 함께 판사 또는 지사 가운데 1직만이 임명되었던 것이다.

2) 판사·지사직의 겸직 관계

판사직은 겸하는 관직보다 본직의 품계가 높은 경우에 칭해지는 직명이었으므로 6부의 판사는 정3품직인 상서보다 높은 품계의 타관이 겸한 것으로 볼 수 있다.[44] 『고려사』 백관지에 의하면 6부의 판사는 재신이

---

43) 최씨 집권기에 이부에서 판사 1인과 상서 2인(崔瑀, 史洪紀), 병부에서 판사 1인과 상서 2인(崔瑀, 金就礪)이 임명된 사례가 있는데, 이는 당시의 집정자 최우가 문무의 인사권을 장악하기 위해 이부상서직과 병부상서직을 동시에 모두 차지했던 특수한 경우라 생각된다.

44) 本職과 兼職의 관계에 대한 여러 견해
 ① 品階가 높은 직이 본직이고 낮은 직이 겸직이라는 견해
   장동익, 1976 「고려전기의 兼職制에 대하여(상)」 『대구사학』 11
 ② 祿俸이 지급되는 관직이 실직이고 그렇지 않은 관직이 겸직이라는 견해
   최정환, 1985 「고려 중서문하성의 녹봉규정과 그 운영실태」 『한국사연구』 50·51합 ; 1991 『고려조선시대 녹봉제연구』
 ③ 祿俸과 田柴가 모두 지급되는 관직이 본직이라는 견해
   김경희, 1989 「고려전기 중추원 승선연구」 『이대사원』 24·25합
   박재우, 1997 「고려전기 재추의 운영원리와 권력구조」 『역사와 현실』 26
   이 가운데 ③의 견해가 가장 합리적인 것으로 판단되어 이 글에서는 ③의 기준에 따라 본직과 겸직을 구분하였다. 그러나 본직과 겸직의 두 직이 모두 전시와 녹봉을 받는 경우도 있어 ③의 기준에 따를 때에도 본직과 겸직의 구분이 어려운 일부 예도 있다.

겸직하는 것으로 되어 있는데 재신은 모두 2품 이상의 직이므로 당연히 상서보다 품계가 높았다.

실제로 6부 판사를 겸한 사례의 대부분도 2품 이상의 재신이 판사직을 겸하는 것으로 나타난다. 즉 단독의 재신직인 문하시중(門下侍中)과 평장사(平章事)를 비롯하여 타직에서 겸하는 재신직인 참지정사(參知政事)·정당문학(政堂文學)·지문하성사(知門下省事)가 판사직을 겸하였다.45)

그러나 재신직을 갖지 않은 상서좌우복야(尙書左右僕射)가 판사직을 겸하는 경우도 있었다. 대부분의 사례에서 좌우복야도 참지정사 등의 재신 직함을 가지고 판사직을 겸하고 있지만 일부의 경우 좌우복야 단독직으로 판사를 겸하는 사례도 보인다. 이 경우 좌우복야가 겸한 재신의 직함이 생략되어 표기된 것인지, 아니면 좌우복야직 그 자체로 판사직을 겸할 수 있었는지 확실하지 않다.46)

그러나 좌우복야 역시 정2품직이었으므로 좌우복야가 재신이 아니거나 재신 직함을 가지지 않았다 하더라도 판사직을 겸한 것은 본래의 판사직 개념에 어긋나는 것은 아니라고 할 수 있다.

한편 추밀로서 판사를 겸했다고 보는 견해도 있으나47) 이는 달리 해석될 여지가 있어 추밀이 판사직을 겸한 것으로 보기는 어려울 것 같다.48) 따라서 6부 판사직은 정3품의 상서보다 품계가 높은 재신과 상서

---

45) 박용운, 2000 「고려시대의 6부판사제에 대한 고찰」, 『고려시대연구』 Ⅱ, 한국정신문화연구원 ; 2000 『고려시대 상서성연구』 경인문화사

46) ① 복야가 司空을 더하면 재상이 되어 6부판사를 겸직했다고 보는 견해
    변태섭, 1967 「고려재상고」, 『역사학보』 35·36합 ; 1971 『고려정치제도사연구』 일조각
    ② 좌우복야는 그 자체로 재상이었고 따라서 6부 판사를 겸직했다고 보는 견해
    박용운, 1995 「고려시대의 상서도성에 대한 검토」, 『국사관논총』 61 ; 2000 『고려시대 상서성 연구』 경인문화사

47) 박재우, 2007 「고려전기 6부판사의 운영과 권력관계」, 『사학연구』 87

48) 知中樞院使判尙書禮部事 최유선, 知中樞院判尙書刑部事 왕무숭, 樞密院使判尙書左僕射判戶部事 김선석, 樞密院使尙書左僕射判尙書刑部事 임간, 知樞密院事判尙書工部

좌우복야(尙書左右僕射) 등이 겸했음을 알 수 있다.

6부 지사직의 임명 사례는 판사직에 비해 매우 적은 편이다. 특히 인물의 이력이나 관직 경력을 비교적 상세히 기록한 묘지명 자료보다『고려사』나『고려사절요』의 경우가 적게 나타난다. 6부의 지사직을 겸한 사례 가운데 본직을 파악할 수 있는 경우만 정리하면 다음 <표 3>과 같다.

<표 3> 6부 지사직의 본직

6부 지사	본직
지이부사	국자좨주(종3), 급사중(종4), 예빈경(종3), 좌산기상시(정3), 전중감(종3), 호부상서(정3), 전중소감(종4), 비서감(종3), 예부시랑(정4), 병부상서(정3), 공부상서(정3)
지병부사	사재소경(종4), 비서감(종3), 전중소감(종4), 사재경(종3), 비서소감(종4), 위위경(종3), 예빈경(종3), 좌산기상시(정3)

事 김경용, 尙書左僕射判工部事樞密院使 김한충, 樞密院使判尙書刑部事 임극충 등의 사례 가운데서 김선석·김간·김한충은 僕射로서 판사직을 겸한 경우이고, 최유선은 문종9년 9월에 지중추원사→ 문종15년 8월에 판상서예부사→ 문종15년 11월에 참지정사권판한림원사→ 문종15년 12월에 중서시랑동중서문하편장사로 임명되고 있어 판상서예부사로 임명되던 당시에는 참지정사의 재신 직함을 가지고 있었던 것으로 볼 수 있다.

왕무숭은 문종15년 정월에 호부상서판어사대사→ 문종15년 9월에 지중추원사→ 문종22년 정월에 판상서형부사어병어고→ 문종25년 5월에 중서시랑동중서문하평장사판상서병부사에 임명된 것으로 보아 문종22년 정월에 판상서형부사로 임명될 당시에는 참지정사나 중서시랑평장사의 재신직에 있었던 것으로 볼 수 있다.

김경용은 숙종6년 12월에 병부상서동지추밀원사→ 숙종8년 2월에 지추밀원사→ 숙종8년 5월에 호부상서→ 숙종10년 6월에 판상서공부사→ 예종원년 3월에 지문하성사→ 예종원년 12월에 좌복야참지정사에 임명되어, 판상서공부사에 임명되는 예종10년 6월에는 좌복야직을 가지고 있었던 것으로 볼 수 있다. 왜냐하면 예종원년 3월 지문하성사에서 예종원년 12월에 좌복야참지정사로 승진하고 있는데 이는 좌복야지문하성사에서 좌복야참지정사로 옮긴 것으로 보아야 하기 때문이다.

임극충은 의종9년 5월에 추밀원사한림학승지태자빈객→ 의종11년 12월에 수사공→ 의종16년 정월에 판상서형부사→ 의종18년 12월에 태자태보→ 의종19년 7월에 사공→ 의종19년 12월에 태자소사에 임명되었는데 모두 본직이 아닌 겸직만 나타나고 있고, 또 추밀원사에 임명된 의종9년 5월에서 판상서형부사로 임명된 의종16년 정월까지 시차가 너무 크기 때문에 자세한 내용은 파악하기 어렵다.

6부 지사	본직
지호부사	전중소감(종4), 비서소감(종4)
지형부사	전중감(종3), 비서감(종3), 위위소경(종4)
지예부사	전중감(종3), 국자좨주(종3), 태복경(종3), 형부시랑(정4), 대사성(종3)
지공부사	형부시랑(정4), 태복경(종3)

6부의 지사에는 6부의 상서와 시랑(侍郞), 중서문하성의 산기상시(散騎常侍)와 급사중(給事中), 국자감(國子監)·예빈성(禮賓省)·전중성(殿中省)·비서성(祕書省)·사재시(司宰寺)·위위시(衛尉寺)·태복시(太僕寺) 등의 장관과 차관이 겸직하였음을 알 수 있다.

6부 지사 가운데 상대적으로 지이부사와 지병부사의 겸직 사례가 많고, 특히 지이부사와 지병부사의 경우 중서문하성의 간관(諫官)인 산기상시와 급사중, 6부의 상서 등 중요직에서 겸직한 비중이 높게 나타나는데, 이는 판사의 경우와 마찬가지로 두 부서가 문무관의 인사를 담당한 중요한 위치에 있었기 때문이 아닌가 한다.

지사직을 겸한 본직의 관품은 최고 정3품에서 최하 종4품까지로서 정3품의 상서직과 같거나 낮다. 겸직의 품계가 본직과 같은 정3품이라 하더라도 본직이 겸하는 부(部)의 상서보다 반차(班次)가 낮은 경우에는 지사라 칭하였던 것이다.

전체적으로 6부의 지사직이 판사직에 비해 매우 적게 나타나는데 이는 지사직에 관한 기록이 적게 남아있는 것도 그 원인의 하나이겠지만, 그보다는 상서보다 지위가 높아 상서에 대한 견제가 쉬운 판사직을 지사직보다 많이 임명하였기 때문이 아닌가 한다.

4. 6부 판사·지사직의 기능과 성격

1) 판사·지사직의 기능

판사의 기능은 기존 연구에서 밝혀진 것처럼 각 부에서 실질적인 권한을 가지고 직접 시무하는 것이었다.[49] 당제나 송제에서 판사직은 차견직(差遣職)으로서 겸직한 관부의 문서를 주판(主判)·주결(主決)하는 역할을 하였는데,[50] 해당 관부의 문서를 주판·주결한다는 것은 그 관부의 중요 업무를 판단하여 결정한다는 의미이다. 재신들은 상서보다 상위직이었으므로 겸직한 관부의 판사가 되어 상서와 함께 그 관부의 중요 업무를 결정하고 총괄하는 역할을 한 것이다.

한편 지사직은 상서보다 하위의 타관에서 겸하는 직이었다. 주로 6부(部)와 성(省)·시(寺) 등의 장관과 차관이 겸하였지만 지사직 역시 판사직과 같은 역할을 수행하였던 것으로 생각된다. 6부 지사에 대한 자료는 대부분 관직 임명 사실만 전하는 기록뿐이고 그 기능을 보여주는 것이 없어 자세한 내용을 알 수 없다.

다음은 후기의 자료이지만 이를 통해 지사가 수행한 역할의 대강이나마 추정해 볼 수 있지 않을까 한다.

---

49) 변태섭, 1970 「고려시대 중앙정치기구의 행정체계」 『역사학보』 47 ; 1971 『고려정치제도사연구』 일조각
   박용운, 2000 「고려시대의 6부판사제에 대한 고찰」 『고려시대연구』 Ⅱ, 한국정신문화연구원 ; 2000 『고려시대 상서성연구』 경인문화사
   이정훈, 2007 「제5장 중앙정치기구의 운영체계와 특징」 『고려전기 정치제도 연구』 혜안
50) 兪鹿年 編, 1992 『中國官制大辭典』 職官官吏制度 任用類別 흑룡강인민출판사

㉠ 정균은 오랫동안 지병부사(知兵部事)[51]로 있으면서 무관의 전선(銓選)을 담당하여 청탁이 폭주하자 그것을 싫어하여 여러 차례 면직을 청하였으나 왕이 허락하지 않았다.[52]

㉡ (정운경은) 소환되어 병부시랑에 임명되어 강릉삭방을 존무하고 들어와 지형부사(知刑部事)가 되었다. 어떤 송사(訟事)가 도당(都堂)으로부터 내려오자 정운경이 재상에게 말하기를 "백관을 순서를 정해 등용하는데 유능한 자는 승진시키고 무능한 자는 물리치는 것이 재상의 일입니다. 법을 집행하는 데에도 각각 담당 관원이 있는데 일일이 모두 도당을 통하면 이것은 직권을 침범하는 것입니다."라고 하였다. 얼마 되지 않아 형부상서에 임명되었다.[53]

㉢ 배중륜이란 자가 이인임의 첩에게 노비 5구(口)를 보내고 전객시승(典客寺丞)에 임명되었다. 판사 김윤견과 노비문제로 다투었는데 윤경 또한 노비 10구를 인임에게 보내어 두 사람이 모두 인임에게 아부하였다. 도관(都官)에 소송을 제기하여 윤견이 승소하였다. (그런데) 이인임이 중륜의 편을 들어 도관의 관리를 불러 꾸짖고 그 판결문을 돌려 받았다. (이에) 김윤견이 다시 소송을 하자 지전법사(知典法事) 이택지가 말하기를 "당신은 시중에게 재판을 받는 것이 좋겠다"고 하였다. 당시 무릇 소송을 하려는 자는 반드시 먼저 전민(田民)이나 금백(金帛)을 이인임에게 먼저 보낸 후에 재판을 받을 수 있었다. 대간의 탄핵과 법사의 판결 역시 모두 먼저 이인임에게 몰래 보고되었다.[54]

---

51) "以左承宣知兵部事鄭筠改爲知都省事"(高麗史』권20, 世家20 明宗9년 5월 丙寅)

52) "筠久知兵部 掌注西班 請謁輻湊 頗厭之 屢求免不允"(高麗史』권128, 列傳41, 叛逆2 鄭仲夫)

53) "召拜兵部侍郞 存撫江陵朔方 入知刑部 有訟事自都堂下 云敬謂宰相曰 式序百官 能者進之 不能者退之 宰相事也 至於法守 各有司存 事事皆由廟堂 是侵官也 未幾拜刑部尙書"(『高麗史』권121, 列傳34, 良吏 鄭云敬)

54) "有裴中倫者 遺仁任妾 奴婢五口 拜典客寺丞 與判事金允堅爭奴婢 允堅亦以奴婢十口 遺仁任 二人皆附仁任 訟都官 允堅得之 仁任右中倫 召都官吏 還取其案 允堅更訟之 知典法李釋之曰 汝可訟於侍中 時凡爭訟者 必先以田民金帛 遺仁任 然後得理 臺諫彈劾 法司斷決 亦皆先陰稟之"(『高麗史』권126, 列傳39, 姦臣2 李仁任)

ⓔ 이듬해에 병부상서(兵部尙書) 지이부사(知吏部事)로서 아침에는 병부
(兵部)에 가고 낮에는 이부(吏部)에 들어가 문무관(文武官)의 전주(銓
注)를 의논하였다.[55]

ⓐ은 정균이 지병부사(知兵部事)로서 무관의 인사(人事)를 담당하였
다는 기록이고, ⓔ은 최충헌이 지이부사로서 이부에서 문무관의 전주를
의논하였다는 기록인데, 이러한 지사의 역할은 판사나 상서의 그것과 차
이가 없는 것이다.

ⓑ에서 정운경은 병부시랑(兵部侍郎)으로 지형부사(知刑部事)를 겸하
고 있었는데 당시 도당(都堂)에서 재판에 간여하자 이는 형부의 직권을
침해하는 것이라 하여 항의했다는 내용이다. 정운경은 소송업무를 담당
한 형부에 대한 도당의 직권 침해에 대해 지형부사로서 항의한 것인데,
이러한 정운경은 대응은 형부의 업무를 책임지는 장관과 같은 기능을 수
행한 것으로 볼 수 있다. 즉 지형부사인 정운경은 형부상서와 같은 입장
에서 도당의 직권 침해에 대해 항의를 한 것이다.

ⓒ은 당시의 실권자 이인임에 의해 재판의 판결이 좌우되는 상황에서
지전법사(知典法事)인 이택지가 소송을 제기한 김윤견에게 이인임에게
재판을 받으라고 하였다는 내용이다. 지전법사 이택지의 발언은 소송업
무를 담당한 전법사의 장관인 판서과 같은 입장에서 나온 것으로 지전법
사 역시 장관인 전법판서와 같은 기능을 수행하였음을 알 수 있다. 이처
럼 6부의 판사와 지사는 장관인 상서와 함께 해당부서의 인사나 중요
업무를 총괄하는 기능을 수행하였던 것이다.

그러나 판사와 지사는 본직을 가진 채 타직을 겸한 것이므로 그 업무
수행 방식이 장관인 상서와 동일하지는 않았을 것으로 생각된다. ⓔ에서
보는 것처럼 병부상서지이부사인 최충헌은 병부상서로서 병부의 업무를

---

55) 『高麗史』 권129, 列傳42, 叛逆3 崔忠獻

먼저 수행하고 이어 지이부사로서 업무를 수행하였다. 즉 상서는 담당 부서의 장관으로서 부내의 모든 업무를 관장하였지만, 판사와 지사는 각기 그 본직이 따로 있었으므로 그 본직의 업무가 우선이었던 것이다.

또한 판사와 지사는 그 설치 목적이 장관인 상서를 견제하는 것이었기 때문에 부내의 모든 업무를 관장한 것이 아니라 상서의 독주에 대한 견제가 필요한 인사 문제나 중요 정책의 결정 등 일부 업무에 한정되었을 것으로 생각된다.

앞의 <표 1>에서 보는 것처럼 6부 가운데 인사권을 가진 이부와 병부가 나머지 4부보다 판사나 지사의 임명 사례가 현저히 많았던 것은 2부의 업무 성격상 타 4부에 비해 상서에 대한 견제가 더욱 필요했기 때문일 것이다. 따라서 6부의 판사와 지사는 6부 전체에 항상 임명되었던 것이 아니라 필요한 경우에만 임명되었고, 그 직무도 장관인 상서의 권한에 대한 견제가 필요한 경우에 한정되었던 것이다.

2) 판사·지사직의 성격

상서 6부에는 판사와 지사직이 함께 설치되었음에도 불구하고 지금까지의 연구는 판사직에만 초점이 맞추어져 판사제를 재신이 6부를 장악하는 제도적 장치로 이해하였다.[56] 즉 중서문하성의 재신이 상서 6부의

---

56) 재신이 6부판사가 되어 각기 본부에 坐하여 중요 사무를 의논 결정하고 각 상서를 統領하는 직권을 가지고 있었기 때문에 尙書都省은 무력화하고 상서 6부의 권력은 각 省宰에게 귀속되었던 것으로 보거나,(변태섭, 1967「고려재상고」,『역사학보』 35·36합 ; 1971『고려정치제도사연구』 일조각) 6부 상서의 품계가 정3품 밖에 되지 않아 국정을 집행하는 데에 한계가 있었기 때문에 판사직을 두고 재신들로 하여금 겸직하게 하여 원활한 국정집행을 하도록 한 것이며, 그 결과 상서 6부는 중서문하성 재부의 통제 하에 놓이게 된 것으로 이해하였다.(박용운, 2000「고려시대의 6부 판사제에 대한 고찰」,『고려시대연구』 II, 한국정신문화연구원 ; 2000『고려시대 상서성연구』 경인문화사)

판사직 겸직을 통해 6부의 행정을 장악함으로써 6부는 중서문하성의 통제 하에 놓이게 되었고, 따라서 6부 판사제는 왕권에 대해 제약적인 요소가 된 것으로 파악하였다.[57]

그러나 최근에는 이러한 연구에 대해 비판적인 견해들이 제시되고 있다. 예컨대 6부 판사제도는 국왕이 국정의 중심에서 6부 행정을 이끌어 가면서 행정적 필요나 관행, 국왕의 판단에 따라 재신 중에서 판사를 임명하여 행정에 참여하도록 만든 제도였으므로 판사제가 6부 행정에 대한 국왕의 주도권을 무력하게 했다고 볼 수 없다는 견해나[58] 고려전기 재신은 3성의 장관이나 차관만이 아니라 6부 상서 중에서도 참지정사·정당문학·지문하성사 등의 직함을 띠고 재신이 될 수 있었는데, 재신이 6부 판사가 되는 것이 6부를 관할하는 것이라면 6부 상서가 재신이 되는 것은 6부가 일정 정도 재신을 관할하는 것으로 보아야 할 것이므로 재신의 6부 판사직 겸임을 다른 시각에서 접근해야 할 것이라는 견해[59] 등이 그것이다.

요컨대 6부에는 판사직만이 아니라 지사직이 함께 설치되었고, 판사·상서·지사직이 동시에 모두 임명된 것이 아니라 상서를 중심으로 판사가 임명되거나 또는 지사가 임명되었다. 또한 판사직 겸직자 가운데에는 문하시중이나 평장사 이외에 타직에서 참지정사·정당문학·지문하성사 등의 직함을 가지고 판사직을 겸하는 경우가 더 많았다.

후자의 경우는 6부 상서·상서좌우복야·산기상시 등의 본직을 가진

---

57) 박용운, 1993 「중앙정치체제의 권력구조와 그 성격」 『신편한국사』 13, 국사편찬위원회
    _____, 2000 「고려시대의 6부판사제에 대한 고찰」 『고려시대연구』 II, 한국정신문화연구원 ; 2000 『고려시대 상서성 연구』 경인문화사
58) 박재우, 2007 「고려전기 6부 판사의 운영과 권력관계」 『사학연구』 87
59) 이정훈, 2007 「제5장 중앙정치기구의 운영체계와 특징」 『고려전기 정치제도 연구』 혜안

자가 참지정사·정당문학·지문하성사 등의 직을 겸하여 재신이 되고 그
것을 바탕으로 판사직을 겸한 것이므로 전자의 경우와는 차이가 있다.
즉 진정한 의미에서 중서문하성의 재신이 6부를 장악한 것으로 보기 어
렵다. 따라서 6부 판사·지사제의 성격을 제대로 파악하기 위해서는 본
제도가 도입된 당시의 정치 상황과 아울러 제도의 실제 운영에 대한 검
토가 필요하다.

6부의 판사·지사제는 성종 초에 이미 도입되었고 본격적으로 실시되
기 시작한 것은 현종 대였다. 성종 대는 국왕 중심의 집권적 체제를 갖
추지 못하고 왕권이 미약했던 국초의 정치적 상황을 극복하고 왕권 강화
를 위해 노력하던 시기이다.

성종 대 이후 3성6부제 이외에 중추원이나 삼사와 같은 송의 관제가
수용되었는데, 이미 앞에서 언급한 것처럼 국왕의 측근기구인 중추원이
나 삼사의 설치는 신권의 분산을 통한 왕권 강화와 밀접한 관련이 있는
것이고, 6부의 판사·지사제 역시 왕권 강화와 관련이 있는 제도였다.

중앙행정 집행의 중심 기구인 6부에 상서·시랑 등의 장·차관과 별개
로 타관이 겸직하는 판사나 지사직을 추가로 설치하거나 2인의 상서를
둔 것은 각 부의 업무수행 과정에서 합의를 바탕으로 의견을 수렴하고,
상호 견제하게 함으로써 왕권의 안정을 꾀하기 위한 것이었다고 생각된다.

다음의 자료는 6부의 판사와 상서가 상호 협의하여 담당 부서의 업무
를 처리하였음을 간접적으로 보여주는 사례이다.

> ○ (신종)5년에 (이·병부상서)[60] 최충헌이 바야흐로 사제에 있으면서 내시
> 이부원외랑 노관(盧琯)과 함께 문무관의 후보자를 정하여 올리면 왕은
> 머리를 끄덕이고 2부의 판사는 정당(政堂)에 앉아 다만 검열할 뿐이
> 었다.[61]

---

60) "崔忠獻爲樞密院使吏兵部尙書御史大夫"(『高麗史』 권21, 世家 神宗4년 12월 壬寅)
61) "五年忠獻始在私第 與內侍吏部員外郞盧琯 注擬文武官以奏 王頷之 二部判事坐政

이 기록은 최씨 집권기에 이부와 병부의 상서직을 모두 차지한 최충헌이 문·무관의 인사를 마음대로 처리하여 판이부사와 판병부사는 다만 검열만 할 뿐이었다는 내용이다.

원래 판이부사와 판병부사는 각각 이부상서, 병부상서와 함께 문관과 무관의 인사에 참여하여 합의 처리해야 했음에도 불구하고, 당시 이·병부상서직을 맡은 실권자인 최충헌의 전횡으로 인해 2부의 판사가 직접 인사에 참여하지 못한 무신집권기의 파행적인 상황을 보여주는 것이라 생각된다. 이처럼 6부의 판사와 상서는 해당 부서의 업무를 상호 합의하여 처리하도록 되어 있었던 것이다.

6부의 지사직 역시 판사직과 같은 기능을 수행하였다. 6부 지사에 대해서 그 설치 배경을 6부의 속사 폐지 이후 늘어난 업무 처리와 6부와 각사간의 업무 교류를 위한 것으로 보는 견해도 있으나,[62] 지사직은 6부만이 아닌 다른 기구들에도 설치되었고, 또한 부서간의 업무 교류나 이해를 위한 것이라면 업무가 상호 관련이 있는 부서 간에 판사나 지사가 임명되었을 것이지만 실제로는 전혀 업무가 무관한 기구 간에 판사나 지사직이 임명되는 경우가 많이 나타난다.[63]

이미 앞에서 언급했듯이 지사는 상서보다 품계나 반차가 낮은 하위직이 겸한 것이지만 그 역할은 판사직과 같은 것이었다. 그러나 판사보다

堂 但檢閲而已"(『高麗史』 권129, 列傳42, 叛逆3 崔忠獻)

62) 6부와 각사가 서로 독립적인 구조로 운영되었기 때문에 6부와 각사 간에 업무교류가 되지 않는 문제가 발생하므로 이를 해결하기 위한 것, 즉 6부의 지부사에는 시·감계열 관청의 장·차관이 많이 임명되고, 시·감의 판사에는 6부상서가 임명되는 예가 많은 것은 6부와 각사간의 교류를 통해 업무에 대한 이해를 위한 것이었다고 보는 연구도 있다.(이정훈. 2007 「제3장 현종대 지배체제의 개편과 3성6부제의 변화」,『고려전기 정치제도 연구』혜안)

63) 예컨대 徐訥은 國子祭酒로 知吏部事를 겸직(『高麗史』 권4, 世家 顯宗12년 3월 壬午), 王錫은 戶部尙書로 知吏部事를 겸직(『高麗史』 권9, 世家 文宗35년 정월 丁丑), 李瑋는 秘書監으로 知尙書吏部事를 겸직(『高麗史』 권12, 世家 肅宗10년 윤정월 丁丑)하는 등의 사례를 들 수 있다.

지사직의 임명 사례가 적게 나타나는 것은 상서보다 지위가 높아 상서에
대한 견제가 쉬운 판사직을 더 많이 임명했기 때문이라 생각된다.

이처럼 상서 이외에 판사 또는 지사를 추가로 설치한 것은 장관인 1
인의 상서에게 권력이 집중되는 것을 방지하기 위한 것이었다. 즉 복수
제를 통해 신권을 분산시키고 상대적으로 왕권 강화를 추구하고자 하였
던 것이다.

군주독제체제를 지향한 송(宋)에서 중앙의 최고기관인 중서문하(中書
門下)의 장관인 동중서문하평장사(同中書門下平章事)는 1인을 두지 않
고 2~3명을 두었고, 부재상(副宰相)에 해당하는 참지정사(參知政事) 역
시 2~1인의 복수제를 채택하였는데 이는 행정권의 분산을 꾀하여 신권
을 약화시키고 황제권을 강화하고자 한 것64)과 같은 취지였다고 생각된다.

왕권 강화와 중앙 집권체제 확립의 필요성이 절실했던 고려에서도 중
서문하성의 재신들이 정원을 초과하여 복수로 임명되는 경우가 상당히
많았다. 『고려사』 백관지에는 중서시랑평장사와 문하시랑평장사의 정원
이 각 1인으로 되어 있지만 실제로는 2인이 임명되는 예가 많았고65), 참
지정사도 원래의 정원이 1인이지만 2인 이상이 임명되는 경우가 많았다.66)

또한 정원 1인의 문하시중은 임명되지 않는 경우가 많았고67), 바로
아래의 평장사나 참지정사 등의 재상이 복수로 임명되었던 것 역시 송과
같이 신권의 분산을 통한 왕권 강화를 추구하려는 정치적 목적 때문이었
다고 생각된다.

이는 성종 대 이후 정비되는 지방제도에서 호장(戶長)이나 사심관(事

64) 신채식, 2008 「제2절 송대 관제의 성격」 『송대관료제연구』 신채식저작집 1

65) 박용운, 2000 「三 고려시대의 평장사」 『고려시대중서문하성재신연구』 일지사

66) 周藤吉之, 1974 「高麗初期の官吏制度」 『東洋大學大學院紀要』 11 ; 1980 『高麗朝
　　官僚制の研究』 法政大學出版局
　　박용운, 2000 「四 고려시대의 참지정사」 『고려시대중서문하성재신연구』 일지사

67) 박용운, 2000 「二 고려시대의 문하시중」 『고려시대중서문하성재신연구』 일지사

審官)의 정원을 복수로 한 것과도 같은 차원에서 이해할 수 있을 것이다. 즉 성종15년에 정비된 사심관제도에서 사심관의 정원을 최하 2원(員)에서 최고 4원으로 정하였고,[68] 현종9년에 군현의 대소에 따라 정한 향리의 정원에서도 호장의 정원을 2인에서 8인까지 모두 복수로 규정한 것은[69] 1인의 임명으로 인한 권력의 집중을 방지하려는 것이었다.[70]

중요 부서 장관직의 위와 아래에 설치되는 판사와 지사직은 현종 대 이후 상서 6부 뿐만 아니라 거의 모든 관부로 확대되었다.[71] 이처럼 타관이 겸직하는 판사·지사제의 확대는 판사와 장관 또는 장관과 지사의 상호 견제를 통한 신권의 약화와 왕권의 강화라는 정치적 목적이 우선이었다. 대부분의 판사와 지사직은 전시(田柴)나 녹봉(祿俸)이 지급되지 않는 겸직제로 운영되었기 때문에[72] 판사·지사제는 더 이상의 재정지출이 없이 왕권강화라는 정치적 목적을 달성할 수 있는 좋은 제도였던 것이다.

5. 맺음말

고려 상서 6부의 판사·지사제는 송의 제도를 수용한 것이지만 송의 그것과 비교할 때 운영방식에서 차이가 있었고, 또한 기능도 달랐다. 즉

---

68) 정원이 500丁 이상의 주는 4인, 300丁 이상의 주는 3인, 그 이하의 주는 2인으로 정하였다.(『高麗史』 권75, 選擧3, 銓注 事審官)
69) 주·부·군·현 가운데 1,000丁 이상 8인, 500丁 이상 7인, 300丁 이상 5인, 100丁 이하 4인, 東西諸防禦使·鎭은 1,00丁 이상은 6인, 100丁 이상 4인, 100丁 이하 2인으로 규정하였다.(『高麗史』 권75, 選擧3, 銓注 鄕職)
70) 旗田巍, 1972「高麗の事審官」『朝鮮中世社會史の硏究』法政大出版局
71) 이정훈, 2007「제5장 중앙정치기구의 운영체계와 특징」『고려전기 정치제도 연구』 혜안
72) 일부 부서의 판사나 지사직은 겸직이 아닌 경우도 있었던 것으로 보인다.

송에서는 허설화 된 6부의 유명무실한 상서직(尙書職)을 타관(他官)으로 하여금 겸하게 하여 그 부서의 업무를 처리하게 한 것이었다. 이때 상서직을 겸하는 타관의 관품이 상서보다 높을 때는 판사(判事), 낮을 때는 지사(知事)라 칭하였다.

그러나 고려에서는 상서 6부와 그 장·차관인 상서·시랑 이하 관원들이 정상적인 기능을 수행하고 있었으므로, 판사와 지사는 상서직을 대신하여 임명된 것이 아니라 상서직의 위와 아래에 추가로 설치된 직이었다. 또한 판사나 지사의 기능도 상서를 대신한 것이 아니라 상서와 함께 담당 부서의 중요 업무를 관장하는 것이었다,

6부의 판사·지사제는 성종 대 이후 추진된 일련의 왕권강화 정책과 관련하여 시행된 제도 가운데 하나였다. 즉 6부의 장관인 상서 이외에 겸직으로 운영되는 판사 또는 지사직을 추가로 설치하여 판사와 상서, 상서와 지사가 상호 견제하게 함으로써 장관인 상서의 독주를 막고 왕권의 안정을 꾀하고자 하였던 것이다.

이는 성종 대에 군사업무를 담당하는 병부(兵部)와 경제업무를 담당하는 호부(戶部) 이외에 추가로 중추원(中樞院)과 삼사(三司)를 설치하여 왕권강화를 꾀하였던 것과 같은 정치적 의미를 지닌 것으로 볼 수 있다.

중추원은 직숙원리(直宿貟吏)의 직을 개편한 왕명출납 기구로서, 또한 군령권(軍機之政)을 장악한 국왕의 최측근 기구로서 왕권강화에 큰 역할을 담당하였다. 뿐만 아니라 병부와 함께 각각 군령업무와 군정업무를 분담하게 함으로써 어느 한 곳에 병권이 집중되는 것을 방지하고자 하였다.

삼사의 설치 역시 경제·재정 업무의 분산을 통한 신권의 견제를 추구하려는 것이었다. 호부 또는 삼사의 단일기구만을 설치하였던 당이나 송과 달리 호부와 함께 삼사를 설치하여 양자를 병립시킨 것은 중추원을

추가로 설치한 것과 마찬가지로 업무의 분산을 통한 신권의 견제와 왕권의 강화가 그 목적이었던 것이다.

지금까지는 6부 상서직의 위와 아래에 재신이 겸하는 판사직과 타관이 겸하는 지사직이 모두 임명되는 것처럼 이해되어 왔다. 그러나 실제로는 3직이 모두 임명된 예는 전혀 찾아볼 수 없고, 언제나 판사와 상서, 상서와 지사의 2직이 임명되거나 때로 상서만 2인이 임명되는 사례만 나타난다.

본래 판사직은 겸하는 관직보다 본직의 품계가 높은 경우에 칭해지는 직명이었으므로 실제의 임명 사례를 보면 정3품의 상서보다 품계가 높은 재신과 상서좌우복야 등이 6부의 판사직을 겸하고 있음을 알 수 있다.

한편 6부의 지사직은 판사직에 비해 그 임명 사례가 매우 적게 나타난다. 이는 상서보다 지위가 높아 상서에 대한 견제가 쉬운 판사직의 임명이 지사직보다 많았기 때문이라 생각된다. 6부의 지사직을 겸하는 타관의 본직은 대부분 6부의 상서(尙書)와 시랑(侍郎), 중서문하성의 산기상시(散騎常侍)와 급사중(給事中), 성·시(省·寺)의 장관과 차관 등인데, 이들은 최고 정3품에서 최하 종4품까지의 직으로 상서직보다 관품(官品)이나 반차(班次)가 낮았다.

6부 판사의 기능은 겸직한 부(部)의 상서와 함께 그 관부의 중요 업무를 총괄하는 역할을 하였다. 지사직은 상서보다 하위의 타관에서 겸한 직이었으나 지사직 역시 판사직과 같은 기능을 수행하였다. 그러나 판사와 지사는 본직을 가진 채 타직을 겸한 것이므로 그 업무가 장관인 상서와 동일하지는 않았다.

즉 상서는 담당 부서의 장관으로서 부내의 모든 업무를 관장하였지만 판사와 지사는 각기 그 본직이 따로 있었으므로, 그들의 직무는 상서의 권한 행사에 대해 견제가 필요한 인사문제나 중요정책 등 일부 업무에 한정되었을 것으로 생각된다.

이처럼 중앙행정 집행의 중심 기구인 6부에 장관인 상서 이외에 타관이 겸직하는 판사나 지사직을 추가로 설치한 것은 부내의 업무수행 과정에서 상호 견제하게 함으로써 1인의 상서에게 권력이 집중되는 것을 방지하고 신권을 분산시켜 왕권의 강화를 꾀하고자 한 것이었다.

현종 대 이후 판사·지사제는 상서 6부 뿐만 아니라 거의 모든 관부로 확대되었는데, 그 배경에는 판사와 장관 또는 장관과 지사의 상호 견제를 통한 신권의 약화와 왕권의 강화라는 정치적 목적이 있었던 것으로 생각된다.

제2절 고려시대의 행직(行職)과 수직(守職)

1. 머리말

고려시대의 관품은 9품 체계로 되어 있었다. 이러한 9품관제는 중국의 제도를 받아들인 것으로 우리나라에 처음 수용된 것은 고려 초였다. 또한 품계의 고하에 따라 관인들의 지위를 나타내는 관계제(官階制)도 실시되었다.

원래는 문관과 무관에게 각각 문산계(文散階)와 무산계(武散階)가 주어지는 것이었으나 고려에서는 문무관료 모두에게 문산계가 주어졌고 무산계는 특수계층에게 지급되어 본래의 관계제와 다르게 운영되었다.[1]

관계제는 관직제(官職制)와 연관되어 운영되었다. 즉 모든 관리들에게 주어진 관계는 관직의 품계와 일치시키는 것이 원칙이었다. 그러나 관직은 일정한 수로 제한되어 있고 관리들의 능력에 차이가 있기 때문에, 관직 제수에서 빠짐없이 관품과 관계를 일치시킨다는 것은 어려운 일이었다.

1) 고려시대의 官階制와 官品制에 대해서는 다음의 연구들이 있다.
   旗田巍, 1961 「高麗の武散階」『朝鮮學報』21·22合 ; 1972 『朝鮮中世社會史の研究』法政大出版部
   武田幸男, 1964 「高麗時代の鄕職」『東洋學報』47-2
   武田幸男, 1966 「高麗初期の官階」『朝鮮學報』41
   박용운, 1981 「고려시대의 文散階」『진단학보』52 ; 1997 『고려시대 관계·관직연구』고려대출판부
   김갑동, 1997 「고려초의 관계와 향직」『국사관논총』78

따라서 이러한 관계와 관품의 불일치를 보완하기 위해 시행된 제도가 바로 행수제였으며, 행수제는 곧 산관제도의 출현에서 기원한 것이었다. 관계와 관품이 일치하지 않는 경우, 즉 관직의 품계가 관계보다 낮은 경우는 행(行), 관품이 관계보다 높은 경우는 수(守)라 칭하였다.[2]

중국에서는 당대(唐代)에 이르러 산관(散官)과 직사관(職事館)이 명백히 구분되었다. 직사관이란 중앙 관서의 각 관원을 일컫는 것으로 이들 관원들은 모두 명확한 직책이 있고 권한이 주어졌으나 산관은 일종의 신분 지위의 호칭일 뿐 실질적인 직무 권한은 없었다. 산관과 직사관은 모두 품계로써 신분의 고하를 결정하였는데 산관과 직사관의 품계는 종종 같지 않았고, 이로 인해 행·수 등의 용어가 규범화되었다. 이처럼 행수제는 계직분립제(階職分立制)가 발달한 당·송시대에 산관과 직사관 사이의 관계를 표현하고, 또 행이나 수에 따라 관리들에게 지급되는 보조금인 직전(職錢)을 구분하는 기능을 수행하였으나 송 선화(宣和) 이후에는 더 이상 기능을 하지 않게 되었다.[3]

고려시대에도 행직과 수직이 존재하였다. 그러나 산관과 직사관 사이의 관계를 표시하기 위한 본래의 행수제와는 차이가 있었다. 그동안의 연구에서 고려의 행수제는 관계(官階)와 관직(官職)간의 관계를 나타내는 제도가 아니라 산직(散職)과 실직(實職) 사이의 관계를 나타내는 제도로 기능한 것으로 추측하였다. 즉 산직의 품계가 실직의 품계보다 높은 경우 실직 앞에 행자를 넣어 양자의 차이를 표시하는 것으로 이해하

---

2) 이성무, 1980 「양반과 관직」, 『조선초기 양반연구』 일조각

3) 당·송의 행수제에 대해서는 다음의 논저들이 참고 된다.

李超鋼·宋小海·李江, 1989 『中國古代官吏制度淺論』 勞動人事出版社

孫文良, 1996 『中國官制史』 臺北 文津出版社

俞鹿年, 1996 『中國政治制度通史』 제5권(隋唐五代券), 人民出版社

俞宗憲, 1983 「宋代職官品階研究」 『文史』 21집, 中華書局

丁凌華, 1986 「宋代寄祿官制度初探」 『中國史研究』 4期

朱瑞熙, 1996 『中國政治制度通史』 6권(宋代券) 人民出版社

였다.4)

그러나 검교태사수문하시중(檢校太師守門下侍中),5) 검교태부수문하시랑동내사문하평장사(檢校太傅守門下侍郞同內史門下平章事),6) 검교사공수상서좌복야(檢校司空守尙書左僕射),7) 검교우복야수어사잡단(檢校右僕射守御史雜端)8) 등의 경우와 같이 산직의 품계가 실직보다 높음에도 불구하고 행직이 아닌 수직으로 표시된 사례도 많이 나타나므로 산직과 실직의 관품 고하에 따라 행직과 수직이 구분되었던 것은 아니었다.

따라서 고려시대의 행·수직은 산직과 실직의 관품 고하에 따라 구분되었던 것도 아니고, 관계와 관품의 관계를 표시하는 본래 의미의 행수제와도 그 기능이 전혀 달랐던 것이다.

여기에서는 『고려사』와 『고려사절요』 등 관찬사서를 비롯하여 「묘지명」과 「호적자료」 등에 나타나는 행직과 수직의 제수 사례를 중심으로 행·수직과 행수제와의 관련 여부, 행·수직과 산직과의 관계, 그리고 행·수직의 기능 등을 살펴보고자 한다.

한편 고려 전시기를 통하여 수사공(守司空)·수사도(守司徒)·수태사(守太師) 등 3사3공(三師三公)의 수직들이 수직의 대부분을 차지하는데, 이들 수직은 일반 수직과 그 기능이나 성격이 다른 것으로 생각되므로 별도로 정리하기로 한다.9)

---

4) 김광수, 1969 「고려시대의 同正職」 『역사교육』 11·12합집
   이성무, 1980 「고려시대의 散職」 『조선초기 양반연구』 일조각
   박용운, 1997 「고려시대의 文散階」 『고려시대 관계·관직연구』 고려대출판부
5) 『高麗史』 권4, 世家 顯宗5년 4월
6) 『高麗史』 권93, 列傳6 崔冲
7) 『高麗史』 권8, 世家 文宗15년 10월 丁未
8) 김용선 편, 2006 「皇甫讓妻 金氏묘지명」 『고려묘지명집성』 한림대출판부
9) 권영국, 2016 「고려시대의 三師와 三公」 『崇實史學』 36집

2. 행·수직의 설치와 운영

고려시대에 행직과 수직은 태조 즉위 초부터 나타난다. 태조원년에 이미 수순군부경(守徇軍部卿)[10]·수의형대령(守義刑臺令)[11]·수의형대경 (守義刑臺卿)[12] 등의 수직이 보이는데, 특히 전(前)수순군부경의 존재로 보아 이미 고려 건국 이전인 태봉 대부터 수직이 있었음을 알 수 있다. 그리고 그 이전인 신라시대에도 수직이 있었다.[13]

고려시대에 들어와 수직이 본격적으로 나타나는 것은 현종 대 이후부 터이다. 수직은 검교직(檢校職)이 제수되어 실직과 함께 표기되면서 실 직 앞에 수가 붙여졌다. 따라서 수직은 검교직과 관련되어 출현한 것으 로 보인다. 현종 대에 처음 나타난 수직은 대체로 명종 대까지 보이다가 그 이후에는 전혀 나타나지 않는다.

행직 역시 수직과 마찬가지로 현종 대부터 본격적으로 출현하기 시작 한다. 『고려사』와 『고려사절요』 등 관찬사서에 나타나는 행직은 고려 전시기를 통틀어 성종대의 최승로(崔承老)와 현종대의 이가도(李可道)가 가진 단 2사례뿐이다.

---

10) "詔曰 … 閼粲林積璵 爲廣評侍郞 前守徇軍部卿能駿 倉部卿權寔 並爲內奉卿"(『高 麗史』 권1, 世家 太祖원년 6월 辛酉)

11) "韓粲守義刑臺令閣莈 與昕巖比隣 莈知其陰謀 具奏太祖曰"(『高麗史』 권127, 列傳 40, 叛逆1 伊昕巖)

12) "以守義刑臺卿能律 爲廣評侍郞 廣評侍郞職預 爲內侍書記"(『高麗史』 권1, 世家 太 祖원년 10월 庚申)

13) 몇 가지 사례를 들면 다음과 같다.
"入朝賀正兼迎奉皇花等使朝請大夫前守兵部侍郞充瑞書院學士賜紫金魚袋臣崔致遠 奉敎撰"(『朝鮮金石總覽』 상, 「鳳巖寺智證大師塔碑」)
"(聖德王)十七年 夏六月 遣使入唐朝貢 授守中郞將還之"(『三國史記』 新羅本紀. 권8)
"光啓元年 使將詔來聘 留爲侍讀兼翰林學士守兵部侍郞知瑞書監"(『三國史記』 列 傳, 제6 崔致遠)

즉 성종원년에 최승로에게 제수된 정광행선관어사(正匡行選官御事)가 고려시대에 등장하는 최초의 행직인데,[14] 여기서 행직이 국초의 관계(官階)인 정광(正匡)[15]과 관직인 선관어사(選官御事)와의 관계를 표시한 것인지 알 수 없고, 또 후술하는 바와 같이 산직과 실직과의 관계를 나타내는 후대의 행직과도 차이가 있다.

다음 이가도에게 제수된 행직은 최승로의 행직과는 달리 산계제와 산직제가 실시된 이후의 것이다.

> ○ (현종)20년에 좌복야(左僕射) 이응보(異膺甫), 어사대부(御史大夫) 황보유의(皇甫兪義), 상서 좌승(尙書左丞) 황주량(黃周亮) 등과 더불어 개경의 나성(羅城)을 쌓는데 왕가도가 … 성기(城基)를 정한 공(功)으로 검교태위(檢校太尉) 행이부상서(行吏部尙書) 겸태자소사(兼太子少師) 참지정사(參知政事) 상주국개성현개국백(上柱國開城縣開國伯) 식읍(食邑) 7,000호(戶)로 올리고, 수충창궐공신호(輸忠創闕功臣號)를 더하였으며 왕씨(王氏)성을 하사하였다.[16]

위의 사료에서 보듯이 이가도는 현종20년에 나성(羅城)을 축조한 공로로 개성현개국백(開城縣開國伯)으로 봉작되면서 검교태위행이부상서겸태자소사참지정사(檢校太尉行吏部尙書兼太子少師參知政事)로 승진하였다. 그 이전인 현종15년에 이가도의 관직은 호부상서(戶部尙書)였는데,[17] 동왕18년에 참지정사직(參知政事職)이 제수되어[18] 호부상서참지

---

14) 『高麗史』 권93, 列傳6 崔承老
15) 2품에 해당하는 官階로 추정되고 있다(박용운, 2008 「전기 귀족사회의 정치체제」 『고려시대사』 일지사, 118쪽).
16) "(顯宗)二十年與左僕射異膺甫 御史大夫皇甫兪義 尙書左丞黃周亮等 築開京羅城 可道 … 以定城基 以功進檢校太尉行吏部尙書兼太子少師叅知政事上柱國開城縣開國伯食邑七千戶 加輸忠創闕功臣號 賜姓王"(『高麗史』 권94, 列傳7 王可道)
17) 『高麗史』 권5, 顯宗15년 11월 丙午
18) 『高麗史』 권5, 顯宗18년 정월 辛亥

정사(戶部尙書參知政事)가 되었다.

그리고 현종20년에 검교태위직(檢校太尉職)을 제수받고 실직은 이부
상서참지정사(吏部尙書參知政事)로 옮겼다. 그런데 검교태위직과 함께
표기된 이부상서직 앞에 그동안 없던 행(行)이 붙여진 것으로 보아 행직
역시 앞에서 본 수직과 마찬가지로 검교직의 수여와 관련이 있는 것으로
생각된다.

이 두 사례 이외의 행직은 모두 묘지명과 호구단자(戶口單子)·준호구
(准戶口) 등에서 나타난다. 수직이 대체로 명종 대까지 보이다가[19] 그
이후 자취를 감추는 것과 달리 행직은 원 간섭기를 거쳐 여말까지 계속
나타나고 있다. 즉 검교·동정 등의 산직과 관련이 있는 것으로 생각되는
행·수직은 산직제가 실시된 초기에는 수직과 행직이 같이 나타나지만
점차 수직은 사라지고 행직만이 남게 된다.[20]

3. 행·수직과 행수제

본래의 행수제는 관계(官階)와 관직(官職)의 품계가 일치하지 않는 경
우 그 차이를 나타내기 위해 관직 앞에 행 또는 수를 칭하는 제도로서
관계제(官階制)·9품관제(九品官制) 등과 연관되어 운영되었다. 고려에서
문무양반의 관계(官階)로 기능한 문산계(文散階)와 9품관제가 도입되어
본격적으로 실시되는 것은 성종14년 이후로 이해되고 있다.[21]

---

19) 최후의 수직 사례는 "文林郞檢校尙書戶部侍郞 守殿中監兼太子右贊□"(김용선 편,
　　2006 「任忠贊묘지명」, 『고려묘지명집성』 한림대출판부)이다.
20) 『고려사』·『고려사절요』·「묘지명」, 戶口單子나 准戶口 등에 보이는 행직과 수직의
　　수를 대략 파악하면 원 간섭기 이전에는 수직이 21사례, 행직이 37사례 정도였으
　　나, 원 간섭기 이후에는 수직은 전혀 나타나지 않고 행직만 22사례 정도 보인다.
21) 末松保和, 1953 「高麗初期の兩班について」, 『東洋學報』 36-2

먼저 문산계와 관직이 함께 표기된 행직의 사례들을 통해 고려시대의
행직과 행수제와의 관련 여부를 살펴보기로 한다.

<보기 1>
1-① 朝散大夫檢校禮賓卿行攝大府卿賜紫金魚袋 榮陽鄭公諱穆22)
1-② 大中大夫檢校太子太師行殿中監知尙書都省事 朴景山撰23)
1-③ 儒林郞檢校太子詹事行監察御史金之瑩 正豊七年壬午五月十日丙午葬
于此山24)
1-④ 檢校太子大保承務郞行試尙書工部侍郞知制誥賜紫金魚袋 史偉撰25)
1-⑤ 登仕郞檢校尙書戶部侍郞行尙書都官員外郞賜紫金魚袋 尹公墓誌銘26)

1-①의 조산대부검교예빈경행섭대부경(朝散大夫檢校禮賓卿行攝大府卿)
은 숙종10년에 사망한 정목(鄭穆)의 묘지명에 기록된 그의 최종 관직이
다. 행수제의 실시 여부를 살펴보기 위해 문산계와 관품을 비교하면 문
산계인 조산대부의 품계는 종5품이고, 관직인 섭대부경의 품계는 종3품
으로 관직 앞에 수를 칭해야 하는 행수제의 규정에 맞지 않는다.

1-②의 대중대부검교태자태사행전중감지상서도성사(大中大夫檢校太子
太師行殿中監知尙書都省事)는 의종즉위년에 '한유충묘지명'을 찬한 박
경산의 관직이다. 문산계인 대중대부의 품계는 종4품이고, 관직인 전중
감의 품계는 종3품으로 관계의 품계가 관품보다 낮다.

1-③의 유림랑검교태자첨사행감찰어사(儒林郞檢校太子詹事行監察御史)
는 의종16년에 사망한 김지영의 관직인데 여기서 문산계인 유림랑의 품

武田幸男, 1966「高麗初期の官階」『朝鮮學報』41

朴龍雲, 1997「고려시대의 관직과 관계」『고려시대 관계·관직연구』고려대출판부

22) 김용선 편, 2006「鄭穆묘지명」『고려묘지명집성』한림대출판부
23) 김용선 편, 2006「韓惟忠묘지명」『고려묘지명집성』한림대출판부
24) 김용선 편, 2006「金之瑩묘지명」『고려묘지명집성』한림대출판부
25) 김용선 편, 2006「文公裕묘지명」『고려묘지명집성』한림대출판부
26) 김용선 편, 2006「尹承解묘지명」『고려묘지명집성』한림대출판부

계는 정9품이고, 관직인 감찰어사의 관품은 종6품으로 관계의 품계가 관품보다 낮다.

1-④의 검교태자태보승무랑행시상서공부시랑지제고(檢校太子大保承務郎行試尙書工部侍郎知制誥)는 의종13년에 문공유묘지명을 찬한 사위(史偉)의 관직인데 문산계인 승무랑의 품계는 종8품이고, 관직인 시상서공부시랑의 관품은 정4품으로 관계의 품계가 관품보다 낮다.

1-⑤의 등사랑검교상서호부시랑행상서도관원외랑(登仕郎檢校尙書戶部侍郎行尙書都官員外郎)은 고종대에 사망한 윤승해의 관직인데 문산계인 등사랑의 품계는 정9품이고, 관직인 상서도관원외랑의 관품은 정6품으로 관계의 품계가 관품보다 낮다.

위의 사례들에서 문산계의 품계와 관직의 품계를 비교하면 모두 관계(官階)가 관품(官品)보다 낮다. 관계와 관품의 고하에 따라 관직 앞에 행 또는 수를 칭하는 행수제의 규정을 적용한다면 위의 관직들은 모두 수직이 되어야 한다. 그러나 실제로는 모두 행직으로 되어 있다. 따라서 위의 행직들은 행수제의 규정이 적용된 것이 아님을 알 수 있다.

다음은 문산계와 관직이 함께 표기된 수직의 사례들을 통해 수직과 행수제와의 관련 여부를 살펴보기로 한다.

<보기 2>
2-① 文林郎守尙書禮部員外郎 趙惟阜撰[27]
2-② 高麗國朝議大夫檢校太子太保守國子祭酒翰林學士寶文閣學士知制誥賜
　　紫金魚袋[28]
2-③ 祖守朝散大夫御史中丞 追封尙書右僕射 諱忠恭[29]
2-④ 高麗國文林郎檢校尙書戶部侍郎守殿□監兼太子右贊□[30]

---

27) 김용선 편, 2006 「李頲묘지명」『고려묘지명집성』한림대출판부
28) 김용선 편, 2006 「權適묘지명」『고려묘지명집성』한림대출판부
29) 김용선 편, 2006 「崔精묘지명」『고려묘지명집성』한림대출판부
30) 김용선 편, 2006 「任忠贇묘지명」『고려묘지명집성』한림대출판부

2-①의 문림랑수상서예부원외랑(文林郎守尙書禮部員外郎)은 문종31
년에 사망한 이정의 묘지명을 찬한 조유부의 관직이다. 행수제의 실시
여부를 살펴보기 위해 문산계와 관품을 비교하면 문산계인 문림랑의 품
계는 종9품이고, 관직인 상서예부원외랑의 관품은 정6품으로 행수제의
규정에 부합한다.

2-②의 조의대부검교태자태보수국자좨주한림학사보문각학사지제고(朝
議大夫檢校太子太保守國子祭酒翰林學士寶文閣學士知制誥)는 의종2년에
사망한 권적의 관직인데 여기서 국자좨주는 본직이고 한림학사보문각학
사지제고는 겸직이다. 문산계 조의대부의 품계는 정5품이고, 본직인 국
자좨주의 관품은 종3품으로 관품이 관계의 품계보다 높다.

2-③의 수조산대부어사중승추봉상서우복야(守朝散大夫御史中丞追封
尙書右僕射)는 의종17년에 사망한 최정의 할아버지인 최충공(崔忠恭)의
관직이다. 최충공은 정종(靖宗)대의 인물인데 그의 관직 표기에서 문산
계인 조산대부 앞에 수가 붙어있다. 관직인 어사중승 앞에 붙어야 할 수
가 잘못 표기된 것으로 보인다. 여기서 문산계인 조산대부의 품계는 종5
품이고 관직인 어사중승의 품계는 종4품으로 관품이 관계의 품계보다
높다.

2-④의 문림랑검교상서호부시랑수전□감겸태자우찬□(文林郎檢校尙
書戶部侍郎守殿□監兼太子右贊□)은 명종16년에 사망한 임충윤의 관직
이다. 중간의 글자가 탈락된 관직 전□감은 전중감으로 생각된다. 여기
서 문산계인 문림랑의 품계는 종9품이고 관직인 전중감의 관품은 종3품
이므로 관품이 관계의 품계보다 높다.

위의 사례들은 모두 관직의 품계가 문산계의 품계보다 높은 경우이
다. 행수제의 규정을 적용한다면 관직 앞에 수를 칭해야 하므로 모두 규
정에 부합한다. 이처럼 고려시대의 행직·수직과 행수제와의 관련 여부
를 살펴 볼 때 수직의 경우는 행수제의 규정에 부합하지만 반대로 행직

의 경우는 부합하지 않는다. 따라서 고려시대의 행직과 수직은 행수제와
는 관계가 없는 것임을 알 수 있다.[31]

4. 행·수직과 산직(散職)의 관계

행직과 수직은 대부분이 검교직(檢校職)이나 동정직(同正職) 등의 산
직과 병기되고 있다. 따라서 고려시대의 행·수직은 문산계와 관직과의
관계가 아니라 산직과 실직과의 관계를 표시한 것으로 볼 수 있다. 기존
의 연구에서도 고려의 행수제를 관계(官階)와 관직 간의 관계를 나타내
는 제도가 아니라 산직과 실직 사이의 관계를 표시하는 제도로 기능한
것으로 추측하였다.

고려에서 산직인 검교직이 본격적으로 제수되기 시작하는 것은 현종
대부터이다.[32] 드물게 검교직만 단독으로 보유하는 경우도 있었지만[33]

---

31) 이에 대해 고려전기에는 문산계와 관직의 구조가 일치하지 못하여 문산계와 관품
    을 기준으로 직접 대응시킬 수 없었기 때문에 관계와 관품의 관계를 표시하는 행
    수제는 의미가 없었을 것이라고 이해하는 연구가 있어 참고된다.(이정훈, 2010
    「고려전기 문산계 운영에 대한 재검토」『동방학지』150)

32) 현종 이전에 고려에서 검교직이 제수된 사례는 성종9년이다. 당시 절충부별장인
    조영의 효행을 표창하여 銀靑光祿大夫 檢校侍卿司憲 左武候衛翊府郎將을 제수하
    라는 성종의 교서에 나타나는 검교직이 그것이다.(『高麗史』권3, 世家 成宗9년 9
    월 丙子) 그런데 성종9년은 아직 본격적으로 문산계가 실시되기 이전이고, 侍卿司
    憲이나 左武衛翊府와 같은 관직이나 관서도 이 기록 이외에는 전혀 보이지 않
    으므로 당시 고려에서 실제로 이러한 문산계와 산직이 지급된 것인지 의문이다.
    따라서 본격적으로 문산계가 시행되는 성종14년이나 검교직이 본격적으로 나타나
    는 현종대 이후를 산직제의 실시 시기로 보아야 할 것으로 생각된다.

33) 다음의 사례와 같이 범죄 등으로 인해 실직을 삭탈당하는 경우이다.("吏部奏 檢校
    將作少監庾恭義 大匡黔弼之曾孫 前有所犯 久滯散秩 曾降制旨 太祖配享功臣之後
    雖有罪犯 並須敍用 今恭義 宜授蕭州防禦使 門下省奏 恭義 曾犯詔諛 名載罪籍 不
    可敍用 從之"『高麗史節要』권4, 文宗9년 8월)

실직을 가진 자에게 추가로 검교직이 주어지거나 사후에 추증되는 경우가 대부분이었다. 그리고 실직을 산직과 같이 표기할 때 실직 앞에 행이나 수를 붙이는 경우가 많았다.[34]

먼저 산직과 함께 표기된 행직의 사례들을 통해 산직과 행직과의 관계를 살펴보기로 한다.

<보기 3>

3-① 戊戌年(睿宗13) 春得賢科第一人 初任黃州牧書記 累官以借祗候 爲東京留守判官 管句學士 以尙食奉御同正行大盈令 至丙寅年七月初九日 死於片庸下[35]

3-② 歲在壬寅(仁宗즉위)十月十九日甲辰 檢校礼賓卿行左司郎中知制誥閔公卒 公諱脩年五十六[36]

3-③ 祖諱從迪檢校神虎衛上將軍行中郎將 父諱仁潁試軍器少監知茶房事 娶檢校神虎衛大將軍行散員金善英之女[37]

3-④ 君姓尹 □應瞻 古名元卿 字林之 考檢校衛尉卿行大醫少監公輔 祖檢校尙書□□行大醫少監殷錫[38]

3-①의 상식봉어동정행대영령(尙食奉御同正行大盈令)은 의종3년에 사망한 김복윤이 최종적으로 보유한 관직이다. 산직과 실직과의 품계 고하를 살펴볼 때 동정직인 상식봉어의 관품은 정6품이고, 실직인 대영령의 관품은 종8품이므로 산직의 관품이 실직보다 높다.

3-②의 검교예빈경행좌사낭중지제고(檢校礼賓卿行左司郎中知制誥)는 인종즉위년에 사망한 민수의 관직인데, 여기서 검교직인 예빈경의 관품은 종3품이고 실직인 좌사낭중의 관품은 정5품으로 산직의 관품이 실직보

---

34) 실직을 산직과 같이 표기할 때 실직 앞에 行이나 守를 붙이지 않는 경우도 많았다.

35) 김용선 편, 2006「金復尹묘지명」『고려묘지명집성』한림대출판부

36) 김용선 편, 2006「閔脩묘지명」『고려묘지명집성』한림대출판부

37) 김용선 편, 2006「胡晉卿묘지명」『고려묘지명집성』한림대출판부

38) 김용선 편, 2006「尹應瞻묘지명」『고려묘지명집성』한림대출판부

다 높다.

3-③은 호진경의 묘지명에 기록된 그의 할아버지 호종적(胡從迪)과 장인 김선영(金善英)의 관직에 나타나는 행직인데 모두 무관직이다. 먼저 호종적의 관직 검교신호위상장군행중낭장(檢校神虎衛上將軍行中郞將)에서 검교직인 신호위상장군의 관품은 정3품이고, 실직인 중낭장은 정5품이다. 다음 김선영의 관직 검교신호위대장군행산원(檢校神虎衛大將軍行散員)에서 검교직인 신호위대장군의 관품은 종3품이고, 실직인 산원은 정8품이다. 호진경의 할아버지와 장인 모두 산직의 관품이 실직보다 높다.

3-④는 윤응첨 묘지명에 나오는 그의 부 윤공보(尹公輔)와 조(祖) 윤은석(尹殷錫)의 관직에 보이는 행직이다. 먼저 윤공보의 관직 검교위위경행태의소감(檢校衛尉卿行大醫少監)에서 검교직인 위위경의 관품은 종3품이고, 실직인 태의소감의 관품은 종5품으로 산직의 관품이 실직보다 높다. 다음 윤은석의 관직은 검교상서□□행태의소감(檢校尙書□□行大醫少監)인데 검교직의 글자를 판독할 수 없어 정확한 관직명을 알 수 없으나 종5품의 태의소감보다 관품이 높은 것으로 추측된다.

위의 사례들은 모두 검교직이나 동정직 등 산직의 관품이 실직의 관품보다 높은 경우이다. 만약 산직과 실직의 관품 고하에 따라 산직이 높고 실직이 낮은 경우 행, 반대인 경우 수를 붙이는 규정이 적용되었다면 위의 사례들은 모두 실직의 관품이 산직보다 낮으므로 행이라 칭한 것으로 볼 수 있다.

그러나 산직의 관품이 실직보다 높음에도 불구하고 다음의 사례들에서 보는 것처럼 행직이 아닌 수직을 칭한 경우도 많이 나타난다.

<보기 4>

4-① 加賜王子欽護國功臣號 以崔士威檢校太師守門下侍中 崔沆檢校太傅守

門下侍郞同內史門下平章事39)
4-② 以韓功敘檢校司空守尙書左僕射40)
4-③ 檢校禮部尙書守試司宰少卿賜紫金魚袋張公墓誌銘41)
4-④ 適檢校右僕射守御史雜端皇甫君讓君42)

4-①에서 최사위의 관직은 검교태사수문하시중(檢校太師守門下侍中)
이고, 최항의 관직은 검교태부수문하시랑동내사문하평장사(檢校太傅守
門下侍郞同內史門下平章事)인데 검교직인 태사와 태부의 관품은 정1품
이고, 문하시중과 문하시랑평장사의 관품은 각각 종1품과 정2품이므로
모두 산직의 관품이 실직보다 높다.

4-②의 한공서의 관직 검교사공수상서좌복야(檢校司空守尙書左僕射)
에서 검교직인 사공의 관품은 정1품이고, 실직인 상서우복야는 정2품이
므로 산직의 관품이 실직보다 높다.

4-③에서 장문위의 관직은 검교예부상서수시사재소경(檢校禮部尙書
守試司宰少卿)인데 검교직인 예부상서의 관품은 정3품이고 실직인 사재
소경은 종4품이므로 산직의 관품이 실직보다 높다.

4-④의 황보양의 처 김씨묘지명에서 황보양의 관직은 검교우복야수
어사잡단(檢校右僕射守御史雜端)인데 검교직인 우복야의 관품은 정2품,
실직인 어사잡단은 종5품이므로 산직의 관품이 실직보다 높다.

위의 사례들은 모두 산직의 관품이 실직의 관품보다 높은 경우이다.
앞의 행직의 경우처럼 산직과 실직의 관품 고하에 따라 행이나 수를 붙
이는 규정을 적용한다면 모두 행직이 되어야 한다. 그럼에도 불구하고
실직이 모두 수직으로 표기되어 있다. 그리고 검교직은 대부분 우대직으

---

39) 『高麗史』 권4, 顯宗12년 8월 辛未
40) 『高麗史』 권8, 文宗15년 10월 丁未
41) 김용선 편, 2006 「張文緯묘지명」『고려묘지명집성』한림대출판부
42) 김용선 편, 2006 「皇甫讓妻 金氏묘지명」『고려묘지명집성』한림대출판부

로 주어지는 것이므로 실직의 관품보다 높은 것이 원칙이다.

따라서 검교직과 병기되는 실직은 언제나 행직이어야 할 것이지만 실제로는 그렇지 않은 경우가 많다. 그러므로 고려시대의 행수직은 산직과 실직과의 관품 고하에 따라 행 또는 수를 칭해 양자의 관계를 표시하는 것도 아님을 알 수 있다.

5. 행·수직의 기능

1) 행직의 기능

위에서 살펴본 것처럼 행직과 수직은 행수제 본래의 기능인 관계와 관직과의 품계 고하에 따라 양자의 관계를 나타내는 것도 아니고, 산직과 실직과의 관계에서 관품 고하에 따라 행이나 수를 칭한 것도 아니었다. 따라서 고려시대의 행·수직은 관계와 관직, 산직과 실직의 품계 고하에 따라 양자의 관계를 표시하는 것이 아닌 다른 기능이나 성격을 가진 것임을 알 수 있다.

고려에서 최초의 행직은 성종원년에 최승로가 받은 행선관어사직이다.43) 성종원년은 아직 산계제(散階制)와 산직제(散職制)가 본격적으로 시행되기 이전이므로 행선관어사직은 행수제나 산직제와 관련된 행직으로 보기 어렵다.

중국의 경우 행수제가 시행되기 이전인 한 대(漢代)에 한 관원이 다른 관직을 잠시 섭행(攝行), 즉 대리하거나 겸하는 경우에 그 직을 행직(行職)이라 칭하였다. 하급관원이 상급관원의 직무를 섭행하는 경우, 동급

---

43) 『高麗史』 권93, 列傳6 崔承老

관원이 섭행하는 경우, 상급관원이 하급관원의 일을 섭행하는 경우가 있었는데 이처럼 잠시 타관을 섭행권리(攝行權理)하는 것을 행이라 칭하였고, 위진남북조(魏晉南北朝)시대에는 대부분 하급관원이 상급관원의 일을 섭행하는 것을 가리켰다.44)

따라서 최승로가 성종원년에 제수받은 행선관어사직(行選官御事職)도 한 대(漢代)의 행직처럼 대리직(代理職) 또는 겸직(兼職)의 성격을 가진 관직으로 추측된다.

그러면 산계와 산직이 본격적으로 제수되는 현종 대 이후 행직의 사례들을 통해 행직의 기능을 살펴보기로 한다.

<보기 5>

5-① 朝散大夫檢校禮賓卿<u>行攝大府卿</u>賜紫金魚袋 滎陽鄭公 諱穆無字 本東萊人… 乾統五年(肅宗10)春 又拜三品官 公□數年已來 有疾不瘳 藥餌不絶 及是年三月疾革… 五月乙卯卒于龍興寺德海院45)

5-② 故儒林郎檢校禮賓卿<u>行試尙書兵部侍郎</u>賜紫金魚袋晋公墓誌銘…庚寅(毅宗24)九月 今上踐祚□□官 明年拜寫經院判官 歷大盈丞大官令… 歷右司郎中司宰少卿知雜皆如故… 敎可檢校禮賓卿行本職…乙巳歲(明宗15)十二月□試尙書兵部侍郎46)

5-③ 朝議大夫檢校太子大保<u>行秘書監</u>御書檢討官知制誥賜紫金魚袋張公脩…丙辰(仁宗14)入爲禮部員外郎知制誥 前後十一轉歷禮□□???□子祭酒至秘書監 二品皆帶三字47)

5-④ 檢校軍器少監<u>行尙書工部郎中</u>賜紫金魚袋 吳君墓誌銘幷序… 龍集(歲次) 著雍淹茂(高宗25)南呂之月工部郎中吳君卒于私第…庚寅(高宗17)冬以右正言知制誥見召 累遷尙乘奉御工部員外試禮部工部郎中卒 享年七十一48)

---

44) 兪鹿年 編, 1998『中國官制大事典』下, 職官官吏制度 任用類別, 黑龍江人民出版社

45) 김용선 편, 2006「鄭穆묘지명」『고려묘지명집성』한림대출판부

46) 김용선 편, 2006「晋光仁묘지명」『고려묘지명집성』한림대출판부

47) 김용선 편, 2006「張脩묘지명」『고려묘지명집성』한림대출판부

48) 김용선 편, 2006「吳闡猷묘지명」『고려묘지명집성』한림대출판부

5-①의 정목 묘지명에 표기된 그의 최종 관직은 조산대부검교예빈경행섭대부경(朝散大夫檢校禮賓卿行攝大府卿)이다. 사망하기 직전에 마지막으로 제수받은 관직이 묘지명에는 3품관으로만 되어 있으나, 그의 아들인 정항의 열전에는 종3품직인 대부경(大府卿)으로 되어 있다.[49]

정목이 생전에 검교예빈경(檢校禮賓卿)이라는 산직을 받은 기록이 없기 때문에 검교직은 사후에 추증받은 것으로 생각된다. 그런데 실직인 섭대부경 앞에 이전에 없던 행이 붙어 있다. 이는 묘지명에서 산직인 검교직과 실직을 같이 표기하면서 양자를 구분하기 위해 실직 앞에 행을 붙인 것이 아닌가 한다.

5-②에서 진광인의 최종 관직은 산직이 명종15년 이전에 받은 검교예빈경이고, 실직은 명종15년에 사재소경에서 승진한 시상서병부시랑(試尙書兵部侍郞)으로 산직과 실직이 각각 따로 표기될 때에는 실직 앞에 행이 붙지 않았다. 그런데 묘지명에 문산계·산직·실직을 함께 표기하면서 실직 앞에 행이 붙었다. 이처럼 시상서병부시랑이 행시상서병부시랑이 된 것은 검교직과 실직을 병기하면서 양자를 구분하기 위해 실직 앞에 행을 붙인 것이다.

5-③의 장수 묘지명에서 그가 최후에 오른 관직은 비서감(秘書監)이었다. 생전에 산직인 검교태자태보직을 받은 기록이 없으므로 검교직은 사후에 추증받은 직임이 분명하다. 묘지명에 검교직과 실직을 함께 표기하면서 비서감이 행비서감으로 되었는데 이 역시 양자를 관계를 표시하기 위해 실직 앞에 행을 붙인 것으로 볼 수 있다.

5-④의 오천유 묘지명에서 고종25년 사망 당시 그의 관직은 공부낭중(工部郞中)이었다. 그런데 사후에 작성된 묘지명에는 생전에 제수받지 않았던 검교군기소감이 실직과 함께 표기되어 있다. 이 검교직 역시 그의 사후에 추증된 것으로 보인다. 이 경우도 앞의 사례들과 마찬가지로

---

49) 『高麗史』 권97, 列傳10 鄭沆

실직과 검교직을 같이 표기하면서 실직 앞에 행을 붙인 것이다.

위의 여러 사례들을 통해 행직은 실직과 검교직을 함께 표기할 때 양자를 구분하기 위해 실직 앞에 행을 붙인 것임을 알 수 있다. 이미 앞에서 살펴본 바와 같이 산직과 실직의 관계에서 양자의 품계 고하에 따라 행이나 수를 칭한 것이 아니므로 행직의 기능은 단순히 산직에 대해 실직임을 표시한 것으로 볼 수 있다.

다음은 일반 관직이 아닌 경우 행을 칭한 사례들을 통해 행직의 기능을 살펴보기로 한다.

<보기 6>
6-① 內帝釋院廚都監判官右街僧錄同正行副僧正景廉[50]
6-② 追封卞韓國大夫人眞慧大師行陽川郡夫人許氏墓誌銘[51]
6-③ 追封朝顯大夫左右衛保勝護軍行檢校護軍均[52]

6-①은 승직(僧職)에 나타나는 행직의 사례이다. 내제석원주도감판관우가승록동정행부승정(內帝釋院廚都監判官右街僧錄同正行副僧正)은 승려인 경렴의 승직인데, 여기서 동정직인 우가승록(右街僧錄)과 행직인 부승정(副僧正)은 모두 승정(僧政)을 관장하는 승록사(僧錄司)에 속한 관직이다.

승록사의 승관에는 교종의 승정을 관장하는 우승유(右僧維)-우승정(右僧正)-우부승록(右副僧錄)-우가승록(右街僧錄)과 선종의 승정을 관장하는 좌승유-좌승정-좌부승록-좌가승록, 그리고 그 위에 양종을 통할하는 좌우양가도승통(左右兩街都僧統) 등의 승관이 있었다.[53] 실직인 부승

---

50) 김용선 편, 2006 「(僧)景廉묘지명」『고려묘지명집성』한림대출판부
51) 김용선 편, 2006 「金䏅妻 許氏묘지명」『고려묘지명집성』한림대출판부
52) 이기백 편, 1987 「驪州李氏 壬子年 准戶口」『한국상대고문서자료집성』일지사
53) 金映遂, 1937 「5교 양종에 대하여」『진단학보』8

정 앞에 행이 붙은 것은 동정직인 우가승록동정과 구분하기 위한 것임을 알 수 있다.

6-②는 외명부(外命婦)의 작호(爵號)에 보이는 행의 사례이다. 변한국대부인진혜대사행양천군부인(卞韓國大夫人眞慧大師行陽川郡夫人)은 김변의 처 허씨가 받은 작호이다. 관료인 김변의 처에게 변한국대부인, 양천군부인 등의 작호가 주어진 것으로 보아 고려시대에도 문무관의 처에게 남편의 품계에 따라 봉작(封爵)을 하는 외명부(外命婦)제도가 실시되었음을 알 수 있다.

허씨는 남편이 죽자 법도에 맞게 3년상을 치렀고, 후에는 불교에 귀의하여 비구니가 되었는데, 그녀가 죽자 충숙왕은 절의가 한결같이 임금의 제도에 따른 것을 찬탄하면서 그녀를 변한국대부인진혜대사로 추봉한 것이다.[54]

허씨는 본래 양천군부인(陽川郡夫人)이란 작호를 가지고 있었는데 사후에 변한국대부인진혜대사로 추봉되면서 본래의 작호 앞에 행이 붙여졌다. 여기서 행은 추봉된 작호와 본래의 작호를 구분하기 위해 붙인 것으로 볼 수 있다. 따라서 작호 표기에서의 행도 일반 관직에서의 행과 그 기능이 같은 것임을 알 수 있다.

6-③은 산직과 추봉직(追封職) 사이에 적용된 행직의 사례이다. 조현대부좌우위보승호군행검교호군(朝顯大夫左右衛保勝護軍行檢校護軍)은 여주 이씨 이균의 관직인데, 여기서 검교호군(檢校護軍)은 이균이 본래 가졌던 관직이고[55] 좌우위보승호군(左右衛保勝護軍)은 추봉된 직이다. 이 사례는 본래 산직만을 보유한 자에게 다른 직이 추봉된 경우이다. 이처럼 산직의 경우도 본래 보유한 직과 추봉된 직을 구분하기 위해 본래

---

54) 김용선 편, 2006 「金賆妻 許氏묘지명」『고려묘지명집성』한림대출판부

55) 이균에 관한 기록은 충혜왕 즉위년 때의 관직이 슈同正이었다는 것 이외에는 전혀 찾을 수 없다. 아마 이균은 사망시까지 동정직만 보유했던 것으로 추정된다.(『高麗史』권124, 列傳37, 嬖幸2 申靑)

의 직 앞에 행을 붙인 것임을 알 수 있다.

위의 사례들에서 행직은 승직의 경우에도 산직에 대해 실직임을 표시
하는 것이었다. 또한 외명부의 작호에서도 본래의 작호와 추봉된 작호를
구분하기 위해 본래의 작호에 행을 붙였고, 산직만을 가진 경우에도 새
로운 직이 추봉되었을 때 추봉직56)과 구별하기 위해 본래의 산직에 행
을 붙였음을 알 수 있다.

이처럼 고려시대의 행직은 일반 관직의 경우에는 직사(職事)가 없는
산직에 대하여 직사를 수행하는 실직을 가리키는 것이고, 작호나 산직의
경우에는 추봉된 작호나 직에 대해 원래 보유한 작호나 직을 의미하는
것이었다고 할 수 있다.

2) 수직의 기능

이미 앞에서 언급했듯이 신라시대에도 수중낭장(守中郎將)57)·수병부
시랑(守兵部侍郎)58)·수병부낭중(守兵部郎中)59)·수집사시랑(守執事侍
郎)60) 등의 수직이 있었고, 고려 건국초의 기록에서도 수순군부경(守徇
軍部卿)61)·수의형대령(守義刑臺令)62)·수의형대경(守義刑臺卿)63)·수내

---

56) 추봉직은 직사가 없는 검교직이나 동정직 등의 산직이었을 것으로 생각되지만 확
   실한 근거가 없으므로 그대로 추봉직으로 표시한다.

57) "(聖德王)十七年 夏六月 遣使入唐朝貢 授守中郎將還之"(『三國史記』 新羅本紀 권8)

58) "光啓元年(憲康王十一年) 使將詔來聘 留爲侍讀兼翰林學士守兵部侍郎知瑞書監"
   (『三國史記』 列傳 제6 崔致遠)
   "入朝賀正兼迎奉皇花等使 朝請大夫前守兵部侍郎充瑞書院學士 賜紫金魚袋臣崔致
   遠奉教撰"(『朝鮮金石總覽』 상, 「鳳巖寺智證大師塔碑」)

59) "儒林郎守兵部郎中兼崇文□□□ … 沙門臣雲徹奉 教集晉"(『朝鮮金石總覽』 上,
   「沙林寺弘覺禪師碑」)

60) "淮南入本國送國信詔書等使 前東面都統巡官承務郎侍御史內供奉 賜紫金魚袋臣崔
   致遠奉教撰 … 從弟朝請大夫前守執事侍郎賜紫金魚袋 臣崔仁滾奉教書"(『朝鮮金石
   總覽』 上, 「聖住寺郎慧和尙塔碑」)

사령(守內史令)64) 등의 수직이 있었다.

신라의 수직 중 수중낭장·수병부시랑·수병부낭중 등의 관직은 신라의 사신이 당에서 받은 것이거나 당의 빈공과(賓貢科)에 급제하여 받은 것이다. 신라의 병부에는 병부령(兵部令)·대감(大監)·제감(弟監)·사(史) 등의 관직이 설치되었으므로65) 병부시랑(兵部侍郞)이나 병부낭중(兵部郞中) 등은 당 병부 소속의 관직들이다. 당시 당에서는 관계(官階)와 관품(官品)의 차이를 표시하는 행수제(行守制)가 실시되고 있었으므로 이들 수직은 모두 행수직의 수직이다.

그런데 신라의 수직 가운데 집사시랑(執事侍郞)은 당에는 없는 관직이다. 신라에서는 관계제와 관품제가 실시되지 않았으므로 수집사시랑(守執事侍郞)은 행수제의 수직으로 볼 수 없다. 우리나라에서 관계제와 9품관제가 실시되는 것은 고려 성종14년 이후부터이므로 그 이전의 수직은 이후의 그것과는 그 기능이나 성격이 달랐을 것이다.

중국의 경우 당에서 행수제가 시행되기 이전인 진·한대에 수직의 의미 가운데에 시서(試署), 즉 시보(試補)의 의미가 있었다. 춘추전국시대에 제후들은 부국강병으로 패업을 추구하기 위해 서주(西周)의 세경세록제(世卿世祿制)를 폐기하고 유능한 인사를 관리로 임명하기 시작하였는데 이때에 시서(試署)의 방법으로 백관을 고찰하는 수관(守官)제도가 성립되기 시작하였다. 수관은 원관(原官) 부재시 시서하는 것인데 대리, 즉 섭(攝)의 의미를 겸하는 것이었다. 이러한 수관제도는 진대(秦代)를 거쳐 한대(漢代)에도 시행되었고, 중앙집권이 강화되면서 중앙관직 뿐만 아니라 지방관직에도 실시되었다.66)

---

61) 『高麗史』권1, 世家 太祖원년 6월 辛酉
62) 『高麗史節要』권1, 太祖원년 6월
63) 『高麗史』권1, 世家 太祖원년 10월 庚申
64) 『高麗史節要』권2, 成宗6년 3월
65) 이인철, 1993 「신라 중앙관부의 조직과 운영」 『신라정치제도사연구』 일지사

성종14년 이전의 고려 초는 물론 태봉과 신라시대에 나타나는 수직들도 한(漢) 대의 수직처럼 시보직(試補職) 성격의 관직이었을 것으로 생각된다. 즉 신라시대에 한의 수관제도가 도입되어 태봉을 거쳐 당의 관계제와 9품관제가 도입되는 성종14년 이전까지 실시되었던 것이 아닌가 한다.

최승로는 성종7년에 문하수시중에 임명되었는데. 다음해에 수시중으로 사망한 것으로 되어 있다.[67] 대부분의 행직이나 수직이 산직과 같이 표기되고 있는 것에 비해 최승로에게 제수된 문하수시중직은 단독으로 표기되고 있다. 검교(檢校)나 동정(同正) 등의 산직이 본격적으로 제수되는 것은 현종 대 이후부터이므로 최승로에게 산직이 주어졌을 리도 없다.

따라서 최승로에게 제수된 문하수시중직은 현종 대 이후의 수직과 같은 것이 아니라 이러한 시보적 성격의 직이 아니었을까 한다. 성종7년에 수시중에 임명되어 8년 5월에 사망하였는데, 수시중에 임명된 이후 시보기간이 끝나지 않았으므로 사망시의 관직이 그대로 수시중이었던 것이다.

산직제가 도입된 이후 제수되는 수직 역시 행직과 마찬가지로 검교 등의 산직과 함께 표기되는 경우가 많았다. 다음 수직을 칭하는 관직의 사례들을 통해 수직의 기능을 살펴보기로 한다.

<보기 7>

7-① 以劉瑨檢校太師守門下侍中[68]

7-② 檢校禮部尙書守試司宰少卿賜紫金魚袋張公墓誌銘....天慶八年拜權知監察御史 屬按察使 以樹州理狀聞 是年拜眞御史 歷西京留守通判刑工二部員外郎□□州牧都官員外郎戶部郎中　爲試司宰少卿散秩禮部尙書享年□十有三終于家 [69]

---

66) 武普照, 1988「秦漢守官制度考述」『山東師大學報』社科版, 1988년 第四期
　　俞鹿年 編, 1998『中國官制大事典』下, 職官官吏制度 任用類別, 黑龍江人民出版社
67)『高麗史』권3, 世家 成宗7년 및『高麗史』권3, 世家 成宗8년 5월 辛卯
68)『高麗史』권4, 世家 顯宗5년 4월

7-③ 麗國朝議大夫檢校大子大保守國子祭酒翰林學士寶文閣學士知制誥賜紫
　　金魚袋權公墓誌銘 … 皇統五年(仁宗23)遷試國子祭酒翰林學士寶文閣
　　學士知制誥 乙丑(仁宗23)拜爲西北面兵馬使 四月加朝議大夫 是月除
　　試 七月轉檢校大子大保行本職 享年五十三 丙寅(毅宗즉위)歲十二月
　　二十日卒于家[70]

　　7-①에서 검교태사수문하시중직(檢校太師守門下侍中職)은 유진이 현
종5년에 받은 관직으로 고려에서 산직제가 실시된 이후 검교직과 수직
이 동시에 등장하는 최초의 사례이다.

　　유진의 관력(官歷)은 광종 말에 내승지(內承旨), 목종 조에 이부상서
참지정사(吏部尙書參知政事), 현종 즉위년에 상서좌복야(尙書左僕射),
그 후 문하시랑(門下侍郎)을 거쳐 현종5년 4월에 검교태사 수문하시중
(檢校太師守門下侍中)에 임명되었다.[71] 검교직을 받기 이전에 유진이 가
졌던 이부상서참지정사·상서좌복야·문하시랑 등의 관직 앞에는 수가 붙
지 않았는데, 검교태사직을 받으면서 문하시중 앞에 비로소 수가 붙었다.

　　따라서 수직은 검교직의 제수와 관련이 있는 것으로 볼 수 있다. 앞에
서 본 행직의 경우와 마찬가지로 산직인 검교직을 받으면서 실직과 구분
하기 위해 실직 앞에 수를 붙인 것이다.

　　7-②의 장문위 묘지명에 표기된 그의 최종 관직은 검교예부상서수시
사재소경(檢校禮部尙書守試司宰少卿)이었다. 위의 묘지명을 통해 장문
위는 예종13년에 권지감찰어사(權知監察御史)에 임명되었다가 그 해에
진어사(眞御史)가 되었고, 그 후 서경유수통판(西京留守通判)→ 형부공
부원외랑(刑工二部員外郎)→ □□주목(州牧)→ 도관원외랑(都官員外郎)

---

69) 김용선 편, 2006「張文緯묘지명」『고려묘지명집성』한림대출판부

70) 김용선 편, 2006「權適묘지명」『고려묘지명집성』한림대출판부

71) "光宗末筮仕爲內承旨 穆宗朝累遷至吏部尙書叅知政事 顯宗卽位授尙書左僕射 由門
　　下侍郎 拜檢校太師守門下侍中 … 十年卒輟朝三日 贈內史令"(『高麗史』권94, 列傳
　　7 劉瑨)

→ 호부낭중(戶部郎中) 등의 관직을 거쳐 시사재소경(試司宰少卿)이 되면서 산질(散秩)로 예부상서가 되었음을 알 수 있다.

장문위가 최후에 오른 관직은 실직이 시사재소경이고 산직이 검교예부상서였는데, 묘지명에는 검교예부상서수시사재소경으로 표기하여 실직 앞에 수를 붙였다. 이 경우도 실직과 검교직을 같이 표기하면서 실직 앞에 수를 붙인 것임을 알 수 있다.

7-③의 권적 묘지명에 표기된 그의 관직은 조의대부검교태자태보수국자좨주한림학사보문각학사지제고(朝議大夫檢校太子大保守國子祭酒翰林學士寶文閣學士知制誥)이다. 권적의 관력을 보면 인종23년에 시국자좨주한림학사보문각학사지제고(試國子祭酒翰林學士寶文閣學士知制誥)로 옮겼고, 같은 해 4월에 문산계가 조의대부(朝議大夫)로, 관직이 시국자좨주(試國子祭酒)에서 시보(試補)가 끝나 국자좨주가 되었다.

그리고 7월에 검교태자태부로 옮기면서 본직은 그대로 수행한 것으로 되어 있다. 그런데 문산계·산직·실직·겸직이 모두 표기된 묘지명에서 권적의 최종 관직인 국자좨주 앞에 수가 붙었다. 여기서도 검교직과 실직을 함께 표기하면서 양자를 구분하기 위해 실직 앞에 수를 칭한 것임을 알 수 있다.

위의 사례들에서 볼 수 있는 것처럼 수직 역시 행직과 마찬가지로 산직과 실직을 함께 표기할 때 양자를 구분하기 위해 실직 앞에 수를 붙인 것이다. 수직은 일반 관직에서 적용된 사례만 나타나고 행직의 경우처럼 일반 관직 이외에서 적용된 사례는 보이지 않는다.

산직제가 실시되는 초기에는 산직과 함께 표기된 실직 앞에 행이나 수가 붙는 사례가 많이 나타나지만, 한편으로 산직과 실직이 병기된 경우라 하더라도 실직 앞에 행이나 수를 칭하지 않는 경우도 많았다.

<보기 8>

8-① 以姜邯贊 <u>檢校太尉門下侍郎同內史門下平章事</u> 天水縣開國男 食邑三
百戶72)

8-② <u>檢校太尉左散騎常侍叅知政事張瑩</u> 上表乞退73)

8-③ 加朴成傑<u>檢校太尉門下侍中</u>74)

8-④ 以崔弘嗣守太傅 許慶爲中書侍郎同平章事 金漢忠爲尙書左僕射 柳仁
著爲守司空 李資謙<u>檢校司空刑部尙書</u> 金商祐爲吏部尙書75)

8-①의 검교태위(檢校太尉)와 문하시랑평장사(門下侍郎平章事), 8-②
의 검교태위와 좌산기상시(左散騎常侍), 8-③의 검교태위와 문하시중, 8-
④의 검교사공(檢校司空)과 형부상서(刑部尙書) 등은 검교직과 실직이
같이 표기되었음에도 불구하고 실직 앞에 행이나 수가 붙지 않은 사례들
이다.

특히 『고려사』나 『고려사절요』 등 관찬 사서가 묘지명 등의 사찬 자
료에 비해 행직이나 수직의 사례가 많이 나타나지 않는데, 이는 실직을
굳이 행이나 수로 표시하지 않더라도 산직과의 구분이 어렵지 않았기 때
문이 아닌가 한다.

또한 산직제가 실시되는 초기에는 행이나 수를 붙여 실직과 산직을
구분하였으나 점차 산직의 제수가 많아지면서 실직을 행직이나 수직으
로 표시하지 않는 것이 일반화 되었을 것으로 보인다. 그러나 개인의 관
력을 비교적 상세히 기록하는 묘지명이나 호적자료 등에서는 실직을 산
직과 구분하기 위해 행이나 수를 붙이는 규정을 지키는 경우가 많았던
것을 알 수 있다.

이처럼 고려시대의 행직이나 수직은 산직제(散職制)를 실시하면서 실

---

72) 『高麗史節要』 권3, 현종10년 11월
73) 『高麗史』 권4, 世家4 顯宗8년 정월 丁未
74) 『高麗史』 권8, 世家8 文宗17년 9월 庚戌
75) 『高麗史』 권13, 世家13 睿宗6년 12월 丙午

직을 산직과 구분하기 위해 실직 앞에 행이나 수를 칭한 것이었다. 그러
나 어떤 경우에 수를 칭하고 어떤 경우에 행을 칭했는지 일정한 기준이
나 규칙이 보이지 않는다.

고려 후기가 되면 수직은 사라지고 행직만이 남게 되는데 이러한 사
실은 행이나 수를 칭하는 데에 일정한 기준이나 규칙이 없었다는 것을
보여주는 근거가 아닌가 한다. 만약 행이나 수를 칭하는 일정한 기준이
나 규칙이 있었다면 수직 역시 행직과 마찬가지로 고려후기까지 존속하
였을 것이다.

산직제를 시행하면서 산직에 대해 실직임을 표시하기 위해 처음에는
행이나 수를 구분하지 않고 모두 실직 앞에 행이나 수를 붙였으나 점차
행만을 붙이게 되면서 수직은 사라지게 되는 것으로 보인다.

즉 현종대 이후 일반 수직과 그 기능이나 성격이 다른 것으로 생각되
는 수태사(守太師)·수태부(守太傅)·수태보(守太保)·수태위(守太尉)·수사
도(守司徒)·수사공(守司空) 등 3사(師) 3공(公)의 수직이 광범하게 제수
되었고, 또한 원 간섭기 이후에는 수첨의정승(守僉議政丞)·수첨의찬성
사(守僉議贊成事)·수첨의시중(守僉議侍中)·수문하시중(守門下侍中) 등
부(副)의 의미를 가진 수직이 등장하면서, 혼동을 피하기 위해 행직만 남
고 수직은 사라지게 된 것이 아닌가 한다.

6. 맺음말

본래의 행수제는 관계와 관직의 품계가 일치하지 않을 때 양자의 관
계를 표시하기 위해 관직 앞에 행 또는 수를 붙이는 제도로서 중국에서
는 산관제도가 출현한 당대에 성립되어 송 선화(宣化) 연간 이전까지 실

시되었다.

　그런데 고려에서 받아들인 행수제는 당이나 송에서 실시된 행수제와는 그 기능이나 성격이 전혀 달랐다. 또한 관계와 관직 간의 관계에서가 아니라 산직과 실직과의 관계에서 양자의 품계 고하에 따라 실직 앞에 행이나 수를 붙인 것으로 추정한 그동안의 연구와도 다른 것이었다.

　고려시대의 행·수직은 성종대 이후 산직제가 실시되면서 검교직이나 동정직 등의 산직이 제수됨에 따라 산직과 실직을 동시에 보유한 경우에 두 직을 서로 구분하기 위해 실직 앞에 행 또는 수를 칭한 것이었다.

　일반 관직뿐만 아니라 외명부의 작호나 산직을 가진 자에게 또 다른 작호나 산직이 추봉되었을 때에도 마찬가지로 본래 가졌던 작호나 산직 앞에 행을 붙여 구분하였다. 이처럼 산직과 실직을 동시에 가진 경우 양자를 구분하기 위해 실직 앞에 행이나 수를 칭했지만, 한편으로 실직과 산직의 구분이 가능한 때에는 굳이 행이나 수를 붙이지 않은 경우도 많았다.

　『고려사』나 『고려사절요』 등 관찬 사서보다 묘지명이나 호적자료 등에 행·수직의 사례가 많이 나타나는데, 이는 관찬사서와 달리 조상의 관력을 비교적 상세히 기록하려고 하였고, 또한 검교직과 같은 추증직이 많은 부·조·증조 등 조상의 관직까지도 같이 기록한 경우가 많았기 때문이다.

　산직제가 실시되는 초기에는 수직과 행직의 비중이 비슷하게 나타나다가 점차 수직은 사라지고 행직만 남게 되는데, 이는 행이나 수를 칭하는 데에 일정한 기준이나 규칙이 없이 양자를 모두 사용하다가 점차 행직만을 사용하였기 때문이라 생각된다.

　현종 대부터 일반 수직과 그 기능이나 성격이 다른 3사 3공의 수직이 광범하게 제수되고, 또 원 간섭기 이후에는 부(副)의 의미를 가진 수직이 등장하면서 이들과의 혼동을 피하기 위해 일반 수직은 더 이상 사용되지 않았던 것이 아닌가 한다. 만약 행·수의 구분에 일정한 기준이나 규칙이 있었다면 행직과 수직은 모두 고려 말까지 존속하였을 것이다.

이처럼 고려시대의 행·수직은 관계와 관품이 일치하지 않는 경우 양자의 관계를 표시하기 위해 관직 앞에 행 또는 수를 칭하는 당·송의 행수제를 받아들인 것이었지만 본래의 제도와는 전혀 다른 방식으로 운영되었던 것이다.

〈표〉 고려전기의 행직과 수직 사례

연대	인물	行職	守職	출전
태조원년 6월	能駿		守徇軍部卿	史권1,太원,6
태조원년 6월	閤晨		守義刑臺令	要권1,太원,6
태조원년 10월	能律		守義刑臺卿	史권1,太원,10
성종원년 3월	崔承老		左執政守內史令	要권2,成원,3
성종원년 6월	崔承老	正匡行選官御事		要권2,成원,6
성종7년	崔承老		門下守侍中	史권3,成7
현종5년 4월	劉瑨		檢校太師守門下侍中	史권4,顯5,4
현종12년 8월	崔士威		檢校太師守門下侍中	要권3,현12,8
현종12년 8월	崔沆		檢校太傳守門下侍郎同內史門下平章事	要권3,현12,8
현종20년 11월	李可道	檢校太尉行吏部尙書兼太子少師叅知政事		史권5,顯20,11
문종원년 4월	何興休		守工部尙書	史권7,文원,4
문종8년 2월	王寵之		兼太尉守門下侍郎	史권7,文8,2
문종15년	李頲	檢校衛尉卿行尙書右丞知閤門事		李子淵묘지명
문종15년 10월	韓功敘		檢校司空守尙書左僕射	史권8,文15,10
문종31년	趙惟阜		文林郎守尙書禮部員外郎	李頲묘지명
문종34년 3월	王子燧		檢校司空守尙書令	要권5,문34,3
숙종7년	(僧)景廉	內帝釋院廚都監判官右街僧錄同正行副僧正		(僧)景廉묘지명
숙종10년	鄭穆	朝散大夫檢校禮賓卿行攝大府卿		鄭穆묘지명
인종즉위년	閔脩	檢校礼賓卿 行左司郎中知制誥		閔脩묘지명

연대	인물	行職	守職	출전
인종12년	張文緯		檢校禮部尙書守試司宰少卿	張文緯묘지명
의종즉위년 (이전)	韓元卿 (韓惟忠 父)		檢校右僕射守尙書戶部侍郎御書檢討官	韓惟忠묘지명
의종즉위년 (이전)	韓億 (韓惟忠 祖)		追封右僕射守左司郎中起居注知制誥	韓惟忠묘지명
의종즉위년 (이전)	朴景山	大中大夫檢校太子太師行殿中監知尙書都省事		韓惟忠묘지명
의종2년	權適		朝議大夫檢校大子大保守國子祭酒翰林學士寶文閣學士知制誥	權適묘지명
의종3년 (이전)	劉冠 (劉邦儀 父)	□□太子太師行閣門祗候		劉邦儀묘지명
의종3년	皇甫讓		檢校右僕射守御史雜端	皇甫讓처 金氏묘지명
의종3년	金復尹	尙食奉御同正行大盈令		金復尹묘지명
의종8년 (이전)	尹祚明 (尹誧父)	追封右僕射行刑部郎中兼太子中舍人		尹誧묘지명
의종10년	張脩	朝議大夫檢校太子太保行秘書監御書檢討官知制誥		張脩묘지명
의종12년 (이전)	(文公元 祖)	□□神虎衛大將軍行抄猛中郎將		文公元묘지명
의종13년	史偉	檢校太子太保承務郎行試尙書工部侍郎知制誥		文公裕묘지명
의종14년 (이전)	胡從迪(胡 晉卿 祖)	祖諱從迪檢校神虎衛上將軍行中郎將		胡晉卿묘지명
의종14년 (이전)	金善英(胡 晉卿 聘父)	檢校神虎衛大將軍行散員		胡晉卿묘지명
의종15년 (이전)	河忠(尹裕 延 外祖)	檢校左僕射行大僕卿		尹裕延묘지명
의종15년 (이전)	尹壽 (尹裕延 父)	檢校軍器監行大樂署丞		尹裕延묘지명
의종15년	尹裕延	儒林檢校戶部尙書行戶部員外郎		尹裕延묘지명
의종16년	金之瑩	儒林郎檢校太子詹事行監察御史		金之瑩묘지명
의종17년 (이전)	崔忠恭 (崔精 祖)		守朝散大夫御史中丞追封尙書右僕射	崔精묘지명
의종17년	최壽神		守司宰少卿追封檢	崔精묘지명

연대	인물	行職	守職	출전
(이전)	(崔精 父)		校戶部尙書	
명종10년 (이전)	張文緯 (張忠義 父)	檢校禮部尙書行司宰少卿		張忠義묘지명
명종10년 (이전)	李成之 (李文著 曾祖)	追封禮賓少卿行試戶部員外郞		李文著묘지명
명종10년 (이전)	李民善 (李文著 祖)	追封尙書左僕射行試殿中內給事		李文著묘지명
명종16년 (이전)	晋仲宣(晋光仁 祖)	□□太子太保行殿中內給事		晋光仁묘지명
명종16년 (이전)	崔時允(晋光仁 外祖)	檢校尙書右僕射行戶部郞中		晋光仁묘지명
명종16년	晋光仁	儒林郞檢校禮賓卿行試尙書兵部侍郞		晋光仁묘지명
명종16년	任忠贄		文林郞檢校尙書戶部侍郞 守殿□監兼太子右贊□	任忠贄묘지명
명종16년	崔氏	檢校尙書戶部侍郞行試給事中		崔氏묘지명
명종17년 (이전)	申迪 (申甫純 父)	檢校大將軍行散員		申甫純묘지명
명종20년 (이전)	文□□(文章弼 曾祖)	檢校上將軍行興威衛□攝將軍		文章弼묘지명
명종20년 (이전)	文永□(文章弼 祖)	□□大將軍行中郞將		文章弼묘지명
명종28년 (이전)	柳盧一(柳公權 曾祖)	檢校大將軍行散員		柳公權묘지명
고종15년 (이전)	尹殷錫(尹應瞻 祖)	檢校尙書□□行太醫少監		尹應瞻묘지명
고종15년 (이전)	尹公輔 (尹應瞻 父)	檢校衛尉卿行大醫少監		尹應瞻묘지명
고종21년 (이전)	宋世明(金就呂 外祖)	檢校將軍行郞將		金就呂묘지명
고종25년	吳闡猷	檢校軍器少監行尙書工部郞中		吳闡猷묘지명
고종대	尹裕延 (尹承解 父)	檢校戶部尙書行尙書戶部郞中		尹承解묘지명
고종대	尹承解	登仕郞檢校尙書戶部侍郞行尙書都官員外郞		尹承解묘지명
미상	楊仁庇	檢校太子少傅行監門衛長史		楊仁庇묘지명

제3절 고려시대의 삼사(三師)와 삼공(三公)

1. 머리말

고려에서는 정1품의 최고 관직으로 태사(太師)·태부(太傅)·태보(太保)의 삼사(三師)와 태위(太尉)·사도(司徒)·사공(司空)의 삼공(三公)이 설치되었다. 이들 관직도 다른 관직들과 마찬가지로 중국의 관직제도를 수용한 것이다.

중국에서 삼사와 삼공직은 주(周)나라에서 천자의 스승 내지 참모 역할을 하는 태사직에서 기원하였다.[1] 진(秦)은 중앙에 군사를 주관하는 태위(太尉), 백관을 총괄하는 승상(丞相), 승상을 보필하는 어사대부(御史大夫)를 두고, 승상 아래에 9경(九卿)을 두어 국가 정무를 분담하게 하였는데 이것이 이른바 3공9경제(三公九卿制)이다.[2] 전한(前漢)에서 승상을 대사도(大司徒)로, 어사대부를 대사공(大司空)으로 바꾸었다가 후한대(後漢代)에 대(大)를 없애고 태위, 사도, 사공을 삼공이라 하고 각기 군정, 민사, 건축공정을 주관하게 하였다.[3]

수(隋)와 당(唐)에서는 태사·태부·태보를 삼사라 하였는데 황제의 스승에 상당하는 지위였다. 직무와 소속 관원이 없었으며 대부분 임명되지 않았고, 혹 친왕(親王)에게 제수될 경우에도 단지 이름뿐이었다. 삼공은 태위·사도·사공을 가리키는데 황제의 최고 보좌관에 해당하였다. 수나

---

1) 王穎樓, 1995 「제12장 三師 三公 加衛及其他」『隋唐官制』 四川大學出版社
2) 김탁민 주편, 2003 「해제; 당대 관료조직과 운영체제」『역주 당육전』 상, 신서원
3) 이상천 역(王天有 저), 2006 『중국고대관제』 학고방

라 때 폐지된 이래 임명된 예가 드물고, 그마저도 단지 이름뿐이었다.[4]

이처럼 수·당대 이후 삼사와 삼공이 실권(實權)을 잃고 명예직으로 바뀌어간 것은 3성6부제가 확립되어 6부의 장관인 상서(尙書)가 정무를 담당하게 되었기 때문이다. 따라서 당대(唐代)의 삼사와 삼공은 천보(天寶) 이전에는 단지 그 자리만 있고 실제로는 제수하지 않았으며, 대부분 친왕에게 주어지는 경우가 많았다. 안사(安史)의 난 후에는 번진(藩鎭)과 대신(大臣)을 위해 처음으로 관료에게 본직에 더하여 주어지는 가함(加銜)으로서 삼사와 삼공직을 제수하였다.[5]

고려의 관직체계는 문반과 무반으로 나누어지고 관직의 품계는 정1품에서 종9품까지로 구분되었다. 최고 관부인 중서성, 문하성, 상서성의 장관은 각각 중서령, 문하시중, 상서령으로 그 품계는 모두 종1품이었다. 삼사와 삼공은 최고 관부인 3성의 장관보다 품계가 높은 정1품직이었으며, 또한 특별히 소속된 관부도 없는 관직이었다.

지금까지 이들 삼사와 삼공직에 대해서는 국왕의 최고 고문직으로 실무에는 종사하지 않았으며, 적임자가 없으면 공석으로 두었다는 정도로 이해되고 있을 뿐 전적인 연구는 없는 실정이다.

고려시대의 봉작제(封爵制) 연구를 통해, 삼사의 직이 검교직(檢校職)으로, 삼공의 직이 검교직이나 수직(守職)으로 왕족에게 제수되었는데, 고려시대에는 봉작이 상속되지 않았으므로 모든 공·후·백(公·侯·伯)의 아들과 사위(女婿)에게는 봉작 대신 최고의 관직인 사도나 사공이 명예직으로 수여되었다는 사실이 밝혀진 정도이다.[6] 한편 태자의 사부(師傅)

---

4) 김탁민 주편, 2003 「해제; 당대 관료조직과 운영체제」 『역주 당육전』 상, 신서원
5) 王穎樓, 1995 「제12장 三師 三公 加銜及其他」 『隋唐官制』 四川大學出版社
6) 고려시대에 사도·사공이 특히 주목되는 것은 그것이 왕족에게도 수여되어 封爵처럼 호칭된 때문이었다. 고려시대에는 정연한 봉작제가 시행되었으나, 봉작은 당대에 끝날 뿐이었고 상속되지는 않았다. 대신 모든 종친의 봉작자들의 아들과 女婿에게는 봉작 대신 최고의 관직인 사도나 사공을 명예직으로 수여하였다. 사도나

역할을 한 동궁의 삼사·삼소(三師·三少)에 관한 연구가 있어 국왕의 스승이나 자문 역할을 한 삼사와 삼공의 이해에 도움을 준다.[7]

여기서는 그동안의 연구 성과를 바탕으로 삼사·삼공직의 설치 과정, 삼사·삼공직의 제수 대상과 제수 배경, 이들 관직에 대한 대우, 그리고 삼사·삼공직의 직무와 성격에 대해 살펴보고자 한다.

2. 삼사·삼공직의 설치

고려시대 삼사와 삼공직의 설치에 대해서 『고려사』 백관지에는 '처음 설치된 시기를 알 수 없다'고 하였다.[8] 그러나 실제로는 성종 대부터 제수 기록이 나타나고 있다. 최초의 기록은 성종8년 5월에 시중 최승로가 죽자 왕이 교서를 내려 공덕을 표창하는 동시에 태사직(太師職)을 내리고 부의(賻儀) 물품을 주었다는 내용이다.[9]

이후 성종13년에는 선대공신들을 각 조정에 배향하면서 일부 공신들에게 삼사와 삼공직을 증직(贈職)으로 제수하였는데, 왕건을 왕으로 추

사공은 관직이었으나 종친에게 수여된 사도나 사공은 실제로는 작위처럼 기능하였고, 다른 實職을 갖지는 않았다.(김기덕, 1986 「고려조의 王族封爵制」, 『한국사연구』 52)

7) 동궁의 최고 관직으로 본직과 별도의 체계를 이룬 동궁의 삼사·삼소는 재신에서 임명되는 것이 원칙이었으나 추밀까지 범위가 확대되기도 하였고, 경제적 보수로 녹봉만 지급되었는데 본직의 녹봉에 더하는 것이었기 때문에 품계에 비해 녹봉액이 적었으며, 그 직임은 태자의 사부로서 태자의 輔導와 시종을 담당하고 아울러 태자와 관련된 각종 의례에 참여하는 것이었다.(이진한, 1999 「고려시대 동궁 삼사·삼소의 제수와 녹봉」, 『민족문화』 22)

8) "大師大傅大保爲三師 大尉司徒司空爲三公 無其人則闕 其始置歲月不可考"(『高麗史』 권76, 百官1, 三公三師)

9) "成宗八年五月 守侍中崔承老卒 王慟悼下敎 襃其勳德 贈太師 賻布千匹 麵三百石 粳米五百石 乳香百斤 腦原茶二百角 大茶十斤"(『高麗史』 권64, 禮6, 凶禮 諸臣喪)

대한 개국공신 홍유·신숭겸·복지겸·배현경 등 4인[10]과 유금필에게는
태사직(太師職)이 추증되고 태조 묘정에 배향되었다.[11] 그리고 현종18
년에는 최응이 태조 묘정에 배향된 후 덕종2년의 선대공신 추증 때에
사도직(司徒職)을 받았다.[12]

사후에 주어지는 추증직이 아닌 실직으로서의 삼사·삼공직 제수는
서희(徐熙)가 최초의 사례이다. 성종14년에 공빈령(供賓令) 정우현(鄭又
玄)이 봉사(封事)를 올려 시정7사(時政七事)를 논하다가 성종의 뜻에 거
슬러 죄를 받게 되었는데, 서희의 설득에 감오한 성종이 오히려 정우현
을 감찰어사로 발탁하고 아울러 서희에게 태보내사령직(太保內史令職)
을 제수하였다는 내용이다.[13]

이상의 여러 사례들을 통해 볼 때 삼사·삼공직은 성종 대부터 제수되
기 시작하였음을 알 수 있다. 주지하듯이 성종 대에 중앙 정치제도의 정
비과정에서 문무양반의 관직체계가 마련되고 그에 따라 최고 관직인 정
1품의 삼사·삼공직이 설치되어 초기에는 선대 공신들에 대한 추증직으
로 주로 제수되었던 것이다.

삼사·삼공직의 제수가 본격적으로 나타나는 것은 현종 대 이후부터
이다. 현종 대에 삼사나 삼공직을 받은 인물은 총 11명인데, 그 중에서
현종의 왕자가 4인이고 관료가 9인이다.

---

10) "智謙初名砂瑰 桓宣吉林春吉之謀反也 智謙皆密告誅之 卒諡武恭 成宗十三年 四人
　　皆 贈太師配享太祖廟庭"(『高麗史』 권92, 列傳5, 洪儒/卜智謙)
11) "(太祖)二十四年卒 黔弼有將略得士心 每出征受命卽行不宿於家 及凱還太祖必迎勞
　　終始寵遇諸將莫及 諡忠節 成宗十三年贈太師 配享太祖廟庭"(『高麗史』 권92, 列傳
　　5, 庚黔弼)
12) "顯宗十八年 配享太祖廟庭 德宗二年加贈司徒"(『高麗史』 권92, 列傳5, 崔凝)
13) "供賓令鄭又玄上封事 論時政七事 忤旨 成宗會宰相議曰 又玄敢越職論事罪之何如
　　皆曰 惟命 熙曰 古者諫無官越職何罪 臣以不才 謬居宰相 竊位素餐 使官卑者 論政
　　敎得失 是臣之罪也 況又玄論事甚切宜 加褒奬 成宗感悟 擢又玄監察御史 賜熙繡鞍
　　廐馬酒果以慰之 拜太保內史令"(『高麗史』 권94, 列傳7, 徐熙)

흠(欽)·향(亨)·서(緒)·기(基) 등 4인의 왕자 가운데 덕종(德宗)으로 즉
위하는 흠(欽)은 연경군(延慶君)으로 책봉됨과 동시에 검교태사수사도겸
내사령직(檢校太師守司徒兼內史令職)을 받았고,[14] 정종(靖宗)과 문종(文
宗)으로 즉위하는 향(亨)과 서(緒)는 각각 평양군(平壤君)과 낙랑군(樂浪
君)으로 책봉되고,[15] 5년 후에 검교태사겸내사령직(檢校太師兼內史令職)
과 검교태부겸상서령직(檢校太傅兼尙書令職)을 받았다.[16] 그리고 기(基)
는 개성국공(開城國公)으로 책봉되면서[17] 수태위겸상서령직(守太尉兼
尙書令職)을 받았다.[18]

이처럼 왕자들은 봉군과 동시에 또는 봉군 후에 내사령 또는 상서령
직과 함께 삼사·삼공직을 받았는데, 특히 1자인 흠(欽)은 검교와 실직의
삼사·삼공직을 모두 받았다.

그리고 관료들에게도 삼사와 삼공직이 제수(除授)되었는데 모두 검교
직이었다는 것이 특징이다.[19] 그러나 현종 말부터는 검교직과 함께 실

---

14) "王臨軒 遣門下侍郎崔士威 知中樞事姜民瞻 册子欽爲開府儀同三司檢校太師守司徒
兼內史令上柱國崇仁廣孝輔運功臣封延慶君"(『高麗史』 권4, 世家 顯宗11년 4월 庚子)

15) "庚子 册子亨爲平壤君 癸卯 册子緒爲樂浪君"(『高麗史』 권4, 世家 顯宗13년 6월)

16) "以王子亨爲開府儀同三司檢校太師兼內史令 緒爲開府儀同三司檢校太傅兼尙書令"
(『高麗史』 권5, 世家 顯宗18년 5월 庚申)

17) 公이나 侯로 책봉하는 종실 봉작제가 실질적으로 성립하는 것은 문종 대인데, 현
종22년에 基가 책봉될 때 公의 작위가 주어졌다.

18) "册王子基守太尉兼尙書令開城國公"(『高麗史』 권5, 世家 顯宗22년 2월 己丑)

19) "以劉瑨檢校太師守門下侍中"(『高麗史』 권4, 世家 顯宗5년 4월)
"檢校太尉左散騎常侍叅知政事張瑩 上表乞退"(『高麗史』 권4, 世家 顯宗8년 정월
丁未)
"加賜王子欽護國功臣號 以崔士威檢校太師守門下侍中 崔沆檢校太傅守門下侍郎同
內史門下平章事 庚方檢校太保 蔡忠順尹徵古並檢校太尉"(『高麗史』 권4, 世家 顯宗
12년 8월 辛未)
"以李䕨爲中樞使檢校司空"(『高麗史』 권4, 世家 顯宗12년 9월 癸酉朔)
"以李可道檢校太尉行吏部尙書兼太子少師叅知政事"(『高麗史』 권5, 世家 顯宗20년
11월 丁卯)

직도 제수되었고, 무신난 이후가 되면 점차 검교직은 사라지고 대부분 실직만 제수되었다.

삼사·삼공직이 본격적으로 제수되기 시작하는 초기인 현종 대에 검교직이 주로 제수되었던 것은 '적임자가 없으면 자리를 비워둔다'[20]는 원칙을 충실히 준수하여 실직의 제수를 제한하였기 때문이 아닌가 한다. 그러나 무신집권기 이후 통치체제가 이완되고 관직이 남수(濫授)되면서 삼사·삼공직도 실직 위주로 제수되는 경향을 보이는 것으로 생각된다.

삼사·삼공직의 제수가 본격화되는 현종 대 이후 고려 말까지 제수된 총 건수는 312건 정도인데, 그 중에서 원 간섭기 이후 고려 말까지 제수된 것은 17건에 불과하다. 『고려사』 백관지에 의하면 원의 간섭을 본격적으로 받기 시작하는 충렬왕대에 삼공·삼사직을 혁파한 것으로 되어 있다.[21]

고려의 국왕이 원 황실의 부마(駙馬)가 되면서 고려의 관명이나 작호를 제후국의 격에 맞춰 개정하도록 한 원의 요구에 따라 왕실에서 사용하던 용어가 격하됨은 물론 관제도 개편되면서 삼사·삼공직도 폐지되었던 것으로 보인다.

그러나 실제로 충렬왕대 이후 원 간섭기 중에도 사도·사공 등의 삼공직이 제수되었음을 볼 수 있다. 충렬왕대에는 박구(朴璆)과 홍훤(洪萱)이 사공직을 제수받았고[22], 충선왕대에는 조인규·홍규·정가신·김혼·차신·이지저·최유엄·이혼 등[23]과 한희유[24]에게 삼공직이 제수되었다.

---

20) "大師大傅大保爲三師 大衛司徒司空爲三公 無其人則闕 其始置歲月 不可考"(『高麗史』권76, 百官1, 三公三師)
21) "忠烈王罷"(『高麗史』권76, 百官1, 三公三師)
22) "以朴璆守司空左僕射"(『高麗史』권28, 世家 忠烈王즉위년 11월 丁亥)
    "以版圖摠郞洪萱爲司空"(『高麗史』권30, 世家 忠烈王18년 윤6월 己卯)
23) "是日 以趙仁規爲司空侍中叅知光政院事 洪子藩爲左僕射叅知光政院事 洪奎守司徒領景靈宮事 鄭可臣爲司空右僕射修文殿大學士監修國史叅知光政院事 印侯爲光政使叅知機務 金琿檢校守司空領奉常寺事 車信李之氏並檢校司徒資政院使 … 崔有渰檢校司空司憲大夫 李混檢校司空西京留守平壤府尹"(『高麗史』권33, 世家 忠宣王원년 5월)

이처럼 충선왕원년에 삼공직의 제수가 많았던 것은 그 해 5월에 관제
개혁을 실시하여 광정원(光政院)·자정원(資政院)·사림원(詞林院) 등 새
로운 기구를 설치하고, 원의 간섭으로 개정된 관제의 일부를 이전의 상
태로 복구하면서 나타난 현상으로 생각된다. 그리고 충목왕 대에도 사공
직을 가졌던 인물의 존재가 보인다.[25]

이처럼 원 간섭기에는 실직이던 검교직이던 모두 사도와 사공직만 제
수되었던 것을 볼 수 있는데, 아마도 당시에 사도와 사공 이외의 삼공·
삼사직을 폐지하였기 때문이 그런 것이 아닌가 한다.

공민왕5년 이후 반원(反元)운동과 함께 관제도 문종대의 구제(舊制)
로 환원되었다. 기록에는 공민왕5년에 삼사·삼공직을 다시 설치하고, 동
왕11년에 혁파하였다고 하였으나[26] 실제로는 공민왕5년부터 8년까지
매년 이들 관직이 제수된 사례들이 나타난다.[27] 그러나 이 시기에도 원
간섭기와 마찬가지로 사도와 사공직만 제수되었다.

삼사·삼공직은 고려의 관직체계가 정비되는 성종 대에 정1품의 최고
관직으로 설치되어 관료와 종실을 대상으로 고려 말까지 꾸준히 제수되
었다. 제후국의 지위를 강요받았던 원 간섭기에 사도와 사공을 제외한
태위와 삼사직이 폐지되었고, 원의 간섭으로부터 벗어나 문종대의 관제
로 환원되는 공민왕5년부터 8년까지도 원 간섭기와 마찬가지로 사도와

---

24) "復改官制 以韓希愈守司空中京留守開城府尹商議都僉議會議都監事"(『高麗史』 권
33, 世家 忠宣王원년 7월 戊戌)

25) "王命政丞蔡河中 司空姜好禮 政堂文學鄭乙輔 同知密直司事金上琦薛玄固 密直提
學張沆 衆議國政"(『高麗史』 권37, 世家 忠穆王즉위년 윤2월 丙寅)

26) "恭愍王五年 復置"(『高麗史』 권76, 百官1, 三公三師)

27) 다음과 같이 총 6인에 대한 제수 사례가 보인다.
　　"復改官制 以全普門鄭珚守司空左右僕射"(『高麗史』 권39, 世家 恭愍王5년 7월 丁亥)
　　"以金敬直守司徒上柱國彦陽伯"(『高麗史』 권39, 世家 恭愍王6년 3월 辛卯)
　　"以柳仁雨崔仁遠守司空尙書左右僕射"(『高麗史』 권39, 世家 恭愍王7년 2월)
　　"以李仁復守司空尙書左僕射御史大夫"(『高麗史』 권39, 世家 恭愍王8년 8월 癸亥)

사공직만 제수되다가 이후 삼사·삼공직은 기록에서 완전히 자취를 감추게 되었다.

3. 삼사·삼공직의 제수

1) 삼사·삼공직의 제수 대상

『고려사』『고려사절요』『묘지명』 등 각종 기록에 나타나는 삼사나 삼공직의 제수 사례는 312건 정도이다.[28] 제수 대상은 왕자 등 종실(宗室)과 고위 관료들이었는데, 그 중에서 72건이 종실에게 제수된 것이고 나머지는 모두 관료들에게 제수된 것이다.

당(唐)의 경우 천보(天寶) 이전에는 삼사와 삼공이 단지 그 자리만 있고 실제로는 제수하지 않는 경우가 많았으며 삼공은 대부분 친왕(親王)에게 주어졌다. 그러나 안사(安史)의 난 후에는 번진(藩鎭)과 대신(大臣)을 위해 처음으로 삼사와 삼공직을 제수하기 시작하였다. 삼사의 관함(官銜)을 얻은 자는 모두 14인이었는데, 그 중에서 친왕이 1인, 재상이 4인, 번진이 9인이었다. 정권이 안정되었을 때에는 삼사직의 제수에 신중하여 이 관직에 임명된 자가 없었으나, 정권이 불안정할 때에는 남수되었던 것이 특징이다. 한편 삼공의 관함을 받은 자는 65인이었는데, 그중 친왕이 18인으로서 대부분 천보 이전에 국세가 강성할 때 제수된 것이고, 대장과 번진 30인, 재상 16인, 환관 이보국 등은 천보 이후 삼공직이 남수될 때에 주어진 것이었다.[29]

---

28) 실직과 산직을 모두 포함한 수치이며 최초로 삼사나 삼공직을 제수받은 경우만 대상으로 하였고, 이후 상위의 삼사와 삼공직으로 승진한 경우는 제외하였다.

29) 王穎樓, 1995 「第12章 三師 三公 加銜及其他」『隋唐官制』四川大學出版社

당과 비교할 때 고려에서 삼사와 삼공직의 제수가 많았던 것은 왕조의 존속 기간이 길었던 이유도 있지만 그보다는 안사의 난 이후 남수되었던 당의 삼사·삼공제의 영향을 받았기 때문이 아닌가 한다.

그러면 삼사·삼공직의 구체적인 제수 실태를 종실과 관료로 구분하여 살펴보기로 한다.

(1) 종실

『고려사』 종실 열전에 "고려 왕조에서 종실에게 작위를 수여하였는데 가까운 친족에 속한 자는 공(公)으로, 그 다음은 후(侯)로, 먼 친족은 백(伯)으로 봉하였으며, 어린 사람(幼者)은 사도나 사공으로 봉하였다"[30]고 한다.

그런데 실제로 제왕자(諸王子)에게는 후를, 부마에게는 백을, 비부(妃父)에게는 후를 주었고, 공·후·백의 자(子)와 여서(女壻)에게는 정1품의 최고 관직인 사도나 사공을 수여하였다.[31]

따라서 어린 사람은 사도나 사공으로 봉하였다는 기록은 잘못된 기사이다. 만약 어린 사람에게 사도나 사공직을 제수하였다면 봉작을 받은 자는 모두 어릴 때에 사도나 사공직을 받았다가 뒤에 후나 백의 작위를 받은 것이 되기 때문이다.

이처럼 삼공직은 공·후·백의 아들과 사위(女壻)에게 수여하였지만 공·후의 작위를 받은 종실도 작위와 함께 종1품의 상서령이나 중서령직을 겸(兼)[32]하거나 정1품의 태위·사도·사공 등의 삼공직을 대(帶)[33]하

---

30) "高麗封宗室之親 且尊者曰公 其次爲侯 踈者爲伯 幼者爲司徒司空 摠稱曰諸王 皆不任事 所以保親親也"(『高麗史』 권90, 列傳3, 宗室1 序)

31) 김기덕, 1998 『고려시대 봉작제 연구』 청년사

32) 兼은 位秩이 서로 대등하고 각각 서로 다른 두 관직을 한 사람이 겸임하는 것을 가리킨다. 다만 겸하는 관직이 일반적으로 서로 비슷한 것이 많고, 혹 한 관직이 실직이 아닌 것이 있었다.(兪鹿年 編, 1998 「職官官吏制度 任用類別」, 『中國官制

였다.34)

그러면 고려시대의 종실을 왕자와 왕자 이외의 자들로 나누어 삼사·
삼공직의 제수 실태를 살펴보기로 한다.

(가) 왕자에 대한 제수

왕자의 경우 대부분 봉작시에 작위와 함께 실직 또는 검교직의 삼사·
삼공과 상서령 또는 중서령이 동시에 주어졌다. 종실에 대한 봉작제가
실질적으로 성립하는 것은 문종 대이므로35) 그 이전과 이후, 그리고 무
신집권기 이후로 나누어 왕자에 대한 봉작 사례를 통해 삼사·삼공직의
제수 실태를 정리하면 다음과 같다.

먼저 삼사·삼공직이 본격적으로 제수되기 시작하는 현종대의 사례부
터 살펴보기로 한다. 현종에게는 원성태후(元成太后) 김씨 소생인 덕종
(德宗)과 정종(靖宗), 원혜왕후(元惠王后) 김씨 소생인 문종(文宗)과 평양
공 기(平壤公 基), 그리고 궁인 한씨(宮人 韓氏) 소생인 검교태사(檢校太
師) 충(忠) 등 5자가 있었다.36)

장자인 덕종은 현종7년에 출생하여37) 11년에 연경군(延慶君)으로 봉
작되었고,38) 그 후 동왕13년에 태자(太子)가 되었다가39) 22년에 즉위하

大辭典』 하, 흑룡강인민출판사)

33) 帶는 본 관품 이외에 기타 관품을 兼하는 것이다.(白鋼 主編, 2007 「官員任用類型」
    『中國政治制度史』 사회과학문헌출판사)

34) “顯宗以後 封公侯 下者爲元尹正尹 或有兼尙書中書令 又或帶大尉司徒司空”(『高麗
    史』 권77, 百官2 宗室諸君)

35) 김기덕, 1998 『고려시대 봉작제 연구』 청년사

36) “顯宗五子 元成太后金氏生德宗靖宗 元惠王后金氏生文宗平壤公基 宮人韓氏生檢校
    太師忠”(『高麗史』 권90, 列傳3, 宗室1 顯宗)

37) “德宗敬康大王 諱欽 字元良 顯宗長子 母曰元成太后金氏 顯宗七年丙辰五月 乙巳
    生”(『高麗史』 권5, 世家 德宗즉위년)

38) 『高麗史』 권5, 世家 德宗즉위년

39) “(顯宗)十三年立爲太子”(『高麗史』 권5, 世家 德宗즉위년)

였다.40) 덕종은 작위만 받았을 뿐 일반적으로 왕자들에게 주어지는 상
서령·중서령이나 삼사·삼공 등의 관직을 받은 적이 없다.

2자인 정종(靖宗)은 현종9년에 출생하여41) 5세 때에 평양군(平壤君)
으로 책봉될 때 내사령직(內史令職)을 받았으며42) 덕종3년에 즉위하
였다.43) 작위만 받은 태자와 달리 작위와 함께 내사령직을 받았다. 3자
인 문종은 현종10년에 출생하여44) 13년에 낙랑군(樂浪君)으로 책봉되었
고,45) 정종3년에 내사령직(內史令職)이 제수되었으며,46) 12년에 즉위하
였다.47)

4자인 기(基)는 현종12년에 출생하여,48) 22년에 개성국공(開城國公)
으로 책봉되면서 수태위겸상서령직(守太尉兼尙書令職)을 받았고,49) 정
종3년에 수태보(守太保)로 승진하였다.50) 그 후 문종 초에 평양공(平壤
公)으로 개봉(改封)되었고,51) 동왕3년에 수태사겸내사령(守太師兼內史
令)으로 승진하였다.52) 정종이나 기(基)가 작위와 관직을 동시에 받은

---

40) "(顯宗)二十二年 五月 辛未 顯宗薨 卽位於重光殿 居翼室 朝夕哀臨"(『高麗史』권5,
    世家 德宗즉위년)
41) "靖宗 弘孝安懿康獻容惠大王 諱亨 字申照 德宗母弟 顯宗九年七月 戊寅生"(『高麗
    史』권6, 世家 靖宗즉위년)
42) "五歲封內史令平壤君"(『高麗史』권6, 世家 靖宗즉위년)
43) "德宗三年九月 癸卯 受顧命卽位于重光殿"(『高麗史』권6, 世家 靖宗즉위년)
44) "文宗章聖仁孝大王 諱燉 字燭幽 古諱緖 顯宗第三子 母曰元惠太后金氏 顯宗十年己
    未十二月生"(『高麗史』권7, 世家 文宗즉위년)
45) "(顯宗)十三年 封樂浪君"(『高麗史』권7, 世家 文宗즉위년)
46) "靖宗三年册爲內史令"(『高麗史』권7, 世家 文宗즉위년)
47) "(靖宗)十二年五月丁酉 靖宗薨 卽位于枢前 百官奉國璽 詣重光殿朝賀"(『高麗史』
    권7, 世家 文宗즉위년)
48) "王子生於延德宮賜名基"(『高麗史』권4, 世家 顯宗12년 8월 戊辰)
49) "册王子基守太尉兼尙書令開城國公"(『高麗史』권5, 世家 顯宗22년 2월 己丑)
50) "册弟開城國公基守太保"(『高麗史』권6, 世家 靖宗3년 8월 壬午)
51) "平壤公基…文宗初 基病 下制遣醫視疾 又其生日賜禮幣 後改封平壤公 三年加守太
    師兼內史令 十五年又加中書令"(『高麗史』권90, 列傳3, 宗室1 顯宗)

것과는 달리 문종은 작위를 먼저 받고 후에 관직을 받은 점이 차이이다. 5자인 충(忠)에 대해서는 기록이 없어 검교태사직(檢校太師職)을 받았다는 사실만을 알 수 있을 뿐이다.[53]

이상 현종의 5자 중 기록이 상실된 충(忠)을 제외한 나머지 4자의 사례를 통해 볼 때 태자로 책봉된 장자는 작위만 받았다. '태자는 봉작되지 않는다'는 봉작의 수여 규칙이 만들어지는 것은 문종 대이므로[54] 그 이전인 현종 대에는 장자도 봉작되었음을 알 수 있다.

2자와 3자는 작위와 내사령직만 받았고, 4자는 작위와 내사령직은 물론 수태위직도 받았다. 즉 왕위에 오른 1·2·3자는 작위만 받거나 또는 작위와 함께 내사령직을 받았으나, 왕위에 오르지 않은 4자와 5자는 삼사직을 받았다.

다음은 초기의 봉군제(封君制)에서 봉작제(封爵制)로 전환한 이후 시기인 숙종대의 사례이다. 숙종은 7자를 두었는데 명의태후(明懿太后) 유씨(柳氏) 소생인 예종(睿宗), 상당후(上黨侯) 필(泌), 원명국사(圓明國師) 징엄(澄儼), 대방공(帶方公) 보(俌), 태원공(太原公) 고(侾), 제안공(齊安公) 서(偦), 통의후(通義侯) 교(僑) 등이다.[55] 승려가 된 원명국사 징엄을 제외한 나머지 왕자들의 삼사·삼공직 제수 실태는 다음과 같다.

장자인 예종은 문종33년에 출생하여,[56] 의종(宣宗)11년에 검교사공직이 제수되고 후에 태위까지 승진했다가[57] 숙종5년에 태자로 책봉되었다.[58] 봉작의 수여 규칙대로 봉작은 되지 않고 삼공직만 받았다가 태자

52) "册弟平壤公基守太師兼內史令"(『高麗史』 권7, 世家 文宗3년 2월 甲申)

53) "檢校太師忠史逸"(『高麗史』 권90, 列傳3, 宗室1 顯宗)

54) 김기덕, 1998 『고려시대 봉작제 연구』 청년사

55) "肅宗七子 明懿太后柳氏生睿宗 上黨侯泌 圓明國師澄儼 帶方公俌 太原公侾 齊安公偦 通義侯僑"(『高麗史』 권90, 列傳3, 宗室1 肅宗)

56) "睿宗文孝大王 諱俣字世民 肅宗長子 母曰明懿太后柳氏 文宗三十三年正月 丁丑生"(『高麗史』 권12, 世家 睿宗즉위년)

57) "宣宗十一年 拜檢校司空柱國 累陞太尉"(『高麗史』 권12, 世家 睿宗즉위년)

로 책봉된 것이다. 2자 필은 숙종3년[59)]에 상당후로 책봉되면서 상서령 직과 함께 검교태보수태위직(檢校太保守太尉職)을 제수받았다.[60)] 4자 보, 5자 고, 6자 서, 7자 교는 모두 예종원년에 각각 대방후(帶方侯)[61)], 대원후(大原侯)[62)], 제안후(齊安侯)[63)], 통의후(通義侯)[64)]의 작위를 받음 과 동시에 상서령직과 삼사·삼공직을 모두 받았는데,[65)] 보는 검교태위 수사도(檢校太尉守司徒)를, 고는 검교태보수사도(檢校太保守司徒)를, 서 와 교는 모두 수사공(守司空)을 받았다. 이를 통해 왕자들에게 작위는 동 등하게 후작(侯爵)이 주어졌으나, 삼사·삼공직은 출생 순서에 따라서 반 차상(班次上) 차이를 두었음을 알 수 있다.

다음 무신 집권기 이후 시기인 원종대의 사례이다. 원종은 순경태후 (順敬太后) 김씨 소생인 충렬왕(忠烈王), 경창궁주(慶昌宮主) 소생인 시 양후(始陽侯) 왕태(王珆)와 순안공(順安公) 왕종(王琮) 등 3자를 두었다.[66)]

충렬왕은 고종23년에 출생하여 원종8년에 태자로 책봉되었으며 원종 15년에 원 세조(世祖)의 딸과 혼인하고 곧이어 즉위하였다.[67)] 태자로 책

---

58) "肅宗五年立爲王太子"(『高麗史』 권12, 世家 睿宗즉위년)

59) "封子俋爲檢校太保守太尉兼尙書令"(『高麗史』 권1, 世家 肅宗3년 12월 辛卯)

60) "上黨侯俋 肅宗三年册爲守仁輔德佐理功臣開府儀同三司檢校太保守太尉兼尙書令上 柱國上黨侯食邑二千戶食實封三百戶"(『高麗史』 권90, 列傳3, 宗室1 肅宗)

61) "帶方公俌 … 睿宗元年授推忠廣義功臣開府儀同三司檢校太尉守司徒兼尙書令上柱 國帶方侯 食邑二千戶食實封三百戶"(『高麗史』 권90, 列傳3, 宗室1 肅宗)

62) "大原公侾 … 睿宗元年授奉義同德功臣開府儀同三司檢校太保守司徒兼尙書令上柱 國大原侯 食邑二千戶食實封三百戶"(『高麗史』 권90, 列傳3, 宗室1 肅宗)

63) "齊安公偦…睿宗元年授翊聖致理功臣開府儀同三司檢校尙書令守司空上柱國封齊安 侯 食邑二千戶食實封二百戶"(『高麗史』 권90, 列傳3, 宗室1 肅宗)

64) "通義侯僑 … 睿宗元年封推仁贊化功臣開府儀同三司檢校尙書令守司空上柱國通義 侯 食邑二千戶食實封二百戶五年"(『高麗史』 권90, 列傳3, 宗室1 肅宗)

65) "以弟俌檢校太尉守司徒兼尙書令 侾檢校太保守司徒兼尙書令 偦僑並檢校尙書令守 司空"(『高麗史』 권12, 世家 睿宗원년 2월 乙丑)

66) "元宗三子 順敬太后金氏生忠烈王 慶昌宮主生始陽侯珆 順安公琮"(『高麗史』 권91, 列傳4, 宗室2 元宗)

봉되었으므로 작위나 관직을 받지 않았음을 알 수 있다.

2자인 태는 원종4년에 시양군개국후(始陽郡開國侯)로 책봉되고 검교태위수사공(檢校太尉守司空)을 받았으나 원종7년에 사망하였다.[68] 후로 책봉되었으므로 검교직과 실직 모두 삼공직을 받았다. 3자인 종은 원종4년에 순안군개국후(順安郡開國侯)로 책봉되고, 검교수사도(檢校守司徒)[69]를 받았다.[70]

이상 왕자들에 대한 삼사·삼공직의 제수 사례를 통해 다음과 같은 사실을 파악할 수 있다. 왕자에게는 봉작 시 후(侯)의 작위와 함께 대부분의 경우 종1품의 중서령과 상서령, 정1품의 삼공직도 제수되었다. 이들 관직 가운데 1직만 주어지거나 동시에 2직 또는 3직 주어지는 경우도 있었는데 대체로 출생 순에 따라 관직의 고하에 차이가 있었다.

특히 삼사·삼공직은 처음 후로 책봉될 때에는 사공이나 사도 등 삼공직이 주로 제수되었으나, 이후 공으로 진봉(進封)되면서 태사나 태보 등 삼사직으로 승진하였음을 알 수 있다.

(나) 왕자 이외의 종실(宗室)에 대한 제수

왕자의 자(子)나 부마(駙馬), 비부(妃夫) 등 기록이 남아있는 사례들을

---

67) "忠烈王 諱昛古諱諶 又賰 元宗長子 母曰順敬太后金氏 高宗二十三年丙申二月生 四十六年六月 高宗薨 元宗以太子入覲于元 王時爲太孫 受遺詔權監國事 元宗元年八月册爲太子 十三年如元 十五年尙元世祖女忽都魯揭里迷失公主 六月 癸亥元宗薨甲子百官會于本闕遙尊爲王"(『高麗史』 권28, 世家 忠烈王)

68) "始陽侯珆 元宗四年賜名加元服 封爲侯册曰 … 今遣某官某等持節備禮命爲開府儀同三司檢校太尉守司空上柱國始陽郡開國侯食邑三百戶食實封一百戶 … 府曰始陽置典籤錄事各一人 七年卒"(『高麗史』 권91, 列傳4, 宗室2 元宗)

69) 검교(수)사도와 같은 의미인지, 사도직을 검교직과 실직으로 모두 받았다는 의미인지, 검교□□와 수사도가 잘못 표기된 것인지 알 수 없다.

70) "順安公琮 元宗四年賜名加元服封爲侯 册曰 … 今遣某官某等命爾爲開府儀同三司檢校守司徒上柱國順安郡開國侯食邑二百戶食實封一百戶 … 於是廢慶昌宮主爲庶人流琮終同于海島十一年召還二十一年開府置屬"(『高麗史』 권91, 列傳4, 宗室2 元宗)

살펴보면 다음과 같다. 먼저 현종의 왕자인 평양공 기의 자인 진(璡), 거(琚), 영(瑛)의 사례이다. 진(璡)은 태위였고 거는 사공이었는데 일찍 죽어 봉작이나 관직 제수에 관한 내용은 알 수 없다.

영(瑛)은 정종(靖宗)의 딸 보령궁주(保寧宮主)와 결혼하여 낙랑백(樂浪伯)으로 책봉되고 수사도를 받았다. 헌종 때에 낙랑후로 진봉되었고, 그 후 수태위로 승진하였다.[71] 공주와 혼인하면서 백으로 봉작되고 사도직을 받았으며, 이후 후로 진봉되었으나 작위가 후이므로 수태위의 삼공직에 머물렀다.

왕영(王瑛)의 자인 왕정(王禎)은 처음에 검교상서우복야(檢校上書右僕射)에 임명되었다가 검교사공으로 승진하였고, 이후 숙종의 딸 흥수공주(興壽公主)와 결혼하여 승화백(承化伯)으로 봉작되면서 검교사도수사공직(檢校司徒守司空職)을 받았다.[72]

다음은 문종의 왕자인 진한후(辰韓侯) 유(愉)와 조선공(朝鮮公) 도(燾)의 아들 사례이다. 진한후 유는 기(沂)와 연(演)의 2자를 두었다. 기는 처음에 검교상서우복야(檢校尙書右僕射)를 제수받고 검교사공(檢校司空)으로 승진하였다가 후에 예종의 딸 대녕공주(大寧公主)와 결혼하면서 회안백(淮安伯)으로 봉작되고 검교사도수사공(檢校司徒守司空)으로 승진하였다.[73] 즉 검교직은 사공(司空)에서 사도(司徒)로 승진하고 새로 수사공직(守司空職)을 받은 것이다.

---

71) "平壤公基 … 子璡琚瑛 璡太尉 琚司空早卒 … 瑛尙靖宗女保寧宮主 封樂浪伯 加守司徒 獻宗時拜開府儀同三司 進爲侯 肅宗加輸忠功臣守太尉食邑二千戶食實封三百戶 睿宗七年卒"(『高麗史』 권90, 列傳3, 宗室1 顯宗)

72) "禎 授檢校尙書右僕射 進檢校司空 尙肅宗興壽公主 加特進檢校司徒守司空承化伯 食邑二千戶食實封三百戶 賜贊化功臣號 仁宗八年卒"(『高麗史』 권90, 列傳3, 宗室1 顯宗)

73) "辰韓侯愉 … 子沂演 沂睿宗授檢校尙書右僕射柱國 進檢校司空 尙睿宗女大寧公主 加檢校司徒守司空淮安伯 食邑二千戶食實封三百戶 賜贊化功臣號 … 仁宗四年卒"(『高麗史』 권90, 열전3, 宗室1 文宗)

연은 처음에 검교호부상서직(檢校戶部尙書職)을 받았는데 숙종의 딸 복녕궁주(福寧宮主)와 결혼하면서 진강백(晉康伯)으로 봉작되고 검교사도수사공(檢校司徒守司空)이 되었다.74) 백(伯)의 작위를 받으면서 검교상서(檢校戶部尙書)에서 검교사도(檢校司徒)로 승진하고 새로이 실직의 사공직을 받은 것이다.

조선공 도(燾)는 자(滋), 원(源), 온(溫) 등 3자를 두었다. 자(滋)는 처음에 검교태보를 받았는데 후에 검교태사수사공(檢校太師守司空)으로 사망하였다.75) 원(源)은 처음에 검교사공을 제수받아 검교태위수사도(檢校太尉守司徒)로 승진하였고, 숙종의 딸 안수공주(安壽公主)와 혼인하면서 광평백(廣平伯)으로 봉작되었다. 후에 광평후(廣平侯)로 진봉(進封)되고, 다시 광평공(廣平公)으로 진봉되면서 수태보(守太保)로 승진하였다.76) 즉 처음 관직은 검교사공에서 출발하였으나 공으로 진봉되면서 삼사직의 수태보로 승진한 것이다. 온(溫)은 검교공부상서(檢校工部尙書)에서 시작하여 강릉후(江陵侯)로 책봉되면서 수태위가 되었다가 곧 사망하였다.77)

이상 왕자의 자나 왕족으로 공주와 혼인하여 부마가 된 종실의 경우 대부분 초직으로 3품직 이상의 검교직, 즉 검교상서(檢校尙書), 검교상서좌우복야(檢校尙書左右僕射), 검교삼사·삼공 등의 관직을 받았다. 종

---

74) "辰韓侯愉 … 子沂演 … 演睿宗授檢校戶部尙書柱國 尙肅宗福寧宮主 加檢校司徒守司空上柱國晉康伯食邑三百戶 仁宗二十四年卒"(『高麗史』권90, 列傳3, 宗室1 文宗)

75) "朝鮮公燾 … 爵其子滋檢校太保上柱國 源檢校司空柱國 溫檢校工部尙書柱國 六年 滋以檢校太師守司空卒"(『高麗史』권90, 列傳3, 宗室1 文宗)

76) "朝鮮公燾 … 爵其子滋檢校太保上柱國 源檢校司空柱國 … 源肅宗加輸忠功臣特進 檢校太尉守司徒 尙肅宗女安壽公主 封廣平伯 進開府儀同三司 封爲侯 仁宗加守太保廣平公食邑二千戶食實封五百戶"(『高麗史』권90, 列傳3, 宗室1 文宗)

77) "朝鮮公燾 … 爵其子 … 溫檢校工部尙書柱國 … 溫睿宗授上柱國 仁宗加守太尉江陵侯食邑七百戶食實封三百戶 尋卒 生三女 爲毅宗明宗神宗妃"(『高麗史』권90, 列傳3, 宗室1 文宗)

친불사(宗親不仕)의 원칙에 따라 종친에게는 실제 직사가 없는 3품 이상의 검교직이나 실직이라 하더라도 명예직인 삼사·삼공직이 주어졌던 것이다.

한편 공주와 혼인하여 부마(駙馬)가 되면 백(伯)으로 봉작되었는데, 이때에는 이전에 받았던 검교직이 승진하거나 새로 실직의 사공이나 사도의 삼공직이 제수되기도 하였다. 그리고 이후 백(伯)에서 후(侯)로 진봉됨에 따라 관직도 승진하여 검교직 이외에 실직의 삼공직을 받았고, 다시 후에서 공으로 진봉된 이후에는 삼사직으로 승진하였음을 알 수 있다.

(2) 관료

삼사·삼공직의 제수 사례 총 312건 중에서 관료에게 제수된 것은 240여 건인데, 제수 당시의 관직(겸직 포함)을 명확히 알 수 있는 것은 168건 정도이다. 그 중에서 삼사·삼공의 실직이 주어진 경우가 120건, 검교직이 주어진 경우가 39건, 그리고 실직과 검교직이 모두 주어진 경우가 9건이다.

다음의 <표>를 통해 삼사·사공직의 제수와 당시 관직과의 관계를 살펴보기로 한다.

〈표〉 삼사·삼공직이 제수된 관직

	太師		太傅		太保		太尉		司徒		司空	
	실직	산직	실직	산직	실직	산직	실직	산직	실직	산직	실직	산직
중서령(내사령)					1							
상서령												
문하시중	1	2			1							
중서·문하시랑 평장사	4	1	4	3	2	2	11	1	14	3	7	
참지정사							4	3	3	2	7	6
정당문학							1	1			2	2
지문하성사									2	2	2	1

	太師		太傅		太保		太尉		司徒		司空	
	실직	산직	실직	산직	실직	산직	실직	산직	실직	산직	실직	산직
추신(추밀원사·동지추밀원사)							1			1	6	4
상서좌·우복야									4	2	43	1
합계	5	3	4	3	4	2	17	5	23	12	67	14

먼저 실직의 삼사직이 제수된 경우는 모두 13건으로 전체의 10% 정도에 불과하다. 그 중에서 내사령(內史令) 1건을 제외하면 문하시중(門下侍中) 2건과 중서(내사)문하시랑평장사 10건이다. 요컨대 삼사직은 문하시중과 중서문하시랑평장사 등 최고위 재상 일부에게만 제수되었음을 알 수 있다.

실직의 삼공직은 모두 107건으로서 전체의 90%이다. 그 중에서 중서문하시랑평장사가 32건, 참지정사(參知政事)가 14건. 정당문학(政堂文學)이 3건, 지문하성사(知門下省事)가 4건,[78] 추밀원사(樞密院使) 이하 동지추밀원사(同知樞密院事)까지의 추신직이 7건, 그리고 상서좌우복야(尙書左右僕射)가 47건이다.

가장 많은 비중을 차지한 관직은 상서좌우복야직인데, 그 중에는 복야직 단독으로 삼공직을 받은 경우와 복야로서 참지정사·정당문학·지문하성사 등의 재신직을 겸하고 받은 경우가 있었다.

이들 관직은 모두 정1품직이지만 삼사직은 중서문하시랑평장사 이상의 고위 재신에게, 삼공직은 중서문하시랑평장사를 포함하여 참지정사·정당문학·지문하성사까지의 재신과 추신, 그리고 상서좌우복야에게 제수되어 삼사와 삼공의 제수 대상에 차이가 있었음을 알 수 있다. 특히 중서문하시랑평장사의 경우 삼사직을 받은 사례가 10건, 삼공직을 받은 사례가 32건으로 삼공직을 받은 사례가 더 많았다.

다음 검교의 삼사직이 제수된 경우는 8건으로서 검교직 전체의 20%

---

78) 참지정사, 정당문학, 지문하성사에는 상서좌·우복야가 겸직한 경우도 포함됨

정도이다. 그 중에서 문하시중이 2건, 중서문하시랑평장사가 6건이다.
검교삼공직은 30사례인데 중서문하시랑평장사 이하 지문하성사까지의
재신이 22건, 중추사 등 추신이 5건, 그리고 상서좌우복야가 3건이다.

　검교직 역시 실직과 마찬가지로 삼사직은 중서문하시랑평장사 이상
의 고위 재신에게, 삼공직은 중서문하시랑평장사 이하의 재신과 추신,
그리고 상서좌우복야에게 제수되었음을 알 수 있다.

　다음 실직과 검교직의 삼사·삼공직을 동시에 받은 사례는 9건인데,[79]
이들이 받은 삼사·삼공직 중 실직은 사공과 사도이고, 검교직은 사도·태
위·태보 등이다. 모두 정1품으로 같은 품계이지만 검교직의 경우 실직보
다 1단계 내지 2단계 반차(班次)가 높은 직이 제수되었음을 알 수 있다.[80]

　요컨대 관료에게 주어지는 삼사와 삼공직의 제수 조건은 기본적으로
관품이 2품 이상인 문하시중, 중서문하시랑평장사, 상서좌우복야 등이
고. 본직이 6부 상서, 좌우산기상시, 비서감 등과 같이 그 품계가 3품일
때에는 참지정사, 정당문학, 지문하성사 등 재신직이나 중추원사, 동지
추밀원사 등 추신직을 겸하였다.[81] 그리고 실직과 검교의 삼사·삼공직

---

79) "以李頎檢校司徒守司空判刑部事"(『高麗史』 권12, 世家 肅宗8년 2월 辛酉)
　　"以崔弘嗣檢校太尉守司徒中書侍郎同中書門下平章事兼太子太保判尙書禮部事脩國
　　史"(『高麗史』 권12, 世家 肅宗10년 6월 甲戌)
　　"仁宗卽位擢檢校司徒守司空叅知政事"(『高麗史』 권95, 列傳8 李公壽)
　　"以金若溫檢校司徒守司空門下侍郎平章事上柱國 拓俊京檢校司徒守司空中書侍郎平
　　章事"(『高麗史』 권15, 世家 仁宗2년 12월 甲戌)
　　"以李瑋檢校司徒守司空左僕射判禮部事"(『高麗史』 권15, 世家 仁宗6년 3월 壬寅)
　　"以任元敱檢校太保守司徒判祕書省事"(『高麗史』 권16, 世家 仁宗15년 3월 戊辰)
　　"以李仲爲檢校司徒守司空尙書左僕射判戶部事太子少師"(『高麗史』 권16, 世家 仁
　　宗16년 12월)
　　"皇統六年丙寅十二月 加銀靑光祿大夫檢校司徒守司空尙書左僕射叅知政事判礼部事"
　　(『(김용선 편, 2006「崔梓墓誌銘」『高麗墓誌銘集成』한림대출판부)
80) 예를 들면 檢校司徒守司空, 檢校太尉守司徒, 檢校太保守司徒와 같은 경우이다.
81) 예컨대 채충순은 吏部尙書參知政事로 檢校太尉를 받았고(『高麗史』 권4, 世家 현
　　宗9년 6월 및 12년 8월) 李龔은 左散騎常侍로 中樞使檢校司空을 받았으며(『高麗

이 동시에 제수될 때는 검교직의 반차가 실직보다 1등급 내지 2등급이 높았다.

2) 삼사·삼공직의 제수 배경

삼사·삼공직이 제수되는 배경이나 조건을 보여주는 사료가 거의 없어 구체적인 내용은 알 수 없다. 그러나 변방에서의 축성, 전공 등 공로가 있거나 국왕에게 왕비를 들인 경우(納妃) 등에 제수된 사례들이 나타나므로 이들 사례를 중심으로 제수 배경이나 조건을 살펴보기로 한다.

첫째는 축성(築城)이나 진보(鎭堡)의 설치 등 변공을 세운 경우, 특히 축성과 관련되어 삼공직이 주어진 사례가 가장 많이 보인다. 현종20년에 개경에 나성을 쌓은 왕가도에게 현종은 그 공로로 개성현개국백(開城縣開國伯)의 작위와 함께 검교태위행이부상서겸태자소사참지정사(檢校太尉行吏部尙書兼太子少師叅知政事)를 제수하였다.[82] 나성을 쌓을 당시 왕가도의 관직은 호부상서참지정사(戶部尙書參知政事)였는데,[83] 축성의 공으로 호부상서(戶部尙書)에서 이부상서(吏部尙書)가 되고 검교태위직(檢校太尉職)을 더 받은 것이다.

덕종2년에 유소가 북경(北境)에 관방(關防)을 처음 설치하고 천리장성(千里長城)을 쌓자 덕종은 공신호를 사여하고 관계(官階)를 올려주었으며 관직은 태위문하시랑평장사(太尉門下侍郎平章事)에 이르게 하였

史』권4, 世家 현종9년 6월, (『高麗史』권73, 選擧1 顯宗12년 8월, 『高麗史』권4, 世家 顯宗12년 9월) 李瑋는 秘書監同知樞密院事로 검교사공을 받았다.(『高麗史』권12, 世家 肅宗10년 윤1월 및 睿宗원년 11월, 12월)

82) "(顯宗)二十年…築開京羅城…以功進檢校太尉行吏部尙書兼太子少師叅知政事上柱國開城縣開國伯食邑七千戶 加輸忠創闕功臣號 賜姓王"(『高麗史』권94, 列傳7 王可道)

83) "以李可道爲戶部尙書"(『高麗史』권5, 世家 顯宗15년 11월 丙午) 및 "以崔士威爲太子太師…郭元李可道並叅知政事"(『高麗史』권5, 世家 顯宗11년 정월 辛亥)

다.84) 축성 당시 문하시랑평장사였던 유소는 천리장성의 축성 공로로
태위직을 더 받은 것이다.

판서북로병마사(判西北路兵馬使)이던 최충이 정종(靖宗)의 명으로 영
원·평로 등 진과 14개의 성보(城堡)를 설치하자 국왕은 내사시랑평장사
(內史侍郎平章事)로 승진시키고 수사도를 더하였다.85) 당시 최충의 관직
은 상서좌복야참지정사(尙書左僕射參知政事)였는데 진보(鎭堡)를 설치
한 공으로 내사시랑평장사로 승진되고 수사도직이 더해진(加官) 것이다.

둘째로 반란 진압의 공을 세운 경우이다. 현종 때에 문하시랑평장사
소태보가 한산후(漢山侯) 윤(昀)을 헌종의 후사로 삼으려고 거사한 이자
의와 그 일당을 제거하자 그 공로로 권판이부사(權判吏部事)가 되었다가
곧 수사도판이부사(守司徒判吏部事)로 옮겼다.86) 즉 이자의의 반란 진압
의 공으로 수사도와 판이부사직을 더 받은 것이다.

최사전은 이자겸이 난을 일으키자 척춘경으로 하여금 이자겸을 제거
하게 하여, 그 공으로 군기소감(軍器少監)에서 병부상서로 승진하고 공
신호를 받았으며 이어 수사공상서좌복야(守司空尙書左僕射)로 승진하였
다.87) 이자겸 난 진압 당시 최사전의 관직이 종5품의 군기소감이었으므

---

84) "德宗卽位授中軍兵馬元帥 尋遷門下侍郎同內史門下平章事 二年詔始置北境關防 起
自西海濱古國內城界鴨江入海處　東跨威遠興化靜州寧海寧德雲寧朔雲州安水淸塞平虜
寧遠定戎孟州朔州等十三城 抵耀德靜邊和州等三城 … 明年王宴群臣於文德殿 以勞
詔等開拓關城之勤 賜詔推忠拓境功臣號 進階銀靑興祿大夫上柱國 官至大尉門下侍
郎平章事"(『高麗史』 권94, 列傳7 柳韶)

85) "靖宗朝除尙書左僕射叅知政事判西北路兵馬事 王命冲行邊境拓定城池 賜衣遣之 冲
置寧遠平虜等鎭 及諸堡十四還 陞內史侍郎平章事 加守司徒修國史上柱國"(『高麗史』
권95, 列傳8 崔冲)

86) "獻宗初拜門下侍郎平章事上柱國 李資義謀亂 台輔使王國髦率兵入衛 令壯士高義和
斬資義及其黨 以功權判吏部事 轉特進守司徒判吏部部"(『高麗史』 권95, 列傳8 邵
台輔)

87) "尋授軍器少監 時資謙旣擧兵犯闕 勢甚橫 王密與思全謀之… 去資謙 王錄俊京功
幷賞思全擢兵部尙書 賜推忠衛社功臣號 加守司空尙書左僕射"(『高麗史』 권98, 列

로 바로 삼공직을 받을 수 있는 조건이 되지 못하였기 때문에 병부상서
와 상서좌복야로 연이어 승진시키면서 사공직을 제수한 것으로 보인다.

셋째는 국왕에게 납비(納妃)하거나 왕족과 혼인한 경우이다. 문종은
이자연의 딸을 왕비로 들이면서 이자연에게는 수태위직을 더하고, 그의
부인은 대부인으로 삼았다.[88] 당시 이자연의 관직은 내사시랑평장사(內
史侍郞平章事)였는데 납비로 인해 수태위직이 가관(加官)된 것이다.

이예(李預)는 일찍이 이자의 사건에 연루되어 파면되었으나 예종이
이예의 딸 소생인 연화궁주(延和宮主)를 왕비로 삼았으므로 이예에게 주
식·의복·안마를 하사하고 검교태위형부상서정당문학(檢校太尉刑部尙書
政堂文學)으로 삼았다.[89] 이예는 손녀의 납비로 인해 형부상서정당문학
의 직이 회복되고 나아가 검교태위직을 더 받은 것이다.

한편 최우의 외손인 김치(金佶)는 왕족과 혼인하여 사공직을 받은 경
우이다. 김치(金佶)는 참소를 당해 하동으로 유배가 있었는데 후에 최우
가 불러다가 환속시켜 이름을 미(敉)라 고치고 사공직을 주었다.[90] 사공
은 왕족만이 받을 수 있는 관직인데, 김치(金佶)가 신종(神宗)의 아들인
양양공(襄陽公)의 딸과 결혼했기 때문에 받은 것이었다.

넷째로 국가에 공이 있는 자가 치사(致仕)를 요청하거나 은퇴할 때에
도 삼사나 삼공직이 제수되었다. 현종10년에 강감찬이 물러나기를 청했
으나 왕은 이를 허락하지 않고 검교태위직을 더하는 한편 작위와 공신호
를 수여하였다.[91]

傳11 崔思全)

88) "文宗朝授吏部尙書叅知政事 陞內史侍郞平章事 王納其女爲妃 加守太尉 妻樂浪郡
君金氏爲大夫人"(『高麗史』 권95, 列傳8 李子淵)

89) "獻宗初拜政堂文學刑部尙書 初宣宗爲國原公娶預女 是爲貞信賢妃 生延和宮主 睿
宗立納延爲妃. 預嘗以李資義之黨罷免 至是以妃故 召見含元殿 賜酒食衣服鞍馬
授檢校太尉刑部尙書政堂文學"(『高麗史』 권95, 列傳8 李子淵/李預)

90) "又召金佶(侍卽瑀外孫晟也)于河東 亦令歸俗 改名 敉爲司空 司空唯諸王爲之 敉娶
襄陽公女故 授之 且司空無權 以避沈也"(『高麗史節要』 권16, 高宗34년 6월)

당시 강감찬의 본직이 문하시랑동내사문하평장사(門下侍郎同內史門下平章事)였던 강감찬에게92) 검교태위직이 가관(加官)되었는데, 이듬해에 거듭 은퇴를 청하자 남(男)에서 자(子)로 작위를 올려줌과 동시에 검교태부(檢校太傅)로 승진시켰다.93)

참지정사수문전대학사판호부사태자태보(叅知政事修文殿大學士判戶部事太子大保)인 이규보가 표(表)를 올려 물러나기를 간절히 원하자 왕은 그 뜻을 어기기 어려워 수대보문하시랑평장사수문전대학사감수국사판예부사한림원사태자대보(守大保門下侍郎平章事修文殿大學士監修國史判禮部事翰林院事太子大保)로 은퇴하게 하였다.94) 당시 이규보의 관직은 참지정사였으나 문하시랑평장사(門下侍郎平章事)로 승진시키고 수태보직을 가관(加官)한 것이다.

양원준 역시 예에 따라 노퇴(老退)를 고하자 왕은 특별히 수사도직(守司徒職)을 제수하고, 이어 벼슬에서 물러나게 하였다.95) 당시 양원준의 관직은 문하시랑평장사였는데96) 수사도직이 더 주어진 것이다.

다섯째로 국가에 특별한 공로가 있거나 덕이 높은 자가 사망하거나 사망한 이후에 추증직(追贈職)으로 제수되었다. 성종8년에 최승로가 사

---

91) "明年 邯贊上表請老 不允 賜几杖 令三日一朝 加檢校太尉門下侍郎同內史門下平章事天水縣開國男食邑三百戶 賜推忠恊謀安國功臣號"(『高麗史』 권94, 列傳7 姜邯贊)

92) "癸丑朔 以姜邯贊爲門下侍郎同內史門下平章事"(『高麗史』 권4, 世家 顯宗10년 11월)

93) "十一年 又表請致仕從之 加特進檢校太傅天水縣開國子食邑五百戶"(『高麗史』 권94, 列傳7 姜邯贊)

94) "乙未十二月爲叅知政事修文殿大學士判戶部事太子大保 冬十月上表乞退 上遣近臣敦諭 令復起 公不得已起視事 又乞退固切 上重違其志 以守大保門下侍郎平章事修文殿大學士監修國史判禮部事翰林院事太子大保致仕"(김용선 편, 2006 「李奎報 墓誌銘」 『고려묘지명집성』 한림대출판부)

95) "丁丑十一月 以禮告老退休于私 戊寅三月特授守司徒 余並如故 仍令致仕"(김용선 편, 2006 「梁元俊 墓誌銘」 『고려묘지명집성』 한림대출판부)

96) "毅宗初拜御史大夫 轉知門下事 十年進門下侍郎平章事 明年致仕 又明年卒"(『高麗史』 권99, 列傳12 梁元俊)

망하자 왕은 교서를 내려 그 훈덕(勳德)을 포숭(襃崇)하고 태사직을 추증하였으며,[97] 정종6년에 형부상서판어사대사인 이주좌(李周佐)가 사망했을 때에도 왕은 애석해하며 사공상서우복야(司空尚書右僕射)를 증직하였다.[98] 즉 문하시중으로 사망한 최승로에게는 태사직이 추증되었고, 형부상서로 죽은 이주좌는 상서우복야로 승진되고 사공직이 추증된 것이다.

사망한 모든 관료가 대상이 된 것은 아니고 특별한 공로가 있었거나 국왕과 특별한 관계에 있었던 인물에게만 삼사나 삼공직이 추증된 것으로 생각된다. 그리고 앞에서도 언급했듯이 덕종2년에 이미 고인이 된 최응, 유신성, 서희, 이몽유, 한언공, 김승조, 최숙 등 선대 공신들에게도 사공·사도·태부·태사 등을 추증한 바 있고[99], 이 밖에도 최지몽과 박수경 등에게도 죽은 후에 태사직과 사도직이 추증되었다.[100]

이상의 여러 사례를 통해 관료에게 삼사·상공직이 제수되는 경우 일단 관품이 2품 이상인 재신이나 추신, 그리고 상서좌우복야의 지위에 있는 자가 그 대상이 되었음을 알 수 있다. 그렇다고 모든 재신이나 추신

---

97) "(成宗)二年轉門下侍郞平章事 上章辭不允 七年拜門下守侍中封淸河侯食邑七百戶 累表乞致仕皆不允 八年卒諡文貞年六十三 王慟悼下敎襃其勳德贈太師賻布一千匹 麪三百碩粳米五百碩乳香一百兩腦原茶二百角大茶一十斤"(『高麗史』 권93, 列傳6 崔承老)

98) "德宗初授右諫議大夫 靖宗二年除右散騎常侍 六年以刑部尚書判御史臺事卒 王悼惜 贈司空尚書右僕射"(『高麗史』 권94, 列傳7 李周佐)

99) "贈先代功臣加崔凝司徒 劉新城太傅 崔承老大匡 崔亮三重大匡 徐熙太師 李知伯大匡 李夢游司空 韓彦恭太傅 金承祚司空 崔肅太師 姜邯贊大丞 崔沆正匡"(『高麗史』 권5, 世家 德宗2년 10월 甲辰)

100) "(成宗)六年卒 年八十一訃聞震悼賻布千匹米三百碩麥二百碩茶二百角香二十斤官 庀葬事 贈太子太傅 諡敏 後加贈太師 十三年配享景宗廟庭"(『高麗史』 권92, 列傳 5 崔知夢)
"定宗初卽位削平內難守卿功居多 尋轉大匡 光宗十五年子佐丞承位承景 大相承禮 等 被讒下獄 守卿憂恚而卒 後累贈司徒三重大匡"(『高麗史』 권92, 列傳5 朴守卿)

이 삼사·삼공직의 제수대상이 된 것은 아니고 그 중에서도 축성이나 진보의 설치 등 변공, 반란의 진압 공로, 국왕에게 납비한 경우, 치사나 은퇴시의 예우, 사망 당시 또는 사망 이후의 추증 등 특별한 경우에만 주어졌던 것이다.

3) 삼사·삼공의 수직(守職)

일반 관직에서와 마찬가지로 삼사·삼공직에서도 수직이 나타난다. 일반 관직에는 행직(行職)이나 수직(守職)이 모두 있지만 삼사와 삼공직에서는 수직만 있는 것이 특징이다. 본래의 수직은 관계(官階)의 품계가 관직(官職)의 품계보다 낮을 때 관직 앞에 수(守)를 붙여 양자의 관계를 표시하는 행수제(行守制)에서 비롯된 것이다.

이처럼 관계와 관직의 품계가 일치하지 않을 때 관직 앞에 행 또는 수를 붙여 양자의 관계를 표시하는 행수제는 중국의 당대(唐代)에 성립되어 송(宋) 선화(宣和) 연간 이전까지 실시된 제도였다.[101]

그런데 고려에서 시행된 행수제는 당이나 송에서 실시된 행수제와는 그 기능이나 성격이 달랐다. 즉 고려의 행수제는 성종대 이후 산직제(散職制)가 실시되면서 검교직(檢校職)과 같은 산직이 제수됨에 따라 산직(散職)과 실직(實職)을 동시에 보유한 경우에 두 직을 서로 구분하기 위해 실직 앞에 행 또는 수를 붙인 것이었다.[102]

---

101) 당·송의 행수제에 대해서는 다음의 논저들이 있다.
　　李超鋼·宋小海·李江, 1989 『中國古代官吏制度淺論』 勞動人事出版社
　　孫文良, 1996 『中國官制史』 臺北 文津出版社
　　兪鹿年, 1996 『中國政治制度通史』 제5권(隋唐五代券) 人民出版社
　　兪宗憲, 1983 「宋代職官品階研究」 『文史』 21집, 中華書局
　　丁凌華, 1986 「宋代寄祿官制度初探」 『中國史研究』 4期
　　朱瑞熙, 1996 『中國政治制度通史』 6권(宋代券), 人民出版社
102) 권영국, 2012 「고려전기의 行職과 守職」 『역사와 현실』 86, 한국역사연구회

이는 삼사나 삼공직의 경우에도 마찬가지였다. 검교직과 실직의 삼사·삼공직을 동시에 보유한 경우 실직 앞에 모두 수를 칭하였다.[103] 요컨대 삼사·삼공의 수직도 일반 관직과 마찬가지로 검교직과 구분하기 위해 실직 앞에 수를 붙인 것이다. 또한 동일한 내용의 서로 다른 기록에서 삼사나 삼공직 앞에 수를 붙이기도 하고 생략하기도 하여 양자는 모두 실직을 가리키는 같은 관직임을 알 수 있다.

예를 들어 이응보(異膺甫)와 김여탁(金如琢)에게 사도와 사공직을 가(加)한 같은 내용의 다른 두 기록을 보면 한 기록에서는 수사도와 수사공으로[104] 다른 기록에서는 사도와 사공으로 표기되었고,[105] 최충의 경우도 그의 관직이 『고려사』「세가(世家)」에는 수태사겸중서령(守太師兼中書令)으로[106], 「예지(禮志)」에는 태사중서령(太師中書令)으로 표기되었으며,[107] 윤언식 역시 한 기록에서는 수사공(守司空)으로[108] 다른 기록에서는 사공(司空)으로 표기되고 있음을 볼 수 있다.[109]

이처럼 고려시대의 행직과 수직은 당·송의 행수제를 받아들인 것이

---

103) 몇 개의 사례를 들면 다음과 같다.

"以李頎檢校司徒守司空判刑部事"(『高麗史』 권12, 世家 肅宗8년 2월 辛酉)

"仁宗卽位擢檢校司徒守司空叅知政事"(『高麗史』 권95, 列傳8 李公壽)

"以金若溫檢校司徒守司空門下侍郞平章事上柱國 拓俊京檢校司徒守司空中書侍郞平章事"(『高麗史』 권15, 世家 仁宗2년 12월 甲戌)

"皇統六年丙寅十二月 加銀靑光祿大夫檢校司徒守司空尙書左僕射叅知政事判礼部事"(『高麗墓誌銘集成』 崔梓墓誌銘)

104) "加左僕射異膺甫守司徒 右僕射金如琢守司空"(『高麗史』 권5, 世家 德宗즉위년 10월 癸卯)

105) "制曰 左僕射異膺甫加司徒 右僕射金如琢加司空 其班在叅知政事之下中樞使之上 並加俸祿"(『高麗史』 권5, 世家 德宗원년 정월 戊戌)

106) "以守太師兼中書令崔冲"(『高麗史』 권10, 世家 宣宗3년 2월)

107) "靖宗室 … 太師中書令文憲公崔冲"(『高麗史』 권60, 禮2, 吉禮大祀 禘祫功臣配享於庭宗)

108) "守司空左僕射尹彦植卒"(『高麗史』 권17, 世家 毅宗3년 5월 庚戌)

109) "移御司空尹彦植第"(『高麗史』 권18, 世家 毅宗13년 12월 壬戌)

었지만 본래의 제도와는 다른 방식으로 운영되었고 이는 삼사·삼공직의 경우도 동일하게 적용되었다. 그러나 삼사·삼공직은 실직 앞에 행 또는 수를 붙인 일반 관직과는 달리 모두 수를 붙인 것이 차이였다.110)

4. 삼사·삼공직에 대한 대우

1) 전시(田柴)와 녹봉(祿俸)의 지급

고려시대에는 문무관료·군인·서리 등 국가의 직무에 복무하는 자들에게 그 대가로 전지(田地)와 시지(柴地)가 지급되었다. 전시 지급에 대한 규정은 경종 대에 처음 제정되어 이후 목종대와 덕종대의 개정을 거쳐 문종대에 최종적으로 정비되었다.

삼사와 삼공직에 대한 전시 지급은 목종 때에 개정된 전시과에서 참지정사, 상서좌우복야와 함께 제3과에 포함되어 90결의 전지와 60결의 시지를 받는 검교태사(檢校太師)의 예가 유일하다.111)

이미 앞에서 언급한 것처럼 삼사·삼공직은 성종 대에 설치되어 사후에 주어지는 추증직(追贈職)과 생전에 주어지는 실직(實職)이 모두 제수되었으므로 이들 직에 대해 전시를 지급했다면 검교태사 이외에 다른 삼

---

110) 일반 관직의 경우 산직제가 실시되는 초기에는 수직과 행직의 비중이 비슷하게 나타나다가 점차 수직은 사라지고 행직만 남게 되는데, 그 이유는 처음에는 실직을 산직과 구분하기 위해 실직 앞에 행 또는 수를 모두 붙이다가 점차 행만을 붙였기 때문으로 보인다.(권영국, 2012 「고려전기의 行職과 守職」『역사와 현실』 86, 한국역사연구회)

111) "改定文武兩班及軍人田柴科 第一科田一百結柴七十結【內史令侍中】第二科田九十五結柴六十五結【內史門下侍郎平章事致仕侍中】第三科田九十結柴六十結【叅知政事左右僕射檢校太師】"(『高麗史』 권78, 食貨1, 田柴科)

사·삼공직도 지급대상에 포함되어야 할 것이다.

그러나 문종 대에 경정(更定)된 전시과에서는 삼사·삼공직에 대한 전시 지급은 전혀 보이지 않는다. 아마도 관료에게 제수된 삼사·삼공직은 모두 본직에 추가로 제수되는 가관(加官), 즉 겸직이었으므로 겸직인 관직들에게 전시가 지급되지 않았던 것처럼 이들 삼사·삼공직에게도 전시가 지급되지 않았던 것으로 보인다. 따라서 목종대의 개정전시과에 검교태사가 지급 대상에 포함된 것은 「식화지(食貨志)」 편찬자의 오류가 아닌가 한다.

또한 관리들에게는 관직에 복무하는 대가로 전시와 함께 녹봉(祿俸)이 지급되었다. 기록상 녹봉제는 문종30년에 제정되고 인종대에 경정된 것으로 되어 있다. 문종30년에 정한 녹봉 규정은 비주록(妃主祿)·종실록(宗室祿)·문무반록(文武班祿) 등 9개 항목으로 구분되어 있는데 그 중 삼사·삼공에 대한 녹봉 규정은 종실록과 문무반록에 포함되어 있다.

먼저 문종대의 녹봉 규정에서 종실은 크게 공(公), 후(侯), 백(伯), 사공(司空)으로 구분되고 삼사·삼공직을 가진 종실은 수태위후(守太尉侯), 수사도백(守司徒伯), 수사공백(守司空伯), 사공(司空) 등으로,[112] 이들의 녹봉액은 수태위후가 300석, 수사도백·수사공백이 240석, 사공이 220석이다.[113]

여기서 300석을 받는 수태위후는 처음에 사도나 사공직을 받았다가 공주와 혼인하여 백으로 봉작되고 이후에 후로 진봉되면서 태위로 승진한 경우를 가리키는 것이고, 240석을 받는 수사도백·수사공백은 처음에

---

112) 그동안의 연구에 의하면 이 녹봉 규정에는 많은 누락이나 생략이 있는 것으로 추정되고 있다. 예컨대 공, 후 다음에 상서령만 나오는데 종실 중 작위가 없이 상서령직만 받는 종실이 없었기 때문에 상서령 다음에 侯가 누락되었고, 또한 守司徒司空伯 앞에도 伯이 빠져있다.(김기덕, 1998『고려시대 봉작제 연구』청년사)

113) "文宗三十年定 四百六十石十斗【公】四百石【侯】三百五十石【尙書令】三百石【守太尉侯】二百四十石【守司徒司空伯】二百二十石【司空】"(『高麗史』권80, 食貨3, 宗室錄)

사도나 사공직을 받았다가 공주와 혼인하여 백으로 봉작된 경우이며, 220석을 받는 사공은 종실로서 봉작되지 못하고 사공직만을 받은 경우로 생각된다.

한편 인종대의 녹제(祿制)에서 삼사·삼공직에 대한 녹봉의 지급 대상에는 제수사공(諸守司空)만 포함되어 있다.114) 종실로서 공·후·백의 작위를 받은 자는 대부분 상서령이나 중서령 또는 삼사·삼공 등의 관직도 겸하였으나 이들에 대한 녹봉은 작위를 기준으로 지급하였으므로 삼사·삼공 등의 관직은 표시되지 않은 것으로 보인다.

문종 대에 후와 수태위후로 구분되었던 것이 제후(諸侯)로 통합되었고, 녹봉액도 400석과 350석에서 300석으로 통합되었으며, 수사도백(守司徒伯)·수사공백(守司空伯)은 제백(諸伯)이 되고 문종 대와 동일한 240석이 되었다. 또한 사공은 제수사공(諸守司空)이 되고 녹봉 액수는 그대로 220석이다.

다음 문무반록(文武班祿)에 포함된 삼사·삼공의 녹봉은 문종대 녹제에서는 태사 이하 사공까지 모두 26석 10두로 동일한 액수이나115) 인종대에 경정된 녹제에서는 삼사와 삼공 중 수태위만 포함되고 나머지는 모두 빠져 있으며 녹봉의 액수도 판국자감사(判國子監事)와 동일한 250석으로 되어 있다.116)

본래 겸직에게는 전시나 녹봉이 지급되지 않은 것이 원칙이었다. 삼사와 삼공직 역시 본직에 추가로 주어지는 가관(加官), 즉 겸직이지만 다

---

114) "仁宗朝更定 六百石【國公】三百五十石【諸公尙書令】三百【諸侯】二百四十石【諸伯】二百二十石【諸守司空】"(『高麗史』 권80, 食貨3, 宗室錄)

115) "文宗三十年定 … 二十六石十斗【太師太傅太保大尉司空司徒中尙大倉大官大盈大樂掌冶供驛內園典廐令 大史丞 司天主簿 左右侍禁】"(『高麗史』 권80, 食貨3, 文武班祿)

116) "仁宗朝更定 四百石【門下侍中中書令】三百六十六石十斗【門下平章中書平章】三百三十三石五斗【叅知政事左右僕射】三百石【六部尙書左右常侍御史大夫判閤門事上將軍】二百五十石【判國子監事守大尉】"(『高麗史』 권80, 食貨3, 文武班祿)

음 기록에서 보는 것처럼 녹봉이 추가로 지급되었던 것으로 보인다.

> ○ 제(制)에 이르기를, "좌복야(左僕射) 이응보(異膺甫)에게 사도(司徒)를
> 더하고 우복야(右僕射) 김여탁(金如琢)에게 사공(司空)을 더하여, 그 반
> 열(班列)이 참지정사(參知政事)의 아래 중추사(中樞使)의 위에 있게 하
> 며, 아울러 녹봉을 더하라."고 하였다.[117]

즉 좌복야 이응보와 우복야 김여탁에게 각각 사도와 사공직을 더하고
그 반차를 참지정사 아래 중추사 위에 두고 아울러 녹봉을 더 주게 하였
다는 내용이다. 이를 통해 사도·사공 등 삼사·삼공직에 대해서는 본직의
녹봉 이외에 추가로 녹봉이 더 지급되었음을 알 수 있다.

따라서 인종대의 녹제에서 수태위(守太尉)가 판국자감사(判國子監事)
와 같이 250석으로 규정된 것은 오류이며, 나머지 삼사와 삼공에 대한
녹봉 규정은 누락되었을 것으로 생각된다.

동궁관인 태자의 삼사(三師)·삼소(三少)[118]에 대한 녹봉이 문종대와
인종대가 모두 26석 10두로 동일한 액수인 것으로 보아[119] 문무반록에
속하는 삼사·삼공의 녹봉도 문종대와 인종대가 동일하거나 비슷한 액수
였을 것으로 추정된다.

---

117) "制曰 左僕射異膺甫加司徒 右僕射金如琢加司空 其班在參知政事之下 中樞使之
上 並加俸祿"(『高麗史』 권5, 世家 德宗元年 정월 戊戌)
118) 三師는 太師·太傅·太保이며 三少는 少師·少傅·少保이다.
119) "文宗三十年定 三百石【賓客詹事】二百石【少詹事】四十六石十斗【詹事府丞】四十石【詹
事府司直春坊通事舍人】三十六石十斗【詹事府主簿】三十三石五斗【試詹事府司直春
坊通事舍人】二十六石十斗【太師太傅太保少師少傅少保】… 仁宗朝更定 四十六石十
斗【詹事府丞】四十石【春坊通事舍人詹事府司直】三十三石五斗【試詹事府丞】三十石
十斗【詹事府主簿試春坊通事舍人詹事府司直】二十六石十斗【太師太傅太保少師少
傅少保】"(『高麗史』 권80, 食貨3, 東宮官祿)

2) 구사(丘史)의 지급

구사는 문무백관의 거동 시에 호종의 업무를 담당하는 의종(儀從)으로 신분적으로는 잡류(雜類)에 속하였다.[120] 삼사·삼공직에 대한 구사의 지급은 명종10년의 판문(判文)에 실직과 치사직으로 구분하여 그 액수가 규정되어 있다.

먼저 실직의 삼사·삼공에 대한 구사의 지급액은 수태사(守太師)·수태부(守太傅)·수태보(守太保)의 삼사가 최고액인 22구이며, 수태위(守太尉)·수사도(守司徒)·수사공(守司空)의 삼공은 16구로서 삼사직과 같은 정1품직이지만 지급액에 차이가 많았음을 알 수 있다.

삼사에 대한 지급액은 종1품직인 중서령·문하시중·상서령 등 3성의 장관과 같고, 삼공에 대한 지급액은 정2품직인 참지정사와 같고 중서·문하시랑평장사보다는 적었다.

다음으로 규정 말미의 양반치사원조(兩班致仕員條)에 포함되어 있는 수삼공(守三公) 이상에게는 4구가 지급되었는데 이는 상서령(尙書令), 중서령(中書令), 문하시중(門下侍中), 중서문하시랑평장사(中書門下侍郎平章事)를 제외한 참지정사(參知政事), 정당문학(政堂文學), 지문하성사(知門下省事) 등의 치사(致仕)한 재신과 추신에게 지급한 액수와 동일하다.

여기서 수삼공(守三公) 이상이란 사공에서 태사에 이르는 삼공과 삼사를 가리키는 것이라 생각된다. 실직의 삼사직과 삼공직 간에는 구사의 지급액에 차이가 많은 것과 달리 치사한 삼사직과 삼공직 사이에는 차이가 없었다.

지문하성사(知門下省事), 정당문학(政堂文學), 판추밀원사(判樞密院事), 추밀원사(樞密院使), 지추밀원사(知樞密院事), 동지추밀원사(同知樞

---

120) 홍승기, 1973 「고려시대의 雜類」 『歷史學報』 57

密院事), 6상서관판사(六尙書官判事) 등의 겸직에게도 구사가 지급된 것으로 보아 전시나 녹봉과 달리 구사는 겸직에게도 지급되었음을 알 수 있다. 요컨대 전시나 녹봉이 본직의 고하와 직무의 중요성에 따라 지급된 반면 구사는 겸직을 포함한 관직의 관품에 따라 지급된 것임을 알 수 있다.

5. 삼사·삼공직의 직무와 성격

　삼사와 삼공의 직무나 역할에 대한 구체적인 기록은 없다. 고려 말에 이첨(李詹)이 올린 상서 가운데 삼사의 역할에 대해 "태사(太師)는 교훈(敎訓)으로써 왕을 인도하고, 태부(太傅)는 덕의(德義)로써 왕을 보좌하며, 태보(太保)는 왕의 신체를 보호하는 것이다. 그러므로 『서경』에서 태사·태부·태보(太師·太傅·太保)는 도리를 강론하고 국가를 경륜하며 음양을 고르게 하는 것"이라고 하였다.121)

　이처럼 고려의 삼사는 국왕의 스승과 최고 보좌관에 해당하는 지위로서 논도경방(論道經邦), 변리음양(變理陰陽)이라는 상징적 직무 이외에 특별한 직무는 없었던 것으로 보인다.

　중국에서 수·당·오대·송초에 걸쳐 설치된 삼사(三師)는 훈도(訓導)를 담당하는 관으로서 관장하는 직무가 없었고, 송초에는 친왕(親王)·사상(使相)에게 가관(加官)되는 직으로 정사에 참여하지 않았다. 삼공 역시 명의상 직무는 국가의 대사(大事)를 참의(參議)하는 것이었으나 실제상으로는 가관(加官) 혹은 증관(贈官)이었다.122)

---

121) "詹進九規 一曰 養德 三代之時 人君必有師傅保之官 師導之敎訓 傅傅之德義 保保其身體 故書曰 立大師大傅大保 玆惟三公 論道經邦 變理陰陽"(『高麗史』 권 117, 列傳30 李詹)

이처럼 중국에서나 고려에서 삼사와 삼공은 특별한 직무가 없었고, 또한 직접 국정에 참여하지 않는 관직이었다. 그러나 정1품의 최고 관직으로 형식상으로는 종실과 거의 대등한 대우를 받는 지위였던 것으로 보인다.

인종대에 적전(籍田) 경작 의례에서 쟁기질을 하는데 국왕은 5번, 제왕과 삼공은 7번, 상서열경(尙書列卿)은 9번으로 규정하여[123] 삼공은 제왕과 동렬의 위치에 있었음을 알 수 있다. 또한 고종대에 최우가 연회를 베풀 때에 그 대상을 종실사공이상급재추(宗室司空以上及宰樞)라 하여[124] 사공(司空) 이상의 삼사·삼공이 종실과 동급으로 대우받았음을 알 수 있다.

그러나 다음의 사례에서 볼 수 있는 것처럼 실제로는 정1품의 최고 관품에 맞는 권한이나 책임이 없는 관직이었다.

> ○ 또 김치(金侙)를 하동(河東)에서 불러 환속시켜 이름을 미(籹)라 고치고 사공(司空)으로 삼았다. 사공은 오직 제왕(諸王)만 할 수 있었는데, 미(籹)가 양양공(襄陽公)의 딸과 결혼하였으므로 이 벼슬을 주었다. 또 사공은 권세가 없으므로 항(沆)을 피하게 한 것이었다.[125]

위 기록은 최우의 외손인 김미(金籹)가 참소를 당해 하동으로 유배되었는데 후에 최우가 불러다가 환속시키고 사공직을 주었다는 내용이다.

---

122) 兪鹿年 編, 1992 『中國官制大辭典』 상, 黑龍江人民出版社
   王穎樓, 1995 『隋唐官制』 四川大學出版社
   龔延明 編, 1997 『宋代官制辭典』 中華書局
123) "親耕籍田 王五推 諸王三公七推 尙書列卿九推"(『高麗史』 권62, 禮4, 吉禮中祀, 籍田 仁宗22年 正月 乙亥)
124) "(高宗)三十二年五月 宴宗室司空以上及宰樞"(『高麗史』 권129, 列傳42, 叛逆3 崔忠獻/崔怡)
125) "又召金侙(侍卽瑀外孫聂也)于河東 亦令歸俗 改名 籹爲司空 司空唯諸王爲之 籹娶襄陽公女故 授之 且司空無權 以避沆也"(『高麗史節要』 권16, 고종34년 6월)

그런데 사공은 왕족만이 받을 수 있는 관직으로, 김미가 신종(神宗)의 아들인 양양공(襄陽公)의 딸과 결혼했기 때문에 받은 것이지만, 사실은 실권이 없는 관직이었다고 한다. 여기서 볼 수 있듯이 사공은 실권이 없는 관직, 즉 왕족 등에게 주어지는 일종의 명예직이었음을 알 수 있다. 이처럼 삼사·삼공은 정1품의 최고 관직으로 형식상으로 최고 대우를 받았으나 실제로는 특별한 직무나 권한이 없는 관직이었다.

그러나 다음에 정리한 것처럼 태위·사도·사공 등 삼공은 길례·흉례·가례 등 각종 국가의 의례에 향관(享官)으로 참여하였다.

○ 원구(圜丘)의 제사; 환구에서의 제사는 매년 정월 첫 신일(辛日, 上辛)에 풍작을 비는 제사와 4월 중에 적당한 날을 택하여 가물에 비를 비는 제사가 있었는데,[126] 이 제사에 태위·사도·사공이 향관으로 참여하였다.[127]

○ 사직(社稷)에 대한 제사; 사(社)는 토지신을 직(稷)은 곡신(穀神)을 상징하는 것으로 천자나 제후는 사직단을 지어 제사를 지냈다. 고려에서도 사직단을 만들어 국태민안(國泰民安)을 기원하는 제사를 지냈는데, 태위·사도·사공이 향관으로 참여하였다.[128]

○ 태묘(太廟)에서의 제사; 태묘는 왕실의 신주(神主)를 모시는 사당으로 태묘에 정기적으로 제사를 지내는 날은 한식(寒食)과 납일(臘日)[129]이었다.[130] 국왕이 친향(親享)할 때에도 태위·사도·사공이 향관이 되었고[131], 유사(有司)가 제사를 대행 할 때에도 태위·사도·사공이 향관으

---

126) 『高麗史』 권59, 禮1, 吉禮大祀, 圜丘 燎壇

127) 『高麗史』 권59, 禮1, 吉禮大祀, 圜丘 親祀儀 獻官/親祀儀 齊戒/進熟
　　『高麗史』 권59, 禮1, 吉禮大祀, 圜丘 有司攝事儀 齋戒/陳設/奠玉帛/進熟

128) 『高麗史』 권59, 禮1, 吉禮大祀, 社稷 獻官/齊戒/奠玉帛/進熟

129) 冬至로부터 세 번째 未日

130) "太廟享有常日者 寒食臘臘 兼薦魚"(『高麗史』 권60, 禮2, 吉禮大祀 太廟)

131) 『高麗史』 권60, 禮2, 吉禮大祀, 太廟 獻官/省牲器/晨祼/饋食

로 참여하였다.132) 이 날 이외에도 춘·하·추·동 4절기의 첫 달에 날을 택하여 제사하고, 또한 3년에 1차례씩 10월과 5년에 1차례씩 4월에는 합동제사를 지냈는데133) 이때에도 역시 태위·사도· 사공이 제사에 참여하였다.134)

○ 제릉(諸陵)에 대한 참배 의식; 국왕이 선왕의 능을 참배할 때 행하던 의식으로 고려 시대의 배릉의(拜陵儀)는 최윤의(崔允儀)가 편찬한『상정고금례(詳定古今禮)』의 내용이『고려사』에 전해지고 있는데,135) 배릉의에서도 태위 이하 삼공이 향관으로 참여하였다.136)

○ 적전(籍田) 의례; 신농씨(神農氏)와 후직씨(后稷氏)에 대한 제사로서 음력 정월의 길일인 해일(亥日)을 택하여 제사를 지냈다.137) 고려에서는 성종2년부터 시작되었으나 자세한 내용은 알 수 없다. 적전 의례는 중사(中祀)로서 대사(大祀)보다 의례가 간단하였는데 이 의식에서도 태위·사도·사공이 향관이 되었다.138)

○ 국휼(國恤) 의례; 국휼은 국상(國喪)을 의미하는 것으로 고려에서는 국상에 관한 의례를 제정하지 않아 큰 상사가 나면 임시로 고전의 전례(典例)를 참고하여 일을 치렀는데 기록을 남기지 않았다.139) 고려후기의 기록이기는 하지만 국휼 의례에서도 태위와 사도 등이 참여하였음을 알 수 있다.140)

---

132) 『高麗史』 권60, 禮2, 吉禮大祀, 太廟 有司攝事儀 齋戒/陳設/晨祼/饋食/復命
133) "無常日者 並擇日四孟月 三年一祫 以孟冬 五年一禘 以孟夏 其禘祫之月 卽不時享"(『高麗史』 권60, 禮2, 吉禮大祀 太廟)
134) 『高麗史』 권61, 禮3, 吉禮大祀, 太廟四孟月及臘親享儀 晨祼/陳設/饋食
135) 한국고전용어사전편찬위원회, 2001 『한국고전용어사전』 세종대왕기념사업회
136) "以寢園春享 將誓戒 祭前七日 誓戒例也 今則三日也 凡享官 自太尉以下 皆不至 糾正及時到 享官七人同議不誓而罷"(『高麗史』 권61, 禮3, 吉禮大祀, 諸陵 忠宣王3년 정월 丙戌)
    "寢園春享 享官誓于三司 太尉樂安君李遷善 司徒典儀令金義烈 不至 改命金海府院君李齊賢 爲太尉"(『高麗史』 권61, 禮3, 吉禮大祀, 諸陵 忠定王5년 정월 壬午朔)
137) 『高麗史』 권62, 禮4, 吉禮中祀, 籍田
138) 『高麗史』 권62, 禮4, 吉禮中祀, 籍田 饋享/陳設
139) 『高麗史』 권64, 禮6, 凶禮 國恤

○ 태후·왕비·왕태자를 책봉하는 의식; 태후·왕비·왕태자를 책봉하거나
    왕태자의 명호(名號)를 정하고 부(府)를 세우는 의식, 그리고 왕태자의
    관례(冠禮)를 거행하는 의식에서도 태위와 사도가 참여하였다.[141]

위의 기록에서 볼 수 있는 것처럼 태위·사도·사공 등 삼공만이 각종
국가의 의례에는 참여하였고, 태사·태부·태보 등 삼사의 참여 사례는 전
혀 보이지 않는다. 인종 때의 적전(籍田) 경작 의례에서도 삼공만이 참여
하였고,[142] 의종 때에 상정(詳定)한 의례에서 칠류면(七旒冕), 오류면,
삼류면, 평면 등 제복(祭服)의 착용 규정을 정하였는데 여기에서도 삼공
만이 중서령·시중과 함께 칠류면을 착용하는 것으로 되어 있다.[143]

이상 고려시대에는 삼사와 삼공 가운데 삼공만이 각종 국가 의례에
향관으로 참여하였다. 삼사와 삼공은 같은 정1품직이지만 구사 지급액
에서 차이가 있고, 국가의 의례 참여에서도 차이가 있음을 알 수 있다.

중서문하시랑평장사 이상의 고위 재상이 겸하는 삼사는 이첨의 상서
(上書)[144]에서 보는 것처럼 도리를 강론하고 국가를 경륜하며 음양을 고

---

140) "(忠宣王)二年九月丁丑 祔于寢園 攝太尉大寧君崔有渰 前一日 詣靈眞殿 齋宿其
    日 早行告事由祭 攝司徒政丞柳淸臣 典儀判事李之氐 與諸享官 受祝版徑 詣寢園
    百官具儀衛 會靈眞殿門外敘立 奉木主出安于輅 密直二人 坐於前 攝上護軍二人
    坐於後 內侍常叅二人 又坐其後 百官前後導從至寢園 大尉司徒及典儀判事 先入
    庭 分立左右 右上 諸享官及侍臣入庭分立 奉主去輅就輿樂作 及門樂止 齋郎奉主
    置拜位 攝侍中俯伏致告 訖奉主復乘輿興 堂上執禮官 引入正室 先見太祖 次見惠顯
    二祖 次見仁明二祖 訖奉安于位 堂下樂作 太尉洗爵初獻 司徒亞獻 典儀終獻 其禮
    實王之所制也"(『高麗史』 권64, 禮6, 凶禮 國恤)
141) 『高麗史』 권66, 禮8, 嘉禮, 册太后儀 麗正宮/大觀殿上册/臨軒發册
    『高麗史』 권66, 禮8, 嘉禮, 册王太子儀 宮庭陳設
    『高麗史』 권66, 禮8, 嘉禮, 王太子稱名立府儀 宮庭陳設/宮庭受命
    『高麗史』 권66, 禮8, 嘉禮, 王太子加元服儀 大觀殿陳設
142) "親耕籍田 王五推 諸王三公七推 尙書列卿九推"(『高麗史』 권62, 禮4, 吉禮中祀,
    籍田 仁宗22년 정월 乙亥)
143) "毅宗朝詳定 七旒冕 每旒十二玉玉用赤白蒼相間…亞獻以下大尉司徒司空中書令
    侍中服之"(『高麗史』 권72, 輿服1, 冠服 百官祭服)

르게 하는 국왕의 스승과 최고 보좌관에 해당하였으므로 그 지위와 명예에 맞는 대우를 받아 각종 국가의 의례에는 참여하지 않았던 것으로 보인다.

6. 맺음말

고려의 삼사·삼공직은 관직체계가 정비되는 성종대에 정1품의 최고 관직으로 설치되어 관료와 종실을 대상으로 고려 말까지 제수되었다. 원 간섭기에 사도와 사공을 제외한 태위 이상 삼사직이 폐지되었고, 원의 간섭으로부터 벗어나 문종대의 관제로 환원되는 공민왕5년부터 8년까지도 원 간섭기와 마찬가지로 사도와 사공직만이 제수되다가 이후 삼사·삼공직은 기록에서 완전히 자취를 감추게 된다.

삼사·삼공직의 제수 대상은 종실과 고위 관료들이었는데 고려 전시기를 통해 제수 사례는 312건 정도이다. 당의 경우 제수하지 않는 때가 많아 삼사직과 삼공직을 받은 자는 각각 14인과 65인에 불과하였는데 비해, 고려에서 제수가 많았던 것은 왕조의 존속 기간이 길었던 이유도 있지만 안사의 난 이후 남수(濫授)되었던 당의 삼사·삼공제의 영향을 받았기 때문이 아닌가 한다.

왕자에게는 봉작시 대부분 중서령이나 상서령직과 함께 삼공직이 제수되었다. 처음 후(侯)로 책봉될 때에는 사공이나 사도 등 삼공직이 제수되었으나 이후 공으로 진봉되면 태사나 태보 등 삼사직으로 승진하였다.

왕자의 자(子)나 왕족으로 부마가 된 종실에게는 '종친불사(宗親不

---

144) "詹進九規 一日 養德 三代之時 人君必有師傅保之官 師導之敎訓 傅傅之德義 保保其身體 故書曰 立大師大傅大保 玆惟三公 論道經邦 燮理陰陽"(『高麗史』 권 117, 列傳30 李詹)

仕)'의 원칙에 따라 직사가 없는 3품 이상의 검교직이나 삼사·삼공직이 주어졌다. 부마가 되면 백(伯)으로 봉작되었는데 이때에 이전에 받았던 검교직이 승진하거나 새로이 사공이나 사도직이 주어지기도 하였다. 그리고 이후 백에서 후(侯)로 진봉됨에 따라 관직도 승진하여 검교직 이외에 실직의 삼공직을 받았고, 다시 후에서 공(公)으로 진봉된 이후에는 삼사직으로 승진하였다.

관료의 경우 삼사·삼공직의 제수 조건은 기본적으로 관품이 2품 이상인 문하시중, 중서문하시랑평장사, 상서좌우복야 등이고. 6부상서, 좌우산기상시, 비서감 등과 같이 관품이 3품일 때에는 참지정사·정당문학·지문하성사 등 재신직이나 중추사·동지추밀원사 등 추신직을 겸하였다.

삼사와 삼공직이 제수되는 배경이나 조건을 보여주는 사료가 거의 없어 구체적인 내용은 알 수 없다. 일단 관품이 2품 이상인 재신이나 추신, 그리고 상서좌·우복야의 지위에 있는 자 중에서 축성이나 진보의 설치 등 변공(邊功), 반란의 진압 공로, 국왕에 납비(納妃), 치사(致仕)나 은퇴 시의 예우, 사망 시 또는 사망 이후의 추증 등 특별한 경우에만 주어진 사례들을 볼 수 있다.

삼사·삼공직은 모두 본직에 추가로 제수되는 가관(加官)이었으므로 겸직인 관직에게 전시가 지급되지 않았던 것처럼 삼사·삼공직에게도 전시가 지급되지 않았다. 녹봉 역시 겸직에게 지급되지 않았으나 삼사·삼공직에 대해서는 본직의 녹봉 이외에 추가로 지급되었다.

삼사·삼공에 대한 녹봉은 종실록과 문무반록으로 나누어져 있는데 문종대의 녹봉 규정에서 삼사·삼공직을 가진 종실의 녹봉 지급 대상은 수태위후(守太尉侯), 수사도백(守司徒伯)·수사공백(守司空伯), 사공 등이었다. 인종대의 녹제에서는 제수사공만 포함되어 있는데 이는 종실로서 공·후·백의 작위를 받은 자에게는 작위를 기준으로 녹봉이 지급되었으므로 삼사·삼공 등의 관직은 표시되지 않았기 때문이라 생각된다.

그리고 인종대에는 문종대에 후와 수태위후로 구분되었던 것이 제후(諸侯)로, 수사도백(守司徒伯)·수사공백(守司空伯)은 제백(諸伯)으로, 사공은 제수사공이 되고 녹봉 액수는 감소하였다.

문무반록에 포함된 관료가 겸한 삼사·삼공에 대한 녹봉은 문종대 녹제에서는 삼사와 삼공 모두 26석 10두로 동일한 액수이나 인종대에 경정된 녹제에서는 수태위만 포함되고 나머지가 모두 빠져 있는데 기록상 잘못으로 보인다. 동궁관인 태자의 삼사·삼소에 대한 녹봉이 문종대와 인종대가 동일한 액수인 것으로 보아 문무반록에 속하는 삼사와 삼공의 녹봉도 문종대와 인종대가 동일하거나 비슷한 액수였을 것으로 추정된다.

삼사·삼공직에 대한 구사(丘史)의 지급은 실직과 치사직으로 구분되어 있는데 먼저 실직의 삼사에 대한 구사의 지급액은 종1품직인 중서령·문하시중·상서령 등과 같고, 삼공에 대한 지급액은 중서·문하시랑평장사보다는 적고 참지정사와 같았다. 삼사와 삼공은 같은 정1품직이지만 지급액은 차이가 많았다.

한편 치사(致仕)한 삼사·삼공에게는 참지정사·정당문학·지문하성사 등과 같이 일률적으로 같은 액수구가 지급되었다. 본직의 고하와 직무의 중요성에 따라 지급된 전시나 녹봉과 달리 구사는 겸직을 포함한 관품의 고하에 따라 지급되었음을 알 수 있다.

삼사와 삼공은 국왕의 스승과 최고 보좌관에 해당하는 지위로서 논도경방(論道經邦)이라는 상징적 직무 이외에 특별한 직무는 없었다. 중국에서 삼사와 삼공은 국왕의 훈도(訓導)를 담당하는 관으로서 직무가 없었던 것처럼 고려의 삼사·삼공도 특별한 직무가 없었고, 또한 직접 국정에 참여하지 않았다.

그러나 태위·사도·사공 등 삼공은 길례·흉례·가례 등 각종 국가의 의례에 향관(享官)으로 참여하였다. 삼사와 삼공은 같은 정1품직이지만 구사 지급액에서 차이가 있고, 국가의 의례 참여에도 차이가 있었다. 중

서·문하시랑평장사 이상의 고위 재상이 겸하는 삼사는 도리를 강론하고
국가를 경륜하며 음양을 고르게 하는 국왕의 스승과 최고 보좌관에 해당
하였으므로 그 지위에 맞는 대우를 받아 각종 국가의 의례에는 참여하지
않았던 것으로 보인다.

제3장
원 간섭기의 고려 사회

제1절 원 간섭기의 개혁정치

1. 머리말

원 간섭기의 '개혁정치'[1]란 홍자번의 편민18사(便民十八事)를 비롯하여 충선왕의 즉위교서와 복위교서, 충숙왕5년과 12년의 교서, 그리고 충목왕대의 정리도감장(整理都監狀) 등에 제시된 내용을 중심으로 하여 전개된 일련의 정치활동을 의미한다. 여기에는 당시 고려사회가 안고 있던 제 모순들이 정치·경제·사회·문화 등 각 부문에 걸쳐 지적되고, 아울러 그 해결책도 제시되고 있다.

해방이후 우리 학자들에 의해 원 간섭기 연구가 시작된 이후 특히 충선왕대의 정치가 주목을 받아 그 성격이 '폐정개혁' '혁신정치' 등으로 규정되었다.[2] 60년대 들어와 고려후기 정치사 연구과정에서 이 시기의 정치적 지배세력을 '권문세족'과 '신흥사대부'의 두 세력으로 설정하였다.

그리하여 이후의 연구에서는 권문세족과 신흥사대부라는 두 정치세력이 형성되는 배경과 이들의 정치적 성향, 그리고 양자 상호간의 관계

---

1) '개혁정치'란 기존의 체제 자체를 근본적으로 부정하지 않는 범위내에서 폭력적이 아닌 합법적인 방법으로 기존의 낡은 제도나 기구를 변화시키거나 개조하는 것을 의미하며 아울러 '개혁안'이란 홍자번의 便民十八事 이하 국왕들의 교서에 나타나고 있는 당시 사회모순에 대한 인식과 그 해결책을 가리킨다.
2) 김성준, 1957「고려후기 원공주출신왕비의 정치적 위치 -특히 충선왕비를 중심으로-」『한국여성문화논총』및 1962「고려정방고」『사학연구』13
이병도, 1961『한국사』중세편. 진단학회
김상기, 1961『고려시대사』; 1985『신편 고려시대사』서울대출판부

등을 밝히는 것이 주요 연구과제가 되었다. 14세기 초 '개혁정치'에 관한 일련의 연구도 기본적으로는 이러한 연구사적 배경 하에서 이루어진 것이다.

즉 60년대에 고려후기의 새로운 정치세력인 신진사대부를 무신집권기에 등장한 능문능리(能文能吏)의 관인층과 연결시키는 연구가 나타났고,3) 그 뒤 충선왕대 '개혁정치'의 분석을 통해 개혁의 추진세력을 신진사대부로, 개혁대상을 원 세력을 배경으로 등장한 신흥권력층으로 설정하여 이 개혁을 신진사대부에 의한 반원개혁(反元改革)으로 규정한 연구도 있었다.4)

이러한 성과를 수용하여 '개혁정치'에서 개혁의 대상으로 '권문세족'이라는 정치세력의 범주를 설정하고 나아가 고려후기 정치사를 권문세족과 신진사대부의 대립적인 구조 속에서 파악하려는 틀도 마련되었다.5)

이것은 권문세족=대지주=친원세력, 신진사대부=중소지주=반원세력이라는 관점을 갖는 것으로서 이후 14세기 초 '개혁정치'는 신진사대부에 의한 권문세족 중심체제의 부정, 즉 반원개혁이라는 입장이 강화되었다.6)

종래 연구의 이러한 접근방법은 '개혁안'에 나타나는 개혁의 주도세력과 대상세력에 대한 성격분석을 통해 개혁의 본질을 이해하고자 한 것으로서 대체로 이때의 개혁을 반원개혁으로 규정하였다. 이러한 정치사적 관점의 연구는 고려후기 사회경제사와 사상사 연구의 방향을 제공하

---

3) 李佑成, 1964「고려조의 '吏'에 대하여」『역사학보』23 ; 1991「고려 관인체제하의 '吏'」『한국중세사회사연구』
4) 李起男, 1971「忠宣王의 개혁과 詞林院의 설치」『歷史學報』52
5) 閔賢九, 1974「高麗後期의 權門世族의 成立」『湖南文化硏究』6
6) 이러한 관점에서 고려후기의 '개혁정치'를 다룬 논문은 다음과 같다.
　　李起男, 1971「忠宣王의 改革과 司林院의 設置」『歷史學報』52
　　閔賢九, 1977「整治都監의 設置經緯」『國民大論文集』11
　　____, 1980「整治都監의 性格」『東方學志』23·24 합집
　　盧鏞弼, 1984「洪子藩의 '便民十八事'에 대한 硏究」『歷史學報』102

였다는 점에서 중요한 의미를 갖는다.

예컨대 고려후기의 농장 문제나 성리학의 도입 문제 등이 이러한 정
치사의 연구 성과를 수용하는 가운데 진전되었고, 나아가 조선왕조의 건
국이나 여말선초 사회변동의 연구들도 이러한 정치사 연구의 토대 위에
서 이루어질 수 있었다.

그러나 원 간섭기에 나타나는 일련의 '개혁안'은 당시의 사회경제적인
폐단의 개혁이 중심내용을 이루는데 단순히 이를 개혁을 주도한 정치세
력과 연결시켜 개혁정치를 이해함으로써 경제적인 문제를 지나치게 정
치적 측면에서 이해하려는 결과를 초래하였으며, 또한 이러한 연구들에
서 수용하고 있는 권문세족과 신진사대부의 개념이나 '개혁' 주도세력의
성격이 명확하게 드러나지 않는다는 비판도 제기되었다.[7]

특히 '개혁정치'와 관련해서는 '개혁'에서 반원적인 성격이 인정될 수
있는지가 의문이며, 또한 '개혁' 주도세력과 여타 정치세력간의 정치적
지향이나 사회경제기반의 차별성, 그리고 여말 '개혁' 주도세력과의 연
결성 등도 제대로 밝혀지지 않은 것으로 보인다.

그리하여 최근의 연구에서는 당시의 '개혁정치'를 반원개혁으로 규정
하거나 권문세족과 신진사대부의 대립물로 파악하는 종래의 견해에 대
해 비판적인 경향을 보이고 있다.[8]

---

7) 李益柱, 1992「忠宣王 卽位年 '改革政治'의 性格 -官制改革을 중심으로-」『역사와
   현실』 7
8) 이러한 입장의 연구로는 다음의 논문들이 있다.
   朴鍾進, 1983「忠宣王代 財政改革策과 그 性格」『韓國史論』 9
   金光哲, 1985「高麗 忠烈王代 政治勢力의 動向 -忠烈王 初期 政治勢力의 變化를
   中心으로-」『昌原大學論文集』 7-1
   _____, 1986「高麗 忠宣王의 現實認識과 對元活動 -忠烈王 24년 受禪 以前을 중
   심으로-」『釜山史學』 11
   _____, 1987『高麗後期 世族層과 그 動向에 관한 研究』
   _____, 1990「高麗 忠肅王 12년의 改革案과 그 性格」『考古歷史學志』 5, 6합집
   李益柱, 1988「高麗 忠烈王代의 政治活動과 政治勢力의 性格」『韓國史論』 18

이 글에서는 이상과 같은 연구 성과를 바탕으로 원 간섭기[9]에 계속적으로 나타나는 일련의 '개혁안'들을 당시 고려사회의 모순구조 속에서 유망의 형태로 나타나는 민의 저항에 대한 국가의 대응책으로 파악하고 주로 사회경제부문을 중심으로 '개혁안'의 내용을 분석하여 당시 '개혁정치'가 갖는 성격을 규명하고자 한다.

그러나 사회경제부문에 비해 원의 영향력이나 지배력이 비교적 강하게 작용하였던 것으로 생각되는 정치부문의 개혁이나 개혁추진세력에 대한 분석이 이 글에서 제외됨으로써 이 시기 전반적인 개혁정치의 성격 규명에는 일정한 한계를 지니는 것으로 생각된다.

2. 개혁안의 분석

1) 토지문제

(1) 농장

12세기 이후 꾸준한 농업생산력의 발전을 바탕으로 농민층의 분화가 진전되는 가운데 토지소유의 집중화가 이루어졌다. 토지소유의 집중화에 따라 농장[10]이란 형태의 대토지 지배방식이 출현하였는데 무신집권

---

9) 이 글에서 다루고자 하는 시대 범위는 恭愍王代 이전까지이다. 그 이유는 중국 대륙에서 元세력이 물러나는 공민왕대 이후에는 고려에 대한 원의 영향력이 점차 축소되고, 따라서 공민왕대 이후의 '개혁정치'는 이전과 비교할 때 그 성격이 크게 달라진다고 생각하기 때문이다.

10) 농장에 대해서는 다음의 논문들을 참고하였다.
周藤吉之, 1934 「여말 선초에 있어서 농장에 대하여」『靑丘學叢』 17
宋炳基, 1969 「고려시대의 농장」『한국사연구』 3
姜晉哲, 1975 「고려의 농장에 관한 문제의식」『조선학보』 74

기를 거처 원 간섭기에 들어와서는 더욱 확대되었다.

그 결과 13~14세기에는 농장이 당시의 사회경제모순을 집약적으로 반영하는 특징적인 존재가 되었다. '개혁안'을 통해 이 시기 사회모순의 근원이었던 농장의 폐단에 대한 국가의 인식과 그 해결책을 살펴보기로 한다.

A-① 사원과 여러 기도처에서 차지하고 있는 양반전시(兩班田柴)에 거짓으로 사패(賜牌)를 받아 농장을 삼으니 앞으로는 해당기관(有司)에서 철저히 조사하여 각기 본주인에게 돌려주라.(忠烈王24년 정월 忠宣王 즉위교서)[11]

A-② 백성이 안정된 마음(恒心)이 없는 것은 안정된 재산(恒産)이 없기 때문으로 부역을 꺼려서 서로 유리(流移)한다. 무릇 세력이 있는 자들이 (이들을) 끌어 모아 농장을 만드는데 안찰사와 소재관은 찾아내어 원래대로 돌리고 자세히 기록하여 보고하라.(忠宣王 즉위교서)[12]

A-③ 공신전으로 자손이 미열(微劣)하여 자손 이외의 사람이 차지한 것은 연한을 물론하고 자손에게 돌려줄 것이며 만약 동종(同宗) 중에 한 호(戶)가 모두 차지한 것은 그 족정(足丁)·반정(半丁)을 구분하여 균등하게 지급하라.(忠宣王 즉위교서)[13]

_____, 1980「고려의 농장에 대한 일연구 -민전의 탈점에 의하여 형성된 권력형 농장의 실체추구-」『史叢』24 ; 1989「고려의 권력형 농장에 대하여」『한국중세 토지소유연구』일조각

임영정, 1976「여말 농장인구에 대한 일고찰」『동국사학』13

浜中昇, 1976「고려말기의 전제개혁에 대하여」『조선사연구회논문집』13

李景植, 1983「고려말기의 사전문제」『동방학지』40

安秉祐, 1994「고려후기 농장의 발달과 농업생산력」『한국사』5, 한길사

11) "是年正月忠宣王卽位下敎曰 … 一 寺院及齊醮諸處 所據執兩班田柴 冒受賜牌 以爲 農場 今後有司窺治 各還本主"(『高麗史』권84, 刑法1, 職制 判例 忠烈王24년 정월)

12) "是年正月忠宣王卽位下敎曰 … 一 民無恒心 因無恒産 憚於賦役 彼此流移 凡有勢 力 招集以爲農場 按察使與所在官 推刷還本 具錄以聞"(『高麗史』권84, 刑法1, 職制 判例 忠烈王24년 정월)

A-④ 선왕이 제정한 내외의 전정(田丁)은 각기 직역(職役)에 따라 공평하
게 나누어 주어 민생을 돕고 국용(國用)에 이바지하게 하였다. (그런
데) 근래에는 호활한 무리들이 진황전(遠陳田)이라 칭탁하고 산천을
경계로 불법적으로 사패(賜牌)를 받아 자기의 소유로 하고 국가에
조세를 내지 않으니 토지가 비록 개간되었다 할지라도 국가에서 거
두어들이는 것은 날로 감소한다. 또 심한 경우에는 그 조세의 1/3은
국가에 바치고 2/3는 자기가 차지하며 혹 전부를 내지 않는 자도 있
어 폐해가 막대하다. 제도의 안렴과 수령으로 하여금 철저히 추궁하
여 주인에게 돌려주게 하고 만약 주인이 없는 것은 내외의 군인·한
인(閑人)에게 지급하여 호(戶)를 세워 역(役)에 충당하게 하라.(忠宣
王 즉위교서)14)

A-⑤ 사심관(事審官)을 설치한 것은 본래 인민의 종주(宗主)로서 유품(流
品)을 구별하고 부역(賦役)을 균등히 하며 풍속을 바르게 하고자 한
것인데 지금은 그렇지 않다. 공전(公田)을 널리 차지하고 민호를 많
이 은닉(隱匿)하며 조금이라도 역을 징발할 일이 있으면 의례히 녹
전(祿轉)을 거두어들인다. 상경한 향리는 감히 사사로이(私門) 장형
(杖刑)을 정해 벌금을 징수하고 재차 녹전(祿轉)을 거두는 등 마음대
로 위세를 부리니 지방에 해가 될 뿐 아니라 국가에도 이익이 없다.
(그리하여) 이미 (사심관을) 혁파했으니 그가 숨기고 있는 토지와 민
호는 찾아내어 원래대로 복구하라.(忠肅王5년 5월 하교)15)

---

13) "忠宣王卽位下教曰 功臣之田 子孫微劣 孫外人占取者 勿論年限 依孫還給 同宗中
若一戶合執者 辨其足丁半丁均給"(『高麗史』 권78, 食貨1, 田制 功蔭田柴 忠烈王24
년 정월)
14) "忠宣王卽位下教 一 先王制定 內外田丁 各隨職役 平均分給 以資民生 又支國用 邇
來 豪猾之徒 托稱遠陳 標以山川 冒受賜牌 爲己之有 不納公租 田野雖闢 國貢歲減
又其甚者 托以房庫宗室之田 其於租稅 一分納公 二分歸己 或有全不納者 玆弊莫大
依令諸道按廉及守令 窮詰還主 如無主者 其給內外軍閑人 立戶充役"(『高麗史』 권
78, 食貨1, 田制 經理 忠烈王24년 정월)
15) "下教 一 事審官之設 本爲宗主人民 甄別流品 均平賦役 表正風俗 今則不然 廣占公
田 多匿民戶 小有差役 例收祿轉 則吏之上京者 敢於私門 決杖徵銅 還取祿轉 擅作
威福 有害於鄕 無益於國 已盡革罷 其所匿田戶 推刷復舊"(『高麗史』 권84, 刑法1,
職制 判例 忠肅王5년 5월)

A-⑥ 제도의 홀치(忽赤)·사복(司僕)·순군(巡軍)과 권문(權門)이 보낸 사람들이 인민을 차지하고 토지를 끌어 모으는 자는 형틀에 매어 조리돌린 다음 먼 섬으로 유배하라.(忠肅王5년 교서)[16]

A-⑦ 권세가가 널리 전정(田庄)을 설치하고 인민을 끌어 모아 숨겨두고 부역을 바치지 않는 것은 해당지방 관사가 그 민을 추쇄하여 공호(貢戶)에 충당하라.(忠肅王12년 10월 하교)[17]

A-⑧ 환관족속과 권세가들이 토지가 비옥한 곳에 다투어서 농장을 설치하니 간리들이 이를 기화로 일을 꾸며 남의 토지를 탈점하고 우마를 빼앗으니 앞으로는 철저히 조사하여 엄히 징계하라.(整理都監狀)[18]

(가) 농장의 폐단에 대한 인식

'개혁안'에서 지적하고 있는 농장의 폐단은 '양반전시(兩班田柴)의 거집(據執)'(A-①), '공신전(功臣田)의 점취(占取)'(A-③), '유이민(流移民)의 초집(招集)'(A-②), '내외전정(內外田丁)의 탈점(奪占)과 공조(公租)의 불납(不納)'(A-④), '공전(公田)의 광점(廣占)과 민호의 은닉'(A-⑤), '인민의 영점(影占)과 토전(土田)의 거집(據執)'(A-⑥), '인민의 초익(招匿)과 부역의 불공(不貢)'(A-⑦), '인전(人田)의 탈점과 우마의 겁취(劫取)'(A-⑧) 등으로서 결국 토지의 탈점과 민호의 은닉, 그리고 조세의 포탈로 요약할 수 있다.

먼저 토지의 탈점은 개간·매득·기진·투탁 등과 함께 농장 형성의 중요한 방법이었지만[19] 불법적인 것으로서 농장의 가장 심각한 폐단으로

---

16) "下敎 … 一 諸道忽赤司僕巡軍及權門 所遣人等 影占人民 據執土田者 械繫以徇 流於遠島"(『高麗史』 권84, 刑法1, 職制 判例 忠肅王5년 5월)

17) "下敎 … 一 權勢之家 廣置田庄 招匿人民 不貢賦役者 所在官司 推刷其民 以充貢戶"(『高麗史』 권79, 食貨2, 戶口 忠肅王12년 10월)

18) "整理都監狀 宦官族屬 及權勢之家 於田地沃饒處 爭設農庄 奸吏因緣用事 奪占人田 劫取牛馬 今後 推考痛徵"(『高麗史』 권85, 刑法2, 禁令 判例 忠穆王원년 5월)

19) 宋炳基, 1969 「고려시대의 농장」 『한국사연구』 3

인식되었다. 토지 탈점의 사례가 기록에 나타나기 시작하는 것은 인주이
씨가 정권을 휘두르던 12세기 무렵부터였다.

그러나 토지 탈점이 본격화되어 중요한 사회문제로 인식되는 것은 무
신집권기에 이르러서이다. 무신정변 이후 집정무인을 비롯한 권세가들
의 토지탈점 풍조가 극에 달하게 되는데 그 결과 산천을 경계로 하고
주군의 경계를 넘어갈 정도로 큰 규모의 농장이 나타나기도 하였다.

농장의 확대는 농민의 생존권은 물론 국가재정과 군사력의 기반을 위
협하는 것으로서 중대한 사회문제가 되었다. 이러한 상황 속에서 정권을
장악한 최충헌은 당시의 상황을 이용하여 이른바 '봉사 10조(封事 10
條)'를 통해 농장 폐단의 시정을 건의함으로써 집권의 명분을 얻고자 하
였던 것이다.[20]

그 후 원 간섭기에 이르면 토지 탈점에 의한 농장은 더욱 확대되는데
그 이유는 이 시기에 새로이 출현한 사급전제(賜給田制)를 매개로 한 탈
점이 성행한 구조적 요인 때문이었다. 이처럼 원 간섭기에는 여러 요인
들의 복합적 작용에 의해 농장은 더욱 확대되었고, 마침내는 당시 사회
모순을 집약적으로 내포하는 존재로서 역사의 전면에 떠오르게 되었던
것이다.

탈점의 주체로 나타나는 것은 '사원(寺院)·제초제처(祭醮諸處)'(A-
①), '유력자'(A-②), '호활지도(豪猾之徒)'(A-④), '사심관'(A-⑤), '홀치
(忽赤)·사복(司僕)·순군(巡軍)·권문(權門)'(A-⑥), '권세가'(A-⑦, A-⑧),
'환관족속'(A-⑧) 등으로 대부분 당시의 권력층이거나 권력기관들이다.

그런데 특히 홀치·사복·순군 등 원 간섭기에 신설된 국가기관이 탈점
의 대열에 참여하게 되는 것은 권력을 배경으로 한 부의 축적이라는 측
면도 있었겠지만, 한편으로 당시 토지분급제가 기능을 상실하여 국가로
부터 기관의 유지를 위한 경제기반이 제대로 주어지지 못하는 상황에서

---

20) 『高麗史』 권129, 列傳42, 叛逆3 崔忠獻

자체적으로 경제기반을 확보하지 않으면 안 되는 사정과도 관련이 있는 것으로 보인다.

탈점의 대상으로 거론되는 토지로는 '양반전시'(A-①), '공신전'(A-③), '내외전정'(A-④), 공전(A-⑤), 민전(A-⑥, A-⑧) 등 양반의 분급수조지와 소유지, 국가기관의 토지, 그리고 민전 등이 나타나고 있는데 이 가운데서 가장 큰 비중을 차지하고 또 가장 크게 사회문제가 되었던 것은 민전의 탈점이었다. 민전은 국가재정의 기본이 되는 토지로서 민전의 탈점과 농장의 확대는 농민의 몰락은 물론 곧바로 국가재정기반의 약화와 연결되었다.

이 시기 농장의 본질이 사적인 지배예속관계를 기초로 한 대토지 집적이었기 때문에 민전의 탈점은 국가의 조세와 역역의 근원인 양인 농민층의 몰락이라는 결과를 가져왔던 것이다. 또한 농장은 토지의 집적에 그치지 않고 촌락을 예속시키기까지 하였다.[21] 그리고 이러한 사태는 궁극적으로 국가자체의 기능 유지를 어렵게 하는 것이었다.

다음 '개혁안'에서 지적하고 있는 농장 폐단의 또 하나는 '유이민(流移民) 초집(招集)'(A-②), '민호(民戶) 은닉(隱匿)'(A-⑤), '인민(人民) 영점(影占)'(A-⑥), '초익(招匿) 인민'(A-⑦) 등으로 표현되는 농장내의 경작인을 확보하기 위한 민호의 탈점과 은닉이다. 특히 12세기 이후 대규모로 발생하기 시작한 유민은 농장내의 노동력을 제공하여 농장의 발달을 촉진시키는 요인으로 작용하였다.[22]

물론 유민은 이전부터 존재하였지만 원 간섭기에 들어와 토지탈점과 과중한 수탈로 더욱 광범하게, 그리고 항상적으로 발생하였다.[23] 유민의 대부분은 살 길을 찾아 국외로 유망하거나 당시 확대되고 있던 권세가들

---

21) 安秉祐, 1993 「고려후기 농장의 발달과 농업생산력」 『한국사』 5, 한길사
22) 宋炳基, 1969 「고려시대의 농장」 『한국사연구』 3
23) 金順子, 1992 「원 간섭기 민의 동향」 『역사와 현실』 7

의 농장에 예속되는 것이 보통이었다. 권세가들은 이들 유민들을 농장으로 끌어들여 농장의 경작자로 삼았던 것이다.

또한 유민의 초집과 함께 '개혁안'에 보이는 것처럼 탈점,[24] 은닉,[25] 압량위천,[26] 모수사패[27] 등의 방법에 의해서도 양민이나 노비가 농장의 노동력으로 흡수되었다.[28] 그 결과 충렬왕대에는 유민이 모두 세가(勢家)에 들어갔다고 일컬어질 정도였다.[29]

대개의 경우 탈점으로 은닉된 민호는 국가의 조세와 부역의 부담을 피하기 위해 노비신분으로 전환되었다. 그리하여 농장의 폐단이 문제될 때 토지탈점과 함께 압량위천이 거론되었던 것이다.[30]

다음 농장의 폐단으로 지적되는 또 하나는 '불납공조(不納公租) 국공

---

24) "忠宣王復位下敎曰 … 一 權勢之家 奸猾之類 造作文契 奪人奴婢田丁 其主告官 官司畏勢 因循不決 使告者積怨 宜令官司 速決無滯 詐僞者罪之"(『高麗史』 권84, 刑法1, 職制 判例 忠烈王34년 忠宣王復位下敎)
　　"下敎 一 事審官之設 本爲宗主人民 甄別流品 均平賦役 表正風俗 今則不然 廣占公田 多匿民戶 小有差役 例收祿轉 則吏之上京者 敢於私門 決杖徵銅 還取祿轉 擅作威福"(『高麗史』 권84, 刑法1, 職制 判例 忠肅王5년 5월 下敎)

25) 『高麗史』 권84, 刑法1, 職制 判例 忠肅王5년 5월 下敎
　　"下敎 … 一 權勢之家 廣置田莊 招匿人民 不供賦役者 所在官司 推刷其民 以充貢戶"(『高麗史』 권79, 食貨2, 戶口 忠肅王12년 10월)

26) "敎曰 一 近來 壓良爲賤者甚多 其令有司 劾其無文契 及詐僞者 罪之"(『高麗史』 권85, 刑法2, 奴婢 判例 忠烈王24년 정월)

27) "敎曰 … 一 不念公理的望外 官奴婢 冒受賜牌者 一切禁斷"(『高麗史』 권85, 刑法2, 奴婢 判例 忠烈王24년 정월)
　　"忠宣王復位 敎曰 一 外方奴婢 各有本役 權勢之家 冒受賜牌 宜一切禁斷"(『高麗史』 권85, 刑法2, 奴婢 判例 忠烈王34년)

28) 송병기, 1969 「고려시대의 농장」 『한국사연구』 3

29) "敎曰 … 一 兩班奴婢 以其主役各別 自古未有公役雜歛 今良民盡入勢家 不供官役 反以兩班奴婢 代爲良民之役 今後一禁"(『高麗史』 권85, 刑法2, 奴婢 判例 忠烈王24년 정월)

30) "敎曰 一 近來壓良爲賤者甚多 其令有司 劾其無文契 及詐僞者 罪之"(『高麗史』 권85, 刑法2, 奴婢 判例 忠烈王24년 정월)

세감(國貢歲減)'(A-④) '불공부역(不貢賦役)'(A-⑦) 등 조세의 포탈로 인한 국가재정수입의 감소였다. 농장은 국가재정의 원천이 되는 민전을 탈점하여 국가의 재정기반을 위협하였을 뿐만 아니라, 한편으로 권력을 배경으로 조세면제의 특권을 누리고 있어서 농장의 확대는 곧 국가재정수입의 감소를 의미하였다. 또한 민호의 탈점과 은익에 의해 농장으로 흡수된 경작민들은 국가에 부담해야 할 조세를 포탈함으로써 국가재정을 위협하였다.

농장 내에서 노비화 된 경작민은 물론 전호농민도 국가에 공과(公課)를 포탈하였다. 처간(處干)으로 불린 전호농민은 원래 조·용·조 3세 중에서 조는 토지 주인에게 바치고 용·조는 국가에 바쳤는데 농장의 지배하에 들어간 이후에는 국가에 용·조를 내지 않았다.[31]

농장주에 예속된 사민(私民)과 같은 존재가 된 처간이 포탈한 용·조는 그 형태를 바꾸어 결국 농장주에게 수취되었을 것이고[32] 이러한 용·조의 포탈은 곧 국가재정을 위협하는 것이었다.

고려시대의 농장은 국가에 의해 법적으로 인정된 제도상의 존재도 아니며, 또한 중세 유럽의 장원(莊園)처럼 '불수불입(不輸不入)의 특권'이 공적으로 부여된 것도 아니었으나 현실적으로는 '불수불입의 특권'이 상당 정도 용인되고 있었던 것이다.[33]

(나) 농장의 폐단에 대한 대응책

우선 토지의 탈점에 대해서 '개혁안'에서는 '양반전시'(A-①), '공신전'(A-③), '내외전정'(A-④), '공전'(A-⑤) 등 지배층의 소유지나 수조지

---

31) "處干 耕人之田 歸租其主 庸調於官 即佃戶也 時權貴多聚民 謂之處干 以逋三稅 其 弊尤重"(『高麗史』 권28, 世家 忠烈王4년 7월 乙酉)

32) 강진철, 1989「고려후기의 지대에 대하여」,『한국중세토지소유연구』일조각

33) 송병기, 1969「고려시대의 농장」,『한국사연구』3
  강진철, 1989「고려의 권력형 농장에 대하여」,『한국중세토지소유연구』일조각

의 탈점문제의 해결에 더 많은 관심을 나타내고 있다.

즉 국가는 탈점된 양반전시, 공신전, 내외전정을 찾아내어 원주인에게 돌려주게 하거나(A-①, A-③, A-④) 주인이 없는 내외전정을 군인과 한인(閑人)에게 지급하여 입호충역(立戶充役)하게 하는 조치(A-④) 등을 통해 우선적으로 지배층 내부의 대립을 완화시키고 이해관계를 조정하고자 했던 것으로 보인다.

이 시기 토지 탈점이나 농장의 확대 등을 통해 토지소유의 불균등이 심화되었고 이러한 토지소유의 불균등은 토지소유자인 지배층과 농민, 그리고 지배층 내부의 대토지 소유자와 소토지 소유자 사이의 대립과 갈등을 야기하였다.

그런데 '개혁안'을 통해 알 수 있는 것은 당시 민전의 탈점이 야기한 문제의 심각성에도 불구하고 국가는 토지소유의 불균등으로 초래된 이중의 모순관계 가운데서 지배층 내부의 모순관계의 해결에 더 많은 관심을 두고 있었다.

다음 유민의 초집(招集)과 민호의 은닉에 대해서는 '안렴사와 소재관으로 하여금 유이민을 추쇄하여 환본하게 하라'(A-②) '은닉한 전호(田戶)를 추쇄하여 복구하라'(A-⑤) '인민과 토전(土田)의 탈점자를 유배시키라'(A-⑥) '은닉한 인민을 추쇄하여 공호(貢戶)에 충당하라'(A-⑦)는 등의 조치를 취하였는데, 이는 모두 사후적인 대책으로서, 민호의 탈점과 은닉을 사전에 방지하기 위한 근본적인 대책은 되지 못하였다.

마지막으로 농장의 조세 포탈에 대한 대책을 보면 일단 '개혁안'에서는 조세 포탈을 농장의 심각한 폐단으로 인식하고 있음에도 불구하고 그에 대한 대책은 전혀 제시되고 있지 않다.

토지 탈점과 조세 불납의 주체로서 원 간섭기 사회경제 모순의 근원인 농장의 혁파조치는 물론 소유제한이나 과세조치와 같이 농장의 폐단을 근본적으로 개혁하려는 의도는 찾아볼 수 없으며 오히려 조세를 면제

받는 농장의 존재를 그대로 인정하고 있다. 따라서 국가가 많은 관심을
기울이고 있던 국가재정의 확보문제도 근본적으로는 해결할 수 없었던
것이다.

지금까지 살펴본 것처럼 '개혁안'에 보이는 농장의 폐단에 대한 국가
의 대응책은 두 가지 측면에서 나타나고 있다. 하나는 국가재정의 측면
이고, 다른 하나는 민생의 측면이다. 농장의 확대는 국가의 입장에서는
국가 수세원의 감소와 그로 인한 국가재정의 감소로 연결되고 민의 입장
에서는 민생의 불안과 파탄으로 연결되는 것이다.

그런데 당시 국가는 농장으로 야기되는 폐단 가운데 민생의 불안이나
파탄의 문제보다는 국가재정기반의 감소문제에 대해 더 많은 관심을 나
타냄으로써 민생안정보다는 재정문제를 우선시하였음을 보여주고 있다.
그러나 농장의 폐단에 대한 근본적인 개혁이 이루어지지 못함으로써 국
가가 의도하였던 재정문제도 해결될 수 없었던 것이다.

(2) 사급전(賜牌田)제

사급전(賜給田)제도는 몽골과의 오랜 전쟁 후 황폐화된 토지의 개간
을 위해서, 또 한편으로 관료들에 대한 토지분급제의 기능이 마비된 상
황에서 공신이나 부원배(附元輩), 그리고 국왕 측근세력의 경제기반을
확보해 주기 위해서 마련된 제도였다[34].

---

34) 賜給田제도에 대해서는 다음의 논문들을 참고하였다.
　　姜晉哲, 1980 「고려의 농장에 대한 일연구」 『사총』 24 ; 1989 「고려의 권력형 농
　　장에 대하여」 『한국중세토지소유연구』
　　浜中昇, 1982 「고려후기의 사급전에 대하여」 『조선사연구회논문집』 19 ; 1986
　　『조선 고대의 경제와 사회』
　　李景植, 1983 「고려말기의 사전문제」 『동방학지』 40 ; 1986 「조선전기토지제도사
　　연구」
　　朴京安, 1985 「고려후기의 진전개간과 사전」 『학림』 7
　　安秉祐, 1992 「고려후기 농장의 발달과 농업생산력」 『한국사』 5, 한길사

12세기 이후 항상적인 유민의 발생으로 경지의 진전화가 계속적으로 이루어지고 있었으며, 더욱이 몽골과의 30여 년간 전쟁을 치름으로써 진전은 더욱 확대되었다. 이에 국가는 전후 복구사업의 하나로 진전(陳田)의 개간정책을 추진하여 개간능력이 있는 권세가나 기관에게 일종의 개간허가서인 사패(賜牌)를 발급하였는데 이를 통해 대토지를 집적할 수 있는 길을 열게 되었다.

또한 원 간섭기의 특수한 정치상황과 관련하여 국왕은 측근세력을 양성하고 이른바 '측근정치'를 실시하게 되는데[35] 관료들에 대한 토지분급제가 이미 제 기능을 상실한 상황에서 이들의 경제기반을 확보해 주기 위한 방법으로 사급전제가 이용되었다.

그런데 사급전은 정액(定額)이 없이 국왕의 자의에 따라 지급되는 경우가 많았으므로 권력층은 이러한 사급전제를 통해 합법적 또는 불법적인 방법으로 대토지를 집적하였다.[36] '개혁안'을 통해 당시 국가가 인식하고 있던 사급전제의 폐단과 그 시정책을 살펴보기로 한다.

> B-① 토지에 역주(役主)가 없는 것은 도망간 정(丁)이 많기 때문이며 백성이 항심(恒心)이 없는 것은 도망한 호가 많기 때문입니다. 무릇 공부(貢賦)를 부과할 일이 있으면 나머지 백성으로 하여금 담당하게 하는데 이것이 날로 (백성을) 피폐하게 하는 원인이 됩니다. (그러므로) 마땅히 사급전도 그 많고 적음에 따라 공부를 바치도록 합시다.[37]

---

35) 이익주, 1988 「고려 충렬왕대의 정치상황과 정치세력의 성격」『한국사론』18, 서울대국사학과
김광철, 1991 『고려후기세족층연구』 박사학위논문
36) 이경식, 1983 「고려말기의 사전문제」『동방학지』40 ; 1986 「조선전기토지제도사연구」
37) "中贊洪子藩上書 … 三曰 田無役主 亡丁多矣 民無恒心 逃戶衆矣 凡有貢賦 仍令遺民當之 此所以日益凋弊也 宜令賜給田 隨其多少 納其貢賦"(『高麗史』 권78, 食貨1, 貢賦 忠烈王22년 6월)

B-② 사원과 여러 기도처에서 차지하고 있는 양반전시에 거짓으로 사패
(賜牌)를 받아 농장을 만드니 앞으로는 해당기관에서 철저히 조사하
여 각기 본 주인에게 돌려주게 하라.38)

B-③ 경기 8현의 토지는 원래 그 주인이 있었는데 국가에서 근래 변고가
많음으로 인하여 양반의 녹봉이 적어졌기 때문에 처음에는 개간지
를 지급하였다. (그리고) 그 나머지 황무지가 자못 많았는데 자기 이
익을 앞세우는 자들이 틈을 타서 사패를 받아 그 주인을 인정하지
않고 관에 조세를 납부하지 않으며 그 이익을 모조리 차지하고 있
다. 심한 경우 또 양반에게 떼어준 토지를 겸병하여 직에 따라 체수
하지 못하게 하는 자도 많으니 해당관리로 하여금 다시 조사하여 서
로를 화회(和會)시켜 나누어 주게 하고 강화의 토지도 역시 균등하
게 나누어 주도록 하라.39)

B-④ 선왕이 제정한 내외의 전정은 각기 직역(職役)에 따라 공평하게 나
누어 주어 민생을 돕고 국용에 이바지하게 하였다. (그런데) 근래에
는 호활한 무리들이 원진전(遠陳田)이라 칭탁하고 산천을 경계로 불
법적으로 사패를 받아 자기의 소유로 하고 국가에 조세를 내지 않으
니 토지가 비록 개간되었다 할지라도 국가에서 거두어들이는 것은
날로 감소한다. 또 심한 경우에는 그 조세의 1/3은 국가에 바치고
2/3는 자기가 차지하며 혹 전부를 내지 않는 자도 있어 폐해가 막대
하다. 제도의 안렴사와 수령으로 하여금 철저히 추궁하여 주인에게
돌려주게 하고 만약 주인이 없는 것은 내외의 군인·한인에게 지급
하여 호를 세워 역에 충당하게 하라.40)

38) "是年正月 忠宣王卽位下敎曰 … 一 寺院及齊醮諸處 所據執兩班田地 冒受賜牌 以
爲農場 今後有司窮治 各還其主"(『高麗史』 권84, 刑法1, 職制 判例 충렬왕24년)
39) "忠宣王卽位下敎 … 一 京畿八縣田 元有其主 國家近因多故 以兩班祿俸之薄 初給
墾地 其餘荒地頗多 自利爲先者 乘間受賜 不許其主 不納官組 專收其利 甚者 又幷
兩班折給之田 使不得隨職遞受者多矣 令有司 更爲審驗 和會折給 江華田 亦令均
分"(『高麗史』 권78, 食貨1, 經理 충렬왕24년 정월)
40) "忠宣王卽位下敎 一 先王制定 內外田丁 各隨職役 平均分給 以資民生 又支國用 邇
來豪猾之徒 托稱遠陳 標以山川 冒受賜牌 爲己之有 不納公租 田野雖闢 國貢歲減
又其甚者 托以房庫宗室之田 其於租稅 一分納公 二分歸己 或有全不納者 玆弊莫大
宜令諸道 按廉及守令 窮詰還主 如無主者 其給內外軍閑人 立戶充役"(『高麗史』 권

B-⑤ 호세가가 처음에 사급으로 토지를 차지하였다가 조업전(祖業田)이라 칭하는 것과 그 족정(足丁)이 본래의 수를 넘는 것은 각 도의 무농사(務農使)로 하여금 모두 양전하여 본사(典農司)에 조세를 바치게 하라.[41]

B-⑥ 사급전조로서 이미 (전농사)에 이른 것은 비록 환급하라는 균지(鈞旨)가 있다하더라도 받아들이지 말라.(忠宣王복위교서)[42]

B-⑦ 공신 사전(賜田)이 산천을 경계로 받는 것이 날로 확대되는데 세를 내지 않아 공부를 받는 토지가 날로 감소한다. 그 지정된 액수 이외에 더 차지하고 있는 것은 철저히 찾아내어 주인에게 돌려주라.(忠肅王5년 교서)[43]

B-⑧ 권세가가 남의 토지를 탈점하여 토지는 권세가에게 속하고 세는 그대로 본래 주인이 바치니 백성들에게 해가 된다. 지금부터 사전(賜田)을 받음에 비록 공신이라 할지라도 100결을 넘을 수 없으니 식목도감은 사패를 철저히 살펴 그 초과된 것은 삭감하도록 하라.(忠肅王12년 교서)[44]

B-⑨ 지금 홀치(忽赤) 등이 불법으로 사패를 받아 무뢰배를 보내 도망한 사람의 진황전(陳荒田)에서 연수를 헤아려 세를 징수하니 그 폐가 막심하다. 앞으로는 금지하라.(整理都監狀)[45]

78, 食貨1, 經理 忠烈王24년 정월)

41) "又下旨于典農司 … 一 豪勢之家 始以賜給 占籍土田 因稱祖業者 及其足丁 剩於本數者 令各道務農使 盡行打量 納租本司"(『高麗史』 권33, 世家 忠宣王後즉위년 11월)

42) "又下旨于典農司 … 一 賜給田租 已納到司者 雖有還給鈞旨 勿用聽受"(『高麗史』 권33, 世家 忠宣王後즉위년 11월)

43) "下敎 功臣賜田 山川爲標 所受日廣 而不納稅 貢賦之田 日益減縮 其數外剩占者 窮推還本"(『高麗史』 권78, 食貨1, 田制 功蔭田柴 忠肅王5년 5월)

44) "下敎 權勢之家 奪人土田 田屬勢家 稅仍本主 其爲民害 自今受賜田 雖功臣 無得過百結 式目都監 考覈賜牌 削其贏數"(『高麗史』 권78, 食貨1, 田制 功蔭田柴 忠肅王12년 10월)

45) "整理都監狀 … 今忽赤等 冒受賜牌 遣無賴人 將在逃人陳荒田 計年徵之 其弊莫甚 今後禁止"(『高麗史』 권85, 刑法2, 禁令 判例 忠穆王원년 5월)

(가) 사급전제의 폐단에 대한 인식

먼저 사급전제의 폐단으로 가장 많이 지적되고 있는 것은 사급전을 매개로 한 불법적인 토지 탈점이다. '개혁안'에서 보는 것처럼 '양반전시(兩班田柴)를 거집(據執)하고 모수사패(冒受賜牌)하여 농장을 만든다(B-②)' '경기 8현의 녹과전(祿科田)이 모수사패로 겸병되어 양반관료들 가운데 직에 따라 체수할 수 없게 된 자가 많다(B-③)' '내외전정(內外田丁)을 원진전(遠陳田)이라 칭하고 산천을 경계로 모수사패하여 자기소유로 한다(B-④)' '홀치(忽赤) 등이 모수사패하여 진황전(陳荒田)에서도 징수한다(B-⑨)'라고 하여 당시 탈점의 대부분은 사급전과 관련되어 나타나고 있다.

사급전의 취득이나 확대에는 합법적인 방법 이외에 권력을 바탕으로 타인의 토지를 탈점하는 이른바 '모수사패'라고 불리는 불법적인 방법이 흔히 동원되었다. 이 때 양반전시(B-②), 양반절급전(B-③), 내외전정(B-④) 등의 수조지는 물론 소유지[46]도 탈점의 대상이 되었다.

그 결과 수조권을 둘러싸고 지배층 내부의 대립과 갈등이 증대됨은 물론 국가의 재정난이 심화되었으며 또한 소유권을 둘러싸고 농민층이나 중소지주의 저항이 야기되었다.[47]

다음 사급전제 폐단의 또 하나는 '진황전을 사패로 받아 그 주인을 인정하지 않고 조세를 내지 않는다(B-③)' '내외전정을 … 모수사패하여 자기소유로 하고 공조(公租)를 내지 않아 국공(國貢)이 감소한다(B-④)' '공신사전(功臣賜田)이 날로 증가하는데 세를 내지 않아 공부(貢賦)를 내는 토지가 날로 감소한다(B-⑦)'라고 지적되는 것처럼 사급전의 확대

---

46) B-③의 사례에서 보면 경기 8縣의 토지는 원래 所有主가 있는데 荒地가 많은 것을 이용하여 사급전으로 절급받아 그 소유주를 인정하지 않고 자신의 소유로 삼은 것을 알 수 있다.

47) 이경식, 1983 「고려말기의 사전문제」『동방학지』40 ; 1986 「조선전기토지제도사연구」

로 인한 국가재정수입의 감소문제이다.

사급전은 원래 수조지로 지급되는 것이 원칙이었는데 원 간섭기에는 개간을 전제로 주로 주인이 없는 한전(閑田)이 지급되었다. 그런데 사패를 받아 개간하는 경우에는 그 토지에 대한 수조권과 소유권을 동시에 획득하게 됨으로써 토지소유에 따른 전조납부의 의무는 합법적으로 면제되었다.

그 결과 공조를 납부하던 토지가 면조(免租)의 사급전이 됨으로써 국가의 조세수입은 감소하였다. 또한 사급전을 통한 토지소유는 그 소유면적에 특별한 제한이 없었기 때문에 사급전은 급속히 확대되었고 이에 따라 국가재정상의 손실은 심각한 문제가 되었다.

마지막으로 사급전제가 야기하는 폐단의 하나는 '공신의 사전(賜田)이 산천을 경계로 하여 지급받는 것이 날로 확대된다'(B-⑦)라고 한 것처럼 지급액수에 제한이 없는 데서 비롯되는 대토지 집적의 문제이다. 사급전제의 본래 목적은 대몽전쟁 이후 농지의 황폐화와 인구의 감소라는 상황에서 개간 능력이 있는 개인이나 기관에 한전이나 진전 등의 토지를 지급하여 황폐된 토지를 복구하는 것이었다.

그런데 전후 복구과정에서 국가의 시책은 개간을 통해 당시의 생산력 수준에 맞는 농민경제를 안정화 시키는 방향으로 추진되지 않고 반대로 이전부터 계속되어온 대토지 소유를 인정하는 방향으로 나아갔다.[48]

이러한 정책은 당시 국가권력의 성격과 밀접한 관련을 갖는 것으로서 그 결과 이 시기 진전의 개간은 이미 진행되고 있던 대토지 겸병을 배경으로 추진되었고, 따라서 원 간섭기에 들어와서는 대토지 집적이 더욱 확대되었던 것이다.[49]

---

48) 이경식, 1983 「고려말기의 사전문제」『동방학지』 40 ; 1986 「조선전기토지제도사연구」
49) 안병우, 1993 「고려후기 농장의 발달과 농업생산력」『한국사』 한길사

또한 사급전은 국왕 측근세력을 비롯한 권세가들에게 경제적 보장책으로 주로 지급되었는데 관직의 고하에 따른 정액이 없이 왕의 재량에 의해 지급되었기 때문에 많은 경우 사급전 수급자는 지급액 이상의 토지를 차지하였다.

그 결과 대토지 집적이 성행하여 민생의 불안을 초래함은 물론 국가 재정을 크게 위협하였다. 이러한 사급전제의 제도적 모순에 의한 토지집적은 사급전제의 실시와 더불어 나타난 원 간섭기의 특징적인 현상이었다.

(나) 사급전제의 폐단에 대한 대응책

먼저 모수사패 등 사급전을 매개로 한 토지의 불법적인 탈점에 대해 '유사가 엄히 다스리고 각기 본 주인에게 돌려주라(B-②)' '유사가 조사하여 화회절급(和會折給)하고 강화의 토지도 균급하라(B-③)' '제도의 안렴과 수령이 주인에게 돌려주고 주인이 없는 것은 내외의 군·한인에게 지급하여 호를 세워 역에 충당시켜라(B-④)' '초과분을 찾아내어 본 주인에게 돌려주게 하라(B-⑦)'고 하여 탈점 이전의 수조권자나 소유권자에게 돌려주도록 하는 조치를 하였다.

한편 이를 위해 때로는 전민변정도감(田民辨整都監) 등이 설치되기도 하였으나 별다른 성과를 거두지는 못하였다.[50] 대개 사급전의 취득자들은 권력층이었고, 또한 그 배후에 원의 세력이 있었기 때문에 한두 차례의 금치조치만으로 불법적인 탈점이 근절될 수는 없었던 것이다.

다음 사급전의 조세불납으로 인한 재정난 타개를 위해 '사급전의 다소에 따라 공부를 내게 하라(B-①)' '지급액을 초과하는 것은 각도의 무

---

50) 李起男, 1971 「충선왕의 개혁과 사림원의 설치」, 『역사학보』 52
강순길, 1985 「충숙왕대의 찰리변위도감에 대하여」, 『호남문화연구』 15
閔賢九, 1977 「정치도감의 설치경위」, 『국민대논문집』 11
_____, 1980 「정치도감의 성격」 『동방학지』 23,23합집

농사(務農使)로 하여금 양전하여 조를 전농사(典農司)에 납부하게 하라 (B-⑤)'고 하여, 사급전에서도 공부를 징수하자는 홍자번의 제의가 있었고, 충선왕대에는 일시적이나마 전농사에서 사급전조를 징수하기도 하였다. 그러나 이러한 조치는 제대로 실시되지 못하거나 일시적인 것으로 그치고 말았다.

마지막으로 지급액수에 제한이 없는 사급전제의 제도적 모순에 대해 '사급전은 공신이라 하더라도 100결을 넘지 않게 하고 식목도감은 사패를 조사하여 초과분을 삭제하라(B-⑨)'고 하여 지급액수에 제한을 가하였다.

사급전제가 국왕 측근세력의 경제적 보장책으로 마련된 것이었기 때문에 사급전제의 존재 자체는 부정하지 못하고, 다만 그 소유액수에 제한을 두어 무제한적인 소유를 억제하고자 하였던 것으로 보인다.

당시 사급전이 토지문제에서 폐단을 야기하는 주범이었음에도 불구하고 사급전제도의 폐지나 파탄상태에 있는 토지분급제의 개혁과 같은 근본적인 해결책은 마련되지 않았다. 다만 사급전제를 통한 대토지 집적의 폐단을 방지하기 위해서 지급액을 제한하는 정도로 사급전제 운영상의 개선을 시도하여 국가재정을 확보하고 심화되는 사회모순을 완화시키고자 할 뿐이었다.

그러나 이 정도의 대응책으로는 사급전을 매개로 한 토지 탈점을 방지하거나 대토지 집적을 억제하는 실제적인 효과는 거둘 수 없었던 것으로 보인다. 그 결과 사급전을 매개로 한 토지겸병은 그 후에도 계속 확대 심화되어 여말 전제개혁에서 핵심적인 개혁대상이 되었던 것이다.[51]

---

51) 오일순, 1993 「토지분급제의 변동과 녹과전」 『14세기 고려의 정치와 사회』 민음사

2) 수취문제

원 간섭기 국가재정 상황은 몽골과의 장기간에 걸친 전쟁으로 인한 경지의 황폐화와 인구의 감소, 사급전과 농장의 확대 등으로 그 기반은 크게 축소되었다. 그러나 반면에 두 차례에 걸친 대규모 일본원정과 대원관계 정립 이후 국왕과 사신의 왕래 비용, 원에 대한 부정기적인 공납 등으로 국가재정 수요는 오히려 증대되었다.[52]

이에 국가는 그 지배하에 남아있는 토지와 인구에 대한 수취를 강화하였다. 게다가 원 간섭기 이후 왕위교체를 둘러싸고 계속되는 정치적 혼란과 통제력의 약화를 틈 타 관리들의 불법적인 중간수탈도 가중되었다. 이 시기 민의 몰락과 유망의 직접적인 원인은 바로 수취제의 문란에 있었다.

따라서 '개혁안'에서는 토지문제 보다 수취문제에 더 많은 관심과 비중이 두어지고 있는 것을 볼 수 있다. '개혁안'에 보이는 수취문제에 대한 국가의 인식과 그에 대한 대응책을 하나씩 살펴보기로 한다.

첫째로 군현단위의 총액제(摠額制) 수취체제에서 비롯되는 폐단에 대한 문제이다.

> C-① 토지에 역주(役主)가 없는 것은 도망간 정(亡丁)이 많기 때문이며 백성이 항심(恒心)이 없는 것은 도망한 호가 많기 때문입니다. 무릇 공부를 부과할 일이 있으면 나머지 백성으로 하여금 담당하게 하는데 이것이 날로 (백성을) 피폐하게 하는 원인이 됩니다. (그러므로) 마땅히 사급전은 그 많고 적음에 따라 공부를 바치게 하도록 합시다.[53]

---

52) 박종진, 1983 「충선왕대 재정개혁책과 그 성격」『한국사론』 9
53) "中贊洪子藩上書 … 三 曰田無役主 亡丁多矣 民無恒心 逃戶衆矣 凡有貢賦 仍令遺民當之 此所以日益彫弊也 宜令賜給田 隨其多少 納其貢賦"(『高麗史』권78, 食貨1, 貢賦 忠烈王22년 6월)

C-② 순방사(巡訪使)가 정한 전세는 매년 주군에서 그 정액대로 거두어들
　　이는데 권세가가 거부하고 바치지를 않으니 향리백성이 빌려서 액
　　수를 채움에 끝이 없어 생업을 잃고 유망한다. 그 세를 바치지 않는
　　자는 권귀를 불문하고 철저히 조사하여 보고하라.54)

C-③ 합포(合浦) 등 처의 진수군인이 군현의 크기에 따라 그 수가 고르지
　　못하니 앞으로는 순무진변사가 (군현의) 성하고 쇠함을 참작하여 그
　　수를 개정하고 무릇 영진(營鎭)을 침요하여 사욕을 채우는 자는 엄
　　히 금지하라.55)

C-④ 각처의 염호(鹽戶)는 사람에 정해진 수가 있고 공염(貢鹽)에 정해진
　　액수가 있다. 근래에 염호가 날로 감소하나 공염의 수는 그대로 있
　　다. (그런데) 내외의 관염관(管鹽官)이 (이를) 살피지 않고 도망한 염
　　호의 공염을 공호(貢戶)에게 추가로 징수하여 본래의 공염 액수를
　　채우니 백성들이 몹시 괴로워한다. 만약에 도망한 자가 있으면 해당
　　지역의 관사가 찾아내어 본래의 역으로 돌아가게 하고 찾을 수 없는
　　자와 죽고 후손이 없는 자는 모두 공염의 수를 면제하고 여러 창(倉)
　　의 공민(貢民)도 역시 이 예에 따르라.56)

　군현단위 총액제 수취체제에서 비롯되는 폐단의 내용은 '도망한 호가
많아서 남아있는 호에게 공부를 담당하게 하니 백성이 날로 조폐해진다
(C-①)' '전세는 매년 주현에서 거액수조(據額收租)하는데 권세가의 거
납(拒納)으로 향리백성이 칭대충수(稱貸充數)하여 실업·유망한다(C-②)'

---

54) "下敎 … 一 巡訪使所定田稅 每歲州郡 據額收租 權勢之家 拒而不納 鄕吏百姓 稱
　　貸充數 無有紀極 失業流亡 其不納稅者 勿避權貴 糾察以聞"(『高麗史』 권78, 食貨1,
　　租稅 忠肅王5년 5월)
55) "下旨 … 合浦等處 鎭戌軍人 大小郡縣 數目不均 今後 巡撫鎭邊使 斟酌殘盛 改正
　　數目 凡侵擾營鎭 以濟私慾者 嚴加禁恤"(『高麗史』 권82, 兵2, 鎭戌 忠肅王12년 10월)
56) "下敎 各處鹽戶 人有定數 貢有定額 近年以來 鹽戶日損 貢數仍存 內外管鹽官 不行
　　察體 以逃戶貢鹽 加徵貢戶 以充本數 民甚苦之 如有逃逃者 所在官司 推還本役 其
　　有未得根尋 與夫故沒無後者 幷除貢數 諸倉貢民 亦依此例"(『高麗史』 권79, 食貨2,
　　鹽法 忠肅王12년 10월)

'진수군인이 대소 군현에 따라 수가 고르지 않다(C-③)' '도망한 염호의 공염을 공호에게 추가로 징수하여 수를 채우니 민이 몹시 고통스러워한다(C-④)'는 것 등으로서 부담의 전가와 불균등 현상이다. 이러한 현상은 '개혁안'에서 보는 것처럼 공부(C-①), 전세(C-②), 군역(C-③), 공염(C-④) 등 수취제의 모든 분야에 걸쳐 나타나고 있다.

이처럼 군현 내외에서 세 부담이 과중하고 불균등하게 되는 원인은 근본적으로 세 부과의 기준이 되는 토지와 호구가 계속적으로 변동하고 있음에도 불구하고 양전과 호구조사가 제대로 실시되지 못하였기 때문이다.

원래 군현단위의 총액제 수취체제에서는 각 군현의 전결수(田結數)와 호구수에 근거하여 수취액이 책정되었는데 대몽전쟁 이후에는 여러 요인들에 의해 군현 내의 토지와 인구에 극심한 변동이 일어나게 되었다.

이에 국가는 양전이나 호구조사 등을 통해 수취액의 조정을 시도하였지만[57] 양전이나 호구조사, 그리고 이를 기준으로 한 세액책정이 제대로 되지 못하였다. 또한 이 시기에는 계속된 민의 유망과 권세가의 거납으로 그 부담이 다른 민에게 전가됨으로써 나머지 주민의 부담이 과중하게 되었던 것이다.

'개혁안'에서는 이 문제에 대한 대응책으로 '사급전도 그 다소에 따라 공부를 내게 하라(C-①)' '권세가로서 거납하여 세를 내지 않는 자는 권귀를 피하지 말고 규찰하여 아뢰어라(C-②)' '진수군인은 군현의 잔성(殘盛)을 참작하여 수를 개정하라(C-③)' '도망한 염호를 찾아 본역에 돌려보내고 찾지 못하거나 죽은 자는 공염 수를 면제하라(C-④)'고 하였다.

즉 재정확보의 측면에서 군현단위의 총액제 수취제의 폐단으로 감소된 세액을 만회하기 위해 면세의 혜택을 주던 사급전에서 공부를 징수하게 하였고, 총액제 운영상의 폐단을 시정하기 위해 조세를 거납하는 권

---

57) 원종12년과 충선왕대(충숙왕원년)의 양전사업

귀를 규찰하게 하게 하였으며, 또 군현의 잔성(殘盛)이나 현재 공호(貢戶)의 수에 따라 세액을 조정하게 하였다.

한편 이와 함께 세 부담의 불균등을 시정하기 위한 보다 근본적인 대책으로서 '개혁안'과는 별개로 세제개혁이 시도되기도 하였다. 즉 충선왕은 즉위년 이후 6년간에 걸친 양전과 호구조사 사업을 추진하여 충숙왕 원년에 현재의 호구와 토지를 중심으로 양안을 만들고 다시 공부를 정하게 하였다.58) 그러나 이 때 정한 세액은 신구가 고르지 못하여 백성들이 곤란을 겪었다59)는 것으로 보아 총액제 수취제의 폐단은 제대로 시정되지 못한 것으로 보인다.

둘째로 이 시기에 특징적으로 나타나는 임시세와 부가세의 문제이다.

고려후기에 나타나는 대표적인 부가세로 상요(常徭)와 잡공(雜貢) 등이 있었고,60) 특히 원 간섭기를 전후해서는 임시세와 부가세의 성격을 모두 갖는 과렴제(科斂制)가 등장하였다.

> D-① 소금의 세는 이미 정해진 액수가 있는데 지금 주현에서 강제로 과렴(科斂)을 행하니 진실로 마땅히 이를 금지하십시오.61)

> D-② 여러 도의 공부는 이미 정해진 수가 있는데 지금 또 호랑이 가죽, 표범 가죽, 곰 가죽을 공물로 하니 과렴이 번거로울 뿐만 아니라 맹수가 사람을 해치게 될까 두렵습니다. 마땅히 이를 금지시킵시오.62)

---

58) 박경안, 1990「14세기 甲寅柱案의 운영에 대하여」『이재룡박사환력기념한국사학논총』

59) 『高麗史』 권108, 列傳21 蔡洪哲

60) 상요·잡공을 조·용·조 3세 이외의 부가세로 보는 견해와 용·조에 해당하는 것으로 보는 견해가 있다. (이혜옥, 1994「수취체제의 변화」『14세기 고려의 정치와 사회』 민음사)

61) "中贊洪子藩上書曰 鹽之有稅 已有定額 今於州縣 强行科斂 誠宜禁之"(『高麗史』 권79, 食貨2, 鹽法 忠烈王22년 6월)

62) "中贊洪子藩上書 … 四曰 諸道貢賦 已有定數 今又以虎豹熊皮爲貢 不唯科斂煩重

D-③ 지방의 백성과 향리가 이유없이 징수하는 과렴의 번중함으로 인해
아들과 딸을 팔아 물품을 사서 관에 바치고 여러 해 동안 갚지 못하
니 실로 불쌍하다. (그러므로) 마땅히 관에서 속히 그 값을 돌려주어
자식을 그 부모에게 돌아가게 하라.[63]

'개혁안'에 나타나는 과렴제의 폐단으로 문제가 되고 있는 것은 '정액
이외 염세의 가징(加徵)(D-①)' '정수 이외의 새로운 품목의 공부 추징
(D-②)' '근거가 없는 과렴의 번중(D-③)' 등이다. 과렴은 본래 임시적인
지출에 대응하기 위한 것으로서 충렬왕대에 집중적으로 나타나기 시작
하여 고려 말까지 계속되었는데 징수의 상대적 용이성 때문에 거의 모든
세목에 걸쳐 부과되었다.[64]

과렴제의 폐단에 대한 대응책은 강제적이거나(D-①) 번중하거나(D-
②) 근거가 없는(D-③) 과렴에 대해 금지하도록 하였다. 이러한 대응책
은 과렴제가 고려후기의 파행적인 세제로서 수취과정상 많은 문제를 안
고 있음에도 불구하고 과렴제란 세제의 존재는 그대로 인정하면서 다만
과렴제 운영상 나타나는 불법적인 요소만을 시정하고자 한 것이다.

한편 이 시기에는 삼세(三稅)·상요(常徭)·잡공(雜貢) 이외에 염세가
새로운 세목으로 부가되었다.[65] 원래 전매제하에서 소금의 구매는 소비
자가 관청에 미리 소금값(鹽價)을 납부하고 소금을 받게 되어 있었는데
'개혁안'에서 볼 수 있는 것처럼 이미 충숙왕대가 되면 생산자인 염호에
게 과중하게 책정된 공염 부담으로 인한 염호의 도망과 생산의 감소로

恐致猛獸害人 誠宜禁之"(『高麗史』 권78, 食貨1, 貢賦 忠烈王22년 6월)

63) "忠宣王下敎 … 一 外方民吏 無因科斂煩重 至有轉賣男女 貸物納官 積年未還 實可
哀矜 宜速公還其直 付其父母"(『高麗史』 권79, 食貨2, 借貸 忠烈王34년 11월)
64) 박종진, 1983 「충선왕대 재정개혁책과 그 성격」『한국사론』 9, 서울대국사학과
65) 공민왕5년 사료에 감면대상으로서 鹽稅가 처음 보이는데 이미 그 이전부터 鹽價
가 鹽稅化 하였던 것으로 생각된다.(권영국, 1985 「14세기 榷鹽制의 성립과 운용」
『한국사론』 13, 서울대국사학과)

소금의 공급 부족을 초래하여 소비자들은 소금은 받지 못하면서 소금 값만을 부담하게 되었다.[66] 그 결과 소금값은 점차 염세라는 새로운 세목으로 전화되어 민의 부담을 그만큼 더 가중시키게 되었던 것이다.

셋째로 이 시기 성행했던 공물의 불법적인 선납(先納)과 대납(代納)의 문제이다. 고려시대 공물의 대납은 이미 중기부터 나타나기 시작하여 원 간섭기 이후 일반화되었다.

> E-① 근래 외방에 변고가 많아 공물을 제 때에 납부하지 못합니다. 제사(諸司)의 관리와 모리배가 먼저 자기의 물건을 납부하고 그 증빙서류를 받아 지방으로 내려가서 그 값을 초과하여 징수하기 때문에 실로 백성들이 감당하지 못하니 마땅히 이를 금지하십시오.[67]

> E-② 감찰사(監察司)가 금령을 게시하기를 "양 창(倉)의 녹전과 각 사(司)의 공물은 근래 수납할 시기를 놓쳐 용도가 부족하다. (이에) 이익을 꾀하는 무리들이 틈을 타서 이득을 취하려고 먼저 그 본전을 바치고 즉시 그 지방으로 내려가 이자를 배로 거두어들이니 백성들이 어떻게 감당하겠는가. 각 도의 존무·안렴·수령 등 관리는 납부의 기한을 늦어지게 하는 자를 엄히 추궁하라"고 하였다.[68]

---

66) "下敎 大尉王深慮 朝聘之需不給 以諸道鹽盆 悉屬民部 平價給鹽 以利公私 今鹽場官 先徵價布 鹽不給民者 十常八九 其考未受鹽者 悉給之"(『高麗史』권79, 食貨2, 鹽法 忠肅王5년 5월)
"下敎 各處鹽戶 人有定數 貢有定額 近年以來 鹽戶日損 貢數仍存 內外管鹽官 不行察體 以逋戶貢鹽 加徵貢戶 以充本數 民心苦之 如有逋逃者 所在官司 推還本役 其有未得根尋 與夫故沒無後者 幷除貢數 諸倉貢民 亦依此例"(『高麗史』권79, 食貨2, 鹽法 忠肅王12년 10월)
67) "中贊洪子藩 條上便民事 … 一 近來外方多故 納貢失時 諸司官吏 及謀利之人 先納己物 受其文憑 下鄕剩取其直 民實不堪 誠宜禁之"(『高麗史』권84, 刑法1, 職制 忠烈王22년 5월)
68) "監察司揭示禁令 兩倉祿轉 各司貢物 近因輸納失期 用度不足 致使貨殖之徒 乘時射利 先納其本 即往其鄕 倍收利息 民何以堪 其各道存撫按廉守令等官 輸納後期者 嚴加糾劾"(『高麗史』권78, 食貨1, 貢賦 忠肅王後8년 5월)

'개혁안'에서 지적하고 있는 공물의 선납이나 대납의 폐단은 '관리·
모리지인(謀利之人)·화식지도(貨殖之徒) 등이 공물을 선납하고 민에게
서 몇 배의 이식을 취해 민이 그것을 감당할 수 없다'는 것이다. 이처럼
대납업자에 의한 공물의 선납은 민에게 과중한 부담을 안겨주어 민의 몰
락을 촉진할 뿐만 아니라 궁극적으로 국가 재정기반을 위협하였다.

이러한 공물의 선납과 대납제도는 고려후기에 일반화되는데 이는 당
시 사회경제 구조상 불가피한 조건 때문이었다. 고려시대 공물은 농민
각 호를 대상으로 부과된 것이 아니라 군현을 단위로 일괄적으로 부과되
었으며 부과된 공물은 지방관의 책임 하에 징수되어 군현이 예속되어 있
는 중앙관사에 납부되었다.69)

그런데 이 시기에는 공물의 직접 부담자인 농민층의 유망과 몰락으로
군현에서는 납기 내에 할당된 공물액을 채우기가 어려웠고, 또한 국가수
요품을 공급하던 소(所)제도도 해체되어 중앙관사가 필요로 하는 공물이
제때에 확보되기 어려웠다.

바로 이러한 상황에서 공물의 선납과 대납은 구조적으로 성행할 수밖
에 없었다.70) 이에 공물의 상납 책임을 맡은 지방관은 대납업자들로 하
여금 공물을 선납이나 대납하게 하고 그 대가를 소속군현의 민에게 징수
하게 하였는데 이런 과정에서 지방관과 대납업자의 결탁에 의한 중간수
탈이 이루어졌던 것이다.71)

공물대납의 폐단주체로서 '제사관리(諸司官吏)·모리지인·화식지도' 등
이 거론되고 있는데 이 중 '제사관리'란 공물 수납처인 중앙각사의 관리
를 가리키며 '모리지인·화식지도' 등은 수공업과 상업발달로 성장한 상
인출신의 공물대납업자를 가리키는 것으로 보인다.

---

69) 강진철, 1980「제 6장 농민의 부담」『고려토지제도사연구』고려대출판부
70) 이병희, 1992『고려후기 사원경제의 연구』서울대박사학위논문
71) 박종진, 1988「고려말의 濟用財와 그 성격」『울산사학』2

‘모리지인’이나 ‘화식지도’와 같은 민간 공물대납업자가 출현하게 된
것은 이 시기에 수공업 생산과 유통경제의 발달이라는 사회경제적 조건
을 전제로 해서 가능한 것이었다.[72] 즉 공물 대납물품을 생산하는 수공
업은 물론 생산된 물품의 유통을 용이하게 하는 상업의 발달이 이 시기
에 공물의 대납을 일반화하였고, 그 결과 공물의 대납과정에서 ‘모리지
인·화식지도’ 등 공물 대납업에 종사하는 계층도 형성되었던 것이다.

공물의 선납이나 대납의 폐단에 대한 대응책은 ‘개혁안’에서 보는 것
과 같이 대납행위를 금지하게 하거나(E-①) 공물의 납기를 어기는 지방
관을 처벌하도록 하여(E-②) 대납의 구실을 제공하지 못하게 하는 것이
었다. 그러나 근본적으로 공물 수취기반의 안정이나 공물제도의 개혁이
없는 이러한 대응책만으로는 당시 구조화되어 있는 공물대납의 폐단을
방지할 수는 없었을 것이다.

마지막으로 ‘개혁안’에서 가장 많이 언급되고 있는 관리와 향리의 불
법적인 중간수탈의 문제이다.

> F-① 공부(貢賦)는 이미 정액이 있는데 또 제도에서 집집마다 세마포를 거
> 두고 있으니 이는 실로 횡렴이 되는 것입니다. 마땅히 이를 금지하여
> 없애 주십시오.[73]

> F-② 염세는 예부터 천하의 공용인데 지금 여러 궁원과 사사(寺社), 그리
> 고 권세가가 다투어 차지하고 그 세를 내지 않아 국용이 부족하니
> 해당관사가 철저히 조사하여 혁파하도록 하라.[74]

> F-③ 홀치(忽赤)·응방(鷹坊)·상승(尙乘)·순마(巡馬)·궁궐도감(宮闕都監)·

---

72) 김동철, 1985 「고려말의 유통구조와 상인」 『부대사학』 9

73) “中贊洪子藩上書 … 二曰 貢賦已有定額 又於諸道 家抽細麻布 實係橫斂 宜禁絶
之”(『高麗史』 권78, 食貨1, 貢賦 忠烈王22년 6월)

74) “忠宣王卽位敎曰 鹽稅自古天下公用 今諸宮院寺社 與勢要之家 皆爭據執 不納其稅
國用不足 有司窮推除罷”(『高麗史』 권79, 食貨2, 鹽法 忠烈王24년 정월)

아차지(阿車赤) 등에 신임관리가 부임할 때 봉송할 물품을 징수하기 위해 백성들에게 거두어들이는데 (이를) 일체 금지하고, 또 안렴과 여러 별함(別銜)에게도 초(抄)와 정리(丁吏)를 역시 증여하지 못한다.[75]

F-④ 각도의 안렴과 별함이 백성의 재물을 침탈하여 사선(私膳)으로 삼아 역으로 수송하니 그 폐가 막대하다. 지금부터는 비록 털끝만한 물건이라도 모두 금지하라.[76]

F-⑤ 원나라를 섬긴 이래로 국가의 비용이 증가하여 여러 도에 사신을 보내 공물을 징수하였는데 그 직임을 맡은 자가 공을 빙자하여 사욕을 채우니 사람들이 몹시 고통스러워한다. 지금부터 공물과 정역(程驛) 등의 일은 모두 제찰사(提察使)에게 맡겨라.[77]

F-⑥ 원 황제에게 특별히 진상할 해산물인 조개·새우 등 물품을 도진승(都津丞) 신훤(申烜)이 해마다 납부하는 양 이외에 마음대로 그 수를 늘려 옛 액수에 더하여 공안(貢案)에 올렸으니 백성에게 큰 해가 된다. 이미 신훤을 옥에 가두어 죄를 다스리고 있으니 신훤이 증액한 것은 삭감하라.[78]

F-⑦ 선대왕이 주현의 세액이 날로 감소하고 민생이 날로 쇠하는 것을 염려하여 사신을 보내 순방하여 공부를 공평하게 정하게 하였다. (그런데) 지금 황무지에서 은과 포를 징수해 공액을 채우니 공부가 충실

75) "是年正月忠宣王卽位下敎曰 … 一 忽赤鷹坊尙乘巡馬宮闕都監阿車赤等 當新員赴任之時 據徵封送 因而取斂於民 一切禁斷 乃至 按廉及諸別銜 抄與丁吏 亦不得贈與"(『高麗史』 권84, 刑法1, 職制 判例 忠烈王24년)

76) "是年正月忠宣王卽位下敎曰 … 一 各道按廉與別銜 侵漁百姓 以爲私膳 傳驛輸送 其弊甚大 今後 雖絲毫之物 皆禁"(『高麗史』 권84, 刑法1, 職制 判例 忠烈王24년)

77) "下敎 … 一 事大以來 國用煩劇 遣使諸道 徵收貢物 任其職者 憑公營私 人甚苦之 自今 貢物程驛等任 皆委提察"(『高麗史』 권84, 刑法1, 職制 判例 忠肅王5년 5월)

78) "下敎 … 一 帝所別進海山 若蝦蛤等物 都津丞申烜 於年例外 擅加其數 并其舊額 載之貢案 大爲民害 已將申烜 下吏治罪 其削烜所增額"(『高麗史』 권84, 刑法1, 職制 判例 忠肅王5년 5월)

하지 못할 뿐 아니라 백성들로 하여금 원망이 일어나게 하니 지금부
터는 황무지에서 조세를 거두지 말라.79)

F-⑧ 지금 홀치 등이 불법으로 사패를 받아 무뢰배를 보내 도망한 사람의
진황전을 연수를 계산해 세를 징수하니 그 폐가 막심하다. 앞으로는
금지하라.80)

F-⑨ 전조를 거두어들이는 사람들이 매년 1년에 4~5차례 징수하여 백성
으로 하여금 생업을 잃고 유리하게 하는 경우가 많으니 앞으로는 철
저히 찾아내어 칼을 씌어 서울로 보내라.81)

'개혁안'에 보이는 불법수탈의 내용은 '정액의 공부 이외의 횡렴(F-
①)' '국고에 들어올 염세의 포탈(F-②)' '관리 부임 시 봉송(封送)을 위
한 수탈(F-③)' '사선(私膳)을 빙자한 수탈(F-④)' '비정기적인 수취를 틈
탄 빙공영사(憑公營私)(F-⑤)' '원에 바치는 별진공물(別進貢物)의 추가
징수(加徵)(F-⑥)' '비과세지인 진황전에서의 공부 징수(F-⑦, F-⑧)' '수
조지의 탈점으로 인한 중징(重徵)(F-⑨)' 등인데, 특히 원 간섭기에 성행
한 임시적이고 비정기적인 수취에 편승하는 중간수탈이 많이 나타나고
있음을 볼 수 있다.

이러한 임시적인 수세에 편승하는 불법수탈은 당시 수취제가 갖고 있
는 제도상의 모순에서 그 원인을 찾을 수 있겠다. 즉 이 시기에는 재정
난 해결을 위한 방편으로 과렴과 같은 임시적인 부가세가 수시로 징수되
었는데 바로 이러한 제도에 편승한 불법적인 수탈이 성행하였던 것이다.

---

79) "下敎 一 大尉王軫念 州縣稅額日減 民生日殘 遣使巡訪 均定貢賦 今於荒田 徵銀及
布 以充貢額 不惟貢賦無實 使民怨咨 自今勿收荒田租"(『高麗史』 권78, 食貨1, 租稅
忠肅王5년 5월)

80) "整理都監狀 … 今忽赤等 冒受賜牌 遣無賴人 將在逃人陳荒田 計年徵之 其弊莫甚
今後禁止"(『高麗史』 권85, 刑法2, 禁令 判例 忠穆王원년 5월)

81) "整理都監狀 … 田租收租人等 每年一田四五度徵斂 使百姓失業 流移者 頗多 今後
窮推 械送于京"(『高麗史』 권85, 刑法2, 禁令 判例 忠穆王원년 5월)

불법수탈의 폐단에 대한 국가의 인식은 국가재정의 측면에서 재정수입의 감소에 대한 우려(F-②, F-⑦)와 민생의 측면에서 민생의 불안에 대한 우려(F-③, F-④, F-⑤, F-⑥, F-⑦, F-⑧, F-⑨)로 나타나고 있는데 '개혁안'에서는 불법수탈이 민생에 미치는 폐단에 대해서 더 많은 관심이 두어지고 있음을 볼 수 있다.

그 이유는 수취과정에서의 불법수탈의 문제가 유망과 같은 민의 저항을 야기하는 직접적인 원인이 되었고, 나아가 민생의 파탄은 궁극적으로 국가재정기반의 감소로 연결되기 때문이었다.

불법수탈에 대한 국가의 대응책은 대부분 불법적 수탈행위 자체를 금하게 하거나(F-①, F-②, F-③, F-④, F-⑧), 불법 행위자를 처벌하거나(F-⑨), 또는 보다 적극적으로 부당하게 징수된 세액을 감면해 주도록 하는 것이었다.(F-⑥, F-⑦)

그러나 이러한 대응책은 수취상의 폐단을 야기하는 근본원인의 제거가 아닌 현상적으로 드러난 폐단의 시정에 그치는 것이었다. 불법수탈의 대부분은 당시에 성행하던 임시세나 부가세제에 편승한 것이었기 때문에 이러한 불합리한 세제의 개혁이 없이 단순히 불법수탈을 금하는 조치만으로 불법수탈의 폐단이 시정될 수는 없는 것이었다.

3) 유통경제와 고리대 문제

(1) 유통경제

고려시대의 유통경제는 지방상업과 도시상업, 국내 상업과 대외교역, 그리고 지배층 중심의 교환경제와 직접생산자 중심의 교환경제로 이원화되어 있었다.[82]

---

82) 이경식, 1987 「場市의 성립과 그 기반」 『한국사연구』 57
    채웅석, 1988 「고려전기 화폐유통의 기반」 『한국문화』 9

그런데 고려시대에는 이러한 이원적인 교환경제 구조 속에서 지배층 중심의 교환경제가 억매·강매 등의 부등가교환을 통해 직접생산자들의 잉여축적을 저지함으로써 직접 생산자층의 교환경제 발전을 억제하였다. 이러한 점이 바로 고려시기 직접생산자 중심의 교환경제가 갖는 특징이며 한계이기도 하다.[83]

'개혁안'에 나타나는 지배층 중심의 교환경제가 야기하는 폐단과 그에 대한 시정책은 다음과 같다.

> G-① 대부고(大府庫)·영송고(迎送庫)·국신고(國贐庫) 등에서 필요한 물건은 경시(京市)에서 구하는데 비록 화매(和賣)라고는 하나 사실은 강제로 빼앗는 것이니 마땅히 이를 금지하십시오.[84]

> G-② 호세가가 주현에 사람을 보내 은병(銀瓶) 등으로 민간의 세포(細布)·능라(綾羅)·위석(葦席) 등 물품을 강제로 사들이니 실로 민간에게 폐가 됩니다. 마땅히 이를 금지하십시오.[85]

> G-③ 왕경은 한나라의 근본이니 사람들을 안심하게 하고 침탈해서는 안 된다. 앞으로 각 관청에서 필요한 것은 시전에서 침탈하지 말 것이며 만약 부득이 구할 때는 정당하게 그 값을 지불하라.[86]

> G-④ 시장의 상인은 있고 없는 물건을 서로 교역하는 것을 밑천으로 삼는데 영송(迎送)·국신(國贐)·연례(宴禮) 등 제색 관리들이 허위로 문서를 발급하여 여러 가지 물건을 가져다 쓰고 그 값을 돌려주지 않으

---

83) 이경식, 1987 「場市의 성립과 그 기반」 『한국사연구』 57

84) "中贊洪子藩條上便民事 … 一 大府迎送國贐等庫 凡有所須之物 卽於京市求之 雖云和賣 實爲强奪 誠宜禁之"(『高麗史』 권84, 刑法1, 職制 判例 忠烈王22년 5월)

85) "中贊洪子藩條上便民事 … 一 豪勢之家 遣人州縣 以銀瓶等物 强市民間細布.綾羅.葦席等物 實爲民弊 誠宜禁之"(『高麗史』 권84, 刑法1, 職制 判例 忠烈王22년 5월)

86) "是年正月 忠宣王卽位下敎曰 … 一 王京一國之本 要令人物安堵 不可侵擾 自今以後 各司凡所須 不得於市廛侵奪 如不得已而徵求 當與其直"(『高麗史』 권84, 刑法1, 職制 判例 忠烈王24년)

며, 심한 경우 공공연히 빼앗으니 원망이 적지 않다. 마땅히 각 관청으로 하여금 문서를 조사하여 물품의 수량대로 값을 돌려주게 하고 앞으로는 모두 값을 주고 사게 하여 소요를 일으키지 말게 하라.87)

G-⑤ 여러 도의 존무(存撫)·제찰(提察)·염장(鹽場) 등 관리가 내부(內府)에서 나온 은폐(銀幣)를 판다는 명목으로 사사로이 권귀들의 은폐를 비싼 값으로 강매하여 사리를 도모하니 철저히 다스려 보고하라.88)

위의 '개혁안'에서 지적되고 있는 폐단의 내용은 '대부(大府) 등 국가기관에서 필요한 물품을 경시(京市)에서 구할 때 화매라고 칭하지만 실제로는 강탈을 한다(G-①)' '호세가가 주현에 사람을 보내어 은병(銀瓶) 등 물품으로 민간의 물품을 강제로 사들여 민폐가 된다(G-②)' '영송 등 기관이 거짓으로 문서를 발급하여 시사상고(市肆商賈)로부터 여러 물품을 취하고 값을 치르지 않는다(G-③, G-④)' '존무·안찰·염장관 등 외방사신이 내고(內庫)가 내놓은 은폐(銀幣)를 판다는 명목으로 사사로이 권귀의 은폐를 고가로 억매하여 사욕을 취한다(G-⑤)'는 것 등으로 지배층에 의한 두 가지 형태의 강제교역, 즉 권세가나 관리들의 민간인을 상대한 억매(G-②, G-⑤)와 국가기관의 시전상인들을 상대로 한 억매(G-①, G-③, G-④)가 나타나고 있다.

이처럼 원 간섭기의 강제교역은 권세가 등에 의해서 만이 아니라 대부·영송·국신·연례색·각사 등 국가기관에 의해서도 이루어지고 있고, 또한 재정관서에서 재원확보책의 하나로 이용되고 있다는 점이 특징이다.

먼저 권세가나 관리들에 의한 강제교역을 보면 주현에서 민간의 수공

87) "忠宣王下敎 一 市肆商賈 貿遷有無 資生在前 迎送.國贐.宴禮諸色官 虛給文契 取用百物 不還其直 甚者 公然濫奪 怨讟不少 宜令各司 檢考文契 如數歸還 今後 盡行雇買 不得騷援"(『高麗史』 권79, 食貨2, 借貸 忠烈王34년 11월)
88) "下敎 … 一 諸道存撫提察鹽場等使 以賣內出銀幣爲名 私賣權貴所屬銀幣 高價抑賣 以濟其私 究治以聞"(『高麗史』 권84, 刑法1, 職制 判例 忠肅王5년 5월)

업품을 강제로 사들이거나 은폐를 고가로 억매하여 이익을 취하는 형태를 띠고 있다(G-②, G-⑤). 이러한 권세가나 관리들에 의한 억매는 유통구조를 통한 또 하나의 이익추구 방법인 공물의 대납과 함께 고려중기 이후 널리 행해졌으며 특히 원 간섭기에 들어와 더욱 일반화되었다.

권세가나 사원 등 고려의 지배층은 억매형태의 강제교역을 통해 곡물에서부터 수공업품에 이르는 농민의 잉여생산물을 흡수하였는데 이러한 억매는 지배층들의 농민에 대한 지배 및 수취가 토지를 매개로 하여 이루어지는 것을 배경으로 하였다.[89]

즉 지배층은 토지의 소유권과 수조권을 바탕으로 농민을 지배하여 지대와 전조 등 일정량의 생산물을 수취하고 나머지 잉여생산물은 교역의 형태로 수취할 수밖에 없었는데 이 때 양자 간의 불평등한 관계로 인해 등가교환이 이루어질 수 없었다. 그리하여 지배층인 지주 또는 전주의 강제에 의한 억매가 나타나게 되었다.

또 한편으로 이러한 억매형태의 교환경제가 일반화될 수 있었던 배경에는 농민 수중에 잉여생산물의 축적을 가능하게 하는 농업 및 수공업생산의 발전이 있었던 것이다.

다음으로 국가기관에 의한 억매는 원 간섭기에 특징적으로 나타나는데 그 대상은 주로 경시(京市)·시사상고(市肆商賈)·시전상인(市廛商人)들로서 대부분의 경우 화매(和賣)라고 칭하지만 실제로는 거의 강탈에 가까운 강제교역 형태를 취하고 있다(G-①, G-③, G-④).

고려시대 시전은 개경을 비롯한 대도시에서 주로 관수품을 조달하고 조세나 공물 등 국고의 잉여품을 처분하는 기능을 수행하였는데[90] 유통경제의 발달에 따라 고려 말에는 조선시대의 시전(市廛)과 유사한 형태

---

89) 지배층의 강제교역의 근거를 전주전객제 관계에서 구하는 견해도 있지만(이경식, 1987 「場市의 성립과 그 기반」, 『한국사연구』 57) 오히려 지주전호제가 더 큰 역할을 하였을 것이라 생각된다.

90) 강만길, 1975 「상업과 대외무역」, 『한국사』 5

의 시전이 등장하였다.[91] 원 간섭기에 시전이 국가기관의 수탈대상이
되고 있는 것은 바로 이 시기 시전상업의 발달이 그 배경이 되었던 것이다.

이러한 강제교역의 폐단에 대한 국가의 대응책을 보면 먼저 권세가나
관리들의 불법적인 억매에 대해서는 이를 금지하거나(G-②) 처벌하는
조처를 하였고(G-⑤), 다음 국가기관의 억매행위에 대해서는 강탈이나
침탈에 가까운 억매행위는 금지시키고(G-①, G-③) 부득이 시전으로부
터 징구하는 경우에는 정당한 대가를 지불하도록 하였다(G-③, G-④).

이러한 조치는 교역활동 자체를 금하는 것은 아니었고, 다만 교역과
정에서 나타나는 강탈이나 불법적인 억매행위만을 시정하고자 한 것으
로서 당시 시장경제를 통한 관수품 조달이 일반화되고 있었음을 보여주
는 것이다.

그러나 불법적인 억매에 대한 국가의 금지에도 불구하고 국가기관이
나 지배층의 피지배층에 대한 강제적인 교역행위나 공물의 대납 등은 이
후에 더욱 격심해져 유통경제의 이중구조는 심화되어 갔다.[92]

(2) 고리대

고리대란 규정된 이자율을 훨씬 초과하는 것으로서 구체적으로는 경
종5년에 정한 법정 이자율 3할 3푼 3리를 초과하는 경우와 이자의 총액
이 원본을 넘는 경우, 그리고 복리로 이자를 수취하는 경우가 고리대로
간주되었다.[93]

이러한 고리대(高利貸)는 채권자와 채무자 사이의 관계가 불평등하여
대등한 관계에서 이루어지지 못할 뿐만 아니라 이율이 높고 강제성을 띠
는 경우가 많다는 점 때문에 그 폐단이 특히 심하였다.

---

91) 김동철, 1985「고려말의 유통구조와 상인」『부대사학』9
92) 채웅석, 1988「고려전기 화폐유통의 기반」『한국문화』9
93) 서길수, 1981「고려시대의 차대관계 및 이자에 관한 연구」『국제대학논문집』

'개혁안'에 나타나는 고리대의 폐단은 다음과 같다.

H-① 빚을 갚는 법은 자모정식법(子母停息法)에 따르게 되어 있는데 이익을 탐하는 자들이 끝없이 이자를 늘리니 가난한 사람은 처자를 팔아도 빚을 갚을 수가 없다. 그 원금과 이자가 상당한데도 오히려 빚 갚기를 추궁하는 자는 차용증서를 거두어 채무자에게 주라.[94]

H-② 공사의 여러 채무는 기간이 비록 오래더라도 일본일리(一本一利)로 그칠 것이며 만약에 문서를 위조하여 불법을 자행하는 자는 관에서 그 죄를 다스리라. 가난한 사람이 오래된 빚을 갚지 못해 자녀를 파는 자는 해당지역의 관청이 속전을 내어 부모에게 돌려주도록 하라. (채권자가 채무자의 자녀를 데려다가) 사역시킨 기간이 채무액에 상당하면 관에서 차용증서를 거두고 각기 풀어주게 하라.[95]

H-③ (환관족속과 권세가가) 또 유리하는 인리(人吏)와 관청의 노비·역자(驛子)를 불러 모아 패거리를 만들고 장리(長利)라는 명목으로 평민에게 빚을 주고 문서를 위조하여 이자에 이자가 생기게 하니 앞으로는 바친 물건은 본주인에게 돌려주고 문서는 거두며 규정대로 죄를 주라.[96]

H-④ (환관족속과 권세가가) 또 오래된 빚을 빙자하여 양인을 위협하여 노비·사환으로 삼으니 '천구(賤口)'의 역가(役價)는 1년에 5승포(升布) 32필 반이라는 이전의 판(判)에 따라 계산하여 보상하게 하고 모두 역을 면제시켜라.[97]

---

94) "下敎 償債之法 止子母停息 而貪利之人 增息無限 貧者賣妻鬻子 亦不能償 其本息相當 而猶責償者 收取文契 以給貸者"(『高麗史』 권79, 食貨2, 借貸 忠肅王5년 5월)

95) "下敎 公私諸債 年月雖多 止還一本一利 如有倒換文契 恣行不法者 官治其罪 貧民未償宿債 賣其子女者 所在官司 贖還父母 役使歲月 旣准其價 官收文契 各令放還"(『高麗史』 권79, 食貨2, 借貸 忠肅王12년 10월)

96) "整理都監狀 … (宦官族屬 及權勢之家) 又招引流移人吏 及官司奴婢驛子 群聚作黨 長利稱名 借貸平民 倒換文契 利中生利 今後 將所納物色 還其本主 收文契 依例決罪"(『高麗史』 권85, 刑法2, 禁令 判例 忠穆王원년 5월)

97) "整理都監狀 … (宦官族屬 及權勢之家) 又憑依宿債 怯良人爲奴婢.使喚者 依前判

'개혁안'에서 볼 수 있는 고리대의 폐단은 '자모정식법(子·母停息法)'을 어기고 이식을 무한정 취하거나(H-①)' '일본일리법(一本一利法)을 어기고 문서를 위조하여 불법을 행하거나(H-②, H-③)' '숙채(宿債)를 빙자하여 양인을 노비나 사환으로 삼는 것(H-④)' 등이었다. 이러한 고리대의 결과 이자를 상환하지 못하는 빈민들이 처자를 팔거나(H-①, H-②) 노비로 전락하지 않으면 안 되는 지경에까지 이르고 있다(H-④).

이처럼 원 간섭기에 고리대가 성행하게 된 근본원인은 이미 앞에서 지적한 것처럼 토지탈점과 과중한 부세부담으로 인해 생존위기에 처한 민이 권세가나 사원 등의 고리대에 편입되지 않을 수 없는 사정 때문이었다.

또한 이와 함께 이 시기에는 진휼기관으로서 농민의 재생산을 보장하는 기능을 가진 의창제(義倉制)가 붕괴되었고 제위보(濟危寶)나 대비원(大悲院) 등의 구휼기관도 제 기능을 수행하지 못하였기 때문이다.

고리대의 폐단에 대한 대책은 '이자가 원본과 상당한데도 부채의 상환을 요구하는 경우 차용문서를 거두어 채무자에게 돌려주게 하고(H-①)' '일본일리법을 어기고 문서를 위조해 불법을 행하는 경우는 처벌하고(H-②, H-③)' '빈민이 오랜 채무로 자녀를 판 경우(H-③)나 양인을 협박하여 노비나 사환으로 삼은 경우(H-④)'는 모두 원상태로 돌리게 하였다.

이러한 조치들은 결국 차대(借貸)를 통한 취식행위는 인정하되 다만 이자가 원본과 같아지면 더 이상 이자를 받지 못하게 하는 '자모정식법'과 원본 이외의 이자에 대한 이자를 받지 못하게 하는 '일본일리법'을 기준으로 하여 이에 위반되는 고리대만을 문제로 삼은 것이다. 또 고리대에 의해 채권자의 사적 지배하에 있는 채무자를 끌어내어 원상태로 돌

賤口役價 一年五升布 三十二匹半例 計徵還償 悉皆免役"(『高麗史』 권85, 刑法2, 禁令 判例 忠穆王원년 5월)

림으로써 국가 지배하의 공민을 확보하고자 하였던 것으로 보인다.

　그리고 이와 함께 의창(義倉) 등의 구휼기관을 설치하여 빈민이 고리대에 편입되는 것을 방지하기 위한 대책도 마련하였다. 예컨대 홍자번의 편민18사(便民十八事)에서는 중앙과 지방에 의창을 설치하고 재원을 마련하여 비상시에 대비할 것을 건의하였고,[98] 그 후 충선왕대에는 구휼기관으로 유비창(有備倉)과 전농사(典農司)를 설치하고 그 재원확보를 위해 사급전의 전조를 거두어들이기도 하였다.[99]

　그러나 상평창제를 표방했던 전농사는 권세가들의 방해로 곧 폐지되었고, 연호미법(煙戶米法)에 기반을 두었던 유비창(有備倉)은 왕실의 사고(私庫)적 성격을 지니면서 점차 왕실의 토지탈점기구로 변하여 별다른 실효를 거두지 못하였다.[100]

　결과적으로 고리대에 대한 국가의 대응책은 사후 수습책에 불과하였을 뿐 보다 근본적으로 민이 고리대에 편입되지 않도록 민의 재생산 기반을 보호하고 민생을 안정시킬 수 있는 대책은 되지 못하였던 것이다.

3. 개혁정치의 성격

　원 간섭기 일련의 '개혁정치'는 고려사회의 내부모순에 대한 대응책으로서 나타난 것이었다. 고려사회의 사회경제적 모순은 이미 12세기 이후부터 확대되기 시작하여 무신정권의 성립과 함께 폭발적인 농민항쟁

---

98) "中贊洪子藩上書 國以民爲本 民以食爲天 國家素無儲蓄 尙有凶荒 難以救活 宜於中外 創置義倉 戶斂米穀 以時收積 以備緩急"『高麗史』권80, 食貨3, 常平義倉 忠烈王22년 6월)

99) "又下旨于典農司 一 本司所蓄米穀 但爲備荒而已 間有無職之人 冒求購受 爲費不細 其前後所下 賜록鈞旨 盡行封置毋給"(『高麗史』권33, 世家, 忠宣王後즉위년 11월)

100) 박종진, 1986 「고려전기 의창제도의 구조와 성격」『고려사의 제문제』삼영사

을 야기하였다.[101]

　농민항쟁은 최씨 정권이 성립될 때까지 30여 년간 치열하게 전개되었으나 이후 무신정권의 안정과 강압적인 진압, 그리고 원제국의 등장으로 일단 진정국면을 맞았다. 그러나 항쟁을 유발시켰던 근본원인이 제거되지 않았기 때문에 30여 년 간의 대몽전쟁 중에도 농민항쟁은 산발적으로 계속되었다.

　그 후 삼별초 난의 철저한 진압으로 항쟁의 에너지가 약화·소멸되고 한편 원의 간섭을 받는 새로운 지배체제가 성립되면서 종래와 같은 적극적인 형태의 항쟁은 표면상 나타나지 않았다. 대신 유망과 같은 소극적인 형태의 저항이 계속되었다. 원 간섭기의 '개혁정치'는 바로 이러한 민의 항쟁이라는 역사적 경험 속에서 민의 저항에 대한 대응에서 비롯된 것이었다.

　원 간섭기 사회경제적 모순은 이미 이전시기부터 확대되어온 대토지 소유의 발달에 의한 토지소유의 불균등이라는 토지문제에서 비롯되었으며 토지문제의 핵심은 민생을 파탄시키고 국가재정을 위협하는 농장과 사급전제에 있었다. 원 간섭기 농장은 토지 탈점과 조세포탈의 주체로서 당시 사회경제 모순의 근원이었는데 '개혁안'에서는 토지의 탈점과 민호의 은닉, 그리고 조세포탈 등의 문제를 농장의 주요한 폐단으로 인식하였다.

　그러나 이들 문제를 근원적으로 개혁하기 위한 대책은 제시되지 않았다. 당시 농장문제를 근본적으로 해결할 수 있는 방법은 농장을 혁파하는 것이었으나 실제 개혁에서는 농장의 혁파는 물론 소유의 제한이나 농장에 대한 과세조치도 이루어지지 않았다. 오히려 농장의 존재는 그대로 인정되었다.

　특히 이 시기에는 농장의 확대로 토지소유의 불균등이 심화되어 계급

---

101) 박종기, 1990 「무신집권기 농민항쟁 연구론」『한국학 논총』 12

간의 대립이 격화되고 있었는데 민전의 탈점으로 인한 농민층의 몰락과 유망은 당시 고려의 가장 심각한 사회문제가 되었다. 그런데 '개혁안'에서는 권세가의 탈점행위만을 금하거나 처벌하였을 뿐 보다 적극적으로 토지의 탈점으로부터 농민을 보호하고 농민의 재생산 기반을 안정시키기 위한 대책은 제시되지 않았다.

반면에 지배층의 수조지나 소유지의 탈점 문제와 그 대책 마련에 더 관심을 가졌다. 당시 국가는 토지소유의 불균등으로 초래된 두개의 모순관계 가운데서 지배층 내부의 갈등관계를 완화하는데 주력하였던 것이다. 또한 농장의 조세 포탈과 민호의 탈점에 대한 대책에서도 민생안정의 측면보다는 국가재정기반을 확보하는 방향으로 대책이 마련되고 있어 개혁이 의도하는 주된 목적이 재정난 타개에 있었음을 보여주고 있다.

사급전제 역시 농장과 함께 토지문제를 야기하는 주요인으로서 원 간섭기에 대토지 집적의 수단으로 널리 이용되었다. '개혁안'에서는 사급전제의 폐단 가운데 '모수사패' 등 사급전제를 악용한 불법적인 토지탈점을 가장 중요한 문제로 인식하였다. 그러나 그 대책으로서 사급전제도의 폐지나 새로운 토지분급제로의 개혁과 같은 근본적인 해결책은 제시되지 않았다.

다만 사급전제를 통한 대토지 집적의 폐단을 방지하기 위한 대책이 마련되었을 뿐이다. 요컨대 사급전제의 존재를 인정하는 범위 내에서 지급액수를 제한하는 정도로 사급전제 운영상의 개선을 시도함으로써 국가재정을 확보하고 심화되는 사회모순을 완화시키고자 하였다.

다음으로 수취문제는 이 시기 민의 몰락과 유망을 가져오는 직접적인 원인으로 작용하였다. 따라서 '개혁안'에서는 수취문제가 가장 큰 비중으로 다루어지고 있다. 당시 국가는 군현단위 총액제 수취제하에서 민의 유망과 권세가의 납세 거부에 의한 나머지 주민에 대한 부담의 전가, 임시세제인 과렴제(科斂制)의 폐해, 공부의 대납, 수취과정상 지배층의 불법적인 중간수탈 등의 문제를 수취제의 주요한 폐단으로 인식하였는데, 이러한 수취문제의 대부분은 원 간섭기 이후 성행했던 과렴제나 대납제 등의 제도적 모순에서 비롯된 것이었다.

그러나 이에 대한 국가의 대책은 토지문제에서와 마찬가지로 수취제의 제도개혁을 통한 모순의 해결이 아니라 수취제 운영상 나타난 폐단만을 제거함으로써 민에 대한 과중한 수탈을 완화하고 나아가 국가재정을 확보하고자 하였다.

한편 국가는 수취문제의 해결에 적극적인 자세를 보였는데 이는 수취문제가 당시 민의 유망을 초래한 직접적 원인이 되었을 뿐 아니라 국가의 입장에서 토지문제에 비해 '개혁'이 비교적 용이하였기 때문인 것으로 생각된다.

마지막으로 '개혁안'에서는 토지·수취문제와 함께 억매로 표현되는 강제교역과 고리대문제가 빈번하게 지적되고 있는데 이들 문제 역시 원 간섭기에 심각한 사회모순의 하나를 이루고 있었음을 보여주는 것이다.

국가는 강탈에 가까운 억매행위에 대해 이를 금하였으나 기본적으로 억매는 토지의 소유권과 수조권을 장악한 지배층들의 농민에 대한 지배를 배경으로 하여 이루어지는 것이었기 때문에 토지문제의 해결이 없이 강제교역의 폐단은 시정되기 어려운 것이었다.

또한 고리대문제 역시 고리대 운영상 법에 위배되는 지나친 취식행위만을 문제 삼았을 뿐 근본적으로 민이 고리대에 편입되지 않도록 민의 재생산 기반을 보호하고 민생을 안정시킬 수 있는 대책은 되지 못하였던 것이다.

이상에서 살핀 것처럼 이 시기의 '개혁정치'는 주로 농장과 사급전제, 그리고 수취제의 폐단에 대한 시정 등을 중심내용으로 하고 있다. 이러한 사실은 당시 광범하게 전개되고 있던 민의 유망, 즉 요양·심양·쌍성지역으로의 유망과 농장의 투탁이라는 사회상황을 배경으로 한 것이었다.[102)]

따라서 당시의 '개혁정치'는 민의 유망과 같은 밑으로부터의 대규모 사회변동에 따른 지배층의 위기의식이 반영되어 있다. 또 한편으로 '개혁정치'가 새로운 국왕의 즉위 시와 같은 권력개편기에 주로 나타났던 사실은 원의 지원을 받아 새로이 즉위하는 국왕을 중심으로 한 지배세력의 정치적인 지위강화라는 정치적 의미도 상당히 내포되어 있었던 것으로 보인다.

지금까지 원 간섭기의 '개혁정치'를 주로 원의 간섭이라는 대외적인 모순관계의 극복이란 측면에서 비롯된 것으로 이해하였으나 오히려 밑으로부터의 민의 움직임에 대처하지 않을 수 없었던 사정을 배경으로 한 것이었다. 그러므로 '개혁안'의 내용을 검토해 볼 때 적어도 사회경제면의 개혁에서는 반원적인 요소를 찾아보기 어렵다.

원 간섭기 고려사회의 기본적 모순관계를 원과 고려 간의 민족모순으로 파악한 종래의 연구에서는 이 시기 폐단의 주체로 나타나는 권세가가 곧 친원(부원)세력이라는 이해 하에 이들의 불법행위에 대한 처벌이나 금지조치가 곧 반원적인 개혁으로서의 성격을 갖는 것이라고 인식하였다. 그러나 14세기 전반기에는 아직 부원세력이나 반원세력의 존재를 확인할 수 없고 또 '개혁안'의 내용에서도 반원적인 요소를 발견하기 어렵다.

물론 '개혁안'에서 당시 사회의 폐단을 야기한 주체로 원과 관련되거나 친원적인 성향을 갖는 인물이나 기관들의 존재가 나타나지만 그들을 곧 부원세력 또는 친원세력으로 규정할 수 있을지 의문이다. 또한 단순히 그들의 불법행위에 대한 처벌이나 통제만을 가지고 이를 반원개혁이라고 할 수 있을지도 의문이다. 그들의 존재나 그들을 후원하는 원세력 자체를 부정하지 않고, 또 근본적으로 원에 대한 고려의 예속적인 관계의 청산을 지향하지 않는 한 '개혁'의 성격을 반원 자주적인 것이라고 할 수는 없을 것이다.

---

102) 김순자, 1994「원 간섭기 민의 동향」『14세기 고려의 정치와 사회』민음사

4. 맺음말

14세기 초 고려사회는 원의 간섭과 고려사회 내부모순의 격화라는 이 중의 모순구조 하에 놓여 있었다. 그리고 이중의 모순구조는 별개의 독 립적인 것이 아니라 상호 긴밀히 연결된 것이었다. 이 시기에 시도된 일 련의 '개혁정치'는 이러한 모순을 극복하기 위한 노력 속에서 나타난 것 이다.

그러나 '개혁안'의 내용을 검토해 볼 때 사회경제면의 개혁에서는 원 의 간섭으로부터 벗어나기 위한 반원 자주적인 성격은 찾아보기 어렵다. 대신 '개혁안'은 이 시기에 유망의 형태로 표출된 민의 저항과 국가재정 난의 극복이라는 고려사회 내부의 모순구조의 극복을 위한 개혁의 성격 을 지닌 것이었다.

따라서 '개혁안'은 당시의 사회모순이 집약되어 있는 토지문제와 수 취문제에 관한 내용이 중심을 이루고 있다. 이러한 문제들은 이미 12세 기 이래의 사회경제적 모순에서 비롯된 것으로 12~13세기 농민항쟁에서 제기되었던 내용들이었다.[103] 그러므로 원 간섭기의 '개혁정치'는 원의 간섭이라는 민족모순에서 배태된 반원적인 성격의 것이 아니라 그 이전 의 농민항쟁에서 제기된 계급모순에 대한 지배층의 대응책이라는 측면 에서 이해하여야 할 것이다.

또한 원의 입장에서 볼 때도 심각한 지경에 이른 고려사회 내부모순 의 완화 없이는 안정적인 고려지배가 불가능 할 것이란 판단 하에 고려 국왕이 주도하는 '개혁'을 배후에서 지원하기도 하였다. 이러한 사실은 14세기 전반 원 간섭기의 역사를 이해하는데 고려하지 않을 수 없는 문 제로서 당시 '개혁정치'의 지향성을 이해하는 중요한 지표가 될 것이다.

---

103) 박종기, 1991 「12·13세기 농민항쟁의 원인에 대한 고찰」 『동방학보』 69

이처럼 원 간섭기의 '개혁정치'는 사회모순을 근원적으로 해결하기 위한 것이 아니라 현상적으로 노출된 폐단을 제거하고 제도 운영상 드러난 약간의 문제점을 시정하기 위한 부분적인 미봉책에 그치고 말았다. 따라서 이러한 성격을 갖는 개혁정치는 근본적으로 한계를 가질 수밖에 없었고 그 결과 계속된 개혁의 시도에도 불구하고 고려사회 내부의 모순구조는 그대로 유지될 수밖에 없었던 것이다.

이는 동일한 내용의 개혁안이 원 간섭기를 통해 계속 답습되고 있었던 사실을 통해서도 짐작할 수 있다. 따라서 개혁의 실현은 고려사회에 강한 영향력을 행사하면서 모순의 한 고리를 이루고 있던 원 세력이 물러나고 고려사회 내부의 모순구조를 근본적으로 개혁하려는 새로운 정치세력이 형성되는 공민왕대 이후에 가서야 비로소 가능할 수 있었던 것이다.

제2절 원 간섭기 각염제(榷鹽制)의 시행

1. 머리말

각염제(榷鹽制)란 소금의 생산이나 유통에 관한 권리를 국가기관의 관리 하에 두고, 그로부터의 수익을 국가가 수취하는 소금의 전매제도이다. 14세기 초에 시행된 고려의 소금 전매제는 충선왕이 행한 일련의 개혁들 가운데 재정·정치상 중요한 개혁의 하나로, 이 시기에 현저해진 재정난의 극복과 권세가 세력의 억압이 그 시행의 직접적인 동기였다.

특히 12세기 이래 소금 생산의 두드러진 발전을 배경으로 궁원이나 사원을 비롯한 권세가들이 소금의 생산만이 아니라 유통부문에도 광범하게 관여하여 막대한 수입을 올리고 있었는데 소금 전매제의 시행은 바로 이들에 의해 수취되던 수입을 국가의 수입으로 전환시키려는 것이었다.

지금까지 고려시대의 제염업에 관한 연구는 매우 부족한 실정이다.[1]

---

1) 고려시대의 제염업과 관련된 연구로 다음의 논문들이 있다.
   백남운, 1937「염의 전매」『조선사회경제사』上
   內藤雋輔, 1950「고려시대의 염법에 대하여」『漢文學紀要羽田論叢』4; 1961『조선사연구』
   고승제, 1956「이조 염제의 기본구조」『인문사회과학논문집』서울대; 1959『근세한국산업사연구』
   박용숙, 1977「이조초기의 염업고」『문리대논문집』16, 부산대
   신지현, 1977「염업」『한국사』10, 국사편찬위원회
   손홍렬, 1979「고려시대의 염업제도」『淸大史林』3
   유승원, 1979「조선초기의 鹽干」『한국학보』17
   權寧國, 1984「14세기 榷鹽制의 成立과 運用」『韓國史論』13, 서울대 국사학과

특히 전매제하의 소금의 생산이나 유통을 둘러싼 제관계와 그로부터 얻어지는 전매수익이 국가재정상 차지하는 위치가 매우 중요한 것임에도 불구하고 이처럼 연구가 부진한 것은, 우선 소금에 관한 자료의 부족에 그 원인이 있겠으나 또 한편으로는 고려의 소금 전매제가 중국의 경우와 달리 그 비중이 크지 못했다는 점에서 연구자들로부터 그다지 주목을 받지 못했던 것 같다.

그러나 충선왕대에 소금의 전매제가 시행된 이래 고려 왕조가 멸망할 때까지 거의 1세기 동안 그 시행상 많은 문제점과 폐단이 노출되었음에도 불구하고 전매제란 명목 자체는 폐지되지 않고 그대로 고수되었다.

이러한 사실은 충선왕대 추진된 개혁들이 충숙왕7년에 충선왕이 유배되면서 대부분 폐지되었던 것과 비교해 볼 때 소금 전매제의 시행이 고려후기 국가재정상에서 일정한 역할을 수행하였음을 보여주는 것이라 생각된다.

한편 조선왕조가 건국된 후에는 명목상의 전매제가 일단 폐지되고 징세제로 바뀌었지만 염세수입은 국가재정상 일부분으로서 계속 중요시되었고, 특히 세종대에 이르러서는 의창의 재원확보를 위해 소금 전매제의 시행을 둘러싼 논의가 일어나기도 하였다.

여기서는 충선왕대에 소금 전매제가 시행된 배경을 사회경제적 측면에서와 함께 정치적 측면에서 검토함으로써 당시 상황 속에서 소금 전매제가 갖는 의미를 살펴보고, 아울러 소금 전매제 시행의 구체적인 내용, 특히 전매제하의 소금의 생산과 유통에 초점을 맞추어 고찰하고자 하였다. 이처럼 소금 전매제의 내용을 밝히는 것이 고려후기 경제의 일면을 이루는 제염업의 이해에 접근하는 방법의 하나라고 생각했기 때문이다.

강순길, 1985 「충선왕의 염법개혁과 염호」『한국사연구』48
홍종필, 1985 「고려후기 염업고」『백산학보』30·31
권영국, 1996 「염업」『신편 한국사』19, 국사편찬위원회
최연주, 1999 「고려후기 각염법을 둘러싼 분쟁과 그 성격」『한국중세사연구』6

그러나 각염제 이전 시기의 소금의 생산, 특히 염소(鹽所)의 문제와 유통의 문제는 자료의 부족으로 제대로 다루지 못하였고, 또한 고려시대의 국가재정체계 전반에 대한 이해의 부족으로 소금 전매제가 당시 국가재정상에서 어느 정도의 비중을 차지하고 있었는가도 밝히지 못하였다.

2. 각염제의 시행

1) 각염제의 시행 과정

우리 역사상 소금의 전매제가 처음으로 출현한 시기에 대해서는 사료의 결핍으로 자세한 내용을 알 수 없다. 그러나 적어도 고려시대에서 소금의 전매제는 14세기 초인 충선왕대에 처음으로 시행된 것으로 보인다. 다음의 기록들은 충선왕대에 소금의 전매제가 처음으로 실시되었음을 보여주는 자료이다.

○ 사신(史臣)이 말하기를 "충선왕은 세자가 되었을 때 원나라 조정에 입시(入侍)하여 요수(姚燧)·조맹부(趙孟頫) 등 여러 분과 교유하였으며 간혹 (원의) 조정에도 참여하여 그 의논이 볼만한 것이 있었다. 즉위해서는 상국(원)의 제도를 피하여 관명을 바꾸었으니 제후의 법도를 근수(謹守)한 것이고 전부(田賦)를 바르게 하고 염법을 세웠으니 근본을 안 것이다"라고 하였다.[2]

○ 소금은 바다에서 나는 것으로 백성들이 이를 사용하니 없어서는 안 될 것이다. 전조(前朝)에서는 충선왕 때부터 염법을 세워 백성들로 하여금 포를 바치고 소금을 받아가게 하여 국용에 도움이 되게 하였다.[3]

---

2) 『高麗史』 권34, 世家 忠宣王
3) 『朝鮮經國典』 賦典, 鹽法

○ 예조참의 이선제(李先齊)가 상서하기를 "전조에서는 염분(鹽盆)의 좌수 (坐數)와 어량(魚梁)·망소(網所)·곽전(藿田)의 결복(結卜)이 모두 「주관 육익(周官六翼)」에 실려 있고 … 충선왕대에 이르러 옛 법을 시행할 뜻이 있어서 각 도에 염호를 나누어 정하고 염철관(鹽鐵官)을 차정하 였다. …"라고 하였다.4)

위의 여러 기록들을 통해 볼 수 있듯이 고려시대에는 충선왕대에 처 음으로 소금의 전매제가 시행되었음을 알 수 있다.

그러면 전매제가 시행되기 이전 시기에 소금의 생산이나 유통에 관한 제도가 어떠했는지 살펴보기로 한다. 기록이 거의 남아있지 않아 자세한 내용은 알 수 없지만 고려전기의 소금생산체제를 염소제(鹽所制)라고 파 악한 연구가 있다.

즉 전매제 이전의 소금생산체제를 염소제로 파악하여 고려전기에는 염소(鹽所)라 불리는 특정행정구획의 주민인 염호에 의해 신분적·세습 적·집단적인 역으로 소금의 생산이 이루어졌으나, 중기 이후 정치적·사 회적 변동으로 염소제의 유지가 곤란하게 되면서 충선왕이 새로이 소금 전매제를 창설하게 된 것으로 보았다.5)

그러나 이처럼 전매제 이전의 소금 생산체제를 전적으로 염소제로 파 악하는 견해에 동의하기 어렵다. 왜냐하면 전매제가 실시되기 이전인 고 려전기에 염소의 존재는 인정할 수 있으나 염소제가 고려전기 소금 생산 체제의 전부였다고 볼 수 없기 때문이다.

일반적으로 고려전기에 존재했던 소는 전체 수공업체제 가운데 특수 한 일부분, 즉 왕실이나 중앙관청에서 필요로 하는 물품만을 전문으로 생산하는 수공업집단이었던 것으로 이해되고 있으므로6) 염소의 경우도

---

4) 『朝鮮王朝實錄』 권117, 世宗29년 9월 壬子
5) 北村秀人, 1969 「高麗時代の 鹽所制に ついて」『朝鮮學報』50 및 1981 「高麗時代 の貢戶について」『人文研究』32-9
6) 北村秀人, 1969 「高麗時代の 鹽所制に ついて」『朝鮮學報』50

당시 전체 소금생산체제 가운데의 일부분 차지하고 있었다고 보아야 할 것이다.

각염제 실시 이전에는 일찍부터 농업에서 분리되어 거의 전업적으로 소금생산에 종사하는 염호에 의해 주로 소금이 생산되었으며, 한편 연해 주군에서 농업생산에 기반을 두면서 가내수공업의 형태로 소금생산을 겸행하는 일반농민도 상당수 존재하였을 것으로 생각된다.

이들 전업적인 염호 가운데 우수한 기술 수준을 보유한 일부는 염소라는 특수 생산집단으로 편제되어 왕실이나 국가 중앙관청에서 필요로 하는 양질의 소금을 생산하였을 것이다.[7] 그리고 나머지 대부분의 염호도 국가에 파악되어 매년 일정액의 염세를 부담하는 한편 나머지 소금은 자유로이 처분하여 그로부터 생계비를 얻었던 것으로 보인다.

요컨대 전매제가 실시되기 이전에는 국가가 염호로부터 일정한 염세를 징수하는 징세제가 기본적으로 실시되었고, 한편으로 염소라는 특수 생산집단을 편성하여 국가에서 필요로 하는 양질의 소금을 직접 확보하는 염소제가 보충적으로 시행되었다고 할 수 있다.

그러나 12세기 이후 일반적인 소체제의 붕괴와 함께 점차 염소제도 붕괴되었고[8], 또한 궁원이나 사원을 비롯한 권세가들에 의해 소금 생산 시설인 염분이 탈점되어 국가의 염세 수입이 감소한 상황에서 충선왕은

---

7) 일반적으로 기술수준이 낮고 원료의 산지가 偏在되어 양질의 제품을 안정적으로 확보하는 것이 어려웠던 상황에서 국가는 왕실이나 중앙관청에서 필요로 하는 물품을 생산하기에 적합한 조건을 갖춘 지역을 所라는 특수 생산집단으로 편성하여 그로부터 필요한 여러 물품을 안정적으로 확보하였을 것이라 생각된다.(朴宗基, 1984 「高麗 部曲制의 構造와 性格」『韓國史論』10, 서울대 국사학과)

8) 고려시대에 所를 설치한 목적은 전반적으로 기술수준이 낮은 단계에서 국가가 필요로 하는 양질의 물품을 안정적으로 확보하기 위한 것이었다. 그러나 점차 기술 수준이 발전함에 따라 그동안 所라는 일부 제한된 지역을 중심으로 생산되던 물품이 이제는 소 이외의 지역에서도 생산할 수 있게 된 결과 특수 생산지역이었던 所는 그 존재 의미가 사라지게 되면서 점차 소멸하게 된 것이라 생각된다.

그동안의 징세제를 폐지하고 새로이 전매제를 시행하게 된 것이다.

충선왕에 앞서 소금의 전매를 시도했던 것은 충렬왕 때였다. 충렬왕은 14년 3월에 제도에 사신을 파견하여 소금을 전매하게 하였는데[9] 이 때에 시행된 전매의 내용이 어떠한 것이었는지 전혀 알 수 없다.

그러나 그 후 충렬왕18년 7월과 21년 7월의 2차례에 걸쳐 경상·전라·충청의 3도에 염세별감(鹽稅別監)이 파견되어[10] 염세를 증수(增收)한 것으로 보아,[11] 이때에는 본격적인 전매제가 시행된 것으로 보이지 않고, 단지 급박한 국가재정을 확보하기 위해서 임시적인 조치로 염세에 대한 과렴(科斂)을 꾀했던 것으로 보인다. 당시 고려정부는 몽골과의 오랜 전쟁과 연이은 일본원정으로 국가재정이 몹시 궁핍한 상태였기 때문에[12] 이를 극복하기 위해 당시 널리 이용되고 있던 방법인 과렴을 염세에도 적용했던 것이다.

소금의 생산과 유통과정을 모두 국가의 관리 하에 두고 그로부터의 전매수익을 수취하는 본격적인 각염제는 충선왕대에 이르러 비로소 시행되었다. 충선왕은 충렬왕24년에 처음 즉위하였을 때 교서를 내려 소금 전매제의 시행을 위한 기반을 마련하게 하였으나[13] 즉위 후 불과 8개월 만에 퇴위함에 따라 그 뜻을 이루지 못하였다. 그러나 그 후 10년 만에 다시 즉위한 충선왕은 본격적으로 소금의 전매제를 시행하게 된 것이다.[14]

---

9) "始遣使諸道榷塩"(『高麗史』 권79, 食貨2, 鹽法 忠烈王14년 3월)

10) "分遣塩稅別監于慶尙全羅忠淸三道"(『高麗史』 권79, 食貨2, 鹽法 忠烈王18년 7 "又遣塩稅別監於慶尙全羅道"(『高麗史』 권79, 食貨2, 鹽法 忠烈王21년 7월)

11) "中贊洪子藩上書曰 塩之有稅 已有定額 今於州縣 强行科斂 誠宜禁之"(『高麗史』 권79, 食貨2, 鹽法 忠烈王22년 6월) 충렬왕18년과 21년에 파견되었던 鹽稅別監의 역할이 鹽稅의 增收에 있었음을 알 수 있다

12) 朴鐘進, 1983 「忠宣王代의 財政改革策과 그 性格」『韓國史論』9, 서울대 국사학과

13) "忠宣王卽位敎曰 塩稅自古天下公用 今諸宮院寺社與勢要之家 皆爭據執 不納其稅 國用不足 有司窮推除罷"(『高麗史』 권79, 食貨2, 鹽法 忠烈王24년 정월)

14) 『高麗史』 권79, 食貨2, 鹽法 忠宣王원년 2월

2) 각염제 시행의 목적과 배경

(1) 각염제 시행의 목적

충선왕이 소금의 전매제를 시행한 가장 중요한 목적은 부족한 국가재
정을 확보하기 위한 것이었다.

○ 충선왕이 즉위하여 하교하기를 "염세는 예부터 천하의 공용인데 지금
제궁원(諸宮院)·사사(寺社)와 세요가(勢要家)들이 모두 다투어 차지하
고 그 세를 납부하지 않아 국용이 부족하니 유사는 궁추(窮推)하여 제
파(除罷)하도록 하라"고 하였다.[15]

○ (충선왕이) 전지(傳旨)하기를 "옛날에 각염법은 국용에 대비하려는 것이
었다. 본국의 제궁원·사사 및 권세가들이 사사로이 염분을 설치하여 그
이익을 독점하니 무엇으로써 국용을 넉넉하게 할 것인가"라고 하였다.[16]

위의 자료들을 통해 볼 수 있듯이 전매제 시행 직전에는 궁원이나 사
사를 비롯한 권세가들이 염분을 모두 차지하여 국용에 충당되어야 할 염
세를 내지 않았을 뿐만 아니라, 또 사사로이 염분을 설치하여 그로부터
의 이익도 독차지하였기 때문에 국용이 부족하여 국가재정이 매우 어려
운 상태였다. 이 시기에는 염세 수입만이 아니라 전체적으로 재정수입이
감소하고 있었고, 반면에 재정 지출은 급격히 증가하여 국가의 재정상황
이 몹시 궁핍하였다.

이 시기에 현저하게 재정수입이 감소하게 된 가장 근본적인 원인은
고려중기 이후 권세가들의 토지겸병과 인구집중에 의한 농장의 발달[17]

15) 『高麗史』 권79, 食貨2, 鹽法 忠烈王24년 정월
16) 『高麗史』 권79, 食貨2, 鹽法 忠宣王원년 2월
17) 周藤吉之, 1934 「麗末鮮初における農莊について」 『靑丘學叢』 17
    宋炳基, 1969 「高麗時代 의 農莊」 『韓國史硏究』 3

과 그로 인한 국가 재정기반의 축소였다. 토지로부터의 조세 수입은 상공·국용·녹봉·군수 등 국가 재정상 중요한 용도로 지출되었으나 권세가들에 의한 토지겸병과 인구집중의 결과 국가가 지배하는 토지와 인구의 감소를 가져옴으로써 국가의 재정수입도 크게 감소하였던 것이다.

고려후기를 통해 계속되는 국가재정의 궁핍현상은 이러한 농장의 발달에 따른 국가 재정기반의 약화와 그로 인한 재정수입의 감소에 따른 것이었다. 이와 함께 30여 년에 걸친 대몽전쟁은 고려의 국토를 황폐화시키고 인민들을 사방으로 유리하게 하여 국가재정을 더욱 궁핍에 빠지게 하였다.[18]

이처럼 점차 확대되어가는 토지겸병과 인구집중, 그리고 대몽전쟁의 피해로 인한 재정수입의 감소와는 반대로 막대한 전쟁 비용과 반전(盤纏) 비용 등 국가의 경비지출은 오히려 증대하고 있었다. 특히 일본원정에 소요되는 경비는 고려의 재정지출을 증대시키는 가장 큰 요인이 되었으며 그 밖에 고려왕실의 빈번한 친조(親朝)에 따르는 비용[19]과 고려 국왕의 재원(在元) 생활비[20]에 지출되는 경비도 막대하였다.

이러한 상황에서 충선왕은 여러 재정개혁을 단행하는 한편 새로운 재정정책을 수립하여 부족한 재원의 확보를 꾀하였는데 소금의 전매제도도 재정확보책의 하나로 시행된 것이었다.

특히 소금의 전매제도는 충선왕이 재원(在元) 시절[21]에 눈여겨보았던

姜晉哲, 1980 「高麗의 農莊에 대한 一研究」 『史叢』 24

18) 朴鐘進, 1983 「忠宣王代의 財政改革策과 그 性格」 『韓國史論』 9, 서울대 국사학과

19) "下敎 大尉王慮 朝聘之需不給 以諸道塩盆 悉屬民部 平價給塩 以利公私 今塩場官 先徵價布 塩不及民者 十常八九 其考未受塩者 悉給之"(『高麗史』 권79, 食貨2, 鹽法 忠肅王5년 5월)

20) "元杖流化平君金深密直使李思溫于臨洮 思溫與深議曰 王久留京師 歲輸本國布十萬疋 米四百斛 他物不可勝紀 國人轉漕之弊益甚"(『東史綱目』 第13上, 忠宣宣孝王5년 2월)

21) 충선왕은 15세 이후부터 충렬왕34년에 고려의 국왕으로 즉위할 때까지 거의 대부분의 세월을 원에서 지냈는데 이 기간은 원의 세조26년부터 성종11년에 해당된다.

원나라의 각염제로부터 영향을 받았던 것으로 보인다. 충선왕이 원에 머물렀던 시기는 원의 세조~성종연간으로서 원의 각염제가 정비되고 완성되어 가던 시기였다. 당시 원에서는 소금의 전매수입이 국가 총세입의 2/3에 달하여 각염제의 성패가 국정의 존부를 좌우할 만큼 국가 재정상 매우 중요한 위치를 차지하고 있었다.[22]

당시 고려왕조는 대몽전쟁 이후 만성적인 재정난에 허덕이고 있던 시기였는데 오랫동안 원의 수도인 대도(大都)에서 생활하면서 한창 정비되어 가는 원의 문물제도를 직접 접할 수 있었던 충선왕은 당시 고려의 재정난을 극복하기 위한 한 방법으로서 원에서 실시되고 있던 각염제에 주목하였을 것으로 생각된다.

충선왕은 처음 국왕에 즉위한 직후 내린 교서에서 "선왕이 관직을 설치하고 직무를 분담시킨 것은 인재를 얻어 정치를 잘 하려는 의도에서였다. 나는 어려서부터 원나라의 조정에 들어가 몸소 원나라 선제(先帝)의 가르침을 받았고, 대도의 제도를 직접 눈으로 자세히 보았다"[23]고 하여 원에 있을 때 원나라의 제도에 많은 관심을 가졌음을 알 수 있다. 이는 충선왕이 복위하자마자 곧바로 소금의 전매제를 시행한 사실을 통해서도 짐작할 수 있다.

이처럼 원에서 생활할 때 소금 전매제의 실시 과정과 그로부터 얻어지는 막대한 수입을 직접 목격한 충선왕은 본국의 재정난을 타개하는 방법의 하나로 소금의 전매제를 시행하였던 것이다. 당시 소금의 전매제 시행으로 얻어진 세입은 포 4만필로서,[24] 전체 국가 재정에서 어느 정도의 비중을 차지하였는지는 알 수 없으나 재정난 해결에 상당한 도움을

---

22) 田山茂, 1937 「元代の権塩法について」 『史學研究』 9-2
23) "先王設官分職 盖欲得人 而共圖庶務 孤於幼歲 入侍天庭 躬承先帝之訓 目覩大都之制 既詳矣"(『高麗史』 권33, 世家, 忠宣王원년 5월 辛卯)
24) 『高麗史』 권79, 食貨2, 鹽法 忠宣王원년 2월

주었을 것으로 생각된다.

충선왕의 각염제 시행은 당시의 어려운 재정난 극복이 직접적인 목적이었으며, 한편으로는 원과의 강화 이후 원 세력을 배경으로 새로이 등장한 신흥권력층의 경제적 기반을 약화시킴으로써 왕권을 강화하고 정치적 안정을 도모하려는 충선왕의 개혁정치와도 밀접한 관련이 있는 것이었다.

무신정변 이후 문벌귀족 중심의 사회가 붕괴되면서 새로운 지배세력이 등장하게 되는데, 특히 이들은 여원관계 정립 이후 원 세력을 배경으로 정치적·경제적 기반을 확대함으로써 신흥권력층으로 부상하였다.

이들 신흥권력층은 원과의 결탁관계를 통해 왕권을 약화시키고 농장을 확대하면서 그 지위를 강화시켜 왔는데, 궁극적으로는 고려왕실과 이해관계상 충돌을 피할 수 없는 존재였다.[25] 이러한 시기에 즉위한 충선왕은 이들 권문세족의 세력을 누르고 약화된 왕권을 회복하기 위한 일련의 개혁정치를 시도하였던 것이다.[26]

충선왕은 즉위 이전인 충렬왕23년 7월에 수십여 명의 신흥권력층에 대한 숙청을 단행하였고[27], 즉위 후에는 교서를 통해 정치·경제·사회·종교 등 여러 부문의 시폐(時弊)를 혁파하기 위한 조처를 발표하였다.[28]

여기서 개혁의 대상이 된 것은 세가(勢家)·세가(世家)·세요지가(勢要之家)·호활지도(豪猾之徒)·간신(姦臣) 등으로 불린 이른바 권문세족으로서 바로 이들에 의해 야기된 사회경제적 폐단을 바로 잡자는 데에 개혁의 목표를 두었다. 그러나 충선왕은 이들의 반발과 원의 압력 때문에

---

25) 閔賢九, 1977 「高麗後期의 權門世族」, 『한국사』 8, 국사편찬위원회

26) 李起男, 1971 「忠宣王의 개혁과 詞林院의 설치」, 『歷史學報』 52
   朴鐘進, 1983 「忠宣王代의 財政改革策과 그 性格」, 『韓國史論』 9, 서울대 국사학과

27) "世子 以爲公主之薨 由無比殺之 又殺閣人陶成器崔世延全淑方宗氏中郎將金瑾 流其黨四十餘人"(『高麗史』 권31, 世家 忠烈王23년 7월 戊子)

28) 『高麗史』 권33, 世家, 忠宣王원년 정월 戊申

즉위 후 8개월 만에 왕위에서 물러나게 되어 개혁은 성공을 거두지 못하였다.[29]

그 후 원에서 무종(武宗)을 황제로 옹립하는데 공을 세운 충선왕은 원으로부터 강력한 지지를 받게 됨으로써 다시 왕위에 오르게 되었다. 이때에도 충선왕은 충렬왕대의 모든 세신(世臣)·구관(舊官)들을 퇴한(退閑)시키는[30] 한편, 관제를 고치고[31] 30여 항에 달하는 교서를 통해[32] 정치·경제·사회의 모든 분야에 걸쳐 개혁을 단행하고자 하였다.

이때 행해진 일련의 개혁을 통해 충선왕은 13세기 이래 계속된 재정난을 해결하고 동시에 약화된 왕권을 회복하려 하였던 것이다. 특히 일련의 개혁 가운데에서 재정기구의 개편과 신설을 통한 국가와 왕실 재정기구의 강화, 전농사(典農司) 설치를 통한 사급전조(賜給田租)의 공수(公收) 등은 왕권을 강화함과 동시에 권세가들의 세력기반을 약화시키려는 조치로 주목되는 사실이다.[33]

한편 각염제도 앞의 개혁들과 마찬가지로 권세가의 억압이라는 차원에서 시행된 정책의 하나로 이해할 수 있다. 즉 충선왕은 소금의 전매제를 통해 종래 궁원이나 사원을 비롯한 권세가들의 중요한 경제기반을 이루고 있던 염분 등 소금의 생산설비를 국가의 관리 하로 소속시켜 어려운 재정난을 해결함과 동시에 토지를 잃고 그들에게 예속되어 노동력을 제공하던 다수의 유망민(流亡民)을 다시 국가의 지배 하로 끌어들임으로써 권세가들의 경제기반을 약화시키고 국가권력의 강화를 도모하였던 것이다.

29) 李起男, 1971 「忠宣王의 개혁과 詞林院의 설치」 『歷史學報』 52
30) "李混崔鈞金元具 與承旨權準齋 瀋陽王所定官制及批判 還自元 超資越序者 皆近幸 權勢世臣舊官 俱退閑"(『高麗史』 권32, 世家, 忠烈王34년 5월 丙戌)
31) "頒瀋陽王所定官制"(『高麗史』 권32, 世家, 忠烈王34년 6월 辛丑)
32) "王在金文衍家 百官會梨峴新宮 王下教曰 …"(『高麗史』 권33, 世家, 忠宣王복위년 11월 辛未)
33) 朴鍾進, 1983 「忠宣王代의 財政改革策과 그 性格」 『韓國史論』 9, 서울대 국사학과

(2) 각염제 시행의 사회경제적 배경

앞에서 언급했듯이 소금의 전매제를 시행하게 된 직접적인 동기는 부족한 국가재정의 확보에 있었다. 그러나 각염제 시행을 통한 전매수입이 충분히 보장되지 않는다면 전매제 실시는 사실상 의미가 없는 것이다.

따라서 각염제를 시행하기 위해서는 소금생산의 발전과 그것을 바탕으로 하여 얻어질 수 있는 일정 수준 이상의 전매수익이 전제되어야 할 것이다. 충선왕의 각염제 시행은 소금이 상품으로 널리 생산되고 유통되어 그로부터 상당한 전매수익이 확보될 수 있을 정도로 소금생산이 발전하고 있었던 당시의 사정을 배경으로 한 것이었다고 생각된다.

고려시대의 소금 생산은 후삼국의 혼란기를 거치면서 파괴되었던 생산력이 회복되고 제염기술이 변화하는 등 꾸준한 발전을 보이지만, 특히 12세기 이후 크게 발전되는 것으로 보인다.

당시 소금생산의 발전에 관한 구체적인 증거는 사료의 결핍으로 찾아볼 수 없지만 발전의 계기가 될 수 있는 여러 가지 사회적·경제적 조건들이 마련되고 있었다. 이 시기에 소금생산의 발전을 가져오게 한 조건으로서 주목되는 것은 소금생산의 발전에 필요한 대규모의 노동력을 제공할 수 있게 한 사회적 조건의 성숙과 함께 대몽전쟁을 전후하여 전개되는 소금생산의 양적 확대였다.

먼저 이 시기에 소금생산의 확대·발전에 필요한 대규모 노동력의 제공을 가능하게 한 사회적 조건으로는 12세기 이후 점차 증대되어 온 유민(流民)의 발생을 들 수 있다. 유민은 소금생산에 필요한 많은 노동력의 공급을 가능하게 하였으며, 특히 궁원이나 사원을 비롯한 권세가들이 염분 경영을 확대할 수 있는 좋은 조건이 되어 이들에 의한 새로운 염분의 설치나 탈점이 늘어나고 있었다.[34] 이들 궁원이나 사원 및 권세가들은

---

34) 『高麗史』 권79, 食貨2, 鹽法 忠烈王24년 정월 및 忠宣王원년 2월 傳旨

일찍부터 막대한 양의 토지와 노비 이외에 상당수의 염분도 소유하고 있
었다.

먼저 다음 기록에서 보는 것처럼 궁원의 경우는 국가로부터 토지와
노비 등의 재산과 함께 염분이나 어량 등을 지급받았다.

○ 전조에서는 염분의 좌수(座數), 어량망소(魚梁網所)와 곽전(藿田)의 결
수가 모두 주관육익(周官六翼)에 기재되었다. 왕자가 혼인할 때에는 반
드시 염분과 어량이 지급되었다.35)

○ 궁인 김씨가 왕자를 낳으니 흠(欽)이라는 이름을 내리고, 이어서 연경
원(延慶院)에 금은기·필단·전장·노비·염분·어량을 하사하였다.36)

위의 기록들에서 보는 것처럼 고려시대에는 왕자가 혼인을 하거나 왕
자가 태어나는 등 경사가 있을 때에 국가는 토지와 노비는 물론 염분과
어량 등을 지급하였음을 알 수 있다.

연경원은 현종의 비인 원성왕후(元城王后)가 거주하는 궁인데, 원성왕
후 김씨가 덕종을 낳자 국가는 연경원에 전장·노비와 함께 염분·어량 등
의 재산을 사급하였던 것이다. 이때 염분과 함께 지급된 토지가 분급제에
의해 지급된 수조지였다고 이해되고 있으므로37) 지급된 염분도 염세를

---

35) "前朝之時 鹽盆座數 魚梁網所藿田結卜 皆載于周官六翼 王子開福之辰 必賜鹽盆魚
   梁"(『世宗實錄』 권117, 世宗29년 9월 壬子 李先齊上書)

36) "宮人金氏生王子 賜名欽 仍賜延慶院金銀器匹段田莊奴婢鹽盆魚梁"(『高麗史』 권4,
   世家, 顯宗7년 5월 乙巳)

37) "中書門下省奏 伏准制旨 以景昌院所屬田柴 移屬興王寺 其魚梁舟楫奴婢 悉令還官
   夫宮院先王所以優賜田民 貽厥子孫 傳於萬世 無有匱乏者也 今宗枝彌繁 若欲各賜
   宮院 猶恐不足 況收一宮田柴 屬于佛寺 歸重三寶 雖云美矣 有國有家之本 不可忘也
   請田民魚梁舟楫 仍舊還賜 制曰 田柴已納三寶 難可追還 宜以公田 依元數給之 餘從
   所奏"(『高麗史』 권8, 世家, 문종12년 7월 己卯)
   이 기록에서 景昌院의 田柴가 국왕에 의해 興王寺로 移給되는 사실을 통해 볼 때
   경창원에 지급된 전시는 국가로부터 분급된 수조지였음을 알 수 있다. 따라서 이

수취할 수 있는 수세권이 주어진 것으로 보아야 할 것이다.

사원도 역시 궁원과 마찬가지로 왕실이나 귀족들의 시납으로 염전·염분 등 소금 생산시설을 소유하고 있었다. 사원의 경제기반은 토지와 노비를 기본으로 하는 농업이 큰 비중을 차지하였지만 상업이나 수공업 생산 등도 사원경제에서 중요한 몫을 차지하였다.[38]

본래 사원의 수공업생산은 사원 자체의 수요품 공급을 위한 것이었으나 불교가 번성하고 사원의 경제규모가 커짐에 따라 사원의 수공업생산도 증대하였다. 이를 계기로 사원은 점차 생산규모를 확대하고 잉여생산품을 판매하기 위한 상업활동도 하게 된 것이다. 사원 수공업으로 직포업·제와업·양조업·제염업 등 다양하였는데 이 가운데에 제염업은 전매제 실시를 전후한 시기에 막대한 수입을 올리고 있었다.[39]

다음은 사원이 소금의 생산시설을 소유하고 있었던 사실은 보여주는 비문의 자료들이다.

　　　가-① 田畓柴　田畓幷四百九十四結三十九負 坐地[40]三結 下原代四結七十二負

38) 것과 동일한 성격을 갖는 것으로 생각되는 연경원의 토지도 역시 수조지를 보아야 할 것이다.(姜晉哲, 1980「私田支配의 諸類型」『高麗土地制度史硏究』고려대 출판부)
38) 사원경제에 대해서는 다음의 연구들이 참고된다.
　　劉敎聖, 1965「寺院의 手工業과 商業」『韓國商工業史』한국문화사대계 2권, 고려대민족문화연구소
　　閔丙河, 1965「高麗時代 佛敎界의 地位와 그 經濟」『成大史林』1
　　崔森燮, 1975「高麗時代 寺院財政의 硏究」『白山學報』23
　　姜萬吉, 1977「手工業」『한국사』5, 국사편찬위원회
　　이병희, 2008『고려후기 사원경제 연구』경인문화사
　　＿＿＿, 2009『고려시기 사원경제 연구』경인문화사
　　＿＿＿, 2020『고려시기 사원경제 연구』Ⅱ, 경인문화사
39) 姜萬吉, 1977「手工業」『한국사』5, 국사편찬위원회
40) 坐地는 寺社地로 大安寺의 敷地를 의미한다.(李智冠, 1994「谷城 大安寺 寂忍禪師 照輪淸淨塔碑文」『校勘譯註 歷代高僧碑文』伽山文庫)

柴一百四十三結

荳原地[41] 鹽盆四十三結[42]

奴婢 奴十名 妃十三口

가-② 知政事崔 祝聖油香寶 以施納寶城郡任內 南陽縣□[43] 鹽田七庫 山田三庫

并三結七十卜 昇平郡地 吐叱村 鹽田六庫 節席肆座

가-③ 若舊有之田 依國法以結計之 千有五十 其在咸悅仁義縣者 各二百 扶寧幸州白州 各百五十平州安山 各一百 卽成王所捨也 鹽盆在通州林道縣者 一所 京邸在開城府者 一區[44]

　　가-①은 광종원년에 만들어진 「대안사광자대사비(大安寺廣慈大師碑)」[45]의 말미(末尾)에 기록된 내용으로[46], 고려 태조가 광자대사에게 지급한 전

---

41) 전라도 장흥부 임내의 荳原縣을 가리키는 것으로 보인다.(『世宗實錄地理志』 長興都護府)

42) 『泰安寺誌』에는 鹽盆一所로 되어 있다.(김혜원, 1996 「大安寺廣慈大師碑」『譯註羅末麗初金石文』 상, 혜안)

43) 地로 추정

44) 『稼亭集』 권6, 「金剛山長安寺重興碑」

45) 150여 년 전에 비신이 넘어져 여러 조각으로 쪼개지면서 비신의 오른 쪽 상하부가 상당히 손상을 입었고, 龜趺의 머리 부분과 이수의 가운데 부분이 없어진 상태이다.(김혜원, 1996 「大安寺廣慈大師碑」『譯註羅末麗初金石文』 상, 혜안)

46) 『朝鮮金石總覽』과 『韓國金石全文』 등에는 「大安寺寂忍禪師照輪淸淨塔碑文」에 碑末~奴婢까지의 부분이 수록되어 있으나 「大安寺廣慈大師碑」의 내용으로 볼 때 碑末 이하에 기재된 전답·염전·노비 등은 고려 태조가 廣慈大師에게 劃給한 것임을 알 수 있다. 태안사의 연혁을 자세히 소개한 『泰安寺誌』에 寂忍禪師의 신·구비문이 모두 수록되어 있는데 이 부분에 대한 내용은 없다. 그러나 1943년에 작성된 「泰安寺事績」에는 本寺의 維持費 항목에 大衆·田畓柴·노비 등의 내용이 廣慈大師 당시의 것으로 수록되어 있다. 『朝鮮金石總覽』을 편찬할 때에 「寂忍禪師碑」는 존재하지 않고 「廣慈大師碑」도 파손되어 마멸이 심한 상태에서 당시 화엄사에 소장되어 있던 寫本을 저본으로 하여 「廣慈大師碑」에 넣어야 할 내용을 잘못하여 「寂忍禪師碑」에 수록한 것이라 한다.(김혜원, 1996 「大安寺廣慈大師碑」『譯註羅末麗初金石文』 상, 혜안)

답과 시지의 결수, 노비의 수, 그리고 염분의 결수47) 등을 표시한 것이다.

가-②는 13세기 초기의 것으로 알려지는48) 송광사 소장의 「수선사형지안(修禪寺形止案)」49)이라는 문서에 실려 있는 내용의 일부이다. 참지정사인 최이가 국왕의 안녕을 기원하기 위해 축성유향보(祝聖油香寶)에 전지와 시지 등 토지와 함께 염전도 시납하였는데, 당시 수선사에 시납된 염전은 보성군 임내인 남양현의 7곳과 승평군 토칠촌의 6곳이었다.

가-③은 14세기 중반에 만들어진 「금강산장안사중흥비(金剛山長安寺重興碑)」의 일부분으로, 당시 장안사가 소유하고 있던 토지를 비롯해 염분·경저(京邸) 등의 소재지를 표시하고 있다. 토지가 성종(成王)이 희사한 것이라고 하였듯이 염분이나 상가인 경저(京邸) 등도 왕실이나 귀족이 시납하였을 것이다.

이러한 사례들을 통해 볼 수 있듯이 당시 상당수의 사원들이 왕실이나 귀족들이 시납한 토지는 물론 염분·염전 등의 소금 생산시설을 소유하고 있었음을 알 수 있다.

권세가들 역시 궁원이나 사원과 마찬가지로 많은 수의 염분을 소유하고 있었다. 이들은 국가로부터 사여받기도 하였지만50) 중기 이후 국가 기강의 문란을 틈타 많은 토지와 함께 염분 등의 소금 생산시설도 탈점하였다.

---

47) 鹽盆이 토지의 면적을 나타내는 結 단위로 표기된 것으로 보아 鹽田까지 모두 포함하는 넓은 의미의 소금 생산시설을 가리키는 것으로 생각된다.

48) 이 문서가 작성된 시기에 대해서는 1221년부터 4~5년 이내(任昌淳, 1971 「松廣寺의 高麗文書」『白山學報』 11), 1221년에서 1223년 사이(朴宗基, 1981 「13세기 초엽의 村落과 部曲」『한국사연구』 33), 1230년 혹은 이로부터 멀지 않은 어느 시점 (盧明鎬 외, 2000 「修禪寺形止案」『韓國古代中世古文書硏究』 상, 서울대출판부) 등 여러 견해가 있다.

49) 修禪寺의 사원현황을 조사한 形止案에 대해 司天臺에서 그 등본을 작성하여 수선사에 발급한 문서이다.(노명호 외, 2000 「수선사형지안」『한국고대중세고문서연구』 상, 서울대출판부)

50) "年十二 太祖召見 使讀論語 甚嘉之 賜鹽盆"(『高麗史』 권93, 列傳, 崔承老)

○ 왕이 이르기를 "짐이 생각하건대 선대에는 자주 사신을 보내어 백성의
고통을 살폈으므로 제도에서 백성을 다스리는 자들이 모두 청렴에 힘
써서 백성들을 편안하게 하였다. 근래에는 기강이 해이해지고, 또 징계
하여 개혁함이 없으며 공사에 힘쓰지 않고, 다만 사리만을 꾀해 권세
가와 결탁하여 마을에서는 거두어들이는 것이 많고 전원(田原)에서는
농사를 권장하는 것이 드물다. 혹은 어염(魚鹽)과 재칠(梓漆)의 수익이
있는 지방이나 혹은 축산과 재물이 있는 집은 모두 침탈당한다. 만약
주저하는 자가 있으면 곧 일에 기탁하여 엄하게 매질을 더하여 그 목
숨을 상하게 한다."51)

○ 전 왕조에서는 염분의 좌수, 어량망소와 곽전의 결수가 모두 『주관육
익』에 기재되어 있었다. … 중세 이래 외환이 빈번하고 내란이 여러
차례 일어나 궁궐이 불타고 부고가 고갈되었으니 어찌 전조의 수입에
만 의지하고 산택으로부터의 이익을 취하지 않는 것이 마땅하겠는가.
이는 권신들이 이익을 독차지하고 국가의 경비를 돌보지 않았기 때문
이다.52)

위의 사례에서 보는 것처럼 중기 이후 잦은 내우외환으로 국가재정이
고갈되었음에도 불구하고 국가는 오로지 토지에서 나오는 전조 수입에
의존할 수밖에 없었는데 이는 권신들이 염분이나 어량, 산택 등의 이익
을 독차지하였기 때문이다.

이처럼 궁원이나 사사를 비롯한 권세가들은 국가로부터 염분을 사급
받거나 신도들로부터 시납받기도 하였지만 중기 이후에는 그들의 권력
이나 경제력을 배경으로 염분을 탈점하거나 새로이 설치하면서 염분의

51) "王曰 朕惟先代頻遣使臣 採訪民瘼 故諸道宰民者 悉務淸廉 以安民庶 近來綱紀弛紊
且無懲革 不勤公事 但謀私利 要結權豪 里巷多囊橐之收 田原罕桑麻之勸 或地有魚
鹽梓漆 或家有畜產貨財 皆被侵奪 若有悗之者 卽假事嚴加枷杖 傷其性命"(『高麗史』
권7, 世家, 文宗10년 9월)
52) "前朝之時 鹽盆座數 魚梁網所藿田結卜 皆載于周官六翼 … 中世以來 外患頻仍 內
變屢起 宮闕焚蕩 府庫竭盡 豈宜專賴田租 不取山澤之利乎 是權臣專利 而不恤國家
之經費也"(『世宗實錄』 권117, 世宗29년 9월 壬子 李先齊上書)

소유를 확대해 갔다.

이렇게 확대된 염분을 경영하기 위해서는 많은 노동력이 필수적이었다. 당시의 생산조건에서 염전의 설치, 염전으로의 해수 도입, 염정(鹽井)에서의 함수(鹹水) 채취, 토분(土盆)이나 철분(鐵盆) 등 염분의 제조와 관리, 자염(煮鹽)을 위한 연료 채취, 자염 작업 등의 여러 공정에서 많은 노동력이 필요하였다. 이 시기에 점차 증대하고 있던 유민은 소금생산에 필요한 노동력으로 제공되어 소금생산이 확대될 수 있는 좋은 조건이 되었을 것이다.

유민의 발생은 고려의 최전성기로 일컬어지는 문종 대부터 이미 시작되어 토지겸병이 진전되는 12세기 이후에는 더욱 증가하였으며[53] 더욱이 30여 년간에 걸친 대몽전쟁으로 인해 만성화되고 일반화되었다. 유민의 대부분은 농장으로 흡수되어 노비나 전호가 되었지만 한편 궁원이나 사사, 권세가들이 경영하는 소금 생산시설에 흡수되어 소금생산을 위한 노동력이 되기도 하였을 것이다.

고려중기 이후 궁원이나 사사 및 권세가들이 염분의 소유를 확대시킬 수 있었던 배경에는 그들의 염분경영을 뒷받침해 줄 수 있는 노동력의 공급이라는 사회적 조건의 성숙, 즉 유민의 증가가 있었기 때문이라 생각한다.

이처럼 이 시기에 소금생산이 발전할 수 있었던 조건으로 대규모 염분경영을 가능하게 한 유민의 증대라는 사회적 조건의 성숙과 함께 대몽전쟁을 전후로 전개되는 소금생산의 양적 확대를 들 수 있다.

이미 대몽전쟁 이전부터 농업생산에 기반을 두면서 가내수공업의 형태로 소금을 생산하던 연해주군의 농민들 가운데에는 점차 진전되는 권세가들의 토지탈점과 토지에서의 가혹한 수탈을 피해 농업에서 이탈하여 어로나 제염을 전업으로 자들이 많이 나타나고 있었다.

---

53) 白南雲, 1937 「農民一揆」 『朝鮮封建社會經濟史』 상, 改造社
    林英正, 1977 「奴婢問題」 『한국사』 8, 국사편찬위원회

○ 얼마 후에 진도현령이 되어 나갔는데, 청렴하고 검소하기가 모두 수주(水州)에서와 같았고 다스림에서 위엄과 사랑은 그보다 더하였다. 진도현이 바다 가운데 있어서 더럽고 누추하여 오랑캐의 풍습이 있었다. 무릇 빈객을 접대하는 것도 큰 길가의 다른 군과는 같지 않아서, 명을 받들어 오는 사신들이 고달프게 여겼지만, 공이 모두 고쳐서 큰 고을처럼 만들었다. 또 백성들이 물고기를 잡고 소금을 만드는 것을 믿고 농사에 힘쓰지 않았는데, 공이 독려하여 농토로 돌아가게 하였다. 처음에는 백성들이 꺼리는 기색이 있었지만, 수입을 얻게 된 후에는 도리어 즐거 따라서 비록 흉년이 드는 해라도 부족하지 않았다.[54]

이 기록은 의종~명종대에 주로 활동했던 인물인 윤승해의 묘지(尹承解墓誌)의 일부분으로, 공이 진도현령으로 부임했을 당시에 진도의 주민들이 어염의 이익을 믿고 농사에 힘쓰지 않았기 때문에 공이 이들을 독려하여 농토로 돌아가게 하였다는 내용이다. 당시 진도의 주민들은 농업보다는 어염을 거의 전업으로 하고 있었음을 알 수 있다.

당시에는 농업이 국가 재정수입의 기초가 되는 산업이었기 때문에 토지에 대한 수취가 다른 산업에 비해 훨씬 중요하였다. 그러나 권세가들에 의한 토지겸병의 확대로 국가의 세입지가 줄어들게 됨에 따라 나머지 토지에 대한 수취가 가중될 수밖에 없었고, 이러한 상황에서 농민들은 토지로부터 벗어나 사원이나 권세가의 농장에 투탁하거나 상대적으로 수취가 가벼운 어업이나 제염업과 같은 말업(末業)으로 전업하기도 하였던 것이다. 이는 비록 진도현 만이 아닌 다른 연해주군에서도 일반적으로 나타난 현상이었을 것이다.

고려중기 이후 외관의 권농사 겸대나 중앙으로부터 권농사 파견이 확대되는 것[55]은 토지겸병의 진전에 따라 점차 감소하는 재정수입의 확보

---

54) "俄出爲珍島縣令 淸約一如水州 所理威愛則加焉 縣在海中 腥陋有蠻獠風 凡應對賓客 不似沿路他郡 奉使者苦之 公悉更革 使如巨官大邑 又民持魚鹽 不甚力農 公督令歸畝 始也 民有憚色 及得其入然後 顧樂趨之 雖歲儉不貴"(『東國李相國集』尹承解墓誌)

55) 金南奎, 1975「高麗勸農使에 대하여」『慶南大論文集』2

를 위한 권농사업과 함께 토지로부터 농민의 이탈을 방지하려는 국가의
정책과 깊은 관련이 있는 것으로 생각된다. 이처럼 중기 이후에는 토지
로부터 이탈하여 다른 산업으로 전업하는 자들이 증가하면서 제염업도
점차 확대되어 갔을 것이다.

이와 함께 30여 년간에 걸친 대몽전쟁은 소금 생산지를 확대시키는 중
요한 계기가 되었다. 몽골의 침략을 받은 고려 정부는 장기적인 항쟁을
위해 수도를 강화도로 옮기고, 제도(諸道)로 하여금 유사시에 주민들을 산
성이나 해도로 입보(入保)하게 하는 정책을 실시하였다. 이러한 산성해도
입보정책은 대몽전쟁이 종식될 때까지 여러 차례에 걸쳐 계속되었다.[56]

이들 피난지에는 많은 피난민들이 몰려들었고 이에 따라 경작지의 부
족현상이 나타나게 되었다.[57] 이러한 상황에서 영세한 토지밖에 얻지
못했거나 전혀 토지를 얻지 못한 피난민들이 광범하게 나타나게 되었는
데 이들은 새로운 토지를 개간하거나[58] 농법을 개량함으로써[59] 생계의
유지를 꾀하지 않으면 안 되었고, 그나마 토지를 얻지 못한 피난민들은
다른 곳에서 활로를 찾아야 했다.

---

56) 특히 海島入保 조치가 취해진 경우는 고종18년 9월, 19년 6월과 7월, 20년 12월,
   22년 3월과 윤7월, 25년 4월, 35년 3월, 40년 7월, 43년 8월, 45년 12월, 46년 2월
   등이다.(『高麗史』와 『高麗史節要』 참조)

57) 金容燮, 1975 「高麗時期의 量田制」『東方學志』16, 연세대국학연구원

58) "後爲西北面兵馬判官 蒙兵來攻 諸城入保葦島 島有十餘里平衍可耕 患海潮不得墾
   方慶令築堰播種 民始苦之 及秋大熟 人賴以活 島又無井泉 常陸汲往往被虜 方慶貯
   雨爲池 其患遂絶"(『高麗史』권104, 列傳, 金方慶)
   "制日 諸道民避亂流移 甚可悼也 寓居之地 與本邑相距 程不過一日者 許往還耕作
   其餘就島內 量給土田 不足則 給沿海閑田 及宮寺院田"(『高麗史節要』권17, 高宗43
   년 12월)

59) 金容燮, 1975 「高麗時期의 量田制」『東方學志』16, 연세대국학연구원
   李泰鎭, 1978 「畦田考」『韓國學報』10
   _____, 1978 「14·5세기 농업기술의 발달과 新興士族」『東洋學』9
   宮嶋博史, 1980 「朝鮮農業史上における十五世紀」『朝鮮史叢』3
   浜中 昇, 1982 「高麗前期의 小作制とその條件」『歷史學研究』507

이런 상황에서 그들이 쉽게 택할 수 있었던 길은 어업이나 제염업 같은 비농업적 산업이었다. 특히 제염업은 원료가 무한하고 구하기도 용이하여 가장 쉽게 택할 수 있는 생계수단이 되었을 것이다. 대몽전쟁 기간 동안의 이러한 상황은 다음의 자료를 통해서 간접적으로나마 유추할 수 있다.

> ○ 대부가 말하기를 "두 손은 일찍이 강도(江都)의 상황에 대해 들었는가? 대강 한 부분을 들어 토론해 보리로다. 무릇 동해의 크기는 아홉 강, 여덟 하수를 하나의 티끌처럼 삼키고, … 그 가운데에 화산(花山)이 있는데 금 거북이가 우뚝 머리에 이고 있는 듯하다. 해안가 언덕이 잎처럼 가지처럼 붙었는데 그 가지와 잎에 붙어서 모래와 바둑알처럼 흩어져 있는 것들은 강상(江商)·해고(海賈)·어옹(漁翁)·염수(鹽叟)의 집들이요"[60]

이것은 최자(崔滋)가 대몽항전 시 수도이던 강도(江都)의 풍경을 묘사한 「삼도부(三都賦)」라는 시의 일부분인데, 당시 강화도의 해안과 언덕에 강상·해고·어옹·염수 등의 집들이 즐비하게 어울려 있는 모습이 자세히 그려져 있다. 즉 강화도 연안지역에는 강과 바다를 무대로 상업 활동을 하는 상인들을 비롯하여 어로와 제염에 종사하는 주민들이 많이 거주하고 있었음을 알 수 있다.

수도 개경으로 드나드는 길목에 위치한 강화도에는 일찍부터 상업을 비롯해 어업이나 제염업 등에 종사하는 민호들이 상당수 거주하고 있었겠지만, 대몽전쟁을 계기로 많은 피난민들이 본토의 고향을 떠나 해도로 옮겨감에 따라 더욱 늘어나게 되었을 것이다. 이러한 현상은 강화도만이 아니라 다른 도서지방에서도 마찬가지였을 것이다. 계속되는 몽골의 침략으로 안정된 생활이 불가능했던 본토를 떠나 섬이나 연해안지역으로 많은 피난민들이 몰려들면서 부족한 농경지를 확보하기 위해 경지를 개

---

60) "大夫曰 二客豈亦曾聞江都之事乎 略擧一緒 揚摧而議 夫東海之大 凡九江八河 呑若一芥 … 中有花山 金鼇屹戴 涯淩(陵)葉擁 渚岬枝附 麗其枝葉 而沙散碁布者 江商海賈漁翁鹽叟之編戶也"(『東文選』 제2권, 賦, 三都賦)

간하였고, 새로운 생업수단으로 소금생산에 참여하면서 소금산지도 더욱 확대되었던 것이다.

3. 각염제의 운영

1) 각염제 하의 소금생산

(1) 염분[61]의 소속과 경영형태

(가) 염분의 소속

각염제 시행의 주요한 목적은 소금의 생산과 유통을 국가의 관리 하에 두고, 그로부터 전매수익을 수취하여 국가수입을 증대시키는 것에 있다. 다시 왕위에 오른 충선왕이 각염제를 시행할 때에 가장 먼저 취한 조치는 다음 충선왕의 전지(傳旨)에서 볼 수 있는 것처럼 전국의 모든 염분을 국가기관의 관리 아래로 소속시키는 것이었다.

> ○ 옛날에 각염법은 국용에 대비하려는 것이었다. 우리나라에서는 여러 궁원과 사사, 권세가들이 사사로이 염분을 설치하여 그 이익을 독점하고 있으니 국가의 경비는 무엇으로 넉넉하게 할 것인가. 이제 장차 내고

---

61) 鹽盆은 자연 상태의 바닷물이나 일단 염전에서 농축시킨 바닷물(鹹水)을 끓여 소금을 결정시키는 소금가마로서 토분(土盆)과 철분(鐵盆)이 있다. 근대적인 天日製鹽法이 도입되기 이전의 소금생산에서 가장 중요한 비중을 차지한 생산설비는 鹽盆이었다. 오늘날과 같이 염전에 끌어들인 바닷물을 햇빛이나 바람으로 증발시켜 結晶된 소금을 채취하는 천일제염법이 실시되기 이전까지는 자연 그대로의 바닷물이나 鹽田을 이용해 농축시킨 鹹水를 鹽盆에서 끓여 소금을 결정시키는 煎熬式 제염법이 주로 사용되었다. 이러한 제염방식에서는 鹽盆이 가장 중요한 생산수단으로 간주되어 흔히 소금 생산설비 전체를 대표하는 용어로 사용되었다.(申芝鉉, 1977「鹽業」『한국사』10 및 山口精 編, 1910「第11章 製鹽業」『朝鮮産業志』)

(內庫)·상적창(常積倉)·도염원(都鹽院)·안국사(安國社)와 제궁원·내외사
사가 소유한 염분은 모두 관으로 들이고 … 만약 사사로이 염분을 설치
하거나 몰래 사고 파는 자가 있으면 엄중하게 죄를 다스리도록 하라.[62]

충선왕이 소금 전매제를 실시하기 위해 가장 먼저 취한 조치는 내고[63]·
상적창[64]·도염원[65]·안국사[66] 등 국가기관이 소유하고 있는 염분은 물

---

62) 『高麗史』 권79, 食貨2, 鹽法 忠宣王원년

63) 태조 대에 왕실에서 사용하는 布帛을 저장하는 창고로서 왕실 재정기관의 정비와
   함께 문종 대에 관제화 되어 使(종6품)·副使(정8품) 등의 관원이 설치되었다. 내고
   의 재정적 기초는 내고에 소속된 각종의 所로부터 납부되는 금·은·포백·소금 등
   의 貢物과 송나라에서 하사하는 珍寶·錦帛 등의 물품이었다. 중기 이후 내고에 소
   속되었던 所가 점차 소멸되면서 내고도 변질되어 많은 토지와 노비를 소유하게
   되었다. 충렬왕대에는 초기 이래의 내고 이외에 왕실의 창고로서 많은 田民이 소
   속된 內房庫가 따로 설치되었는데, 이 둘을 총칭하여 內庫라 하였다. 공민왕대 이
   후에는 諸道 공물의 수납권을 寶源庫로 옮기면서 본래의 내고와는 전혀 다른 하
   나의 私藏庫로 변질되었고, 한편 內庫의 관제도 충선왕이후에 개정되어 文官이었
   던 관원은 宦官으로 교체되었다(周藤吉之, 1939「高麗朝로부터 朝鮮初期에 이르
   는 王室財政」,『東方學報』 10-1).

64) 충렬왕34년에 충선왕이 복위하여 처음 설치하였으며 使(정5품) 1인, 副使(정6품)
   1인, 丞(정7품) 1인을 두었다. 그 밖의 기능이나 변동 상황 등은 알 수 없다(『高麗
   史』 권77, 百官2)

65) 문종 대에 錄事 2인, 記事 2인의 관속이 정해졌으며 충선왕대에 각염법의 시행과
   함께 民部에 병합되었다.(『高麗史』 권77, 百官2) 그 기능에 대해서 상세한 것은 알
   수 없으나 宋의 도염원이 三司의 부속기관으로서 지방으로부터 소금을 거두어들
   이고 판매하는 기능을 한 것으로 미루어 볼 때 고려에서는 각염법 시행 이전에
   전국의 염분과 염전 등 소금 생산시설을 관리하고 그로부터 鹽稅의 징수와 소금
   의 판매 등 소금에 관한 제반 업무를 관장했을 것으로 추측된다.(周藤吉之, 1975
   「高麗에 있어서 三司와 그 地位」,『朝鮮學報』77 ; 1980『高麗朝 官僚制의 硏究』에
   재수록, 權寧國, 1984「14세기 榷鹽制의 成立과 運用」『韓國史論』13, 서울대 국
   사학과)

66) 安國社는 安國寺와 동일한 사찰로 생각되는데『高麗史』에 등장하는 安國寺에 관
   한 기록은 충렬왕16년에 공주가 행차한 기록,(『高麗史』 권30, 충렬왕16년 8월 壬
   午)과 충선왕 때에 왕과 공주가 행차한 기록,(『高麗史』 권33, 忠宣王원년 7월 丙
   午) 충숙왕 때에 上王이 행차한 기록(『高麗史』 권34, 忠肅王즉위년 9월 己酉, 10월

론 궁원이나 사사 등 사적기관이 소유하고 있던 염분까지도 모두 관으로
들이게 한 것이다.

이보다 10년 전인 충렬왕24년에 충선왕이 처음 즉위했을 때에도 각염
제를 실시하고자 제궁원과 사사 및 권세가들이 차지하고 있는 염분을 조
사하여 혁파하도록 지시한 바 있다.[67] 그러나 곧바로 충선왕이 원으로
소환되고 충렬왕이 복위하였기 때문에 각염제는 실시되지 못하다가 그
후 충선왕이 복위하면서 즉시 시행된 것이다. 이때 입관(入官)의 대상이
된 염분은 국가기관과 사적기관이 소유하고 있는 염분을 비롯한 전국의
모든 염분이었다.

다음 충숙왕의 하교에서 볼 수 있듯이 전매제 시행을 위해 관으로 들
인 전국의 모든 염분이 속한 국가기구는 민부(民部)였다.

> ○ 대위왕(大尉王)이 원나라와 통교하는 데 필요한 물품이 넉넉하지 못한
> 것을 매우 염려하여 제도의 염분을 모두 민부에 소속시키고 값을 정하
> 여 소금을 지급함으로써 공사를 이롭게 하였다.[68]

전매제가 시행되기 이전에는 소금 생산자인 염호에게 일정액의 염세
를 징수하였는데,[69] 이렇게 거두어들인 염세는 천하의 공용으로서 국용
에 충당하는 것이 원칙이었다.[70] 국가는 이들 염분 가운데 일부를 국가
기관이나 궁원·사사·귀족 등에게 절급하여 국가 대신에 염세를 징수할

甲子) 등이다. 安國寺는 개경에 있었던 화엄종 계통의 사찰이다(許興植, 1986『高
麗佛敎史硏究』)

67) 『高麗史』권79, 食貨2, 鹽法 忠烈王24년 정월

68) 『高麗史』권79, 食貨2, 鹽法 忠肅王5년 5월

69) "贊洪子藩上書曰 塩之有稅 已有定額 今於州縣 强行科斂 誠宜禁之"(『高麗史』권
79, 食貨2, 鹽法 忠烈王22년 6월)

70) "忠宣王卽位敎曰 塩稅自古天下公用 今諸宮院寺社 與勢要之家 皆爭據執 不納其稅
國用不足 有司窮推除罷"(『高麗史』권79, 食貨2, 鹽法 忠烈王24년 정월)

수 있는 권리를 부여하였던 것으로 생각된다.

그러나 중기 이후 국가의 통제력이 약화되면서 궁원이나 사사, 권세가들은 그들의 권력과 경제력을 배경으로 염분을 탈점하였을 뿐만 아니라 사사로이 염분을 설치하여 이익을 독차지 하게 되면서 국가의 염세수입이 감소하고 국가재정에 큰 손실을 가져오게 된 것이다.

이러한 상황에서 충선왕은 그동안 국가기관이나 사인에게 절급했던 염분을 환수하였을 뿐만 아니라 전국의 모든 염분을 민부에 소속시켜 민부로 하여금 일원적으로 관리하게 하였던 것이다. 이때 염분에 대한 소유관계에는 변동이 없이 다만 소금의 생산과 유통과정을 민부가 관리하게 된 것으로 보인다.

각염제 시행 당시 국가에 의해 파악된 각 도별 염분과 염호의 수는 다음의 <표>와 같다.

〈표〉 각 도별 염분 및 염호의 수[71]

도	양광도	경상도	전라도	평양도	강릉도	서해도
염 분 수	126	174	126	98	43	49
염 호 수	231	195	220	122	75	49

<표>에서 볼 수 있듯이 전국 염분의 거의 70%가 양광·경상·전라의 3도에 집중적으로 분포되어 있다. 이러한 현상은 3도가 위치한 서·남해안 지역이 소금 생산에 유리한 자연조건을 구비한 것과 밀접한 관련이 있다. 따라서 3도가 타도에 비해 일찍부터 소금 생산이 활발하였고 그에 따라 염호와 염분이 많이 분포하였던 것이다.

---

71) "於是 始令郡縣發民爲塩戶 又令營置塩倉 民甚苦之 楊廣道塩盆一百二十六 塩戶二百三十一 慶尙道塩盆一百七十四 塩戶一百九十五 全羅道塩盆一百二十六 塩戶二百二十 平壤道塩盆九十八 塩戶一百二十二 江陵道塩盆四十三 塩戶七十五 西海道塩盆塩戶幷四十九 諸道塩價布 歲入四萬匹"(『高麗史』권79, 食貨2, 鹽法 忠宣王元年 2월)

그런데 <표>에서 보는 것처럼 충선왕대에 파악된 염분의 수는 조선
초의 각종 지리지에 기록되어 있는 염분의 수와 비교할 때에 큰 차이가
나타난다. 예컨대 『경상도지리지』에 기재된 경상도의 염분 수는 공염분
(貢鹽盆) 906, 사염분(私鹽盆) 336, 군수염분(軍須鹽盆) 60을 합쳐 총
1,302좌로 충선왕대와 비교해 무려 7~8배에 해당하며, 또 『세종실록지
리지』에서 도내의 염분 수가 각 군현별로 빠짐없이 기재되어 있는 각
도의 염분 수72)와 비교해도 큰 차이가 있다.

이러한 차이는 여말에서 선초에 이르는 동안 소금 생산의 발전에 따
른 염분 수의 증가와 원나라의 간섭이라는 특수한 상황에서 염분의 수를
제대로 파악하지 못했거나 기록하지 못했던 것에 그 원인이 있겠지만,
그보다는 각염제 하에서도 국가의 관리에서 벗어난 많은 수의 염분이 여
전히 사원이나 권세가의 수중에 남아 있었던 데에 더 큰 원인이 있다고
생각된다.

이처럼 국가의 관리로부터 이탈한 염분의 존재는 각염제의 시행에도
불구하여 사염의 성행을 가져와 전매제가 제대로 시행되지 못하고 문란
하게 되는 요인으로 작용하였던 것이다.

(나) 염분의 경영형태

전매제에서 생산부문의 경영은 일반적으로 국가가 국가소유의 생산
시설에서 요역의 형태로 동원한 노동력을 직접 사역하여 생산하는 국가
직영형태와 민간 생산자에게 일정한 자립성을 부여하여 생산과정을 맡
기고 생산된 물품을 모두 국가에서 관리하는 민영의 두 가지 형태로 구
분되었다.

고려의 각염제에 많은 영향을 준 것으로 생각되는 원의 경우 소금의
산지가 한정되어 국가의 직접 경영이 용이한 해지(解池) 과염(顆鹽)의

---

72) 강원도 320, 충청도 147, 황해도 246, 평안도 298

경우는 국가 직영의 형태를 취하고, 생산지가 광범하여 국가 직영이 곤
란한 연해 말염(末鹽)의 경우는 생산을 민간에 맡기고 국가는 감독만하
는 형태를 취하였다.[73]

고려의 각염제는 염호에게 자율적인 생산을 맡기고 생산된 소금을 국
가가 관리하는 민영이 기본 형태였다. 즉 염호는 자기 소유의 염분으로
생산에 필요한 일체의 경비, 예컨대 자염용(煮鹽用) 연료의 조달 비용이
나 염분·염전·염정 등 생산설비를 자신이 직접 마련하여 생산하고, 국가
는 염호가 생산한 소금을 모두 거두어들여, 그 배급이나 판매 등의 유통
과정을 관리하는 형태였다.

전매제 시행 당시와 같이 어려운 재정상황에서 국가가 민간으로부터
소금의 생산설비를 매입하거나 새로 설치하는 것이 불가능하였고, 또 모
든 경비를 직접 부담하여 생산하는 국가 직영형태는 계속 유지하기가 어
려웠기 때문이었을 것이다.

염호는 생산과정에서 일정한 자립성과 주체성을 가진 존재로, 특히
자염용 연료와 같이 계속적인 공급이 필요한 소모품은 원칙적으로 염호
스스로가 부담하였다고 생각된다. 이러한 사정은 조선 초 염간(鹽干)의
사례를 통해 유추해 볼 수 있다.[74]

각염제하에서 염호의 소금 생산은 주로 자기 노동과 가족 노동에 의
거하는 소규모 생산이 기본이었던 것으로 보인다. 충혜왕 때에 강원도안
무사에 임명된 안축이 1년여 동안 관동지방을 순행하면서 목격한 염호

---

73) 田山茂, 1937 「元代の権鹽法について」 『史學研究』 9-2
74) "江原道監司 訪問民間弊瘼 以啓 一道內嶺東各官貢鹽 鹽干每一名 歲收二十石 此輩
煮鹽代耕 以資其生 近因沿邊禁松令嚴 柴于遠地 以致牛馬倒損 每年稅鹽 未充其額
人甚病之"(『世宗實錄』 권36, 世宗9년 4월 24일 壬午)
"臣聞鹽竈在處 燒木甚罕 鹽干輩欲燔秋鹽 當自夏月 欲燔春鹽 當自冬月 操舟往求
於有木諸島 若風水不調 則一往回 或踰一月 如遇風濤 則覆沒不還者 亦多矣"(『世宗
實錄』 권109, 世宗27년 8월 戊辰)

의 생활상을 묘사한 「염호」라는 시가 있는데 이를 통해 노옹(老翁)이 자손들을 거느리고 힘들게 소금생산에 종사하는 염호의 모습을 볼 수 있다.[75]

이것은 동해안지역의 염호의 한 사례이지만, 각염제가 시행되고 있던 당시의 생산형태는 염호의 가족노동에 기반한 소규모 생산방식이 일반적이었을 것으로 생각된다. 각염제가 시행되기 이전에도 기본적 생산형태는 소규모 생산이었고, 시행 이후에도 생산형태에서 근본적인 변화는 일어나지 않았을 것이다.

그러나 각염제의 틀에서 불법적으로 벗어난 궁원이나 사원을 비롯한 권세가들의 경우, 대규모 생산시설에 다수의 노동력을 동원하여 소금을 생산하는 대규모 경영형태도 상당수 존재하였을 것으로 추측된다.

이 경우 대규모 경영이란 전체가 하나의 조직체로 결합되어 일괄적인 생산 공정을 실현하는 형태는 아니고, 단지 비슷한 소규모의 생산설비가 여러 개 합쳐진 형태로서 생산은 각 설비마다 개별적으로 이루어지는 방식이었을 것이다. 이것은 염분을 비롯한 자염용구의 제작에 따르는 당시의 기술적 한계 때문이었던 것으로 생각된다. 따라서 대규모 경영형태에서도 특별히 우수한 능률을 가진 대규모 용량의 염분이 설치되어 생산성이 높은 작업을 행하였다고 보기 어렵다.

조선 초 세종대에 제기되었던 각염제의 시행 방안에서 5명의 염한(鹽漢)을 하나의 생산단위로 조직하여 1좌(座)의 염분에 분정한 것을 볼 때[76], 당시 하나의 제염공정에 필요한 노동조직, 즉 기본적인 생산단위는 5명 정도의 노동력으로 구성되는 소규모 생산이 지배적인 형태였음을 알 수 있다.

---

75) "老翁率子孫 寸刻不休息 冽寒汲滄溟 負重肩背赤 酷熱燒煙煤 熏煮眉目黑"(『謹齋集』 권1, 關東尾注, 詩 鹽戶)

76) "戶曹啓 來七月望前 分遣敬差官于八道 審定鹽場魚梁 鹽場則每一盆一番 定鹽漢五名 分二番役使"(『世宗實錄』 권77, 世宗19년 6월 壬午)

(2) 염호의 차정(差定)과 공염(貢鹽) 부담

(가) 염호의 차정(差定)

충선왕은 소금 전매제를 시행하기 위해 각 군현으로 하여금 민을 징발하여 염호로 삼고[77], 각 도에 염호를 분정(分定)하였다.[78] 이때 각도에 분정된 염호의 수는 앞에서 제시한 <표>와 같다.

각 군현에서 염호로 징발된 민이 구체적으로 어떤 존재였는지 분명하지 않지만 아마도 전매제 시행 전까지 소금생산에 종사해 왔던 종래의 소금 생산자가 대부분이었을 것이다. 상당한 제염기술이 요구되는 소금 생산에서 제염과 전혀 무관한 군현민을 새로 징발한 것이라기보다는 원래 소금생산에 종사해오던 자들을 염호로 차정하였다고 생각된다.

이들 염호는 연해주현에 거주하면서 소금생산에 종사하여 그 수입으로 생계를 영위했던 자들로서 법제적으로 양인에 속하는 계층이었다. 즉 사·농·공·상 중 공·상에 속하는 부류로서 신분적으로 비록 양인이라 하더라도 하는 일이 고되어 사회적으로는 차별 대우를 받았다.

고려시대에는 공·상의 부류에게 국자감에 입학하는 것이 금지되었을 뿐 아니라[79] 관직에 진출하는 것도 원칙적으로 허락되지 않았다.[80] 이처럼 염호는 신분적으로 양인이었음에도 불구하고 그들이 부담하는 역이 과중하고 고통스러운 것으로 천역시 되었으며, 선초에는 이들이 신량역천층(身良役賤層)의 한 부류로 간주되었던 것이다.[81]

---

77) "今將內庫常積倉都鹽院安國社 及諸宮院內外寺社 所有鹽盆 盡行入官 … 於是始令 郡縣 發民爲鹽戶"(『高麗史』권79, 食貨2, 鹽法 忠宣王復位元年 2월)

78) "至于忠宣 乃有志行古之道 分定各道鹽戶 差遣鹽鐵官"(『世宗實錄』권117, 世宗29 년 9월 임자)

79) "仁宗朝 式目都監 詳定學式 … 凡係雜路 及工商樂名等賤事者 大小功親犯嫁者 家道不正者 犯惡逆歸鄕者 賤鄕部曲人等子孫 及身犯私罪者 不許入學"(『高麗史』권 74, 選擧2, 學校)

80) "判 工商樂人之子 雖有功 只賜物 禁仕路"(『高麗史』권75, 選擧3, 銓注, 限職 仁宗 18년 6월)

(나) 염호의 공염 부담

각염제 하의 염호는 매년 일정액의 소금을 국가에 납부해야 하는 부담을 지고 있었고, 이때 염호가 국가에 납부하는 소금은 공염(貢鹽)이라 불리었다.[82] 그러나 전매제 이전에 염호가 국가에 납부한 것은 염세로 표현되었다.[83]

전매제 시행 시에 염호가 납부하는 공염액이 어느 정도였는지 상세한 내용은 알 수 없으나 전매제 이전의 징세제를 시행하던 때에 염호가 부담하던 염세보다는 훨씬 많은 양이었다고 생각된다. 전매제 이전에 염호가 납부하던 염세는 전체 생산액 가운데 일부에 해당하는 양이었지만 전매제 시행으로 염호가 납부하는 공염은 전 생산액에 해당하는 것으로 염호는 매년 지정된 공염액을 채우기에 급급하였던 것이다.

전매제하에서는 소금의 사적 거래가 엄격히 금지되었으므로 염호는 할당된 소금을 생산하여 공염으로 모두 국가에 납부하는 대신 그 대가를 지급받아 생계비를 마련하였다고 생각된다.

이에 관해서 당시의 자료가 남아있지 않아 구체적인 내용은 알 수 없으나 조선 초 세종대에 각염제 시행 논의 과정에서 염간(鹽干)으로 하여금 생산한 소금을 모두 관에 납부하게 하고 국가로부터 공급을 받아 생계를 유지하게 하려던 사실[84]을 통해서 고려후기 각염제 시행 당시의

---

81) 劉承源, 1979「조선초기의 鹽干」『한국학보』 17

82) "下教 各處塩戶 人有定數 貢有定額 近年以來 塩戶日損 貢數仍存 內外管塩官 不行察体 以逋戶貢塩 加徵貢戶 以充本數 民甚苦之"(『高麗史』 권79, 食貨2, 鹽法 忠肅王12년 10월)

83) 傳旨都評議使司曰 可遣使諸道 檢察往年三歲納否 戶口增耗 自今年 更定歲額 幷點塩戶 以徵其稅"(『高麗史』 권78, 食貨1, 貢賦 忠烈王5년 3월)
   "中贊洪子藩上書日 塩之有稅 已有定額 今於州縣 强行科斂 誠宜禁之"(『高麗史』 권79, 食貨2, 鹽法 忠烈王22년 6월)

84) "一歲所貢 式干則十石 私干則四石 其餘則任其所用 持價來買者 東西沓至 故雖不事農業 衣食自足 今專仰官鹽 不事農業 官掌其鹽 不得以時和賣 鹽干輩上父母下妻子 所養所衣 何以瞻之 今公聚各司奴子助役 若不供給 則取木燔鹽 無時休息 無暇營生

사정을 유추해 볼 수 있을 것이다.

　염호의 공염 부담은 일반농민의 부담보다 훨씬 무겁고 힘든 것이었다.

> 本國法最嚴　歲課踰稼穡　自俄出關東　傍海親督役
> 陋居如楬廬　逢門不掛席　老翁率子孫　寸刻不休息
> 冽寒汲滄溟　負重肩背赤　酷熱燒煙煤　熏煮眉目黑
> 門前十車柴　不能供一夕　日煎百斛水　未能盈一石
> 若不及其程　毒吏來怒責　輸官委如山　專賣爲布帛85)

　위의 염호란 시에서 '세과유과색(歲課踰稼穡)'이라고 표현했듯이 염
호가 해마다 지는 부담(歲課)은 농민의 부담(稼穡)보다 무거운 것이었다.
뿐만 아니라 염호는 바닷물을 길어 나르느라 어깨와 등이 빨갛게 되고
더운 열기와 연기로 눈썹과 눈이 까맣게 될 정도로 제염작업은 고된 것
이었음을 알 수 있다. 전매제 시행 이후 10여 년도 지나지 않아서 속출
하는 염호의 도망은 과중한 공염 부담을 견디지 못해 나타난 현상이었다.

　염호는 매년 일정한 시기에 공염을 납부하였다. 위의 시에서 '염호가
기한을 맞추지 못할 때에는 독한 향리가 와서 화를 내며 꾸짖는다'고 한
것에서 볼 수 있듯이 염호는 정해진 기한 내에 공염을 납부하지 않으면
안되었던 것이다.

　토지 생산물로 내는 조세의 경우는 수확이 끝나는 가을에 부근에 설
치된 조창에 납부하면 이듬해 2월부터 조운(漕運)을 시작하여 가까운 지
방은 4월까지, 먼 지방은 5월까지 개경의 경창(京倉)으로 수송을 마치게
되어 있었다.86)

　糧無所出 以官供之 則其費甚多 反有所損 其弊三也"(『世宗實錄』권109, 世宗27년
　8월 戊辰)

85)『謹齋集』권1, 關東尾注, 詩 鹽戶

86) "州郡租稅 各以附近輸諸倉 翌年二月漕運 近地限四月 遠地限五月 畢輸京倉"(『高麗
　史』권79, 食貨2, 漕運)

이처럼 봄에 경작을 시작하여 가을에 추수하기까지 일 년에 한번 수확을 얻는 토지에서의 생산 활동과는 달리 소금 생산은 비교적 탄력성 있게 이루어질 수 있었다. 따라서 염호의 공염 납부 방식도 조세와는 차이가 있었던 것이다.

> ○ 집현전직제학 이계전이 동궁에게 상서하기를 "신이 들건데 염조(鹽竈)가 있는 곳에는 땔나무가 매우 드물어서, 염한(鹽干)들이 가을 소금(秋鹽)을 만들려면 여름부터, 봄 소금(春鹽)을 만들려면 겨울부터 배를 가지고 나무가 있는 여러 섬에 가서 구하는데, 만일 풍랑이 순조롭지 못하면 한 번 왕복하는 데에 혹 한 달이 넘고, 만일 풍파를 만나면 전복되어 돌아오지 못하는 자가 또한 많습니다. … 농사는 1년에 한 번이고, 소금을 굽는 것은 1년에 두 번인데, 두 번 굽는 소금을 가지고 농민이 한번 경작한 곡식과 바꾸면, 백성들은 비록 소금이 쌓여 있더라도, 만약 미곡이 없으면 어떻게 기한(飢寒)에서 구제되겠습니까."라고 하였다.[87]

위의 기록은 조선 초 세종대의 것으로 소금 생산이 일 년에 두 차례, 즉 봄과 가을에 이루어졌음을 보여준다. 이처럼 춘·추의 두 시기에 소금이 만들어졌던 것은 봄과 가을이 여름이나 겨울에 비해 강수량이 적을 뿐 아니라, 일조(日照) 시간도 많아서 염전(鹽田)에서의 해수 증발이나 염분(鹽盆)에서의 자염(煮鹽) 작업 등이 훨씬 유리했기 때문이다.

따라서 고려후기 각염제 시행 시에 염호의 공염 납부도 소금이 집중적으로 생산되는 봄과 가을의 두 차례에 걸쳐 분납되었던 것이다.

> ○ 영의정 황희가 말하기를 "전 왕조에서는 의염창(義鹽倉)을 설치하고

---

87) "臣聞鹽竈在處 燒木甚罕 鹽干輩欲燔秋鹽 當自夏月 欲燔春鹽 當自冬月 操舟往求於有木諸島 若風水不調 則一往回 或踰一月 如遇風濤 則覆沒不還者 亦多矣 … 耕農則一年一度 燔鹽則一年二度 以二度所燔之鹽 換農民一度耕作之穀 民雖積鹽 若無米穀 何以救於飢寒哉"(『世宗實錄』 권109, 世宗27년 8월 戊辰)

권무판관(權務判官)을 두어 판도사(版圖司)에 소속시키고, 매번 봄·가을에 먼저 환과고독(鰥寡孤獨)으로부터 거친 베(麤布) 1필을 바치고 소금 20두를 받게 하였는데, 이를 반염(頒鹽)이라 하였다."고 하였다.[88]

위의 세종대 실록 기록에서 볼 수 있듯이 고려왕조에서는 의염창(義鹽倉)을 설치하여 매년 춘·추 두 차례에 환과고독(鰥寡孤獨)에게 추포(麤布)를 바치고 소금을 받게 하였는데, 의염창은 각염제 실시 이후 설치된 것이므로 각염제 하에서 염호의 공염 납부 시기는 봄과 가을의 2차례였음을 알 수 있다.

염호는 공염의 생산이라는 특수한 역을 부담하였기 때문에 공염 이외에 다른 부담은 면제되었던 것으로 보인다. 다음은 어염과 같은 말업에 종사하는 자들에게는 다른 부역이 없었음을 보여주는 조선 초의 자료이다.

○ 호조에서 의정부에 보고하기를 … 생각하건대 상부(常賦) 외에 자산으로 이용할 만한 것은 어염과 같은 것이 없습니다. 어염은 농사일 다음이라고 하나 농사일은 1년 내내 일하는 노고가 있고, 또한 부역으로 괴로워하는데, 어염은 많은 시일과 재력을 소비하지 않고 공력은 적고 이익은 많은데, 다만 가벼운 세 이외에는 다른 부역이 없기 때문에, 말업에 종사하는 게으른 무리들이 다투어 그 이익을 취합니다. … 또 사염은 이익을 얻는 것이 매우 많은데, 부역이 전혀 없고 그 세도 너무 가볍습니다.[89]

즉 소금생산에 종사하는 자들은 가벼운 염세 이외에 다른 부역은 없었는데, 이는 중국의 경우도 마찬가지였다.

---

88) "領議政黃喜曰 前朝設義鹽倉 置權務判官 屬於版圖 每春秋 自鰥寡孤獨 麤布一匹 受鹽二十斗 謂之頒鹽"(『世宗實錄』 권111, 世宗28년 2월 丙午)

89) "戶曹報政府曰 … 竊思常賦之外 可以資用者 無如魚鹽 魚鹽亞於農務 農務有終歲之勞 而重困於賦役 魚鹽則不曠日月 不費財力 功省而利多 唯薄稅之外 無他賦役 故 遊懶末作之徒 爭逐其利 … 又有私鹽 取利甚厚 全無賦役 其稅過輕"(『世宗實錄』 권77, 世宗19년 5월 庚寅)

즉 북송 때에 범중엄(范仲淹)이 소금의 전매제를 시행하고자 할 때에 논박하는 자들에게 '만약 흉년이 들고 나라에 저축이 없으면 반드시 농민들에게 조세를 마구 거둘 것이니, 부역이 있는 농민에게 거두는 것보다는 부역(賦役)이 없는 염호(鹽戶)에게서 거두는 것이 낫지 않겠는가.'라고 한 말을 통해서 알 수 있다.[90] 요컨대 전매제하의 염호는 공염 이외에 일반 농민들이 부담하는 부역은 면제되었다고 볼 수 있다.

(다) 염호의 농업생산

전매제하의 염호가 어떻게 생계를 유지하였는지, 즉 소금 생산만을 전업으로 하여 그로부터 생계비를 조달하였는지, 아니면 농업생산을 통해 생계비를 마련하였는지는 자료의 결핍으로 알 수 없다.

그러나 조선 초 염간의 사정을 참고함으로써 고려후기 염호의 농업생산 여부를 유추해 볼 수 있을 것이다.

> 나-① 강원도 감사가 민간의 폐단을 조사하여 아뢰기를 "도내 영동(嶺東) 각 관의 공염은 염간(鹽干) 1명마다 매년 20석을 거두는데, 이 무리들은 소금 만드는 일로 농사를 대신하여 생계를 유지합니다. 근래에 연해지방의 송금령(松禁令)이 엄하여 먼 지방에서 땔감을 구하기 때문에 소와 말이 넘어지고 다쳐 매년 세염은 그 액수를 채우지 못하니 사람들이 몹시 괴로워합니다. 반으로 줄여서 매년 한 명당 10석을 넘지 않게 하여 민생을 편히 해주기를 청합니다."라고 하였다.[91]

---

90) "工曹參判權孟孫 以義鹽色都提調申槪河演之言 啓曰 … 竊聞昔范文正公 欲行鹽法 時有駁之者 公曰 若年凶而國無所儲 則必橫斂於農民 與其斂於有役之農民 孰若斂 於無賦之鹽戶乎 於是駁者 靡然從之"(『世宗實錄』 권109, 世宗27년 9월 戊寅)

91) "江原道監司 訪問民間弊瘼以啓 一 道內嶺東 各官貢鹽 鹽干每一名 歲收二十石 此 輩煮鹽代耕 以資其生 近因沿邊 禁松令嚴 柴于遠地 以致牛馬倒損 每年稅鹽 未充其 額 人甚病之 請減半 每年一名 毋過十石 以便民生"(『世宗實錄』 권36, 世宗9년 4월 壬午)

나-② 집현전직제학 이계전(李季甸)이 동궁(東宮)에게 글을 올리기를, … "(염간은) 1년에 공염으로 바치는 것이, 식한(式干)은 10석이고 사한(私干)은 4석인데, 그 나머지는 자기의 소용에 맡깁니다. (소금)값을 가지고 사러 오는 사람이 사방에서 몰려오기 때문에, 비록 농사일을 하지 않더라도 의식이 넉넉합니다. 지금은 오로지 관염(官鹽)만 바라보고 농사도 짓지 않으니, 관에서 그 소금을 맡아서 제때에 팔지도 못하면, 염간들이 위로는 부모, 아래로는 처자를 먹이고 입히는 것이 어떻게 넉넉하겠습니까. 지금 널리 각사(各司)의 노자(奴子)를 모아서 조역(助役)하게 하는데, 만일 공급을 해주지 않으면 나무를 하고 소금을 굽느라 휴식할 시간도 없고, 생업을 영위할 겨를도 없어 식량이 나올 데가 없으니, 관가에서 공급을 해주면 그 비용이 매우 많아서 도리어 손해가 됩니다.[92]

나-③ 호조에서 의정부에 보고하기를, … 또 국가의 제도를 생각하면 간척(干尺)이라 일컫는 자는 모두 보충군에 소속시켜 벼슬길에 통하게 하였는데, 유독 염한(鹽漢)만 빠뜨린 것은 이치(事體)에 어긋남이 있습니다. 바라건대 모두 보충군으로 개칭하고 (보충군에) 소속되어 복무한 연월을 상세히 검토하여, (연월이) 많은 자를 한 도마다 혹 4~5명, 혹 2~3명씩 사람의 다소에 따라, 다른 간척 보충군의 예에 의거하여 관직을 주고, 역은 예전대로 시키되, 그 중에 토지가 없는 자는 官에서 한전(閑田)을 주어 부역을 전부 면제하고 그 생활을 후하게 하며, 더욱 가난한 자에게는 (그가 만드는) 어염으로써 요(料)의 절반을 지급하거나, 혹은 봄·가을 두 계절의 관염의 액수를 맞춘 후에 사사로이 소금 만드는 것을 허락하여 실업하지 않게 하십시오."라고 하였다.[93]

---

92) "集賢殿直提學李季甸上東宮書曰 … 一歲所貢 式干則十石 私干則四石 其餘則任其所用 持價來買者 東西沓至 故雖不事農業 衣食自足 今專仰官鹽 不事農業 官掌其鹽 不得以時和賣 鹽干輩上父母下妻子 所養所衣 何以瞻之 今公聚各司奴子助役 若不供給 則取木燔鹽 無時休息 無暇營生 糧無所出 以官供之 則其費甚多 反有所損"(『世宗實錄』 권109, 世宗27년 8월 戊辰)

93) "又念國家之制 稱干尺者 並屬補充軍 以通仕路 獨遺鹽漢 有違事體 乞并改稱補充軍 考其屬役年月 以其多者 每一道 或四五 或二三 隨其人多少 依他干尺補充軍例受職 役仍其舊 其中無田者 官給閑田 全除賦役 以厚其生 尤至貧乏者 以其魚鹽 人給半料 或於春秋兩等官鹽 準額之後 聽其私煮 使不失業"(『世宗實錄』 권77, 世宗19년 5월 庚寅)

나-①은 세종19년 4월에 강원도감사가 민간의 폐단을 조사하여 보고한 내용의 일부로서, 당시 염간은 소금 만드는 일로 농사를 대신하여(煮鹽代耕) 그 생계를 영위하였음을 보여준다. 나-②는 세종27년 8월에 집현전직제학 이계전이 후에 문종으로 즉위하는 동궁에게 당시 논의 중이던 소금 전매제의 시행방안을 분석하여 그 문제점을 지적한 상서의 일부이다.

즉 그동안에는 국가가 염간으로 하여금 1년 동안 공염으로 바치고 남은 소금을 그 소용(所用)에 맡겼기 때문에 비록 농사를 짓지 않더라도 의식이 족했는데, 앞으로 전매제를 시행하게 되면 염간들은 오로지 관염만 바라보고 농사도 짓지 않기 때문에 만약 관에서 그 소금을 맡아서 제때에 팔지 못하면 염간들은 생계를 유지할 수 없을 것이라고 전매제 시행에 따르는 폐단을 지적한 것이다.

전매제 이전의 염간은 매년 일정액의 염세만을 납부하고 나머지 소금은 자유로이 처분하여 생계비를 마련할 수 있었기 때문에 농사를 짓지 않더라도 살아갈 수 있었지만 전매제를 시행하게 되면 생산한 소금을 모두 공염으로 납부하고 대신 국가가 소금을 판매하여 지급하는 대가를 받아서 생활하게 되어 있었던 것이다. 요컨대 염간은 전매제 시행 이전이나 이후를 막론하고 모두 농사를 짓지 않고 오직 소금생산에 종사하여 그로부터의 수입에 의존하였던 것이다.

그러나 염간들이 전혀 농업생산을 하지 않았던 것은 아니었던 것 같다. 나-③의 내용을 보면 국가가 전매제 시행 시에 염간들의 생산의욕을 높이기 위해 종래 보충군에서 빠져있던 염간을 보충군에 소속시켜 사로(仕路)를 터주는 한편, 토지가 없는 자에게 한전(閑田)을 지급하고 부역을 면제해 주는 등 혜택을 주고자 하였던 사실을 통해 볼 때 염간들도 토지가 있어서 그로부터의 수입으로 생계의 일부를 보충하였던 것으로 보인다.

그러나 모든 염간에게 토지가 있었던 것은 아니고 비교적 여유가 있는 일부만이 토지를 소유하였을 것이고, 이러한 사정은 고려후기의 염호도 마찬가지였을 것이라 생각된다.

(3) 각염제 하의 제염방식

고려시대의 제염방식이나 기술을 전하는 자료가 전혀 남아있지 않기 때문에 자세한 내용을 직접적으로는 알 수 없고, 선초의 기록에 보이는 단편적인 자료들을 통해서 간접적으로 유추할 수밖에 없다.

조선 초의 제염방식은 소금산지의 입지조건에 따라 크게 동해안지역에서 행해지는 방식과 서·남해안지역에서 행해지는 방식으로 구분되고 있었다.

> ○ 집현전직제학 이계전이 동궁에게 글을 올리기를 … 동해는 바닷물을 조리니까 (염전을) 갈아엎고 바닷물(潮水)을 취하는 괴로움이 없지마는, 남해로부터 서해까지는 반드시 상현(上弦)과 하현(下弦)에 조수가 물러갈 때를 기다려, 세 차례 걸쳐 소를 부려서 (염전을) 갈고 조수를 취하니, 그 괴로움이 밭갈이의 배나 되고, (소금을) 구울 때를 당하면 밤낮으로 쉬지 못합니다.[94]

즉 동해안지역에서는 바닷물을 직접 끓여 소금을 만들기 때문에 염전을 갈아엎고 바닷물을 취하는 어려움이 없는 반면에, 서·남해안은 상현과 하현에 조수가 물러갈 때를 기다려 3차례에 걸쳐 소를 이용해 염전을 갈고 바닷물을 취하기 때문에 그 어려움이 밭갈이의 배가 된다고 하였다.

이는 동해안지역은 해안의 경사가 급하여 염전을 설치하기가 어렵고

---

94) "集賢殿直提學李季甸 上東宮書曰 … 東海則以海煮之 無翻耕取潮之苦 自南海至西海必待上下弦潮退之時 三次駕牛而耕 取其潮水 其苦倍於治田 當其燔時 晝夜不輟"(『世宗實錄』 권109, 世宗27년 8월 戊辰)

조수 간만의 차이가 작은 지형조건이기 때문에 염전을 이용하지 못하고 바닷물을 바로 염분(鹽盆)에 넣어 끓이는 해수직자식(海水直煮式)이었음에 대해, 서·남해안은 해안의 경사가 완만하여 염전의 설치가 용이하고 조수 간만의 차이가 큰 지형조건이기 때문에 염전을 이용하는 제염방식이었음을 보여주는 것이다.

해수직자식은 가장 오래된 제염방식으로 부(釜)와 같은 자염용 용구의 출현과 함께 보급된 기술 수준이 가장 낮은 단계의 제염법이었다. 해수직자법은 고대 제염방식의 주류를 이루었으나 생산기술의 발전에 따라 점차 염전을 이용하는 제염방식으로 변화해 갔다. 이러한 변화는 삼국시대 중반 이후 농업에서 생산용구의 개량과 밀접하게 관련된 것이었다고 생각된다.

농업생산에서 가장 중요한 농기구인 쟁기(犁)가 고대사회에 들어와 석려(石犁)·목려(木犁)에서 철제의 뇌사(耒耜)로 발전하였고, 이어 삼국시대가 되면서 다시 여사(犁耜)로 개량되어 인력 또는 축력을 이용한 경구(耕具)로 사용되었으며, 6세기에 이르러서는 더욱 개량되어 오늘날과 거의 같은 여(犁)가 우경(牛耕)으로 이용되기에 이르렀다.[95]

농업부문에서 이러한 여경구(犁耕具)의 발전은 농업생산을 한층 발전시켰음은 물론, 소금생산에도 적용되어 제염기술의 현저한 발전을 가져오게 하였다고 생각된다.

막대한 노동력과 시간이 필요한 염전의 조성이나 경구(耕區) 작업 등에 우력(牛力)을 이용하는 여경구가 사용됨으로써 염전의 개발이나 경구 작업이 훨씬 용이하게 되었다. 이에 따라 염전의 설치가 유리한 지역에서는 종래의 해수직자식에서 벗어나 점차 염전을 이용하는 제염방식으로 옮겨가게 된 것이다.

그리하여 통일신라시대에 이르면 이미 염전식 제염법이 널리 보급되

---

95) 金容燮, 2000 「土地制度의 史的 推移」 『韓國中世農業史研究』 지식산업사

었던 것으로 보인다. 제염방식에 관한 자료가 거의 남아있지 않아 당시의 제염 사정을 파악하기는 매우 어렵지만 고려 광종원년에 만들어진 「대안사광자대사비(大安寺廣慈大師碑)」의 비문에 '염전(鹽田) 43결(結)' 이라는 표현이 나타나는 것으로 보아[96) 당시의 소금생산에서 염전이 가장 중요한 생산수단으로 인식되고 있었음을 알 수 있다.

이처럼 농업생산에서 생산용구의 개량이 이루어진 삼국시대 중반 이후부터는 소금생산에서도 농업부문에서 달성한 성과의 혜택을 받음으로써 종래 소금 생산방식의 주류였던 해수직자식은 점차 염전식으로 발전하여, 고려시대에는 서·남해안지역을 중심으로 염전식 제염방식이 널리 보급되었던 것으로 보인다. 그리하여 조선 초기에는 소금산지의 입지조건에 따라 동해안의 해수직자식과 서남해안의 염전식 제염방식으로 구분되기에 이르렀던 것이다.

해수직자식 제염방식은 해수의 농축과정이 없이 자연그대로의 바닷물을 바로 끓여 소금을 만들기 때문에 많은 연료와 시간이 소모될 뿐아니라 염전식 제염방식에 비해 생산성도 훨씬 떨어지는 것이었다.

> 다-① 문 앞에 있는 10수레의 땔감은 하루 저녁도 버티지 못하고,
> 종일 100곡(斛)의 바닷물을 끓여도 1석의 소금도 채우지 못하네[97)

> 다-② 예조참의 이선제가 상서하기를 … 이제 보고 들은 것으로 말씀드리자면, 철분(鐵盆)으로 끓여서 하루 밤낮을 지내서 하얗게 나오는 것은 동해의 소금이고, 진흙으로 솥을 만들어 혹 하루에 두 번 함수(鹹水)를 만드는 것은 서·남해의 소금인데, 서·남해에서는 노역은 조금 덜 들면서 수익은 동해의 배나 됩니다.[98)

---

96) 비문의 말미에 고려 태조가 廣慈大師에게 지급한 田畓과 柴地의 결수, 노비의 수, 그리고 鹽盆의 결수 등이 표시되어 있다.

97) "門前十車柴 不能供一夕 日煎百斛水 未能盈一石"(『謹齋集』 권1, 關東尾注, 詩 鹽戶)

98) "禮曹參議李先齊上書日 … 今見聞言之 用釜鐵而煎 經日夜而出素者 東海之鹽也

　다-①은 충혜왕 때에 강원도안무사로 관동지방을 순행한 안축이 직접 목격하고 읊은 「염호」라는 시인데, '10수레의 땔감은 하루 저녁도 버티지 못하고, 하루 종일 100곡의 바닷물을 끓여도 1석의 소금도 얻지 못한다.'고 할 정도로 생산성이 낮았음을 알 수 있다.

　다-②는 조선 초 세종대에 소금 전매제 시행이 불가함을 논하는 예조참의 이선제가 올린 상서문의 일부분인데, 동해안의 경우 해수직자식 제염방식이므로 열효율이 높은 철분(鐵盆)을 사용하고 서·남해안은 토분(土盆)을 사용하는데, 염전식 제염방식인 서남해안이 동해안보다 노력은 적게 들면서 생산력은 배가 된다고 하였다. 효율성과 생산성이 매우 낮은 해수직자식 제염방식은 적어도 조선 초기까지 지형조건의 제약을 받는 동해안지역에서 일반적으로 행해졌음을 알 수 있다.

　그러나 서·남해안지역에서는 삼국시대 중반 이후부터 생산용구의 개량이라는 성과에 힘입어 점차 염전식 제염방식으로 바뀌어서 조선 초가 되면 해수직자식은 거의 극복되기에 이르렀고, 동해안지역도 조선 후기가 되면 염전의 설치가 어려운 지형조건을 극복하여 염전식 제염방식으로 발전해 간 것으로 보인다.[99]

　서·남해안에서 행해지던 염전식 제염법은 염전의 구조에 따라 무제염전식(無堤鹽田式)과 유제염전식(有堤鹽田式)이 있었는데,[100] 조선초기까지는 아직 무제염전식 지배적이었다. 이러한 사실은 이미 앞에서 언급한 이계전의 상서에 잘 나타나 있다.

　즉 "남해에서 서해까지는 반드시 상현과 하현의 조수가 물러갈 때를 기다려, 3차례에 걸쳐 소를 부려서 염전을 갈고 조수를 취하기 때문에,

---

塗泥爲釜 或一日而再成醶者 西南之鹽也 西南勞役稍歇 功倍於東海矣"(『世宗實錄』 권117, 世宗29년 9월 壬子)

99) 高承濟, 1956「李朝鹽業의 經濟構造」『서울대 論文集』4
100) 山口精 編, 1910『朝鮮産業志』中, 제111장

그 괴로움이 밭갈이의 배나 된다"[101]고 한 것을 통해, 당시의 제염방식은 바닷물을 가두어 놓고 언제나 제염작업을 할 수 있는 유제염전식이 아니었음을 알 수 있다.

무제염전식 제염방식은 한 달에 2회의 조업밖에 할 수 없고, 또 조업 중에 강우가 있으면 다음 밀물(大潮)[102]때까지 휴업을 해야 하는 결점을 가지고 있었다.[103]

따라서 무제염전식은 언제나 제염작업을 할 수 있는 유제염전식보다 기술적으로 뒤지는 것으로 염전이 처음 개발되기 시작한 삼국시대 중기 이후 보급되기 시작하여 조선초기에는 서남해안지역을 중심으로 널리 행해지다가 조선후기가 되면 남해안지역을 중심으로 점차 유제염전식 제염법이 널리 보급되기에 이르렀던 것으로 보인다.[104]

이상에서 살펴본 것처럼 고려에서 조선 초기까지 소금생산의 주된 방식은 해수직자식과 무제염전식이었다. 근대적인 천일제염법이 도입되기 이전의 제염방법을 그 기술수준의 발전에 따라 해수직자식→ 무제염전식→ 유제염전식의 단계로 구분할 때 각염제가 시행되던 14세기에서 15세기에 이르는 시기에 소금산지의 입지조건에 따라 동해안에는 해수직자식이, 서남해안의 무제염전식이 행해지고 있었는데, 이는 조선후기 서남해안지역에서 일반화되는 유제염전식과 동해안지역의 무제염전식에 비해 기술적으로 뒤떨어지는 것으로, 당시 제염방법이 갖는 기술적 한계를 보여주는 것으로 생각된다.

---

101) "自南海至西海 則必待上下弦 潮退之時 三次駕牛而耕 取其潮水 其苦倍於治田"
　　　(『世宗實錄』 권109, 世宗27년 8월 戊辰)
102) 조수(潮水)의 차가 가장 클 때의 밀물과 썰물로 음력 초하루 또는 보름이 1~2일 지난 뒤에 일어난다.
103) 山口精 編, 1910 『朝鮮産業志』 中, 제111장
104) 위와 같음

2) 각염제 하 소금의 유통

(1) 소금의 수집과 운송

염호에 의해 생산된 소금은 각 염호가 속한 군현의 염창(鹽倉)에 수집되었다. 충선왕은 전매제 시행을 위해 군현으로부터 민을 징발하여 염호로 삼음과 동시에 염창을 설치하게 하였다.

> ○ 문하부에서 아뢰기를, "각염법은 (그 유래가) 오래된 것입니다. 이 때문에 선왕이 연해의 고을에 염창(鹽倉)를 설치하고 내륙의 백성들로 하여금 세를 내고 화매하게 하여 상·하간에 이익을 통하게 하였습니다."[105]

위 기록에서 볼 수 있듯이 충선왕이 각염법을 시행할 때 연해 주군에 염창을 설치하였음을 알 수 있다. 이처럼 염창은 전매제 시행 당초인 충선왕대에 설치되어 연해 각 읍의 염호들로부터 생산된 소금을 수집하고 판매하는 기능을 수행하였다.[106] 이 경우 소금 산지로부터 염창까지의 공염 운반은 염호가 직접 담당하였다.[107]

염창에 수집된 소금은 일단 당해 군현민에게 판매되고, 일부는 소금이 생산되지 않는 다른 지역으로 운반되어 판매되었는데, 이 때 염창으로부터 내륙 군현이나 경중(京中)으로 운송과 판매 등의 업무는 중앙에서 파견된 염장관(鹽場官)이 담당하였던 것으로 보인다.

> 라-① 만약 (염호가) 기한에 맞추어 (소금을) 바치지 못하면 독한 향리(毒吏)가 와서 꾸짖고
> 운송하는 관리(輸官)은 (소금을) 산처럼 쌓아놓고 전매(轉賣)하여 포

---

105) "門下府啓曰 榷塩之法尙矣 是以先王置塩倉 於濱海之州 乃令深陸之民 納稅和賣 通上下之利"(『高麗史』 권79, 食貨2, 鹽法 恭愍王19년 12월)
106) "忠宣王置鹽倉 于扶餘縣 收沿海各邑鹽和賣 名曰義鹽"(『增補文獻備考』 財用, 魚鹽)
107) "鹽戶因倭寇 莫輸其貢"(『高麗史』 권80, 食貨3, 賑恤 災免之制 恭愍王5년 6월)

백(布帛)으로 바꾸네108)

　라-② 전지(傳旨)를 내려 구언(求言)하니 … 사간원(司諫院)에서 상언(上
　　　言)하기를 … 관중(管仲)은 소금을 굽는 이익을 계획하여 그 나라를
　　　부강하게 하였고, 당(唐)나라 유안(劉晏)은 소금의 이익을 가지고
　　　백성에게 무역하여 그 이익이 농사를 권하는 것보다 배나 되었으니
　　　그렇다면 소금의 이익이 매우 중요한 것입니다. 지금 국가에서 염
　　　장관(鹽場官)을 설치하여 소금을 구워 무역하는데, (이는) 예전의
　　　유법(遺法)입니다.109)

　라-①에서 수관(輸官)이란 관리가 소금을 수집하고 전매(轉賣)하는 일
을 맡아하고 있음을 볼 수 있는데, 이 수관은 바로 라-②의 염장관을 가
리키는 것이라 생각된다. 염장관은 소금산지에 있는 염창에 파견되어 소
금 생산의 관리와 함께 운송·판매 등의 유통부분에서 중요한 기능을 담
당하였다.
　그러나 국가가 모든 소금의 운송을 직접 담당한 것은 아니었던 것으
로 보인다. 1899년에 상업과 국제무역, 기타 상행위에 관한 업무를 관장
하기 위해 설립된 기관인 상무사 소속의 보부상단인 저산팔구상무사좌
사(苧産八區商務社左社)110)에 소장되어 있는 문서 가운데 하나인 「혜상

---

108) "若不及其程 毒吏來怒責 輸官委如山 專賣爲布帛"(『謹齋集』권1, 關東尾注, 詩
　　鹽戶)
109) "下旨求言 … 司諫院上言曰 … 一 管仲計煮海之利 以富强其國 唐劉晏將鹽利 貿
　　易於民 其利倍於勸農 然則鹽之利重矣 今國家設鹽場官 燔鹽貿易 古之遺法也"
　　(『太宗實錄』권18, 太宗9년 11월 丁亥)
110) 고종20년(1883년)에 혜상공국(惠商公局)을 설치하면서 부상단(負商團)과 보상단
　　(褓商團)을 통합하여 군국아문(軍國衙門)에 소속시켰다. 1885년에 혜상공국을 상
　　리국(商理局)으로 개칭하고 부상을 좌단(左團), 보상을 우단(右團)이라 하였다.
　　1894년에 부상과 보상을 농상아문(農商衙門)의 관할 아래 두었고, 1897년에 황국
　　중앙총상회(皇國中央總商會)에 소속시켰다가 다시 황국협회(皇國協會)로 이속시
　　켰다. 1899년에 상무사가 발족됨에 따라 보부상을 여기에 이속시켜 부상을 좌사
　　(左社), 보상을 우사(右社)로 개칭하였다. 이후 전국의 모든 보부상단의 명칭은

공국서(惠商公局序)」에 전매제가 시행되던 고려 말에 부상(負商)으로 하여금 소금을 운반하게 하였다는 기록을 볼 수 있는데[111] 이는 당시에 국가가 전국적인 소금의 유통망이 갖추지 못했기 때문일 것이다.

즉 국가가 직접 전국의 소금 운송을 담당하는 것이 불가능했기 때문에 기존의 유통망, 즉 부상과 같은 상인이나 운송업자로 하여금 운반을 담당하게 하고 대신 운임을 지급하였던 것이라 생각된다.[112]

(2) 소금의 판매

각염제 시행의 중요한 목표는 소금의 생산부문은 물론 종래 민간의 수중에 있던 유통부문을 국가의 직접 지배하에 둠으로써 국가의 재정수입을 증대시키는 데 있다.

충선왕이 전매제를 시행할 때에 염분의 사사로운 소유나 설치와 함께 소금의 사거래를 엄격히 금지하였던 것[113]은 바로 말단의 소비자에 이

좌사·우사로 불리게 되었다. 국권 상실 후 일제의 탄압으로 전국의 모든 보부상단은 거의 소멸하게 되어, 오늘날 충청남도 일부 지방에서만 겨우 명맥을 유지하고 있다. 즉 상무사좌사와 상무사우사의 명칭을 그대로 쓰고 있는 충청우도저산팔구상무사좌사(忠淸右道苧産八區商務社左社)와 충청우도저산팔구상무사우사가 그것이다. 이들은 저산팔구라 하여 충청남도 부여·정산·홍산·임천·한산·비인·남포·서천 등 한산모시 생산지를 중심으로, 장날을 따라 순차적으로 돌면서 행상을 하고 있다.(유원동, 1977『한국근대경제사연구』일지사)

111) "至于麗朝 然寂無聞 抵恭讓王時 使負商運鹽寧丁浦 其說不記於靑簡 微著江月亭 澹翁日記中 可歎天道循環 無往不復"

112) 이러한 사정은 조선 초 세종대의 소금 전매제 시행안에서도 볼 수 있다.("前此鹽干 自備船隻 輸納京中 今官掌燔鹽 則轉運之事 亦當慮也 大抵漕運之事 私船居多 今之造私船者 欲其捉魚與興販 有利於己也 每年各道 貢稅轉運 給其船價 而人皆謀避者 以其船價 不如捉魚 與興販之利也"『世宗實錄』권109, 世宗27년 8월 戊辰)

113) "傳旨曰 古者榷鹽之法 所以備國用也 本國諸宮院寺社 及權勢之家 私置鹽盆 以專其利 國用何由可瞻 今將內庫常積倉都院院安國社 及諸宮院內外寺社 所有鹽盆 盡行入官 … 令用鹽者 皆赴義鹽倉和買 郡縣人皆從本管官司 納布受鹽 若有私置鹽盆 及私相貿易者 嚴行治罪"(『高麗史』권79, 食貨2, 鹽法 忠宣王원년 2월)

르는 소금의 유통과정을 민간의 수중에 두는 것을 허용하지 않았다는 증거이다. 만약 소금의 유통과정에 부분적으로나마 사적인 영역이 존재한다면 바로 전매가격의 붕괴가 초래되어 전매제의 목적 실현이 어려워지기 때문이다.

전매제 시행 이전에는 염상(鹽商)과 소비자 사이에 자유로운 거래가 이루어졌을 것으로 생각되지만 자세한 내용은 알 수 없다. 전매제 시행 이전의 소금 생산자는 생산한 소금 가운데서 일부분은 염세로 국가에 바치고, 나머지는 상품화하여 생계비를 마련하였을 것으로 생각되므로, 소금 생산자와 소비자 사이에는 이들을 연결하는 염상이 당연히 존재하였을 것이다.

전매제가 시행되기 이전 시기에 활동한 인물인 이선(李善)[114]이란 자가 소금과 체(籭)를 판매하는 것을 업으로 하는 상인이었음을 보여주는 기록이 있는 것으로 보아,[115] 당시에는 이선과 같이 소금을 비롯한 일용잡화를 생산지나 집산지에서 수집하여 지방의 시장을 중심으로 순력행상(巡歷行商)함으로써 생산자와 소비자 사이의 교환을 매개하는 행상이 광범하게 존재하여 자유로운 거래가 이루어지고 있었다고 생각된다.[116]

이미 앞에서 인용한 바 있는 「혜상공국서」에서도 고려시대에 부상들이 활동하였던 흔적을 볼 수 있는 것처럼 각염제 시행 이전에는 지방의 시장을 중심으로 자신의 생산품을 직접 판매하는 소생산자와 시장을 순회하며 상권을 연결하는 부상 등의 행상에 의해 일용 잡화와 함께 소금도 거래되었던 것이다.

한편 수도인 개경과 분사(分司)가 있던 서경에는 그곳에 설치된 염포(鹽鋪)라는 국가 기구를 통해 염세로 거두어들인 소금을 일반민에게 판

---

114) 이의민의 아버지

115) "李義旼慶州人 父善以販鹽鬻籭爲業"(『高麗史』 권128, 列傳, 李義旼)

116) 姜萬吉, 1981 「상업과 대외무역」 『신편 한국사』 5, 국사편찬위원회

매하였던 것으로 보인다.

> ○ 경성(京城)에 기근이 들어, 백성들이 나물을 먹는 데 소금이 없으므로 9월까지 염세(鹽稅)를 감면하였다.[117]

각염제 시행 이전에 염세는 소금 생산자인 염호가 국가에 납부하는 세를 의미하는 것이지만, 위 기록에서 국가가 감면해준 염세란 소비자인 경성민이 소금의 구매 대가로 국가에 납부하는 염가를 가리키는 것이다.

특히 경성민에게만 염세 면제의 혜택이 주어지는 것으로 볼 때 당시에 염호가 염세로 납부하는 소금이 집중되는 개경과 서경에는 염점(鹽店)이 설치되어 국가기관의 수요에 충당하고 남은 소금을 일반민에게 배급의 형태로 판매하였던 것으로 생각된다. 이때 구매자인 경성주민이 구매 대가로 납부하는 소금 값(鹽價)이 염세(鹽稅)로 표현되었던 것이다.

각염제가 시행됨에 따라 종래 민간에 맡겨졌던 유통부문은 모두 국가의 관리·통제 하에 두어지게 되었다. 전매제에서는 생산과정보다 유통과정, 특히 판매부문에서 높은 수익이 보장되기 때문에 국가는 말단에 이르기까지의 모든 판매부문을 국가의 직접적인 지배하에 두었던 것이다.

일반적으로 전매제하의 판매방식은 국가 스스로가 판매하는 관매법(官賣法)과 국가가 특정한 허가상인에게 판매를 허용하는 통상법(通商法)의 두 가지로 구분되는데, 고려 각염제에 많은 영향을 준 것으로 생각되는 원의 각염제는 관매와 통상의 두 가지 판매법이 각기 그 시행지역을 달리하면서 병용되었다.[118]

고려의 각염제에서 판매방식이 어떠했는지는 다음의 자료가 상세하게 보여준다.

---

117) "京城饑民 菜食無塩 限九月 蠲塩稅"(『高麗史』 권80, 食貨3, 賑恤 災免之制 忠烈王7년 5월)
118) 田山茂, 1937「元代の権鹽法について」『史學研究』9-2

○ (충선왕이) 전지하기를, "옛날의 소금 전매법은 국용에 대비하려는 것
이었다. … 이제 장차 내고(內庫), 상적창(常積倉) 도염원(都鹽院) 안국
사(安國社) 및 제궁원, 내외사사의 소유 염분은 모두 官으로 들이고,
(소금) 값은 은 1근에 64석, 은 1냥에 4석, 포 1필에 2석으로 하여 이
것으로 규례를 삼는다. 소금을 쓰려는 사람은 모두 의염창(義鹽倉)에
가서 사도록 하고, 군현민이 모두 그 관할 관사에 포를 바치고 소금을
받도록 하며, 만약 사사로이 염분을 설치하거나 사사로이 서로 사고
파는 자가 있으면 엄히 죄를 다스리라"고 하였다.[119]

위 기록에서 알 수 있는 것은 당시 국가에서 판매하는 소금의 가격과
그 구매방법이다. 소금의 가격은 국가가 책정한 전매가격으로 은 1냥에
4석, 포 1필에 2석이었다.

그리고 소금의 구매는 두 가지 방식, 즉 용염자(用鹽者)가 의염창에
나아가 화매하는 방법과 군현인이 본관관사(本管官司)에 포를 납부하고
소금을 지급받는 방법으로 구분되었다.

그런데 이 두 가지 구매방법 가운데 후자는 군현인의 경우에 소금을
구매하는 방법임을 알 수 있으나, 전자는 구매자가 단순히 용염자라고만
되어 있어 어느 경우의 구매방법인지 알 수 없다. 소금의 화매 장소가
의염창으로 되어 있으므로, 의염창의 실체를 밝힌다면 이 경우 소금 구
매에 관한 구체적인 내용을 알 수 있을 것이다.

의염창에 대한 기록이 많지 않아 자세한 내용은 알기 어렵지만 다음
의 자료가 주목된다.

　　마-① 현의 동쪽 10리에 있다. 옛날에 연해 각 읍의 소금을 거두어 들어
　　　　화적(和糴)하였다.[120]

---

119) "傳旨曰 古者榷塩之法 所以備國用也 … 今將內庫常積倉都塩院安國社 及諸宮院
　　　內外寺社 所有塩盆 盡行入官 估價銀一斤六十四石 銀一兩四石 布一匹二石 以此
　　　爲例 令用塩者 皆赴義塩倉和買 郡縣人 皆從本管官司 納布受塩 若有私置塩盆 及
　　　私相貿易者 嚴行治罪"(『高麗史』권79, 食貨2, 塩法 忠宣王원년 2월)

　　마-② 부여현에 염창을 설치하고 연해 각 읍의 소금을 거두어 들여 화적
　　하였는데 이름을 의염(義鹽)이라 하였다. (충선왕복위) 원년에 처음
　　으로 제도에 염창과 염호를 설치하였다.121)

　　마-①은『신증동국여지승람(新增東國輿地勝覽)』의 충청도 부여현 고
적조(古跡條)에 있는 의염창의 옛 터에 관한 기록인데, 이를 통해 부여현
에는 옛날에 의염창이 설치되어 연해 각 읍의 소금을 거두어 들여 판매
하였음을 알 수 있다.

　　또한 마-②는 마-①과 동일한 사실을 전하는『증보문헌비고(增補文獻
備考)』의 기록으로서 부여현의 염창이 각염제를 시행한 충선왕 때에 설
치된 것임을 보여준다.

　　충선왕은 전매제 시행 당시 각 군현으로 하여금 염창을 설치하게 하
였는데 부여현의 염창도 이때 설치된 염창 가운데 하나였다고 생각된다.
마-②를 통해 볼 수 있듯이 부여현에 설치된 염창은 거기에서 판매하는
소금을 의염(義鹽)이라고 불렀기 때문에 의염창이라 부르게 된 것임을
알 수 있다. 따라서 앞에서 언급한 두 가지 구매방법 가운데 전자의 방
식은 연해 군현민에게 해당되는 것으로 볼 수 있을 것이다.

　　그런데 한편『고려사』백관지 의염창조에 공민왕 때에 의염창의 관원으
로 승(丞)과 주부(主簿)가 설치되었음 볼 수 있는데122), 여기서의 의염창은
중앙에 설치된 관서로서 앞의 부여현에 설치된 의염창과는 다른 존재였
다.123) 이러한 사실은 다음의『태조실록』기록을 통해서도 확인할 수 있다.

---

120)『新增東國輿地勝覽』권18, 扶餘縣 古跡 義鹽倉古基
121) "置鹽倉于扶餘縣 收沿海各邑鹽和糴 名曰義鹽 元年始置諸道鹽倉鹽戶"(『增補文
　　獻備考』권158, 財用考5, 魚鹽)
122) 恭愍王置丞 秩從七品 主簿從八品
123) 중앙관서로 보이는 의염창은 충선왕의 전매제 시행 이래 민부에서 담당해 오던
　　소금 전매에 관한 업무를 전적으로 담당하기 위해 공민왕 때에 새로 설치된 민
　　부의 부속기관으로 보인다.

○ 문무백관의 관제를 정하였다. … 의염창은 염세를 관장하였다. 승(丞)
은 2인이며 종7품, 주부(主簿)는 2인이고 종8품, 판관(判官)은 4인, 권
무사리(權務司吏)는 2인이다.124)

위의 의염창은 태조원년 7월에 정한 문무백관의 관제 가운데 나타나
는 것인데, 전조(前朝)의 제도를 그대로 계승한 당시의 의염창은 염세를
관장하는 중앙관서로서 지방에 설치된 염창(鹽倉)과는 구별되는 존재임
을 알 수 있다. 이와 같이 염창이 설치된 연해군현의 경우는 군현민이
직접 염창에 나아가 소금을 화매하였던 것이다.

한편 소금이 생산되지 않는 내륙군현의 경우는 염창과의 거리가 멀었
기 때문에 군현민이 직접 염창까지 가서 소금을 구입하는 것은 극히 어
려운 일이었다. 따라서 내륙의 군현민들은 연해군현에 설치된 염창으로
부터 운반되어 온 소금을 구매하였을 것으로 생각된다. 이때 소금의 화
매는 그 지방의 관사에서 이루어졌으며, 또 그 업무는 다음 기록에서 보
는 것처럼 당해 군현의 수령이 담당하였다.

○ 문하부에서 아뢰기를, "각염법은 (그 유래가) 오래된 것입니다. 이 때문
에 선왕이 연해의 고을에 염창(鹽倉)를 설치하고 내륙의 백성들로 하여
금 세를 내고 사게 하여 상하 간에 이익이 있도록 하였는데, 근래에는
법이 오래됨에 따라 폐단이 생겨 세를 내고도 소금을 받지 못함이 혹
10년이나 되니, 백성은 의지할 데가 없고 사사로운 매매가 급속히 성
행하므로 선왕의 본뜻이 아닙니다. 지금부터 염호로 하여금 그 하는
일에 안정토록 하고, 또 수령으로 하여금 백성이 납입한 것을 보상해
주게 하며 또한 사사로운 매매를 금지하십시오"라고 하니, 왕이 이를
따랐다.125)

---

124) "定文武百官之制 … 義鹽倉掌鹽稅事 丞二從七品 主簿二從八品 判官四 權務司吏
二"(『太祖實錄』 권1, 太祖元年 7월)

125) "門下府啓曰 権塩之法尙矣 是以先王置塩倉 於濱海之州 乃令深陸之民 納稅和賣
以通上下之利 近者法久弊生 納稅而未受者 或至十年 民無所賴 私販遽興 非先王

공민왕 때에 수령으로 하여금 염세를 납부하고도 소금을 지급받지 못하는 주민들에게 납세한 만큼 소금을 보상하게 함과 아울러 소금의 사사로운 판매를 금지시키게 하는 것으로 볼 때 염장관이 파견되지 않은 내륙군현에서 소금의 판매를 비롯한 소금에 관한 일체의 업무를 그 지방의 수령이 담당하였음을 알 수 있다.

염장관이 모든 군현에 파견되지 못하고 연해군현의 염창 소재지에만 파견되어 그 업무범위나 능력에 한계가 있었기 때문에, 유통부문 전반에서 기존의 지방 지배체제에 많이 의존할 수밖에 없었을 것이다. 따라서 내륙군현의 경우는 그 지방의 수령이 소금의 운송이나 판매 등 유통부문을 직접 담당하였던 것이다.

지방 군현과는 달리 경중(京中)에서는 또 다른 방식으로 소금의 판매가 이루어졌다.

> ○ 민부(民部)가 경중의 4염포(鹽鋪)에서 판매하는 소금이 모두 권세가와 친고(親故)에게로 돌아가고, 소원(疎遠)하고 미천(微賤)한 자에게는 미치지 않으므로 방(榜)을 붙여 말하기를 '본부(本部)의 문서를 받지 않은 자에게는 팔 수 없다'고 하였다.126)

> ○ 감찰사가 금령을 발표하기를, "염포를 설치한 것은 본래 (소금을) 화매(和賣)하여 혜택이 빈민에게 미치도록 한 것인데, 근래 각 염포의 이속(吏屬)이 공법(公法)을 두려워하지 않고 오직 사리를 좇기에만 힘써 … "고 하였다.127)

之本意也 請自今 令塩戶安其所業 又使守令 償民所納 仍禁私版 王從之"(『高麗史』 권79, 食貨2, 鹽法 恭愍王19년 12월)

126) "民部 以京中四塩鋪 所賣塩 皆歸權勢親故 不及踈賤 榜曰 非受本部牒者 不得賣"(『高麗史』 권79, 食貨2, 鹽法 忠肅王8년 3월)

127) "監察司牓示禁令 塩鋪之設 本爲和賣 惠及貧民 近者各鋪之吏 不畏公法 惟務徇私 … "(『高麗史』 권79, 食貨2, 鹽法 忠肅王후8년)

위의 기록들에서 보는 것처럼 지방군현과 달리 경중에서는 염포(鹽鋪)라는 소금의 판매기구가 설치되어 여기에서 화매가 이루어졌고, 이때 소금의 판매를 담당한 것은 염포에 속한 포리(鋪吏)라는 이속이었다.

이와 같이 고려 각염제의 경우 지역에 따라 서로 다른 방식, 즉 연해군현의 경우는 염창에서 화매하는 방식, 내륙군현의 경우는 본관관사(本管官司)에 포를 바치고 소금을 받는 방식(納布受鹽), 그리고 경중(京中)의 경우는 염포(鹽鋪)에서 화매하는 방식으로 소금의 판매가 이루어졌다. 어느 경우이든 국가가 직접 판매를 담당하여 민간상인의 개입을 허용하지 않는 방식이었다.

그러나 원의 각염제는 상인에게 소금의 판매를 맡기는 통상법(通商法)이 주로 행해졌고, 국가기관이 직접 판매를 담당하는 관매법(官賣法)은 특수한 경우, 예컨대 호가(豪家)의 불법행위가 심한 소금산지 부근에서만 시행되었다.[128]

이처럼 고려의 전매제가 원의 전매제와는 달리 소금의 판매가 철저한 국가의 관리 하에서 이루어진 이유는 우선 소금산지가 반도의 3면에 걸쳐있어 도처에서 소금생산이 가능하기 때문에 사염(私鹽)의 단속이 어려울 뿐 아니라 또한 권세가나 사원 등의 세력이 강성하여 통상법을 시행하는 경우 이들에 의한 사염의 제조와 사거래의 위험성이 더욱 커질 수 있기 때문이었다고 생각된다.

3) 각염제 시행상의 문제

충선왕 원년에 각염제가 처음 시행된 이후 얼마 지나지 않아서부터 여러 가지 문제들이 노출되었다. 이러한 문제점은 크게 생산부문에서 소금 공급의 부족과 유통부문에서 관염관(管鹽官)들의 부정, 그리고 사염

---

128) 田山茂, 1937「元代の權鹽法について」『史學研究』9-2

의 흥행 등을 들 수 있다.

먼저 생산부문에서 가장 큰 문제점은 소금생산의 감소에 따른 공급부족 현상이었다. 이러한 공급부족 현상은 전매제가 시행된 이후 불과 10년도 채 지나지 않아 나타나기 시작하였는데, 전매제 시행으로부터 9년만인 충숙왕5년의 하교를 통해 알 수 있다.

> ○ 대위왕(大尉王)이 조빙(朝聘)에 쓸 비용이 넉넉하지 못함을 염려하여 제도(諸道)의 염분을 모두 민부(民部)에 소속시키고 소금 값을 정하여 소금을 공급함으로써 공사(公私)를 모두 이롭게 하였다. (그러나) 지금은 염장관(鹽場官)이 먼저 소금값[價布]을 징수하고 소금은 백성에게 돌아가지 않는 경우가 십중팔구라 하니, 소금을 받지 못한 자들을 조사하여 모두 지급하라"고 하였다.[129]

위의 기록에서 볼 수 있듯이 소금의 판매를 담당한 염장관이 염가포(鹽價布)만을 먼저 징수하고 소금을 지급하지 못하는 사례가 10에 8~9나 될 정도였다. 이러한 현상은 시간이 지날수록 더욱 심해져 공민왕대가 되면 소금의 구매자가 소금값(鹽價)만을 납부하고 소금은 지급받지 못하는 것이 10년에 이르는 경우도 있었다.[130]

그리하여 공민왕대 이후에는 소금은 받지 못하면서 한갓 염가(鹽價)만을 납부하게 되어, 염가가 염세(鹽稅)라는 새로운 세항목이 되었고[131]

---

129) "大尉王深慮 朝聘之需不給 以諸道塩盆 悉屬民部 平價給塩 以利公私 今塩場官 先徵價布 塩不及民者 十常八九 其考未受塩者 悉給之"(『高麗史』권79, 食貨2, 鹽法 忠肅王5년 5월 下敎)

130) "門下府啓曰 榷塩之法尙矣 … 法久弊生 納稅而未受者 或至十年 民無所賴"(『高麗史』권79, 食貨2, 鹽法 恭愍王19년 12월)

131) "塩戶因倭寇 莫輸其貢 官未給塩 民徒納布 爲害尤甚 自今年七月 至明年七月 其塩稅布 三分減一"(『高麗史』권80, 食貨3, 賑恤 災免之制 恭愍王5년 6월)
   "敎曰 今玆百姓勞於兵革 困於飢饉 其除各道塩稅"(『高麗史』권80, 食貨3, 賑恤 災免之制 恭愍王9년 4월)

나아가 상요·잡공 등과 더불어 견면(蠲免)의 대상이 되기도 하였다.[132]

이와 같이 소금의 공급이 부족하게 된 원인으로는 염호의 도산(逃散)으로 인한 생산의 감소와 왜구의 침략에 따른 생산의 마비, 그리고 권세가들에 의한 염분의 탈점 등을 들 수 있다.

먼저 염호의 도산은 소금의 공급부족에 가장 큰 원인이 되었다. 전매제 시행 초기인 충선왕 때에는 염호가 각 지방별로 그 수가 정해져 있었는데, 시간이 흐름에 따라 날로 줄어들어 소금생산도 감소하게 된 것이다.

더구나 관염관(管鹽官)들은 도망 염호가 납부해야 할 분량을 잔존 염호에게 가징(加徵)함으로써 그들마저 도산의 위기에 처하였다.[133] 그에 따라 소금의 공급이 부족하게 되어 소비자들은 염가포만을 납부하고 소금은 지급받지 못하는 사례가 빈번하게 나타나게 되었던 것이다.[134]

이러한 염호의 도망 현상은 염호에 대한 과중한 공염(貢鹽) 부담 때문이었다. 염호의 공염 부담은 농민의 부담보다 훨씬 무거운 것이었고, 또 제염작업도 매우 고된 것이어서 염호의 도망이 속출하였던 것이다.

이에 국가는 도망한 염호를 추쇄하여 본역(本役)으로 돌아가게 하고, 또 추쇄하지 못한 염호의 공염 부담분을 면제해 주는 등의 조치를 취했으나[135] 염호의 도망을 방지하기 위한 근본적인 해결책은 되지 못하였다.

과중한 부담을 견디지 못한 염호의 도망과 함께 소금의 공급 부족을

---

132) "都評議司奏 各道州縣 屢經倭亂 殘亡太甚 其沿海各官 常徭雜貢及塩稅等 全羅道限五年 楊廣慶尚道限三年 蠲免 從之"(『高麗史』 권80, 食貨3, 賑恤 災免之制 辛禑원년 윤9월)

133) "各處塩戶 人有定數 貢有定額 近年以來 塩戶日損 貢數仍存 內外管塩官 不行察体 以逋戶貢塩 加徵貢戶 以充本數 民甚苦之"(『高麗史』 권79, 食貨2, 鹽法 忠肅王12년 10월 下敎)

134) "密直提學白文寶上箚子 忠宣王時 所定塩戶 因散亡 元額日減 朔塩不足 然民間朔布 則一依前例收納 故塩沒布在"(『高麗史』 권79, 食貨2, 鹽法 恭愍王11년 10월)

135) "下敎 各處塩戶 人有定數 貢有定額 近年以來 塩戶日損 … 如有逋逃者 所在官司推還本役 其有未得根尋 與夫故沒無後者 並除貢數"(『高麗史』 권79, 食貨2, 鹽法 忠肅王12년 10월)

더욱 심화시킨 것은 고려 말에 계속된 왜구의 침략으로 인한 소금 생산과 수송의 마비였다.

왜구의 침략은 일본의 남북조쟁란(南北朝爭亂)으로 인한 국내의 정치적·사회적 혼란으로 중앙의 통치권력이 지방에 미치지 못하는 사이에 지방 호족들의 지원을 받는 서부 지방의 연해민들이 집단적으로 해적화하여 전쟁물자와 생활필수품인 미곡 등을 얻기 위해 약탈행위를 감행하면서 시작되었다.[136]

고려말 왜구의 침략은 충정왕(忠定王)2년 무렵부터 시작하여 공양왕4년까지 40여 년간 침탈을 면한 곳이 거의 없었으며, 그 중에서도 경상·전라·양광의 3도가 특히 심하였다.[137]

공민왕20년 무렵부터 우왕대에 이르는 동안 왜구의 침략은 더욱 심해져 월평균 4~5회의 약탈행위가 자행되었으며[138] 이에 따라 염호의 공염 생산과 수송이 두절되었을 뿐만 아니라[139] 염산지를 모두 잃게 되어 생산이 격감하였던 것이다.[140]

마지막으로 소금의 공급부족을 가져온 또 하나의 원인은 권세가들에 의한 염분의 탈점이었다. 각염제 시행으로 전국의 모든 염분이 국가의 관리 아래로 귀속되었지만 권세가들은 여전히 많은 염분을 소유하고 있었다.

더구나 공민왕대 이후로 정치기강이 극도로 문란해짐에 따라 권세가

136) 李鉉淙, 1977 「倭寇」『한국사』 국사편찬위원회
137) "全羅慶尙楊廣三道 國家之腹心 倭奴深入 虜掠我人民 焚蕩我府庫 千里蕭然"(『高麗史』 권78, 食貨1, 祿科田 辛禑14년 7월 趙仁沃上疏)
138) 李鉉淙, 1977 「倭寇」『한국사』 국사편찬위원회
139) "敎曰 塩戶因倭寇 莫輸其貢 官未給塩 民徒納布 爲害尤甚"(『高麗史』 권80, 食貨3, 賑恤 災免之制 恭愍王5년 6월)
140) "憲司上䟽曰 諸島漁塩之利 畜牧之蕃 海産之饒 國家之不可無者也 … 倭奴之來 前無橫草 出入山郡 如蹈無人之地 國家旣失 諸島漁塩畜牧之利"(『高麗史』 권82, 兵2, 屯田 辛禑14년 8월)

들은 불법적으로 토지를 겸병하였을 뿐만 아니라 염분도 탈점하였다.[141] 이들에 의한 염분의 탈점은 국가가 지배하는 염분의 감소를 가져와 소금의 공급부족을 초래하는 요인이 되었던 것이다.

한편 유통부문에서는 소금의 판매를 담당한 관리들의 부정이 자행되어 정상적인 소금의 거래가 이루어지지 못하였다. 더욱이 생산부문에서의 공급부족은 관염관(管鹽官)들의 부정행위를 조장하는 원인이 되었다. 예컨대 개경의 경우는 소금의 판매를 맡은 염포(鹽鋪)의 이속이 사리의 추구에 힘써 판매하는 소금이 모두 권세가와 친고(親故)에게만 돌아가고 소천(疎賤)한 백성에게는 미치지 못하였다.[142] 이러한 사정은 개경만이 아니라 지방 군현도 마찬가지였을 것으로 생각된다.

이와 함께 염세의 증수(增收)를 위해 수시로 지방에 파견되는 염철별감의 폐단도 막심하였다.

> ○ 여러 도에 염철별감(鹽鐵別監)을 나누어 보내니 우간의(右諫議) 이색(李穡) … 좌사간(左司諫) 정추(鄭樞) 등이 상서하여 염철별감의 폐단을 논하기를, "이제 특별히 별감을 보내어 염철로써 이름을 삼으니 백성들이 듣고 반드시 놀랄 것입니다. 하나의 새로운 명령을 내리면 이속(吏屬)이 이를 빌미로 간악한 짓을 하여 여러가지 폐단이 생기고, (또) 별감은 반드시 세포(稅布)를 많이 받아 (왕의) 총애를 얻고자 하니 백성은 소금을 받지 못함이 평일과 같고 포를 납부하는 괴로움은 이제 더욱 심할 것입니다."[143]

---

141) "禮曹參議李先齊上書曰 臣歷觀帝王理財之道 有四焉 曰田租也 推酤也 推鹽也 推茶也… 至于忠宣 乃有志行古之道 分定各道鹽戶 差遣鹽鐵官 未幾以大臣不便罷之 遂爲權奸之所奪 諸司之所占"(『世宗實錄』 권117, 世宗29년 9월 壬子)

　"藝文館提學李先齊上書 … 其三曰 帝王理財之道 非一途 而魚鹽爲最 自禹貢以來 以至于今 歷代皆用之 前朝亦用古制 而取其利 今觀式目都監形止案 各邑鹽盆坐數 魚梁網所 霍田結卜 俱載無遺 至于季世 權豪占奪"(『文宗實錄』 권4, 文宗즉위년 10월 庚辰)

142) "民部 以京中四塩鋪 所賣塩 皆歸權勢親故 不及疎賤"(『高麗史』 권79, 食貨2, 鹽法 忠肅王8년 3월)

위 기록에서 볼 수 있는 것처럼 염세를 증수(增收)하기 위해 수시로 각 지방에 임시로 파견되는 염철별감은 왕의 총애를 얻고자 가능한 많은 세를 거두려 하였고, 이속들은 이를 빌미로 간악한 짓을 하여 여러 가지 폐단을 야기하였기 때문에 백성들은 별감의 파견 소식만 들어도 놀라는 상황이었다.

이처럼 시간이 흐를수록 심화되는 소금의 공급부족과 관염관들의 부정으로 인해 소금 구입이 어려워지자 이를 계기로 소금의 사거래가 등장하였다. 사염의 성행은 전매제의 유지를 위협하는 가장 위험한 요인으로서 국가에 의해 엄격히 금지되고 있었으나 공민왕대 이후 점차 성행하였다. 즉 소금 값(稅布)만 납부하고 소금을 받지 못하는 민이 의지할 곳이 없어지면서 사염은 흥행하게 되었던 것이다.144)

사염은 사원이나 권세가들의 소유 염분에서 밀조(密造)된 소금이 주요 공급원이 되었으며 국가의 통치력이 더욱 약화되는 고려 말에 권호(權豪)들에 의한 염분의 탈점이 확대되면서 사염의 생산과 거래는 더욱 증대되었던 것으로 생각된다.

이에 전매제는 점차 유명무실해져 그 명목만 남게 되었다. 조선왕조가 건국되자 태조는 전 왕조에서 많은 폐단을 야기한 소금의 판매 방식을 고치는 한편, 종래의 전매제를 폐지하고 여말 이래 성행해온 사염을 양성화하여 징세제로 전환하였던 것이다.145)

---

143) "分遣諸道塩鐵別監 右諫議李穡 … 左司諫鄭樞等上書 論塩鐵別監之弊曰 今特遣別監 以塩鐵爲名 民聽必駭 下一新令 吏緣爲奸 弊生百端 別監必欲 多得稅布 因而要寵 民不受塩 無異平日 納布之苦 今益甚矣"(『高麗史』 권79, 食貨2, 鹽法 恭愍王6년 9월)

144) 『高麗史』 권79, 食貨2, 鹽法 恭愍王19년 12월

145) 유승원, 1979 「조선초기의 鹽干」 『한국학보』 17

4. 맺음말

고려에서 소금의 전매제는 충선왕대에 처음 시행되었는데, 그 이전에는 소금생산자인 염호로부터 일정액의 염세만을 징수하는 징세제가 시행되었다. 충선왕이 전매제를 시행한 가장 중요한 목적은 당시의 급박한 재정난을 해결하기 위한 것이었고, 아울러 대몽관계 성립 이후 원 세력을 배경으로 새로이 등장한 권세가들의 세력을 약화시키려는 정책과도 밀접한 관련을 갖는 것이었다.

소금 전매제의 시행은 12~13세기에 걸쳐 이루어진 소금 생산의 발전을 배경으로 한 것인데, 특히 12세기 이후 점차 증대하던 유민은 소금생산에 필요한 많은 노동력을 제공하는 사회적 조건으로 작용하였고, 또한 대몽전쟁을 전후하여 해도(海島)를 중심으로 한 연해지방에서는 토지로부터 이탈한 농민들과 피난민들에 의해 새로운 소금산지가 개발되고 있었다.

충선왕은 각염제(権鹽制)를 시행하기 위해 전국의 모든 염분을 국가에 소속시키고 민부로 하여금 일원적으로 관리하게 하였으나, 염분의 소유관계에는 변동이 없었던 것으로 보인다. 생산 형태는 생산자인 염호에게 일정한 자립성을 부여하여 생산과정을 맡기고 생산된 소금만을 국가에 납입시키는 민영으로서, 소금 생산에 필요한 일체의 경비와 생산수단을 염호가 모두 부담하는 형태였다.

염호는 매년 국가에서 책정한 액수의 공염을 생산하여 납부하는 부담을 지고 있었는데, 이러한 염호의 공염 부담은 일반농민의 부담보다 훨씬 과중하고 고통스러운 것으로 염호의 역은 천역으로 간주되었다. 염호가 납부한 공염은 각 염호가 속해있는 군현의 염창에 수집되어 당해 군현민들에게 판매되었고, 일부는 소금이 생산되지 않는 개경이나 내륙군현으로 운반되어 판매되었다.

이때 지역에 따라 각기 다른 방식으로 소금이 판매되었는데 어떠한 경우이든 국가가 직접 소금의 판매를 담당하여 민간상인의 개입을 철저하게 배제하였다. 이처럼 고려의 각염제는 고려에 영향을 준 원의 각염제와는 달리 비교적 철저하게 국가의 관리 하에서 시행되었다.

먼저 생산부문에서 전국의 모든 염분(鹽盆)을 국가의 관리 하로 소속시키고 생산을 담당할 염호를 징발하였으며 유통부문에서도 철저한 관매(官賣)정책을 실시하여 일반상인 유통과정에 참여하는 것을 엄격하게 배제하였다.

고려의 각염제가 원의 그것에 비해 제도상 철저한 국가의 관리 하에서 시행되도록 한 이유는 소금의 산지가 광범하여 도처에서 소금이 생산될 수 있기 때문에 사염의 단속이 용이하지 않았으며, 또한 사원이나 권세가들의 세력이 강대하여 이들에 의한 불법행위의 위험이 컸기 때문이다.

그러나 고려의 각염제는 그 시행 상 여러 문제, 즉 생산부문에 소금 공급의 부족, 유통부문에서 관염관들의 부정과 비리, 사염의 성행 등 폐단이 노출되어 정상적으로 운영되지 못하고 유명무실하게 되었다.

특히 국가 권력이 전매제의 철저한 시행을 뒷받침할 만큼 강력하지 못했기 때문에, 시행 후 얼마 지나지 않아 권호들에 의한 염분의 탈점현상이 나타나면서 이전에는 소금의 구매 대가로 납부하던 염가포(鹽價布)가 염세라는 새로운 세항목이 되면서 민의 부담을 가중시키는 결과를 가져왔다.

그리하여 각염제는 소금의 전매를 통한 재원 확보가 아니라 염세라는 명목의 새로운 세목(稅目)을 신설하여 재원확보를 꾀함으로써 전매제가 갖는 본래의 의미를 상실하게 된 것이다. 이처럼 전매제가 본래의 의미를 상실하였음에도 불구하고 재정확보라는 국가재정의 측면에서는 일정한 역할을 수행하였기 때문에 각염제라는 명목 자체는 폐지되지 않고 고려 말까지 존속하였다.

조선왕조가 건국되면서 명목만 남은 전조의 전매제는 폐지되고 다시 징세제로 전환하였는데, 그 배경에는 전매제가 지닌 폐단의 개혁이라는 목적과 함께 과전법 제정에 따른 토지제도의 정비와 그로부터 안정적인 조세수입의 확보를 통한 국가재정의 안정이란 측면이 있었던 것이다.

참고문헌

1. 사료

〈국내 사료〉

『高麗史』『高麗史節要』『高麗圖經』『三國史記』『三國遺事』
『謹齋集』『東文選』『東國李相國集』『稼亭集』『高麗明賢集』
『朝鮮王朝實錄』(太祖~成宗)『增補文獻備考』『新增東國輿地勝覽』
『東史綱目』『朝鮮經國典』
『朝鮮金石總覽』『韓國金石全文』『韓國金石遺文』『韓國金石文追補』
『海東金石苑補遺』

〈국외 사료〉

『舊唐書』『新唐書』『唐會要』『唐六典』『通典』『隋書』『唐律疏議』
『宋會要』『宋史』

〈사료 정리서〉

金龍善 편, 2006『高麗墓誌銘集成』한림대출판부
金鐸敏 주편, 2003『譯註 唐六典』상·중·하, 신서원
盧明鎬 외, 2000『韓國古代中世古文書研究』서울대출판부
李基白 편, 1987『韓國上代古文書資料集成』일지사
許興植, 1972『韓國中世社會史資料集』아세아문화사

2. 연구서

〈국내 저서〉

姜晉哲, 1980 『高麗土地制度史研究』 고려대출판부

姜晉哲, 1989 『한국중세토지소유연구』 일조각

權寧國, 2019 『고려시대 군사제도 연구』 경인문화사

金琪燮, 1994 『高麗後期 田丁制研究』 부산대박사학위논문

金光哲, 1991 『高麗後期世族層研究』 동아대박사학위논문

金基德, 1998 『高麗時代 封爵制 研究』 청년사

金大植, 2010 『고려전기 중앙관제의 성립』 경인문화사

金庠基, 1985 『신편 고려시대사』 서울대출판부

金容燮, 2000 『韓國中世農業史研究』 지식산업사

朴京安, 1996 『高麗後期 土地制度研究』 혜안

朴龍雲, 2000 『高麗時代 尙書省研究』 경인문화사

朴龍雲, 2000 『高麗時代 中書門下省宰臣研究』 일지사

朴龍雲, 2008 『高麗時代史』 일지사

朴龍雲, 1997 『高麗時代 官階·官職研究』 고려대출판부

朴宰佑, 2005 『고려 국정운영의 체계와 왕권』 신구문화사

白南雲, 1937 『朝鮮封建社會經濟史』 상, 改造社

邊太燮, 1971 『高麗政治制度史研究』 일조각

申採湜, 2008 『송대관료제연구』 신채식저작집 1

安秉佑, 2002 『고려전기의 재정구조』 서울대출판부

劉元東, 1977 『한국근대경제사연구』 일지사

李基東, 1984 『新羅骨品制社會와 花郎徒』 일조각

李基白, 1968 『고려병제사연구』 일조각

李丙燾, 1961 『韓國史』 중세편. 진단학회

李炳熙, 2008 『고려후기 사원경제 연구』 경인문화사

李炳熙, 2009 『고려시기 사원경제 연구』 경인문화사

李炳熙, 2020 『고려시기 사원경제 연구』 Ⅱ, 경인문화사

李成茂, 1980 『조선초기 양반연구』 일조각

李仁哲, 1993 『신라정치제도사연구』 일지사

李貞勳, 2007『고려전기 정치제도 연구』혜안

李惠玉, 1985『高麗時代 稅制研究』이화여대박사학위논문

전경숙, 2007『고려전기 군사기구 연구』숙명여대박사논문

趙仁成, 1991『泰封의 弓裔政權 研究』서강대박사학위논문

崔貞煥, 1991『고려·조선시대 祿俸制연구』경북대출판부

崔貞煥, 2006『譯註高麗史百官志』경인문화사

한국고전용어사전편찬위원회, 2001『한국고전용어사전』세종대왕기념사업회

許興植, 1986『高麗佛敎史研究』일조각

〈국외 저서〉

龔延明 編, 1997『宋代官制辭典』中華書局

旗田巍, 1972『朝鮮中世社會史の研究』法政大出版局

李商千 譯(王天有 著), 2006『中國古代官制』학고방

白鋼 主編, 2007『中國政治制度史』社會科學文獻出版社

浜中昇, 1986『朝鮮古代の經濟と社會』法政大學出版局

孫文良, 1996『中國官制史』臺北 文津出版社

宋衍申 主編, 1998『兩五代史辭典』山東敎育出版社

王穎樓, 1995『隋唐官制』四川大學出版社

王超, 2005『中國歷代中央官制史』上海人民出版社

兪鹿年 編, 1992『中國官制大辭典』上, 黑龍江人民出版社

兪鹿年 編, 1998『中國官制大事典』下, 黑龍江人民出版社

兪鹿年, 1996『中國政治制度通史』제5권(隋唐五代券) 人民出版社

李超鋼·宋小海·李江, 1989『中國古代官吏制度淺論』勞動人事出版社

周藤吉之, 1980『高麗朝官僚制の研究』法政大學出版局

朱瑞熙, 1996『中國政治制度通史』6권(宋代券) 人民出版社

中國軍事史編寫組, 2006『中國歷代軍事制度』解放軍出版社

3. 연구 논문

〈국내 논문〉

姜萬吉, 1975 「상업과 대외무역」 『한국사』 5, 국사편찬위원회

姜萬吉, 1977 「手工業」 『한국사』 5, 국사편찬위원회

姜萬吉, 1981 「상업과 대외무역」 『신편 한국사』 5, 국사편찬위원회

姜順吉, 1985 「忠宣王의 鹽法개혁과 鹽戶」 『한국사연구』 48

姜順吉, 1985 「忠肅王代의 察理辨違都監에 대하여」 『호남문화연구』 15

姜晉哲, 1975 「고려의 農莊에 관한 문제의식」 『朝鮮學報』 74

姜晉哲, 1980 「高麗의 農莊에 대한 一硏究」 『史叢』 24

姜晉哲, 1980 「私田支配의 諸類型」 『高麗土地制度史硏究』 고려대출판부

姜晉哲, 1980 「제6장 농민의 부담」 『고려토지제도사연구』 고려대출판부

姜晉哲, 1980 「第8章 均田制 實施與否에 관한 問題」 『高麗土地制度史硏究』
　　　　高麗大出版部

姜晉哲, 1989 「고려의 권력형 農莊에 대하여」 『한국중세토지소유연구』 일조각

姜晉哲, 1989 「고려후기의 地代에 대하여」 『한국중세토지소유연구』 일조각

高承濟, 1956 「李朝鹽業의 經濟構造」 『서울대 論文集』 4

高承濟, 1959 「李朝 鹽制의 基本構造」 『근세한국산업사연구』

具山祐, 1994 「고려 현종대 향촌지배체제 개편의 배경과 성격」 『한국중세사연
　　　　구』 창간호; 2003 『고려전기 향촌지배체제연구』 혜안

權寧國, 1996 「鹽業」 『신편 한국사』 19, 국사편찬위원회

權寧國, 2005 「고려전기의 戶部와 三司」 『역사학보』 188

權寧國, 2006, 「고려 초 徇軍部의 설치와 기능의 변화」 『한국사연구』 135

權寧國, 2007 「고려 초기 兵部의 기능과 지위」 『사학연구』 88

權寧國, 2009 「고려전기 軍政·軍令機構의 정비」 『역사와 현실』 73

權寧國, 2012 「고려전기의 行職과 守職」 『역사와 현실』 86, 한국역사연구회

權寧國, 2016 「고려시대의 三師와 三公」 『崇實史學』 36집

權寧國, 1984 「14세기 榷鹽制의 成立과 運用」 『韓國史論』 13, 서울대 국사학과

金炅希, 1989 「高麗前期 中樞院 承宣硏究」 『梨大史苑』 24·25합

金光哲, 1985 「高麗 忠烈王代 政治勢力의 動向 -忠烈王 初期 政治勢力의 變化
　　　　를 中心으로-」 『昌原大學論文集』 7-1

金光哲, 1986「高麗 忠宣王의 現實認識과 對元活動 -忠烈王 24년 受禪 以前을
　　중심으로-」『釜山史學』 11

金光哲, 1987『高麗後期 世族層과 그 動向에 관한 硏究』 박사논문

金光哲, 1990「高麗 忠肅王 12년의 改革案과 그 性格」『考古歷史學志』 5, 6합집

金映遂, 1937「5敎 兩宗에 대하여」『진단학보』 8

金日宇, 1989「고려초기 郡縣의 主屬關係 형성과 지방통치」『민족문화』 12

金甲童, 1994「고려전기 정치체제의 성립과 구조」『한국사』 5, 한길사

金甲童, 1995「고려 顯宗代의 지방제도 개혁」『한국학보』 80

金甲童, 1997「고려초의 官階와 鄕職」『국사관논총』 78

金光洙, 1969「고려시대의 同正職」『역사교육』 11·12합집

金基德, 1986「고려조의 王族封爵制」『한국사연구』 52

金南奎, 1975「高麗勸農使에 대하여」『慶南大論文集』 2

金東哲, 1985「고려 말의 유통구조와 상인」『부대사학』 9

金成俊, 1957「고려후기 원공주출신왕비의 정치적 위치 -특히 충선왕비를 중심
　　으로-」『한국여성문화논총』

金成俊, 1962「高麗政房考」『사학연구』 13

金順子, 1992「원 간섭기 민의 동향」『역사와 현실』 7

김아네스, 2002「고려 성종대 유교 정치사상의 채택과 12州牧」『진단학보』 93

金容燮, 1975「高麗時期의 量田制」『東方學志』 16, 연세대국학연구원

金容燮, 2000「土地制度의 史的 推移」『韓國中世農業史硏究』 지식산업사

金鐸敏 主篇, 2003「唐代 官僚組織과 運營體制」『譯註 唐六典』 상, 신서원

金惠苑, 1996「大安寺廣慈大師碑」『譯註羅末麗初金石文』 상, 혜안

盧鏞弼, 1984「洪子藩의 '便民十八事'에 대한 硏究」『歷史學報』 102

盧明鎬 외, 2000「修禪寺形止案」『韓國古代中世古文書硏究』 상, 서울대출판부

閔丙河, 1965「高麗時代 佛敎界의 地位와 그 經濟」『成大史林』 1

閔賢九, 1968「軍令 軍政機關의 整備」『韓國軍制史』 근세조선전기편, 육군본부

閔賢九, 1974「高麗後期의 權門世族의 成立」『湖南文化研究』 6

閔賢九, 1977「高麗後期의 權門世族」『한국사』 8, 국사편찬위원회

閔賢九, 1977「整治都監의 設置經緯」『國民大論文集』 11

閔賢九, 1980「整治都監의 성격」『동방학지』 23, 23합집

閔賢九, 1980「整治都監의 性格」『東方學志』 23·24 합집

朴京安, 1985 「고려후기의 陳田開墾과 賜田」, 『학림』 7

朴京安, 1990 「14세기 甲寅柱案의 운영에 대하여」 『이재룡박사환력기념한국사학논총』

朴龍雲, 1981 「고려시대의 文散階」 『진단학보』 52 ; 1997 『고려시대 관계·관직연구』 고려대출판부

朴龍雲, 1993 「중앙정치체제의 권력구조와 그 성격」 『신편한국사』 13, 국사편찬위원회

朴龍雲, 1995 「고려시대의 尙書都省에 대한 검토」 『국사관논총』 61 ; 2000 『고려시대 상서성 연구』 경인문화사

朴龍雲, 1997 「고려시대의 文散階」 『고려시대 관계·관직연구』 고려대출판부

朴龍雲, 2000 「고려시대의 6部 判事制에 대한 고찰」 『고려시대 尙書省 연구』 경인문화사

朴龍雲, 2000 「고려시대의 門下侍中」 『高麗時代 中書門下省宰臣 硏究』 일지사

朴龍雲, 2000 「고려시대의 尙書6部에 대한 검토」 『高麗時代 尙書省 硏究』 경인문화사

朴龍雲, 2000 「고려시대의 參知政事」 『高麗時代 中書門下省宰臣 硏究』 일지사

朴龍雲, 2000 「고려시대의 平章事」 『高麗時代 中書門下省宰臣 硏究』 일지사

朴龍雲, 2008 「전기 귀족사회의 정치체제」 『고려시대사』 일지사

朴容淑, 1977 「이조초기의 鹽業考」 『문리대논문집』 16, 부산대

朴龍雲, 1976 「高麗의 中樞院 硏究」 『韓國史硏究』 12 ; 2001 『高麗時代 中樞院 硏究』 고대민족문화연구소

朴龍雲, 1997 「고려시대의 官職과 官階」 『고려시대 관계·관직연구』 고려대출판부

朴宰佑, 1997 「고려전기 宰樞의 운영원리와 권력구조」 『역사와 현실』 26

朴宰佑, 2000 「고려시대의 宰樞 兼職制연구」 『국사관논총』 92

朴宰佑, 2004 「고려전기 宰樞의 임용방식과 성격」 『한국사연구』 125

朴宰佑, 2007 「고려전기 6部 判事의 운영과 권력관계」 『사학연구』 87

朴宗基, 1981 「13세기 초엽의 村落과 部曲」 『한국사연구』 33

朴宗基, 1984 「高麗 部曲制의 構造와 性格」 『韓國史論』 10, 서울대 국사학과

朴宗基, 1990 「무신집권기 농민항쟁 연구론」 『한국학논총』 12

朴宗基, 1991 「12·13세기 농민항쟁의 원인에 대한 고찰」 『동방학보』 69

朴鐘進, 1983「忠宣王代의 財政改革策과 그 性格」『韓國史論』9, 서울대 국사학과

朴鐘進, 1986「高麗前期 義倉制度의 構造와 性格」『高麗史의 諸問題』三英社

朴鐘進, 1988「고려말의 濟用財와 그 성격」『울산사학』2

朴鐘進, 1990「고려전기 중앙관청의 재정구조와 그 운영」『한국사론』23

朴鐘進, 2000「제2장 3절 貢物의 수취구조」『고려시기 재정운영과 조세제도』 서울대출판부

朴菖熙, 1984「고려초기 豪族聯合政權說에 대한 검토-歸附 豪族의 정치적 성격을 중심으로-」『한국사의 시각』연신문화사

白南雲, 1937「農民一揆」『朝鮮封建社會經濟史』上, 改造社

白南雲, 1937「鹽の專賣」『朝鮮封建社會經濟史』上, 改造社

邊太燮, 1967「高麗宰相考」『역사학보』35·36합 ; 1971『고려정치제도사연구』 일조각

邊太燮, 1968「고려전기의 外官制」『한국사연구』 ; 1971『고려정치제도사연구』 일조각

邊太燮, 1970「고려시대 중앙정치기구의 행정체계」『역사학보』47 ; 1971『고려정치제도사연구』일조각

邊太燮, 1975「고려의 三司」『歷史敎育』17

邊太燮. 1976「高麗의 中樞院」『震檀學報』41

邊太燮, 1981「高麗初期의 政治制度」『韓㳓劤博士停年紀念史學論叢』

邊太燮, 1987「고려초기의 지방제도」『한국사연구』57

徐吉洙, 1981「고려시대의 借貸관계 및 이자에 관한 연구」『국제대학논문집』

孫弘烈, 1979「고려시대의 鹽業制度」『淸大史林』3

宋炳基, 1969「高麗時代의 農莊」『韓國史研究』3

宋寅州, 1999「高麗時代의 禁軍과 樞密院」『한국중세사연구』7

申芝鉉, 1977「鹽業」『한국사』10, 국사편찬위원회

申採湜, 2008「제2절 宋代 官制의 성격」『宋代官僚制研究』한국학술정보

申瀅植, 1984「신라의 국가적 성장과 兵部令」『한국고대사의 신연구』일조각

安秉祐, 1992「고려후기 農莊의 발달과 농업생산력」『한국사』5, 한길사

吳一純, 1993「토지분급제의 변동과 祿科田」『14세기 고려의 정치와 사회』민음사

劉敎聖, 1965「寺院의 手工業과 商業」『韓國商工業史』한국문화사대게 2권, 고려대민족문화연구소

劉承源, 1979「조선초기의 鹽干」『한국학보』17

유주희, 2009「고려전기 中樞院의 설치와 그 성격」『역사와 현실』73

尹京鎭, 2001「고려 성종14년의 郡縣制改編에 대한 연구」『한국문화』27

尹京鎭, 2002「고려 성종11년의 邑號개정에 관한 연구」『역사와 현실』45

尹京鎭, 2005「고려 界首官의 제도적 연원과 성립과정」『한국문화』36

李景植, 1983「고려말기의 私田문제」『동방학지』40 ; 1986「조선전기토지제도사연구」

李景植, 1987「場市의 성립과 그 기반」『한국사연구』57

李起男, 1971「忠宣王의 改革과 司林院의 設置」『歷史學報』52

李基東, 1984「新羅中代의 官僚制와 骨品制」『新羅骨品制社會와 花郞徒』일조각

李基東, 1984「羅末麗初 近侍機構와 文翰機構의 擴張」『新羅 骨品制社會와 花郞徒』일조각

李基白, 1956「高麗京軍考」『李丙燾博士華甲紀念論叢』 ; 1968『高麗兵制史研究』일조각

李基白, 1960「高麗 初期 五代와의 關係」『韓國文化研究院論叢』1, 한국문화연구원 ; 1990『高麗貴族社會의 形成』일조각

李基白, 1965「高麗光軍考」『歷史學報』27 ; 1968『高麗兵制史研究』일조각

李基白, 1968「高麗 地方制度의 정비와 州縣軍의 성립」『고려병제사연구』일조각

李基白, 1974「稟主考」『新羅政治社會史研究』일조각

李基白, 1975「귀족적 정치기구의 성립」『한국사』5, 국사편찬위원회

李明植, 1988「新羅 統一期의 軍事組織」『韓國古代史研究』1

李文基, 1997「中古期의 軍令체계와 軍令기구」『新羅兵制史研究』일조각

李成茂, 1980「고려시대의 散職」『조선초기 양반연구』일조각

李成茂, 1980「兩班과 官職」『조선초기 양반연구』일조각

李佑成, 1964「고려조의 '吏'에 대하여」『역사학보』23 ; 1991「고려 관인체제 하의 '吏'」『한국중세사회사연구』

李益柱, 1988「高麗 忠烈王代의 政治活動과 政治勢力의 性格」『韓國史論』18

李益柱, 1992「忠宣王 卽位年 '改革政治'의 性格 -官制改革을 중심으로-」『역사와 현실』7

李仁哲, 1993「新羅 中央行政官府의 組織과 運營」『新羅政治制度史研究』일지사

李貞勳, 2004『고려전기 3省6部制와 各司의 운영』연세대박사학위논문 ; 2007『고려전기 정치제도 연구』혜안

李貞勳, 2006「고려전기 中樞院의 설치와 職掌의 변화」『東方學志』134

李貞勳, 2007「중앙정치기구의 운영체계와 특징」『고려전기 정치제도 연구』혜안

李貞勳, 2010「고려전기 文散階 운영에 대한 재검토」『동방학지』150

李貞勳. 2007「현종대 지배체제의 개편과 3성6부제의 변화」『고려전기 정치제도 연구』혜안

李智冠, 1994「谷城 大安寺 寂忍禪師 照輪淸淨塔碑文」『校勘譯註 歷代高僧碑文』伽山文庫

李鎭漢, 1999「고려시대 東宮 三師·三少의 除授와 祿俸」『민족문화』22

李鎭漢, 1999「고려전기 樞密의 班次와 祿俸」『한국학보』96

李鎭漢, 1999 「人物 事例를 통해본 官職의 班次와 祿俸」『고려전기 관직과 녹봉의 관계 연구』일지사

李鎭漢, 2004「고려시대 본품항두(本品行頭)」『역사와 현실』54, 한국역사연구회

李泰鎭, 1972「고려 宰府의 성립」『歷史學報』56

李泰鎭, 1978「14·5세기 농업기술의 발달과 新興士族」『東洋學』9

李泰鎭, 1978「畦田考」『韓國學報』10

李鉉淙, 1977「倭寇」『한국사』국사편찬위원회

李惠玉, 1994「수취체제의 변화」『14세기 고려의 정치와 사회』민음사

林英正, 1976「여말 농장인구에 대한 일고찰」『동국사학』13

林英正, 1977「奴婢問題」『한국사』8, 국사편찬위원회

任昌淳, 1971「松廣寺의 高麗文書」『白山學報』11

張東翼, 1976「고려전기의 兼職制에 대하여(상)」『대구사학』11

張東翼, 1982「金傅의 册尙父誥에 대한 일검토」『역사교육논집』3

전경숙, 2002「高麗初의 徇軍部」『한국중세사연구』12

鄭景鉉, 1987「高麗 太祖代의 徇軍部에 대하여」『韓國學報』48

鄭景鉉, 1991 「高麗初期 京軍의 統帥體系-徇軍部의 兵權에 대한 재해석을 겸하여」『한국학보』 62

丁浚華, 1986 「宋代寄祿官制度初探」『中國史研究』 4期

趙仁成, 1996 「후삼국의 정립」『한국사』 11, 국사편찬위원회

朱甫暾, 1987 「新羅 中古期 6停에 대한 몇가지 문제」『신라문화』 3·4합집

蔡雄錫, 1988 「고려전기 화폐유통의 기반」『한국문화』 9

崔圭成, 1993 「徇軍部考」『祥明史學』 1

崔森燮, 1975 「高麗時代 寺院財政의 研究」『白山學報』 23

崔然柱, 1999 「고려후기 權鹽法을 둘러싼 분쟁과 그 성격」『한국중세사연구』 6

崔貞煥, 1985 「고려 中書門下省의 祿俸規定과 그 운영실태」『한국사연구』 50·51합 ; 1991 『고려·조선시대 녹봉제연구』

崔貞煥, 1985 「고려 中樞院 樞臣의 祿俸規定과 그 운영실태」『인문과학』 창간호 ; 1991 『고려·조선시대 녹봉제연구』 경북대출판부

崔貞煥, 1996 「고려 지방제도의 정비와 道制」『경북사학』 19

河炫綱, 1962 「고려지방제도의 일 연구」『사학연구』 13 ; 1988 『한국중세사연구』 일조각

河炫綱, 1987 「고려왕조의 성립과 호족연합정권」『한국사』 4, 국사편찬위원회

韓永哲, 1996 「泰封末 高麗初 徇軍部의 政治的 性格」 서강대석사학위논문

洪承基, 1973 「고려시대의 雜類」『歷史學報』 57

洪鍾泌, 1985 「고려후기 鹽業考」『백산학보』 30·31

〈국외 논문〉

龔延明 編, 1997 「北宋前期中樞機構類 三司門」『宋代官制辭典』中華書局, 北京

龔延明 編, 1997 「宋代官制總論」『宋代官制辭典』中華書局, 北京

郭正忠 主編, 1997 「宋鹽的管理和流通」『中國鹽業史』古代篇, 人民出版社, 北京

宮嶋博史, 1980 「朝鮮農業史上における十五世紀」『朝鮮史叢』 3

旗田巍, 1961 「高麗の武散階」『朝鮮學報』 21·22合 ; 1972 『朝鮮中世社會史の研究』 法政大出版部

旗田巍, 1972 「高麗の事審官」『朝鮮中世社會史の研究』 法政大出版局

內藤雋輔, 1950 「高麗時代の鹽法について」『漢文學紀要羽田論叢』 4; 1961 『朝鮮史研究』

末松保和, 1953 「高麗初期の兩班について」『東洋學報』 36-2

武普照, 1988 「秦漢守官制度考述」『山東師大學報』 社科版, 第四期

武田幸男, 1964 「高麗時代の鄕職」『東洋學報』 47-2

武田幸男, 1966 「高麗初期の官階」『朝鮮學報』 41

白鋼 主編, 2007 「官員任用類型」『中國政治制度史』 社會科學文獻出版社

北村秀人, 1969 「高麗時代の 鹽所制に ついて」『朝鮮學報』 50

北村秀人, 1981 「高麗時代の貢戶について」『人文研究』 32-9

浜中昇, 1976 「高麗末期の田制改革について」『朝鮮史研究會論文集』 13

浜中昇, 1982 「高麗前期の小作制とその條件」『歷史學研究』 507

浜中昇, 1982 「高麗後期の賜給田について」『朝鮮史研究會論文集』 19 ; 1986
　　　　『朝鮮古代の經濟と社會』 法政大學出版局

山口精 編, 1910 「製鹽業」『朝鮮産業志』

矢木毅, 1998 「高麗における軍令權의 構造とその變質」『東方學報 』 70

礪波護, 1986 「三司使の成立について」『唐代政治社會史研究』 同朋舍刊, 東京

田山茂, 1937 「元代の権鹽法について」『史學研究』 9-2

王頴樓, 1995 「三師三公 加銜及其他」『隋唐官制』 四川大學出版社

兪鹿年 編, 1998 『中國官制大事典』 下, 職官官吏制度 任用類別, 黑龍江人民出
　　　　版社

兪宗憲, 1983 「宋代職官品階研究」『文史』 21집, 中華書局

栗原益男, 2001 「五代十國の推移と節度使體制」『中國の歷史』 隋唐五代篇

井上秀雄, 1974 「新羅政治體制の變遷過程」『新羅史基礎研究』 東出版, 東京

佐伯富, 1987 「宋代における鹽政」『中國鹽政史の研究』 法律出版社, 京都

周藤吉之, 1934 「麗末鮮初における農莊について」『靑丘學叢』 17

周藤吉之, 1939 「高麗朝より朝鮮初期に至る王室財政」『東方學報』 10-1

周藤吉之, 1974 「高麗初期の官吏制度」『東洋大學大學院紀要』 11 ; 1980 『高
　　　　麗朝官僚制の研究』 法政大學出版局

周藤吉之, 1975 「高麗朝における三司とその地位」『朝鮮學報』 77 ; 1980 『高
　　　　麗朝官僚制の研究』 法政大學出版局

周藤吉之, 1986 「高麗初期の中樞院, 後の樞密院の成立とその構成- 唐末·五
　　　　代·宋初の樞密院との關係に於いて」『朝鮮學報』 119·120합

찾아보기

권영국 (權寧國)

서울대학교 인문대학 국사학과 졸업
서울대학교 인문대학 국사학과 석사 및 박사과정 졸업(문학박사)
국사편찬위원회 편사연구사 역임
현 숭실대학교 인문대학 사학과 교수

저서 『譯註 高麗史食貨志』 공저, 『고려시대 사람들은 어떻게 살았을까』 공저, 『14세기 고
려의 정치와 사회』 공저, 『한국역사입문』 공저, 『한국사길잡이』 공저, 『한국 전근대사
의 주요 쟁점』 공저, 『남북 역사용어 및 영문 표기 기초조사』 공저, 『물질문화와 농민
의 삶』 공저, 『고려시대 군사제도 연구』

논문 「고려 초 徇軍部의 설치와 기능의 변화」, 「고려 초기 兵部의 기능과 지위」, 「고려전기
軍政·軍令機構의 정비」, 「고려전기 中央軍의 성격」, 「고려전기 軍役制의 성격과 운영」,
「고려전기 東北面과 東海岸의 방어체제」, 「元 간섭기 고려 軍制의 변화」, 「고려후기
軍役制의 변화」, 「조선초 鹽業政策과 生産體制」

고려시대 정치사의 제문제

초판 1쇄 인쇄 2020년 12월 11일
초판 1쇄 발행 2020년 12월 21일

지 은 이 권영국

발 행 인 한정희
발 행 처 경인문화사
편   집 한주연 김지선 유지혜 박지현
마 케 팅 전병관 유인순 하재일
출 판 번 호 406-1973-000003호
주   소 파주시 회동길 445-1 경인빌딩 B동 4층
전   화 031-955-9300 팩   스 031-955-9310
홈 페 이 지 www.kyunginp.co.kr
이 메 일 kyungin@kyunginp.co.kr
ⓒ 권영국, 2020
ISBN 978-89-499-4945-1 93910
값 26,000원